Kohlhammer

Häusliche Gewalt und Femizide in Deutschland

Strukturen, Ursachen und Gegenmaßnahmen

von

Dr. Annette Marquardt

Carola Oelfke

Dr. Nahlah Saimeh

Verlag W. Kohlhammer

1. Auflage 2025

Alle Rechte vorbehalten
© W. Kohlhammer GmbH, Stuttgart
Gesamtherstellung: W. Kohlhammer GmbH, Stuttgart

Print:
ISBN 978-3-17-046223-6

E-Book-Formate:
pdf: ISBN 978-3-17-046224-3
epub: ISBN 978-3-17-046225-0

Dieses Werk einschließlich aller seiner Teile ist urheberrechtlich geschützt. Jede Verwendung außerhalb der engen Grenzen des Urheberrechts ist ohne Zustimmung des Verlags unzulässig und strafbar. Das gilt insbesondere für Vervielfältigungen, Übersetzungen, Mikroverfilmungen und für die Einspeicherung und Verarbeitung in elektronischen Systemen.
Für den Inhalt abgedruckter oder verlinkter Websites ist ausschließlich der jeweilige Betreiber verantwortlich. Die W. Kohlhammer GmbH hat keinen Einfluss auf die verknüpften Seiten und übernimmt hierfür keinerlei Haftung.

Autorinnen

Dr. Annette Marquardt, Erste Staatsanwältin, hat an der Philipps-Universität in Marburg Rechtswissenschaften studiert, dort nach dem ersten Staatsexamen als wissenschaftliche Mitarbeiterin am Lehrstuhl für Strafrecht und Strafprozessrecht gearbeitet und im Strafprozessrecht promoviert, das Referendariat in Marburg und Gießen absolviert und schließlich in Hessen das zweite Staatsexamen abgelegt. Seit März 1999 ist sie als Staatsanwältin tätig. In den ersten Jahren hat sie als Dezernentin in einem allgemeinen Erwachsenendezernat eine Vielzahl von Tötungsdelikten bearbeitet. Seit der Gründung des Sonderdezernats „Kapitaldelikte" bei der Staatsanwaltschaft Verden im Mai 2011 bearbeitet sie die versuchten und vollendeten Tötungsdelikte im Landgerichtsbezirk und widmet sich besonders den sog. Cold Cases. Sie unterrichtet an der Polizeiakademie in Niedersachsen zu strafprozessualen Themen.

Carola Oelfke, Oberstaatsanwältin, hat an der Leibnitz Universität in Hannover Rechtswissenschaften studiert und dort 1991 das erste Staatsexamen abgelegt. Ab 1991 absolvierte sie im Bezirk des Oberlandesgerichts Celle das Referendariat und legte dort 1994 die zweite juristische Staatsprüfung ab. Von 1994 bis 2006 war Carola Oelfke als Staatsanwältin bei der Staatsanwaltschaft Verden, vornehmlich im Bereich der Organisierten Kriminalität tätig, von 2006 bis 2011 bei der Zentralstelle für Betäubungsmittelstraftaten der Staatsanwaltschaft Hannover. In der Zeit von 2010 bis 2012 studierte sie an der Ruhr Universität Bochum Kriminologie, Kriminalistik und Polizeiwissenschaft (Master) im Fernstudium. In der Zeit von 2011 bis 2014 lehrte sie Polizeirecht an der Polizeiakademie Nienburg/Oldenburg. 2014 kehrte sie zur Staatsanwaltschaft Verden zurück und ist dort als Abteilungsleiterin tätig, zunächst als Leiterin der Abteilung für Sexualstraftaten und Häusliche Gewalt; zurzeit sucht sie eine neue Herausforderung.

Dr. Nahlah Saimeh, Fachärztin für Psychiatrie und Psychotherapie mit dem Schwerpunkt forensische Psychiatrie, war von 2000 bis 2004 Chefärztin der Klinik für Forensische Psychiatrie und Psychotherapie am Klinikum Bremen-Ost und von 2004 bis 2018 Ärztliche Direktorin im LWL-Zentrum für Forensische Psychiatrie Lippstadt. Seit 2018 ist sie als forensische Psychiaterin in Düsseldorf selbstständig tätig. Frau Dr. Saimeh verfügt über einen außerordentlichen Erfahrungsschatz in der Exploration Tatverdächtiger im Zusammenhang mit Sexual- und Tötungsdelikten.

Vorwort

Liebe Leserinnen und Leser,

Gewalttaten in Partnerschaften sind in aller Regel Straftaten „unter Ausschluss der Öffentlichkeit". Die Taten finden oft in der gemeinsamen Wohnung statt, jedenfalls aber im privaten Bereich. Nicht nur die Täter, sondern auch die Opfer unternehmen häufig große Anstrengungen, das Geschehen nicht bekannt werden zu lassen. Umso größer ist die Bestürzung, wenn die öffentliche Aufmerksamkeit auf dieses Themenfeld gerichtet wird. Sei es durch Statistiken, die ein ums andere Mal das Ausmaß häuslicher Gewalt in Deutschland belegen, sei es durch jene erschütternden Fälle, in denen die Gewalt in einem Tötungsdelikt gipfelt.

Tatsächlich ist häusliche Gewalt ein erschreckend alltägliches Phänomen, das in der Breite unserer Gesellschaft vorkommt. Häusliche Gewalt ist keine Frage der Einkommens- oder Bildungsschicht, der Herkunft oder des Alters. Sie kommt auch dort vor, wo man es sich manchmal schwer vorstellen kann: in der „bürgerlichen Mitte".

Justiz und Polizei, aber auch die verschiedenen staatlichen und privaten Präventions- und Unterstützungseinrichtungen unternehmen große Anstrengungen, daran etwas zu ändern. Sie versuchen, den Opfern die Scham zu nehmen, sie dazu zu ermutigen, gegen ihre Peiniger vorzugehen und sich dauerhaft aus gewaltgeprägten Beziehungen zu lösen. Auch gesetzgeberisch gibt es immer wieder Bemühungen, dem Phänomen beizukommen. Aktuell geht es vor allem um die Möglichkeit, in Fällen massiver häuslicher Gewalt das Tragen einer elektronischen Fußfessel anzuordnen. Hier scheint sowohl auf Bundesebene im Gewaltschutzrecht als auch im Polizeirecht der Länder eine Lösung zum Greifen nahe. Damit erhalten wir hoffentlich bald ein weiteres wirksames Mittel, um den Schutz der Betroffenen in besonders schwerwiegenden Fällen zu verbessern.

Als Land Niedersachsen haben wir darüber hinaus bei der Justizministerkonferenz 2025 einen – von der Konferenz einstimmig beschlossenen – Antrag eingebracht, den Mordtatbestand im Strafgesetzbuch so zu ergänzen, dass Femizide zweifelsfrei als Morde klassifiziert werden. Das ist in meinen Augen nicht nur wichtig, um eine angemessene Bestrafung der Täter sicherzustellen. Es ist auch ein klares Signal, dass geschlechtsbezogene Gewalt auf unterster Stufe steht.

Dieses Buch leistet einen wichtigen Beitrag im anhaltenden Diskurs um die Ursachen und die Bekämpfung häuslicher Gewalt. Es nimmt das Phänomen ganzheitlich in den Blick und verengt es nicht auf bestimmte Teilaspekte; die typischen Entstehungsbedingungen werden ebenso diskutiert wie die Lebensläufe der Täter. Die strafrechtliche Bewertung wird, auch anhand plastischer Beispielsfälle, gemeinsam mit den verfahrensrechtlichen Besonderheiten in den Blick genommen. Die Rechte des Opfers, die Herausforderungen bei der Aufklärung entsprechender Taten, aber auch die Möglichkeiten der Prävention spielen eine gleichberechtigte Rolle.

Vorwort

Durch diesen breiten Ansatz entsteht ein Gesamtbild, das es ermöglicht, das Phänomen der Häuslichen Gewalt und der Femizide vollständig in seiner Komplexität zu erfassen. Im Zentrum steht die Erkenntnis, dass eine erfolgversprechende Strategie gegen Häusliche Gewalt und Femizide zwingend auf mehreren Ebenen ansetzen muss. Damit ermöglicht das vorliegende Buch Expertinnen und Experten ebenso wie denjenigen, die sich erstmals mit dem Themenfeld beschäftigen, neue Einsichten in dieses hochaktuelle Themenfeld.

Allen Beteiligten, die dieses umfassende Werk möglich gemacht haben, gebührt großer Dank. In besonderer Weise gilt das natürlich für die drei Autorinnen, die sich dieser großen Herausforderung so erfolgreich gestellt haben.

Ihnen, liebe Leserinnen und Leser, wünsche ich eine nicht immer einfache, aber zweifellos erhellende und erkenntnisreiche Lektüre.

Ihre
Dr. Kathrin Wahlmann
Justizministerin Niedersachsen

Wir danken

- unserer Lektorin Frau Katja Friedrich vom Kohlhammer Verlag für die hervorragende Inspiration. Sie hat bei uns die Neugier und den Ansporn für dieses Buch geweckt.
- dem Kohlhammer Verlag für die Unterstützung und Umsetzung unseres Buchprojektes,
- Frau Justizministerin Dr. Kathrin Wahlmann für die einführenden Worte,
- Herrn Dr. Brendan Chapman, Forensiker von der Murdoch University, Perth, Australien für seinen Bericht zur Lage in Australien,
- allen Leserinnen und Lesern für das Interesse an diesem hochsensiblen Thema.

Dr. Annette Marquardt, Carola Oelfke, Dr. Nahlah Saimeh

Literaturverzeichnis

Asserate A.-W., Manieren, Aufbau Verlag 2016
Backes/Bettoni, Alle drei Tage – Warum Männer Frauen töten und was wir dagegen tun müssen, Dt. Verlagsanstalt, 2021
Barthe/Gericke, Karlsruher Kommentar zur Strafprozessordnung mit GVG, EGGVG und EMRK, 9. Auflage, München 2023 (zitiert: KK-StPO/Bearbeiter)
Bass/von Castelberg/Fleischli, Verheimlichte und negierte Schwangerschaften – eine Herausforderung für die Klinik, Speculum-Zeitschrift für Gynäkologie und Geburtshilfe Bd. 22
Beier/Bosinski/Loewit/Ahlers, Sexualmedizin. Grundlagen und Praxis, 2. Aufl. Elsevier, Urban & Fischer 2005
Boetticher/Kröber/Müller-Isberner/Böhm/Müller-Metz/Wolfet, al., Mindestanforderungen für Prognosegutachten, NStZ 2006, Heft 10, 537 ff.
Boetticher/Nedopil/Bosinski//Saß, Mindestanforderungen für Schuldfähigkeitsgutachten. Forens Psychiatr Psychol Kriminol 1 3- 9 (2007)
Bohner, Gerd, Vergewaltigungsmythen – Sozialpsychologische Untersuchungen über täterentlastende und opferfeindliche Überzeugungen im Bereich sexueller Gewalt, Landau, 1998
Bohner/Danner/Siebler/Samson, Rape Myth Acceptance and judgements of vulnerability to sexual assault: An internet experiment. In: Experimental Psychology, 2002, 49, S. 257–269
Briken/Berner/Flöter/Jückstock/von Franqú, Prävention sexuellen Kindesmissbrauchs im Dunkelfeld – das Hamburgermodell. Psych update 2017, 11, 243–262
Bundeslagebild, Geschlechtsspezifisch gegen Frauen gerichtete Straftaten, 2023
Bundeskriminalamt, Lebenssituation, Sicherheit und Belastung im Alltag
Bundeskriminalamt, Häusliche Gewalt, Bundeslagebild 2023, Vorbemerkungen
Clemm, Christina, Gegen Frauenhass, Hanser Berlin, Berlin 2023
Drake/Pathé, Understanding sexual offending in schizophrenia, Criminal Behaviour and Mental Health 2004, 14, 108–120
Dulz/Schneider, Borderline Störungen. Theorie und Therapie, Schattauer Verlag, 2. Aufl. 1996
Dölling/Duttge/König/Rössner, Gesamtes Strafrecht (StGB, StPO, Nebengesetze), Handkommentar, 5. Aufl., Baden-Baden 2022 (zitiert: HK-GS/Bearbeiter)
Eckes/Six-Materna (1999), Hostilität und Benevolenz: Eine Skala zur Erfassung des ambivalenten Sexismus [Hostility and benevolence: A scale measuring ambivalent sexism]. Zeitschrift für Sozialpsychologie, 30(4), 211–228. https://doi.org/10.1024/0044-3514.30.4.211
Eisele, Jörg, Der Gesetzentwurf der Bundesregierung zur effektiveren Bekämpfung von Nachstellungen und bessere Erfassung des Cyverstalkings, in: KriPoZ 3/2021, S. 147–150
Eisenberg, Ulrich, Jugendgerichtsgesetz (Hrsg.)/Dr. Kölbel, Ralf (Bearbeiter), 21. Aufl., München 2020
Esser/Rübestahl/Saliger/Tsambakakis, Wirtschaftsstrafrecht, Kommentar 2017
Erbs/Kohlhaas/Häberle, Strafrechtliche Nebengesetze, Band 1, München 2024
European Data Journalism Network, Frauenmorde in Europa: Vergleich zwischen unterschiedlichen Ländern, veröffentlicht am 28.11.2017
Fischer, Thoma, Strafgesetzbuch mit Nebengesetzen, 71. Aufl., 2024
Fischer, Thomas, Einige Klarstellungen zum Begriff des Femizids, in: Der Spiegel, 4.7.2025
Gazeas, Nikolaos, Der Stalking-Straftatbestand – § 238 StGB (Nachstellung), in: JR 2007, 497
Gercke/Julius/Temming/Zöller, Strafprozessordnung, 7. Aufl. 2023 (zitiert: Gercke/Julius/Temming/Zöller, Bearbeiter)
Gertler/Kunkel/Putzke, Beckscher Online-Kommentar JGG, 35. Edition, München 2024
Graf, M., Rauschdrogen und Sexualdelinquenz, in: Saimeh/Briken/Müller, Sexualstraftäter. Diagnostik, Begutachtung, Risk Assessment, Therapie MWV Berlin 2021
Graf, Jürgen, BeckOK StPO, 39. Edition, München 2021 (zitiert: BeckOK StPO, Bearbeiter)

Literaturverzeichnis

Habermeyer/Saß, 2004, Die Maßregel der Sicherungsverwahrung nach § 66 StGB: Grundlagen und Differentialindikation gegenüber der Maßregel gemäß § 63 StGB. Nervenarzt 75: 1061–1067
Häßler/Bienstein/Hoffmann, Intelligenzminderung, S 2k- Leitlinie, MWV 2016
Heintschel-Heinegg von, Bernd, BeckOK StGB, 63. Edition, München
Hohagen, Marc-Philipp, Strafrecht AT, München 2025
Holmstrom, L.L. & Burgess, A. W., 1980, Sexual behavior of assailants during reported rapes. Archives of Sexual Behavior, 9(5), 427–439. https://doi.org/10.1007/BF02115942
Iffland/Briken, Pädosexuelle Delikte, Tätertypologie, Rückfallrisiko und Risk Assessment, in: Saimeh/Briken/Müller, Sexualstraftäter. Diagnostik, Begutachtung, Risk Assessment, Therapie. MWV Berlin 2021
Janzarik, W., Grundlagen der Schuldfähigkeitsprüfung, Enke, Stuttgart 1995
Knafo, D., For the Love of Death. Somnophilic and Necrophilic Acts and Fanasies. Journal of the American Psychoanalytic Association. Okt. 2015, (http://journals.sagepub.com/doi/pdf/10.1177/0003065115606132)
Kizilhan, Ilhan, Ehrenmorde, der unmögliche Versuch einer Erklärung, Hintergründe – Analysen – Fallbeispiele. 2. Aufl., 2012
Klengel/Müller, Der anwaltliche Zeugenbeistand im Strafverfahren, in: NJW 2011, 23–28
Knight, R.A./Prentky, R.A., Classifying Sexual Offenders: The Development and Corroboration of Taxonomic Models. In: Handbook of Sexual Assault (W.LL Marschall, R.R. Laws, H.E Barbaree. Plenum Press, N.Y 1990
Kretschmer, Joachim, Der neue § 238 StGB: Cyberstalking und andere Änderungen, in: JA 2022, 41 ff.
Krüger, Matthias, Zur Deeskalationshaft in Fällen von Stalking, in: LSK 2008, 180379
Lackner/Kühl/Heger, Strafgesetzbuch, 30. Aufl., 2023
Lau, S., Schizophrenie und Sexualdelinquenz, in: Saimeh/Briken/Müller, Sexualstraftäter. Diagnostik, Begutachtung, Risk Assessment, Therapie, MWV 2021
Löwe-Rosenberg, StPO, 27. Aufl. 2020 (zitiert: Löwe-Rosenberg, StPO, Bearbeiter)
Lutz/Titze/Dudeck, Sexualstraftaten im Alter, in: Saimeh/Briken/Müller, Sexualstraftäter. Diagnostik, Begutachtung, Risk Assessment, Therapie MWV Berlin 2021
Marquardt/Bettels, Der Kriminalist, Kriminologische Untersuchung der vollendeten Kapitaldelikte in den Jahren 2012 und 2013 aus 7 Bundesländern
Marquardt/Oelfke, Basiswissen Strafprozess für Polizeibeamte, Kohlhammer-Verlag, 2022
Meyer-Goßner, Lutz, Strafprozessordnung, Aufl., 2025, erläutert von Bertram Schmitt (zitiert: Meyer-Goßner/Schmitt StPO)
Mitsch, Wolfgang, Der neue Stalking-Tatbestand im Strafgesetzbuch, in: NJW 2007, 1237 ff.
Mosbacher, Andreas, Nachstellung – § 238 StGB, in: NStZ 2007, 665 ff.
Münchner Kommentar zum StGB, Herausgb. Prof. Dr. Joeks, Dr. Klaus Miebach, 4. Aufl. 2020 (zitiert MüKo-StGB Bearbeiter)
Münchner Kommentar zum StGB, Herausgb. Prof. Dr. Joeks, Dr. Klaus Miebach, 5. Aufl. 2025 (zitiert MüKo-StGB Bearbeiter)
Münchner Kommentar zur StPO, Herausgeb. Prof. Dr. Christoph Knauer, Prof. Dr. Hans Kudlich, Prof. Dr. Hartmut Schneider, Band 1, 2. Aufl. 2024 (zitiert: MüKo-StPO, Bearbeiter)
Nedopil/Müller, Forensische Psychiatrie. Klinik, Begutachtung und Behandlung zwischen Psychiatrie und Recht. Thieme Verlag, 4. Aufl. 2012, S. 127 ff.
Nedopil/Endrass/Rossegger/Wolf, Prognose: Risikoeinschätzung in forensischer Psychiatrie und Psychologie. Ein Handbuch für die Praxis. Pabst Verlag 2021
Nitschke/Osterheider/Mokros, A cumultive scale of severe sexual sadism. Sexual Abuse: A Journal of Research and Treamtment, 2009, 21 (3), 262–278
Oberwitter/Kasselt, BKA-Reihe Polizei und Forschung, Ehrenmorde in Deutschland 1996–2005, 2011
Ostendorf/Sommerfeld, JGG, 11. Auflage 2021

Literaturverzeichnis

Peck, M., Somnophilia. A Paraphilia Sleeping in Social Science Research, in: E. Hickey: Sex crimes and paraphilia, 2006

Peters, Sebastian, Der Tatbestand des § 238 StGB (Nachstellung) in der staatsanwaltlichen Praxis, in: NStZ 2009, 238 ff.

Rehder, U., 1996, Klassifizierung inhaftierter Sexualdelinquenten – 1. Teil: Wegen Vergewaltigung und sexueller Nötigung Erwachsener Verurteilte. In: Monatsschrift für Kriminologie und Strafrechtsreform 5, S. 291–304

Saimeh, N., Graophilie und sexueller Sadismus – zu sexuell motivierten Straftaten an hoch betagten Frauen, in: Yundina/Stübner/Hollweg/Stadtland (Hrsg.), Forensische Psychiatrie als interdisziplinäre Wissenschaft. Festschrift zum Geburtstag von Norbert Nedopil, MWV Berlin 2012

Saimeh, N., Transkulturelle Aspekte bei muslimischen Sexualstraftätern in: Saimeh/Briken/Müller, Sexualstraftäter. Diagnostik, Begutachtung, Risk Assessment, Therapie. MWV Berlin 2021

Schmidt/Matt/Dierlamm, Das (neue) Recht vom Zeugenbeistand und seine verfassungswidrigen Einschränkungen, in: LSK 2009, Seite 715 ff.

Schulte-Buntert, Kai, Beck-Online Grosskommentar; Gesamt-Hrsg. Gsell (Krüger/Lorenz/Reymann); Hrsg. Wellenhofer; 2025 (zitiert: BeckOKG/Bearbeiter)

Richter-Appelt, H., Liebe ohne Sexualität: Sexualität ohne Liebe, in: Borderline Störungen und Sexualität. Ätiologie, Störungsbild, Therapie. Schattauer Stuttgart 2009

Schwarz/Meyer, Forschungsprojekt „Sexuelle Gewalt gegen Frauen" Tätermerkmale und täterbezogene Tatmerkmale. Landeskriminalamt Nordrhein-Westfalen, Teildezernat 32.4 – Kriminalistisch-Kriminologische Forschungsstelle 2024

Schäfer/Sander/van Gemmeren, Praxis der Strafzumessung, 7. Auflage 2024

Schiffauer, Werner, Deutsche Ausländer, 2005

Schönke/Schröder, Kommentar zum StGB, Herausgeb., 30. Aufl., München 2019 (zitiert: Schönke/Schröder/Bearbeiter)

Schönke/Schröder, Kommentar zum StGB, Herausgeb., 31. Aufl., München 2025 (zitiert: Schönke/Schröder/Bearbeiter)

Schorsch, Eberhard, Sexuelle Deviationen: Ideologie, Klinik und Kritik, in: Sigusch, Volkmar, Therapie sexueller Störungen. Thieme Verlag Stuttgart 1975, S. 48–92

Schmitt-Leonardy/Klarmann, Sinn und Zweck der Verjährung im Strafrecht. Die Zeit heilt alle Wunden?, in: JuS 2024, 713 ff.

Schroth, Ulrich, Zentrale Interpretationsprobleme des 6. Strafrechtsreformgesetzes, in: NJW 1998, 2861–2866

Statista 2023, Opfer-Tatverdächtigen-Beziehungen bei polizeilich erfassten Fällen von Mord, Totschlag und Tötung auf Verlangen in Deutschland im Jahr 2023

Swim/Aikin/Hall & Hunter, 1995, Sexism and racism: Old-fashioned and modern prejudices. Journal of Personality and Social Psychology, 68(2), 199–214. https://doi.org/10.1037/0022-3514.68.2.199

Swim & Cohen, 1997, Overt, covert, and subtle sexism: A comparison between the Attitudes Toward Women and Modern Sexism Scales. Psychology of Women Quarterly, 21(1), 103–118. https://doi.org/10.1111/j.1471-6402.1997.tb00103.x

Titze/Lutz/Dudeck, Inzest, in: Saimeh/Briken/Müller, Sexualstraftäter. Diagnostik, Begutachtung, Risk Assessment, Therapie MWV Berlin 2021

Urbaniok, F., FOTRES. Diagnostik, Risikobeurteilung und Risikomanagement bei Straftätern, MWV 3. Aufl. 2016

Valerius, Brian, Stalking: Der neue Straftatbestand in § 238 StGB, in: JuS 2007, 319 ff.

Weigel, C., Der frauenfeindliche Männerwitz. Textanalysen und psychologische Überlegungen zu seiner Entstehung und Wirkung. Verlag. Dr. Kovac, 2006

Welte, Hanna, Femizide im Fokus, Die Tötung aufgrund geschlechtsspezifischer Motive als neuntes Mordmerkmal?, Verfassungsblog, Max Planck Institute für study of crime, security und law vom 17. Sept. 2024

Literaturverzeichnis

Wharton, J. J. S., The Law lexicon, or, dictionary of jurisprudence, Spettigue an Farague, London 1948, S. 251

Windzio/Simonson/Pfeiffer/Kleimann, Kriminalitätswahrnehmung und Punitivität in der Bevölkerung – Welche Rolle spielen die Massenmedien? Ergebnisse der Befragungen zu Kriminalitätswahrnehmung und Strafeinstellungen 2004 und 2006. Kriminologisches Forschungsinstitut Niedersachsen e.V. (KFN), 2007

- DW, Wie sexistisch ist der deutsche Schlager?, vom 22.8.2020: https://www.dw.com/de/wie-sexistisch-sind-deutsche-schlagertexte-noch-heute/a-54483847
- Wikipedia, Tuareg: https://de.wikipedia.org/wiki/Tuareg
- Wikipedia, Matrilinearität: https://de.wikipedia.org/wiki/Matrilinearit%C3 %A4t
- Deutscher Bundestag, „Gruppenvergewaltigung" in den Jahren 2018 bis 2022, vom 5.6.2023: https://www.bundestag.de/presse/hib/kurzmeldungen-951476

Inhaltsverzeichnis

Autorinnen V
Vorwort VII
Wir danken IX
Literaturverzeichnis X

Kapitel 1: Einleitung 1
   I.   Definitionen 2
        1.   Definition Femizid 2
        2.   Definition Häusliche Gewalt 3
   II. Zahlen und Daten – Statistiken 4
        1.   Bundeszahlen – Die Polizeikriminalstatistik 4
            a)   Tötungsdelikte – Entwicklung seit 2015 4
            b)   Häusliche Gewalt – Entwicklung von 2022 bis 2023 . 5
            c)   Einfluss von Alkohol und anderen berauschenden Mitteln 8
            d)   Opfer mit Behinderung 8
            e)   Rolle des Internets 9
            f)   Einschlägige Vorstrafen 9
            g)   Die Täter/Täterinnen 9
        2.   Auswertung der Daten von Bundesländern (vollendete Tötungsdelikte aus den Jahren 2012 und 2013) in Bezug auf die Person der Täter/Täterinnen 10
            a)   Herkunft der Täter/Täterinnen 10
            b)   Täter mit psychischer Erkrankung 12
            c)   Frauen als Täterinnen eines Kapitaldeliktes 13
            d)   Alter der Täter 13
            e)   Ausbildung/Brüche im Lebenslauf 14
            f)   Alkohol- und Drogenproblematik/Prägung durch das Elternhaus 16
            g)   Auswirkungen von Gewalterfahrung auf spätere Gewaltneigung 19
            h)   Auswirkung mangelnder Vorbildung im Elternhaus . 20
            i)   Familiensituation der Täter bei Tatbegehung 20
            j)   Täter/Täterinnen mit Vorstrafen 21
            k)   Schuldfähigkeit der Täter/Täterinnen 22
            l)   Vorsatzformen 23
            m) Tatmotive 23
            n)   Fazit 24

Inhaltsverzeichnis

Kapitel 2: Häusliche Gewalt – typische Straftaten aus dem Bereich der Häuslichen Gewalt. ... 25
   I. Beleidigung, Üble Nachrede, Verleumdung ... 25
      1. Beleidigung (§ 185 StGB) ... 25
      2. Üble Nachrede (§ 186 StGB) ... 25
         a) Tatsachenbehauptung ... 25
         b) Eignung zum Verächtlichmachen oder Herabwürdigen ... 26
         c) Tathandlungen ... 26
      3. Verleumdung (§ 187 StGB) ... 29
      4. Strafantrag ... 29
   II. Körperverletzung, gefährliche Körperverletzung, schwere Körperverletzung ... 29
      1. Körperverletzung (§ 223 StGB) ... 29
         a) Körperliche Misshandlung ... 30
         b) Erheblichkeit ... 30
         c) Gesundheitsschädigung ... 31
      2. Gefährliche Körperverletzung (§ 224 StGB) ... 32
      3. Schwere Körperverletzung (§ 226 StGB) ... 33
   III. Misshandlung von Schutzbefohlenen (§ 225 StGB) ... 35
      1. Der geschützte Personenkreis ... 35
      2. Das besondere Verhältnis zum Täter ... 36
      3. Die Tathandlungen ... 36
      4. Die Qualifikationen des Verbrechenstatbestandes (§ 225 Abs. 3 StGB) ... 36
      5. Beispiele ... 36
   IV. Nachstellung (§ 238 StGB) ... 39
      1. Sach- und Rechtslage ... 40
         a) Nachstellung ... 40
         b) Der besonders schwere Fall der Nachstellung (§ 238 Abs. 2 StGB) ... 46
      2. Die Erfolgsqualifikation des § 238 Abs. 3 StGB ... 49
   V. Der Verstoß gegen das Gewaltschutzgesetz (GewSchG) ... 50
      1. Die Gewaltschutzanordnung ... 50
      2. Strafbares Handeln ... 51
      3. Ein Exkurs (Vorsatz/Fahrlässigkeit) ... 51
      4. Besondere prozessuale Maßnahmen (Haft) ... 52
         a) Dringender Tatverdacht ... 52
         b) Haftgründe ... 53
   VI. Sexualdelikte zum Nachteil von Erwachsenen ... 60
      1. Sexuelle Belästigung ... 60
         a) Zum Hintergrund dieser Vorschrift ... 60
         b) Voraussetzungen der Strafbarkeit ... 61
         c) Strafantrag ... 62

Inhaltsverzeichnis

	2.	Sexueller Übergriff, sexuelle Nötigung, Vergewaltigung . .	62
		a) Das Beispiel: „Ich wollte das nicht"	62
		b) Das Beispiel: „Ich hab ganz deutlich ‚Nein' gesagt!"	64
	3.	Das Ergebnis der vorliegenden Fälle.	65
VII.	Sexueller Missbrauch von Kindern und schwerer sexueller Missbrauch.		66

Kapitel 3: (Versuchte) vorsätzliche Tötungsdelikte im und außerhalb des häuslichen Umfelds 67

I.	Allgemein		67
II.	Tötungsdelikte zum Nachteil von Frauen.		69
	1.	Kapitaldelikte innerhalb bestehender Partnerschaft	69
		a) Beispiele	69
		b) Vita der Täter und Familiengefüge	72
		c) Möglichkeiten die Taten zu verhindern.	72
	2.	Kapitaldelikte nach Auflösung einer Partnerschaft.	73
		a) Beispiele	73
		b) Vita der Täter und Familiengefüge	78
		c) Möglichkeiten die Taten zu verhindern.	78
	3.	Kapitaldelikte als Beziehungstaten bei fehlender Partnerschaft.	79
		a) Allgemein	79
		b) Beispiele	79
		c) Art der Beziehung	82
		d) Möglichkeiten die Tat zu verhindern	82
	4.	Kapitaldelikte ohne jede Beziehung zwischen Täter und Opfer.	82
		a) Allgemein	82
		b) Beispiele	82
		c) Vita der Angeklagten	85
		d) Möglichkeiten die Taten zu verhindern.	85
III.	Tötungsdelikte zum Nachteil von Kindern.		85
	1.	Allgemein.	85
	2.	Beispiele.	86
	3.	Vita der Angeklagten und Möglichkeiten die Tat zu verhindern	87
IV.	Tötungsdelikte zum Nachteil von Männern		87
	1.	Allgemein.	87
	2.	Beispiele.	87
V.	Sonderfälle.		88
	1.	Ehrenmorde	88
		a) Beispiele aus Verden	91
		b) Beispiele aus den Medien	92
		c) Vita der Beschuldigten	94

XVII

Inhaltsverzeichnis

		d) Möglichkeiten die Taten zu verhindern	94
	2.	Tötungsdelikte nach der Geburt	95
		a) Allgemein	95
		b) Beispiele	95
		c) Sonderprobleme bei der Aufklärung	96
	3.	Schütteltraumen bei Kleinkindern	97
		a) Allgemein	97
		b) Beispiele	97
		c) Vita der Angeklagten	100
		d) Möglichkeiten die Taten zu verhindern	100
		e) Sonderprobleme bei der Aufklärung	100
	4.	Tötungsdelikte durch psychisch Kranke	100
		a) Allgemein	100
		b) Beispiele	100
		c) Täter-Opfer-Beziehung	103
	5.	Tötungsdelikte durch Unterlassen	103
		a) Allgemein	103
		b) Beispiele	103
		c) Vita der Täter	106
		d) Sonderprobleme bei der Aufklärung	106

Kapitel 4: Prozessuale Probleme – Sonderprobleme bei der Aufklärung und bei dem Nachweis der Tat in der (späteren) Gerichtsverhandlung 107

I. Wahrnehmung des Zeugnisverweigerungsrechts (§ 52 StPO) durch Geschädigte 107
    1. Verlobte 107
    2. Ehegatten 107
    3. Lebenspartner 108
    4. Verwandtschaft und Schwägerschaft 108
        a) Verwandtschaft 108
        b) Schwägerschaft 108
        c) Adoption 109
        d) Pflegeeltern und Pflegekinder 109
    5. Mehrere Beschuldigte 109
    6. Kein Tatnachweis 110
    7. Höchstpersönliches Recht des Zeugen 110
II. Mangelnde Strafanträge 111
    1. Absolute Strafantragsdelikte 111
        a) Bedeutung „absolutes Strafantragsdelikt" 111
        b) Warum diese Privilegierung erfolgt 111
    2. Bedeutung „Relatives Strafantragsdelikt" 112
III. Strafverfolgungsverjährung 113
    1. Die Frage nach dem „Warum" 113

Inhaltsverzeichnis

	2. Verjährungsfristen	113
	3. Berechnung der Verjährungsfrist	113

Kapitel 5: Verfahrenseinstellungen aus Gründen der Opportunität... 115
- I. Allgemeines 115
- II. Verhältnis der Vorschriften der StPO zum JGG 115
- III. Voraussetzungen der Verfahrenseinstellung 116
  - 1. Tatvorwurf eines Vergehens 116
  - 2. Geringe Schuld 118
  - 3. Fehlendes öffentliches Interesse an der Strafverfolgung ... 121
- IV. Verfahrenseinstellung gegen Auflagen und Weisungen (§ 153a StPO) 123
  - 1. Beseitigung des öffentlichen Interesses 123
  - 2. Keine entgegenstehende Schwere der Schuld 124
    - a) Schwere der Schuld bei fahrlässiger Tötung 125
    - b) Schwere der Schuld bei zu erwartender Freiheitsstrafe 125
  - 3. Die Auflagen und Weisungen 126
- V. Ein Beispiel zur Anzahl der Verfahrenseinstellungen 127
- VI. Entscheidung, Ermessensausübung, Zustimmungserfordernis .. 127
- VII. Verfahrenseinstellung gemäß § 153 StPO 127
- VIII. Verfahrenseinstellung gemäß § 153a StPO 128
- IX. Verfahrenseinstellung bei komplexem Verfahrensstoff 128
  - 1. Teileinstellung des Verfahrens wegen weiterer Tatvorwürfe (§ 154 StPO) 128
    - a) Zweck der Vorschrift 128
    - b) Exkurs: Der „Mengenrabatt" in der StPO 130
  - 2. Beschränkung der Verfolgung wegen weiterer Teile einer Tat (§ 154a StPO) 131
    - a) Ein Exkurs 132
    - b) Ein Beispiel aus dem Bereich der Häuslichen Gewalt . 132
- X. Verfahrenseinstellung bei Abwesenheit des Täters 132
  - 1. Einstellung des Verfahrens durch die Staatsanwaltschaft (§ 154f StPO) 132
  - 2. Einstellung des Verfahrens durch das Gericht (§ 205 StPO) 134
  - 3. Einstellung des Verfahrens bei Auslieferung und Ausweisung des Täters (§ 154b StPO) 134
- XI. Verfahrenseinstellungen bei gegenseitigen Strafanzeigen ... 134
  - 1. Absehen von der Verfolgung bei falscher Verdächtigung oder Beleidigung (§ 154e StPO) 134
  - 2. Einstellung des Verfahrens bei einer zivil- oder verwaltungsrechtlichen Grundfrage (§ 154d StPO) 135
- XII. Verweis auf den Privatklageweg (§§ 374, 375, 376 StPO) ... 135
  - 1. Erwachsene Täter 135

Inhaltsverzeichnis

	2.	Jugendliche Täter	136
	3.	Gründe der Erziehung	136
	4.	Berechtigtes Interesse des Verletzten	137

Kapitel 6: Opferschutz – die aktuellen Regelungen 139
I. Nebenklage 139
II. Die Notwendigkeit eines Ergänzungspflegers 139
III. Voraussetzungen des Anschlusses zur Nebenklage.......... 139
    1. Verletzter 139
    2. Die Katalogtat............................... 140
    3. Rechtswidrige Tat 140
    4. Das Sicherungsverfahren....................... 141
    5. Verfahren gegen Jugendliche und Heranwachsende 142
    6. Nebenklage in Verfahren gegen Heranwachsende (§§ 80, 109 JGG)................................... 144
    7. Antragsdelikte................................ 144
    8. Nahe Angehörige 144
    9. Antragsteller im Klageerzwingungsverfahren.......... 146
    10. Weitere Anschlussberechtigte (§ 395 Abs. 3 StPO) 146
IV. Der Verfahrensbeistand 148
    1. Verfahrensbeistand im Gerichtsverfahren (§§ 397a, 397b StPO)...................................... 148
    2. Die Beiordnung eines Verfahrensbeistandes (§ 397a Abs. 1 StPO)...................................... 148
    3. Kein Kostenrisiko 148
V. Die Voraussetzungen der privilegierten Beiordnung (§ 397a Abs. 1 StPO) 149
    1. Sexual- und versuchte sowie vollendete Tötungsdelikte... 149
    2. Straftaten gegen die körperliche Unversehrtheit......... 149
    3. Geschädigte im besonderen Schutzalter 151
    4. Besondere Schutzbedürftigkeit oder Unfähigkeit eigener Interessenwahrnehmung........................ 153
    5. Verbrechen nach dem Völkerstrafgesetzbuch.......... 154
    6. Prozesskostenhilfe (§ 397a Abs. 2 StPO) 154
    7. Unfähigkeit der eigenen Interessenwahrnehmung 155
    8. Die Unzumutbarkeit der eigenen Interessenwahrnehmung.. 155
    9. Die schwierige Sach- oder Rechtslage............... 156
    10. Der Aspekt der Waffengleichheit................... 157
    11. Bedürftigkeit des Antragstellers und Ratenzahlungen.... 157
    12. Verfahrensrechtliche Hinweise.................... 158
    13. Umfang und zeitliche Wirkung der Beiordnung 158
    14. (K)ein Kostenrisiko für den Nebenkläger 159

Inhaltsverzeichnis

VI.	Verfahrensbeistand (bereits) im Ermittlungs- und Strafverfahren (§ 406h StPO)...............................	160
	1. Die Rechte des nebenklagefähigen Verletzten..........	160
	a) Antragstellung und Verdachtsgrad.............	160
	b) Die weiteren Rechte des Nebenklageberechtigten...	162
	2. Die Rechte des Verfahrensbeistands................	162
	3. Der vorläufige Verletztenbeistand (§ 406h Abs. 4 StPO)..	163
VII.	Zeugenbeistand (§ 68b StPO)........................	163
	1. Die Rechte des Zeugen und seines Beistandes (§ 68b Abs. 1 StPO)..................................	163
	2. Der Ausschluss des Zeugenbeistandes (§ 68b Abs. 1 StPO)	164
	3. Der kostenlose Zeugenbeistand (§ 68b Abs. 2 StPO)	167
VIII.	Die Psychosoziale Prozessbegleitung (§ 406g StPO).........	168
	1. Voraussetzungen der Beiordnung gemäß § 406g Abs. 3 S. 1 StPO.................................	168
	2. Voraussetzungen der Beiordnung gemäß § 406g Abs. 3 S. 2 StPO.................................	168
IX.	Der Verletztenbeistand (§ 406f StPO)...................	169
X.	Die richterliche Videovernehmung der Geschädigten	169
	1. Die „Kann-Vorschrift" (§ 58a Abs. 1 Satz 1 StPO).......	170
	2. Die Alternativen der „Soll-Vorschrift" (§ 58a Abs. 1 Satz 2 StPO)......................................	170
	3. Die „Muss-Vorschrift" (§ 58a Abs. 1 S. 3 StPO)	171
	4. Weiteres Wissenswertes........................	171
	a) Duldungspflicht und Zustimmungserfordernis des Zeugen..................................	171
	b) Verwendungsbeschränkung der Aufzeichnung.....	171
	c) Akteneinsicht	172
XI.	Prozessuale Möglichkeiten des Opferschutzes	172
	1. Getrennte Vernehmung (§ 168e StPO)...............	172
	2. Ausschluss des Beschuldigten (§ 168c StPO)	173
XII.	Weitere Opferrechte	173
	1. Beschränkung des Fragerechts aus Gründen des Persönlichkeitsschutzes	173
	2. Recht auf Auskünfte...........................	173
	a) Auskunft über den Stand des Verfahrens (§ 406d StPO)....................................	173
	b) Das Recht zur Einsichtnahme der Verfahrensakten (§ 406e StPO)	174
	c) Auskunft über die Befugnisse im Strafverfahren (§ 406i StPO).............................	174
	d) Auskunft über die Befugnisse außerhalb des Strafverfahrens................................	175
	e) Auskunft zu weiteren Informationen............	175
	3. Weitere Befugnisse der Angehörigen und Erben	175

Inhaltsverzeichnis

Kapitel 7: Rechte der Beschuldigten 176
    I.   Recht auf rechtliches Gehör. 176
    II. Recht auf ordnungsgemäße Belehrung 176
    III. Aussageverweigerungsrecht, Schweigerecht. 177
    IV. Anspruch auf rechtsstaatliche Vernehmungsmethoden (§ 136a StPO) 178
    V.   Recht auf Stellung von Beweisanträgen 178
    VI. Recht auf einen Verteidiger seiner Wahl 178
    VII. Antragsrecht auf Beiordnung eines Pflichtverteidigers (§§ 136, 140, 141 StPO). 179
    VIII. Das Anwesenheitsrecht des Verteidigers 180
        1. Anwesenheitsrecht in der polizeilichen/staatsanwaltschaftlichen Vernehmung 180
        2. Anwesenheitsrecht bei richterlichen Vernehmungen 180
    IX. Recht auf schriftliche Äußerung. 180
    X.   Fragerecht 180
    XI. Recht auf eine qualifizierte Belehrung. 180
    XII. Beiordnung eines Pflichtverteidigers von Amts wegen. 181
    XIII. Recht darauf, dass die Vernehmung in bestimmten Fällen aufgezeichnet wird 183
    XIV. Pflicht zur unverzüglichen Vorführung 183

Kapitel 8: Sexualdelikte aus forensisch-psychiatrischer Perspektive ... 184
    I.   Aufgaben und Herangehensweisen von Sachverständigen. 184
    II. Psychische Störungen und Sexualdelinquenz 188
    III. Dissoziales Sexualverhalten versus paraphil motivierte Delinquenz 190
    IV. Sexuelle Gewaltdelikte und Substanzkonsum 199
    V.   Sexuelle Gewalt gegen Frauen: Vergewaltigungen 200
    VI. Sexuell motivierte und sexuell assoziierte Tötungsdelikte 202
    VII. Sexuelle Gewalt und kulturelle Einflüsse 203

Kapitel 9: Psychologische und gesellschaftliche Mechanismen, die Gewalt befördern. 209

Kapitel 10: Verhinderung häuslicher Gewalt – wirksame Schutzmaßnahmen. 215
    I.   Istanbul Konvention 215
    II. Gewalthilfegesetz 215
    III. Blick in das europäische Ausland – Spanien. 216
    IV. Ein Blick nach Australien 219
    V.   Weitere Diskussionsansätze in Bezug auf Häusliche Gewalt und Sexualdelikte zum Nachteil von Frauen und Kindern in Deutschland. 223
        1. Vertrauen in Justiz. 223

Inhaltsverzeichnis

	2.	Härtere Strafen	224
	3.	Qualifizierte Leichenschau	224
		a) Hintergrund	225
		b) Entwicklung	225
		c) Ablauf des Verfahrens in drei Schritten	225
		d) Konsequenzen dieses Verfahrens	226
		e) Allgemeine Vorteile der qualifizierten Leichenschau (qLS) – speziell für die Rechts- und Patientensicherheit	227
	4.	Anonyme Anlaufstellen für zukünftige Täter und Täterarbeit	227
	5.	Problembehaftete Scheidungen/Familienrechtsstreitigkeiten	228
	6.	AJSD (Ambulanter Justizsozialdienst)	228
	7.	Einbindung der Sozialarbeiter/Vertrauenslehrer an Schulen	228
	8.	App zur Beweissicherung und Vermittlung von Hilfeangeboten	228
	9.	Aufklärungsarbeit „Schütteln" von Säuglingen/Kleinkindern	229
	10.	Internet/Fernsehen	229
	11.	Frauenbild und Frauenrechte	229
	12.	Sensibilisierungskampagnen in Bezug auf Täter und Opfer	230
	13.	Externe Hilfe für Opfer, Frauenhäuser, Notrufnummern etc.	230
	14.	Notwendigkeit von Bildung, Cannabislegalisierung und mögliche Probleme	230
VI.	Weitere Diskussionsansätze in Bezug auf Femizide		230
	1.	Übertragung der Ansätze im Bereich Häuslicher Gewalt	230
	2.	Elektronische Fußfessel	231
	3.	Beiordnung von Pflichtverteidigern zum Schutze Tatverdächtiger contra Opferschutz	231
	4.	Vorratsdatenspeicherung	232
	5.	„Femizid" als Mordmerkmal	232
		a) Grundproblematik	232
		b) Notwendigkeit einer ergänzenden Regelung	233
		c) Unterschiedliche Ansätze bei der Erweiterung der Mordmerkmale	234
		d) Lösungsansatz	234

Stichwortverzeichnis 237

Kapitel 1: Einleitung

Wer die Nachrichten in den vergangenen Monaten oder Jahren aufmerksam verfolgte, hat bemerkt, dass immer häufiger über Gewaltdelikte berichtet wird. Oftmals eskaliert Streit wegen Nichtigkeiten. Der Einsatz von Messern nimmt dramatisch zu, auf Straßen, in öffentlichen Verkehrsmitteln, Streitigkeiten mit Gewaltausbrüchen in Familien scheinen an der Tagesordnung zu stehen. Schlagzeilen wie
- 9. Juli 2023: „430 Fälle pro Tag: Immer mehr häusliche Gewalt"
- 7. Juni 2024: „Lagebild Häusliche Gewalt. Die Schuld liegt immer beim Täter. Über 250.000 Menschen sind 2023 Opfer häuslicher Gewalt geworden – 6,5 Prozent mehr als im Vorjahr"
- 19. November 2024: „Gewalt gegen Frauen explodiert"
- 24. Dezember 2024: „Die Gefahr Weihnachten – Häusliche Gewalt steigt während der Feiertage, Forderungen nach der Umsetzung der Istanbul-Konvention werden laut"

zeigen, dass offenbar gerade innerhalb der Familien die Gewaltproblematik erschreckend zunimmt, beginnend oftmals im Kleinen, mit Beleidigungen, Bedrohungen hin zu der ersten Ohrfeige und dem allmählichen Verlust an Hemmungen, Gewalt körperlicher und psychischer Art gegen enge Angehörige auszuüben.

Gewalt gegen Frauen und Häusliche Gewalt im Allgemeinen ist tatsächlich aktueller denn je. Die Frequenz der Berichterstattungen täuscht nicht. Diese Delikte beschäftigen und belasten die Strafverfolgungsbehörden und die Gerichte zunehmend. Oftmals trifft es dabei die Schwächsten in der Familienstruktur, nämlich die Kinder, die ihrerseits – von Gewalt und mangelndem Respekt geprägt – schon in jungen Jahren nicht davor scheuen, ihre Erfahrungen durch eigene Gewalthandlungen an Mitmenschen weiterzugeben und weiterzuleben. Die Praxis bestätigt leider auch: Die Gewalt fängt in der Regel im Kleinen an und endet in Extremfällen in der Tötung eines Menschen.

Deshalb lassen sich aus hiesiger Sicht die Themen Häusliche Gewalt und Femizide nicht getrennt abhandeln. Wir wollen uns mit den Themen intensiv befassen, die Polizeistatistik beleuchten, vorsätzlich begangene vollendete Tötungsdelikte in den Fokus nehmen und dabei Echtfälle, insbesondere Tötungsdelikte aus dem Landgerichtsbezirk Verden schildern mit dem Ziel, Opfer- und Täterbilder zu beleuchten und Antworten auf die folgenden Fragen suchen:
- Was ist Ursache für Gewalt in Familien, der sogenannten häuslichen Gewalt?
- Wer sind die Täter und Opfer?
- Warum wird Gewalt gegen Frauen und Mädchen ausgeübt, die in Extremfällen tödlich endet?
- Wird gegen dieses Deliktsfeld genug unternommen?
- Wie können ggfs. Gesellschaft und Politik wirksam gegensteuern?
- Welche Maßnahmen sind aus Sicht der Justiz erforderlich?
- Was lässt sich ggfs. aus dem Ausland lernen?

3 Die Gründe für das Ansteigen der Straftaten innerhalb von Familien und insbesondere zum Nachteil von Frauen und Mädchen dürften tatsächlich vielfältig sein. Hass und Hetze sowie Gewaltdarstellungen im Netz tragen gewiss zu einem Anstieg der Straftaten und einer gewissen allgemeinen Verrohung bei. So werden leider immer häufiger bei Auswertungen von Mobiltelefonen Jugendlicher oder Heranwachsender Dateien vorgefunden, die Gewalt verherrlichen (etwa selbst oder von Mitschülern gefertigte Videos, die Misshandlungen von Mitschülern zeigen) über von Gewalt geprägte pornografische Darstellungen/Filme aus dem Netz bis hin zu Hinrichtungsvideos, die man aus dem Internet heruntergeladen und gespeichert hat. Aber auch die innerhalb der Gesellschaft grundsätzlich steigende Gewaltkriminalität, der Verlust an Empathie und Mitgefühl mit anderen sowie gesellschaftliche Veränderungen durch Migration, die zunehmende Emanzipation der Frauen, die insbesondere in patriarchalisch geprägten Familienstrukturen zu einer Verschiebung der Rollen und damit zu Konflikten führen kann, dürften mitursächlich sein. Nicht auszuschließen ist auch, dass ein möglicherweise verändertes Anzeigeverhalten von Opfern mit dazu beiträgt, dass mehr Straftaten im Bereich Häuslicher Gewalt erfasst werden. Das Bundeskriminalamt hat insoweit eine geschlechterübergreifende Bevölkerungsbefragung zur Gewaltbetroffenheit in Deutschland durchgeführt,[1] um auch das Dunkelfeld zu erforschen. Dennoch bleibt die tatsächliche Anzahl von Delikten innerhalb von Familien, die sich im Regelfall hinter geschlossenen Türen ereignen, unklar. Es ist lediglich zu vermuten, dass die Zahlen weit über den tatsächlich von der Polizeistatistik erfassten Straftaten liegen.

Soweit Echtfälle aus dem Bezirk der Staatsanwaltschaft Verden geschildert werden, erfolgt dies anonymisiert und beschränkt sich ausschließlich auf die Tatsachenfeststellungen, die durch das Gericht in öffentlicher Hauptverhandlung erfolgten.

I. Definitionen

1. Definition Femizid

4 Erstmalig nachweisbar ist der Begriff „Femizid" in einem englischsprachigen Rechtslexikon von 1848, dort definiert als **Tötung einer Frau**.[2] Die Definition, die man unter Wikipedia findet, engt die Begrifflichkeit demgegenüber deutlich ein. Dort heißt es: Als Femizid wird die Tötung von Frauen oder Mädchen als extreme Form **geschlechtsbezogener Gewalt, die im Kontext patriarchaler Geschlechterdifferenzierung** verübt wird, bezeichnet.

Das European Data Journalism Network[3] formuliert: „Ein Femizid ist die vorsätzliche Tötung einer Frau aufgrund eines angeblichen Verstoßes gegen die Rollenvorstellungen von Männern und Frauen, die sich aus Traditionen und sozialen Normen ergeben. Das grenzüberschreitende Verhalten hängt demnach vom

---

1 BKA, Lebenssituation, Sicherheit und Belastung im Alltag.
2 Wharton, The Law lexicon, or, dictionary of jurisprudence, Spettigue an Farague, London 1948, S. 251.
3 European Data Journalism Network, Frauenmorde in Europa: Vergleich zwischen unterschiedlichen Ländern, veröffentlicht am 28.11.2017.

sozialen Umfeld ab, in dem das Verbrechen stattfindet". (Definition im Sinne einer feministischen Kriminologie). Unterschieden wird bisweilen auch nach Tötung durch den Intimpartner (Intim-Femizid), Mord zur Wiederherstellung der Ehre, mitgift-bezogenem Femizid und nicht-intimem Femizid.[4]
Während die einen die Umstände der Tötungen in den Fokus nehmen, beschäftigen sich andere mit der kriminologischen Betrachtung und der Tötung von (erwachsenen) Frauen als Unterfall der Tötungsdelikte allgemein, andere mit der länderbezogenen Entwicklung von Tötungen an weiblichen Opfern oder eher mit einer feministischen Ausprägung des Begriffs. Auf die Details soll im Folgenden nicht eingegangen werden.
Das Bundeskriminalamt formuliert: **Femizide sind Tötungsdelikte an Frauen, die getötet werden, weil sie Frauen sind.** Der Täter wird von der Annahme einer geschlechtsbezogenen **Ungleichwertigkeit von Frauen** zu seiner Tat motiviert.[5] Diese Definition erfasst alle Delikte zum Nachteil von Frauen, die von der Begrifflichkeit aus Praxissicht zu erfassen sind, dies unabhängig davon, ob die Gewalt in einer bestehenden Partnerschaft oder nach Trennung ausgeübt wird – oder aber, und auch diese Fälle sind in der Praxis feststellbar, zum Tatzeitpunkt keinerlei Beziehung zwischen Täter und Opfer bestand. Darunter fallen etwa Tötungsdelikte, die zur Verdeckung eines vorangegangenen Sexualdelikts zum Nachteil einer Frau begangen worden sind, die zufällig und ohne jede Vorbeziehung zum Opfer wurde. Ebenso sind die Fälle erfasst, in denen gezielt eine Frau zum Zwecke der Tötung ausgesucht wurde, weil von ihr im Gegensatz zu einem männlichen Opfer weniger Widerstand zu erwarten war. Gerade diese Fälle sind häufig im medialen Blickfeld, weil diese Taten besonders verstörend sind und auch erheblich das Sicherheitsgefühl von Frauen erschüttern. Auch diese Delikte sind schonungslos als das zu bezeichnen, was sie tatsächlich sind, nämlich Femizide.

2. Definition Häusliche Gewalt

Das Bundeskriminalamt formuliert dazu in seinen jährlichen Lageberichten zur Polizeikriminalitätsstatistik: Häusliche Gewalt **beinhaltet alle Formen körperlicher, sexueller oder psychischer Gewalt und umfasst familiäre sowie partnerschaftliche Gewalt.** Häusliche Gewalt liegt vor, wenn die Gewalt zwischen Personen stattfindet, die in einer familiären oder partnerschaftlichen Beziehung zusammenwohnen. Sie liegt auch vor, wenn sie unabhängig von einem gemeinsamen Haushalt innerhalb der Familie oder in aktuellen oder ehemaligen Partnerschaften geschieht. Damit beinhaltet die Häusliche Gewalt zwei Ausprägungen, nämlich die Partnerschaftsgewalt und die innerfamiliäre Gewalt. Bei der Partnerschaftsgewalt werden die Opfer und Tatverdächtigen betrachtet, die in einer partnerschaftlichen Beziehung waren oder sind, bei der innerfamiliären Gewalt die Opfer und Tatverdächtigen, die in einer verwandtschaftlichen Beziehung zueinander stehen (ohne (Ex-) Partnerschaften).[6]
Die Definitionen, die der Polizeikriminalitätsstatistik zugrunde gelegt werden lauten: **Partnerschaftsgewalt** sind Straftaten nach einem festgelegten Katalog, bei denen zur Opfer-Tatverdächtigen-Beziehung in der Polizeikriminalitätsstatis-

---
4 So etwa: Christina Clemm, Gegen Frauenhass, S. 48.
5 Bundeslagebild, Geschlechtsspezifisch gegen Frauen gerichtete Straftaten 2023.
6 Bundeskriminalamt, Häusliche Gewalt, Bundeslagebild 2023, Vorbemerkungen.

tik partnerschaftliche Verbindungen erfasst wurden. Diese sind Ehepartner, eingetragene Lebenspartnerschaften, Partner nicht-ehelicher Lebensgemeinschaften und ehemalige Partnerschaften. **Innerfamiliäre Gewalt** im Sinne dieser Auswertung sind Straftaten nach einem festgelegten Katalog, bei denen zur Opfer-Tatverdächtigen-Beziehung in der Polizeikriminalitätsstatistik „Familie oder sonstige Angehörige (ohne Eheleute, (Ex-)Partnerschaft)" erfasst wurden. Dies sind Kinder (auch Pflege-, Adoptiv-, Stiefkinder), Enkel (auch Ur- und Ururenkel), Eltern (auch Pflege-, Adoptiv-, Stiefeltern), Großeltern (auch Ur- und Ururgroßeltern), Geschwister (auch Halb-, Stief-, Pflege- oder adoptierte Geschwister), Schwiegereltern, -sohn, -tochter, sonstige Angehörige (wie Schwägerschaft, Verwandte des Ehegatten/der Ehegattin) sowie Onkel, Tante, Neffe, Nichte, Cousin/e, auch mit der Vorsilbe Halb-. Was **psychische Gewalt** meint, wird ergänzend aus der Definition „Häuslicher Gewalt" durch die (hier: niedersächsische) Justiz erkennbar: Als Häusliche Gewalt werden alle strafbaren Handlungen, die die körperliche, psychische, sexuelle oder wirtschaftliche Integrität des Opfers beeinträchtigen, die in bestehenden oder ehemaligen ehelichen oder nichtehelichen Beziehungen begangen werden, wenn die Tat im Zusammenhang mit der bestehenden, ehemaligen oder gewünschten Beziehung steht, sowie zwischen im selben Haushalt lebenden Angehörigen unabhängig vom Tatort und unabhängig davon, ob der Täter beziehungsweise die Täterin denselben Wohnsitz wie das Opfer hat oder hatte. **Sind in einem Verfahren ausschließlich Vermögensdelikte betroffen, so handelt es sich dann um häusliche Gewalt, wenn das Delikt als Ausdruck einer strukturellen Abhängigkeit einzuordnen ist.** Wirtschaftliche Gewalt wird nach dieser Definition (im Einklang mit der Istanbul-Konvention) auch Teil der häuslichen Gewalt sein. Bei reinen Vermögensdelikten (Unterhaltspflichtverletzungen, Betrug u. a.) wird zudem ein Nötigungsmoment gefordert, um den Gewaltbegriff ansatzweise bestimmen zu können.

II. Zahlen und Daten – Statistiken

6 Zunächst wollen wir uns den vom Bundeskriminalamt erhobenen Zahlen zur Entwicklung der Tötungsdelikte seit 2015 (bundesweit) und der Entwicklung der Häuslichen Gewalt von 2022 bis 2023 widmen und danach den Fokus auf einen engeren Bereich von Delikten richten, nämlich ausschließlich auf 2012 und 2013 vorsätzlich begangene vollendete Tötungsdelikte in 5 Bundesländern.

1. Bundeszahlen – Die Polizeikriminalstatistik

7 a) **Tötungsdelikte – Entwicklung seit 2015.** Dem Bericht des Bundeskriminalamts zur Partnerschaftsgewalt 2015 in Deutschland lassen sich folgende Zahlen entnehmen:

	insgesamt	Frauen	Männer
Opfer eines Kapitaldelikts	2.457	781	1.676
davon in Partnerschaft	415	331	84
in Prozent	16,9 %	42,4 %	5 %

Seit 2017 wird in den Lageberichten unterschieden zwischen vollendeten und versuchten Tötungsdelikten. Diese Zahlen sind noch signifikanter.

§§ 211/212 StGB	2107	2018	2019	2020	2021	2022
Mord und Totschlag insgesamt	Weibl. 364 Männl. 91	Weibl. 324 Männl. 94	Weibl. 301 Männl. 93	Weibl. 359 Männl. 101	Weibl. 301 Männl. 68	Weibl. 312 Männl. 78
davon Versuch	Weibl. 223 Männl. 59	Weibl. 206 Männl. 70	Weibl. 190 Männl. 64	Weibl. 227 Männl. 75	Weibl. 192 Männl. 56	Weibl. 186 Männl. 62
davon vollendet	Weibl. 141 Männl. 32	Weibl. 118 Männl. 24	Weibl. 111 Männl. 29	Weibl. 132 Männl. 26	Weibl. 109 Männl. 12	Weibl. 126 Männl. 16
Körperverletzung mit Todesfolge	Weibl. 6 Männl. 2	Weibl. 4 Männl. 2	Weibl. 6 Männl. 3	Weibl. 7 Männl. 4	Weibl. 4 Männl. 2	Weibl. 7 Männl. 3

b) Häusliche Gewalt – Entwicklung von 2022 bis 2023. Die Anzahl der Opfer Häuslicher Gewalt ist 2023 im Vergleich zu 2022 um etwa 6,5 Prozent angestiegen, im Vergleich zum Jahr 2019 sogar um 19,5 Prozent. Knapp über 70 Prozent sind weibliche Personen. Das Bundeskriminalamt spricht von sog. Hellfeldstatistik und meint damit, dass nur die angezeigten Fälle ausgewertet werden können, tatsächlich die Anzahl der hinter verschlossenen Türen stattgefundenen Gewalt häufig im Dunklen bleiben dürfte. Dabei ist unklar, inwieweit ein verbesserter Opferschutz, und ein möglicherweise auch geändertes Anzeigeverhalten Einfluss auf die Zahlen genommen haben.

aa) Häusliche Gewalt – das Lagebild 2023. Das Bundeskriminalamt hat im Juni 2024 das Lagebild 2023 veröffentlicht. In das Lagebild 2023 sind folgende Kriminalitätsfelder eingeflossen:[7]
- Mord und Totschlag (ohne Tötung auf Verlangen)
- Gefährliche Körperverletzung
- Schwere Körperverletzung
- Körperverletzung mit Todesfolge
- Vorsätzliche einfache Körperverletzung
- Sexueller Übergriff, sexuelle Nötigung, Vergewaltigung
- Bedrohung, Stalking, Nötigung (psychische Gewalt)
- Freiheitsberaubung
- Zuhälterei
- Zwangsprostitution
- Sexuelle Belästigung (bei Partnerschaftsgewalt seit 2022)
- Entziehung Minderjähriger (bei Partnerschaftsgewalt seit 2022)
- Verstümmelung weiblicher Genitalien

---
7 BKA, Häusliche Gewalt, Bundeslagebild 2023, S. 2.

- Misshandlung von Schutzbefohlenen
- Zwangsheirat
- Sexueller Missbrauch von Kindern (unter 14 Jahren), von Jugendlichen (14 Jahre bis unter 18 Jahre) und von Schutzbefohlenen ab 14 Jahren
- Förderung sexueller Handlungen Minderjähriger

Die Auswertung hat im Wesentlichen folgende Zahlen ergeben:
- Häusliche Gewalt
   - 256.276 Fälle (2022: 240.547 Fälle; + 6,5 % zum Vorjahr)
      - davon 70,5 % weibliche (180.715) Opfer Häuslicher Gewalt
      - und 29,5 % männliche (75.561) Opfer Häuslicher Gewalt
   - 24,3 % aller von der Polizeistatistik erfassten Opfer (143.604) waren von Partnerschaftsgewalt betroffen,
   - 34,5 % von innerfamiliärer Gewalt (88.411 Opfer).
- 24,3 % aller in der Polizeikriminalitätsstatistik erfassten Opfer der hier betrachteten Delikte (1.053.544) sind Opfer von Häuslicher Gewalt (256.276),-
- 208.810 Fälle (2022: 197.348; + 5,8 % zum Vorjahr) Tatverdächtige waren
   - 75,6 % männlich (157.932)
   - und 24,4 % weiblich (50.878).

bb) Partnerschaftsgewalt

- 167.639 Fälle (2022: 157.550; + 6,4 %) von Gewalt in Partnerschaften mit 167.865 Opfern (2022: 157.818; + 6,4 %),
   - davon 79,2 % weiblich (132.966)
   - und 20,8 % männlich (34.899).
- 16,3 % aller in der Polizeikriminalitätsstatistik erfassten Opfer der hier betrachteten Delikte sind Opfer von Gewalt in Partnerschaften (167.865).

Betrachtet man die Opfer-Tatverdächtigen-Beziehung, so ergeben sich folgende Zahlen:
- 39,6 % der Opfer sind ehemalige Partnerinnen und Partner,
- 30,9 % Ehepartnerinnen.

Von den 136.557 Tatverdächtigen (2022: 129.332; + 5,6 %) waren
- 77,6 % männliche (106.014)
- und 22,4 % weibliche (30.543) Tatverdächtige.

Zur Deliktstruktur der erfassten Straftaten listet das Bundeskriminalamt folgende Zahlen:
- 59,1 % vorsätzliche einfache Körperverletzung
- 24,6 % Bedrohung, Stalking, Nötigung
- 11,4 % gefährliche Körperverletzung
- 2,6 % Vergewaltigung, sex. Nötigung
- 0,2 % sex. Übergriffe
- 2,1 % Mord und Totschlag

cc) Innerfamiliären Gewalt. Es gab 78.341 (2022: 73.396; + 6,7 %) Fälle von innerfamiliärer Gewalt mit 88.411 (2022: 82.729; + 6,9 %) Opfern

- davon 54,0 % weiblich (47.749)
- und 46,0 % männlich (40.662).

8,4 % aller in der Polizeikriminalitätsstatistik erfassten Opfer der hier betrachteten Delikte sind Opfer innerfamiliärer Gewalt (88.411).

Zur **Opfer-Tatverdächtigen-Beziehung** ergeben sich folgende Zahlen:
- 35,0 % Kinder
- 23,6 % Eltern
- 17,6 % Geschwister
- 4,0 % Schwiegereltern, -sohn, -tochter
- 1,2 % Enkel
- 0,8 % Großeltern
- 17,8 % sonstige Angehörige.

Von den 72.253 (2022: 68.016, 6,2 %) **Tatverdächtigen** sind
- 71,9 % männlich (51.918)
- und 28,1 % weiblich (20.335).

Zur **Deliktsstruktur innerfamiliärer Gewalt** hat das Bundeskriminalamt folgende Zahlen ermittelt:
- 51,0 % vorsätzliche einfache Körperverletzung
- 23,7 % Bedrohung, Stalking, Nötigung
- 11,8 % gefährliche Körperverletzung
- 5,0 % Misshandlung von Schutzbefohlenen
- 4,6 % Sexueller Missbrauch von Kindern, Jugendlichen und Schutzbefohlenen ab 14 Jahren
- 0,6 % Vergewaltigung, sex. Nötigung, sex. Übergriffe
- 0,4 % sex. Belästigung
- 0,4 % Mord und Totschlag
- 2,5 % andere Delikte

Nach den vom Bundeskriminalamt erhobenen Zahlen ergibt sich das nachfolgende Bild zur **Entwicklung der Opferzahlen** Häuslicher Gewalt:[8]
- 2019: 214.481 Fälle
- 2023: 256.276 Fälle

mithin eine Steigerung in 5 Jahren von 19,5 Prozent.

Der weit größte Teil der Opfer sind weibliche Personen, die durch ihre (Ex-) Partner Häusliche Gewalt erlitten. Knapp mehr als die Hälfte der Opfer lebten mit dem Beschuldigten in einem gemeinsamen Haushalt, wobei die meisten weiblichen Opfer zwischen 30 und 40 Jahren alt waren. Bei der innerfamiliären Gewalt fällt ein hoher Anteil der Straftaten im Bereich Tötungsdelikte und Sexualdelikte auf. 2023 lag der Anteil der Beschuldigten von Partnerschaftsgewalt bei 65,4 Prozent und 136.557 Fällen und der Anteil der innerfamiliären Gewalt bei 34,6 Prozent und 72.253 Fällen. **Die beschuldigten Personen waren demzufolge weit überwiegend Männer**, diese im Alter zwischen 30 und 40 Jahren.

---

8   BKA, Häusliche Gewalt, Bundeslagebild 2023, S. 7 f.

Im Bereich der Partnerschaftsdelikte entfiel der größte Teil auf vorsätzlich begangene einfache Körperverletzungsdelikte, gefolgt von Bedrohung, Stalking und Nötigung sowie gefährlicher Körperverletzung. **155 Frauen und 24 Männer wurden Opfer von Gewaltpartnerschaft mit tödlichem Ausgang.** Dabei waren mehr – 53,3 Prozent – also die Hälfte der Opfer von Kapitaldelikten Ehepartner.
Opfer der Partnerschaftsgewalt waren überwiegend deutsche Staatsangehörige (7,8 Prozent). Gleichzeitig stieg von 2022 bis 2023 die Anzahl deutscher Staatsangehöriger als Opfer um 4,3 Prozent, die nichtdeutscher Opfer um 10,2 Prozent, wobei insoweit der größte Teil mit 10,6 Prozent auf türkische Staatsangehörige entfiel, gefolgt von polnischen Staatsangehörigen mit 10,2 Prozent, ukrainischen Staatsangehörigen mit 7,9 Prozent und syrischen Staatsangehörigen mit 7,1 Prozent.
78.341 Menschen wurden 2023 Opfer innerhalb der Familie, die Straftaten ereigneten sich also zwischen nahen Angehörigen. Auch diese Zahlen sind um etwa 6,7 Prozent im Vergleich zum Vorjahr gestiegen. **Die Zahlen der Gewaltdelikte innerhalb von noch bestehenden oder ehemaligen Partnerschaften hat mit 17,5 Prozent deutlich zugenommen.** Dabei haben insbesondere die einfachen vorsätzlichen Körperverletzungsdelikte spürbar zugenommen, wobei unklar ist, ob tatsächlich die Gewaltbereitschaft gestiegen ist oder sich das Anzeigeverhalten der Opfer verändert hat. Mit 79,2 % richten sich die Delikte der Partnerschaftsgewalt hauptsächlich gegen Frauen. Die Polizeikriminalitätsstatistik-Daten der letzten Jahre zeigen ebenfalls einen Anstieg der Anzahl der erfassten Tatverdächtigen im Zusammenhang mit Straftaten gemäß § 4 Gewaltschutzgesetz.

17 c) **Einfluss von Alkohol und anderen berauschenden Mitteln.** Von den im Jahr 2023 insgesamt erfassten 167.865 Opfern vollendeter und versuchter Delikte der Partnerschaftsgewalt standen 1,3 % (2.176, darunter 1.559 weibliche und 617 männliche Opfer) unter dem Einfluss von Alkohol, Drogen oder Medikamenten. Alkoholeinfluss wurde bei insgesamt 2.004 Opfern (92,1 % der 2.176 Opfer, die unter dem Einfluss von psychoaktiven Substanzen standen) festgestellt und war damit gegenüber dem Einfluss von Drogen (134 Opfer; 6,2 %) und von Medikamenten (38 Opfer; 1,7 %) deutlich überrepräsentiert. Von den Opfern, die unter dem Einfluss von Alkohol, Drogen oder Medikamenten standen, befanden sich 54,6 % in einer nichtehelichen Lebensgemeinschaft mit dem Tatverdächtigen (1.188), 22,7 % in einer Ehe (494), 22,5 % waren ehemalige Partner (489) und 0,2 % befanden sich in einer eingetragenen Lebenspartnerschaft.[9]

18 d) **Opfer mit Behinderung.** Mit dem Opfermerkmal „Behinderung" wurden bei partnerschaftlicher Gewalt im Jahr 2023 insgesamt 375 Opfer (80,5 % weiblich und 19,5 % männlich) und mit dem Merkmal „Gebrechlichkeit/Alter/Krankheit/Verletzung" 524 Opfer (75,8 % weiblich und 24,2 % männlich) registriert. Sowohl die Anzahl der Opfer mit dem Erfassungsmerkmal „Behinderung" (+ 12,6 %) als auch die Anzahl der Opfer mit dem Merkmal „Gebrechlichkeit/Alter/Krankheit/Verletzung" (+ 6,7 %) ist im Vergleich zum Vorjahr gestiegen. 31,2 % der Opfer mit Merkmal „Behinderung" waren mit Status „ehemaliger

---

9 BKA, Häusliche Gewalt, Bundeslagebild 2023, S. 23.

Partnerschaften" (117) und 34,9 % mit Status „Ehepartner" (131) erfasst. Der Status „Partner nichtehelicher Lebensgemeinschaften" lag bei 33,6 % der Opfer vor (126).
Auffällig ist mit 65,1 % die hohe Anzahl der Opfer, die mit dem Merkmal „Gebrechlichkeit/Alter/Krankheit/Verletzung" und mit Beziehung zur tatverdächtigen Person „Ehepartner" erfasst wurde (341 Opfer). Lediglich 20,6 % der Opfer mit den genannten Polizeikriminalitätsstatistik-Merkmal befanden sich mit der tatverdächtigen Person in einer „nichtehelichen Lebensgemeinschaft" (108) und 13,9 % hatten mit der tatverdächtigen Person eine „ehemalige Partnerschaft" (73).

e) Rolle des Internets. In 4.622 im Jahr 2023 begangenen Fällen von Nötigung in (Ex-)Partnerschaften wurde in 7,3 % (337 Fälle) das Internet genutzt. Damit stieg der Anteil der mittels Internetnutzung begangenen Nötigungen im Vergleich zum Vorjahr um 1,4 Prozentpunkte (2022: 272 von 4.590 Fällen, 5,9 %). Bei der Bedrohung ist im Berichtsjahr in (Ex-)Partnerschaften sowohl die Fall- und die Opferanzahl insgesamt als auch die Zahl der dabei mit Internet begangenen Taten und damit verbunden die Anzahl der diesbezüglichen Opfer im Vergleich zum Vorjahr angestiegen. So lag der Anteil der Bedrohungsfälle begangen mit Internet 2022 bei 7,8 % (1.840 Fälle von 23.494) und 2023 bei 8,7 % (2.235 Fälle von 25.559).
Das Bundeskriminalamt führt dazu aus: Mitursächlich für diesen Anstieg dürfte insbesondere die Verschärfung des § 241 StGB sein, die im Zuge der Umsetzung des Gesetzes zur Bekämpfung von Rechtsextremismus und Hasskriminalität am 3. April 2021 in Kraft getreten ist und bereits Auswirkungen auf die PKS-Zahlen[10] für 2021 und 2022 hatte. Auch im Bereich der Nachstellung ist ein Anstieg festzustellen: Während 2022 der Anteil der mit TMI[11] begangenen Fälle bei 13,5 % (1.357 Fälle von 10.089) lag, betrug ihr Anteil 2023 16,4 % (1.822 Fälle von 11.121). Bei den Opfern ist ebenfalls ein Anstieg zu verzeichnen: 2022 wurden 13,5 % der Opfer von Nachstellung Opfer mittels TMI, 2023 lag der Anteil bei 16,4 %.

f) Einschlägige Vorstrafen. Bereits zuvor in Erscheinung getreten waren 55,1 % der insgesamt 136.557 Tatverdächtigen bei Partnerschaftsgewalt (75.292). Bei den männlichen Tatverdächtigen war der Anteil mit 59,7 % (63.286 von insgesamt 106.014) deutlich höher als bei den weiblichen mit 39,3 % (12.006 von insgesamt 30.543).

g) Die Täter/Täterinnen. Das Bundeskriminalamt unterscheidet in der Statistik lediglich deutsche/nichtdeutsche Täter und Opfer. Ein etwaiger Migrationshintergrund bei Personen mit deutschem Ausweis ist nicht dokumentiert. Das Bundeskriminalamt führt dazu aus:
Die Anzahl der nichtdeutschen Opfer partnerschaftlicher Gewalt lag 2023 bei 54.406 und damit 10,2 % über dem Vorjahreswert (2022: 49.388), der Anteil der Zuwanderer und Zuwanderinnen betrug hier 16,6 % (9.037). Bei den weiblichen nichtdeutschen Opfern von Partnerschaftsgewalt (44.435 Opfer) dominierten

---
10 PKS meint Polizeikriminalitätsstatistik.
11 Tatmittel Internet.

türkische Staatsangehörige mit 10,6 % (4.698) vor polnischen Staatsangehörigen mit 10,2 % (4.534), ukrainischen Staatsangehörigen mit 7,9 % (3.529), syrischen 7,1 % (3.136), rumänischen 6,2 % (2.736) und bulgarischen Staatsangehörigen mit 4,9 % (2.176). Der Anteil der Zuwanderinnen an den nichtdeutschen weiblichen Opfern lag bei 16,8 % (7.448).
Bei den männlichen nichtdeutschen Opfern von Partnerschaftsgewalt (9.971 Opfer) dominierten ebenfalls türkische Staatsangehörige mit 15,7 % (1.561) vor polnischen Staatsangehörigen mit 8,1 % (803), syrischen Staatsangehörigen mit 6,2 % (621) und rumänischen Staatsangehörigen mit 5,6 % (561). Der Anteil der Zuwanderer an den nichtdeutschen männlichen Opfern lag bei 15,9 % (1.589).
Bei den nichtdeutschen Opfern bildeten türkische Staatsangehörige mit einem Anteil von 3,7 % (6.259) an allen deutschen und nichtdeutschen Opfern von Partnerschaftsgewalt (167.865) die größte Gruppe vor polnischen Staatsangehörigen mit 3,2 % (5.337). Differenziert nach der Beziehung des Opfers zur Tatverdächtigen Person war der prozentuale Anteil der Opfer mit türkischer Staatsangehörigkeit am höchsten bei „Ehepartner" (3.291 Personen; 52,6 % an allen Opfern mit türkischer Staatsangehörigkeit), der der Opfer mit polnischer Staatsangehörigkeit hingegen bei „Partner nichtehelicher Lebensgemeinschaften" (2.100 Personen; 39,3 % an allen Opfern mit polnischer Staatsangehörigkeit).

2. **Auswertung der Daten von Bundesländern (vollendete Tötungsdelikte aus den Jahren 2012 und 2013) in Bezug auf die Person der Täter/Täterinnen**

Kriminaldirektor Karsten Bettelns und Staatsanwältin Dr. Marquardt haben umfangreiche eigene Auswertungen von Ermittlungsakten durchgeführt und sich mit den Tätern/Täterinnen und Opfern sowie den Tatmotiven befasst. Sie werteten die Daten der vorsätzlich begangenen vollendeten Tötungsdelikte (Mord und Totschlag) aus den Bundesländern Niedersachsen, Bremen, Hamburg, Schleswig-Holstein, Berlin, Brandenburg und Mecklenburg-Vorpommern – jeweils mit den Tatzeiten 2012 und 2013 – aus.[12] Insgesamt wurden 127 Verfahren, davon 120 Verurteilungen untersucht. Soweit in einem Verfahren mehrere Personen angeklagt und verurteilt wurden, erfolgte eine gesonderte Auswertung. Auffallend war, dass die Erkenntnisse sich in ihrem Gesamtzahlenverhältnis mit den Ergebnissen aus den Bewertungen der Kapitaldelikte in Verden in den Jahren 2012 und 2013 nahezu decken.

a) **Herkunft der Täter/Täterinnen.** Die Mehrzahl der Täter sind deutsche Staatsangehörige ohne Migrationshintergrund. In 8 Fällen konnte die Staatsangehörigkeit nicht geklärt werden. Diese Fällen wurden in das Schaubild deshalb nicht aufgenommen.

---

[12] Marquardt/Bettels, Der Kriminalist, Kriminologische Untersuchung der vollendeten Kapitaldelikte in den Jahren 2012 und 2013 aus 7 Bundesländern.

Kapitel 1: Einleitung

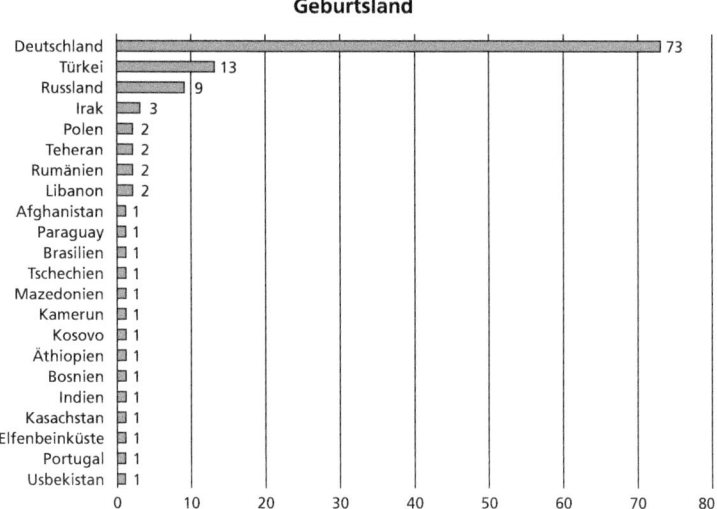

Es lässt sich feststellen, dass die Mehrzahl der Täter deutsche Staatsangehörige ohne Migrationshintergrund sind, insgesamt 73 Personen (57,4 %). 42,6 % der Tatverdächtigen sind Nichtdeutsche.

Zu beachten ist dabei, dass sich die nichtdeutsche Wohnbevölkerung immer noch zu einem größeren Teil aus – unter demografischen Gesichtspunkten relativ stärker kriminalitätsbelasteten – jüngeren Männern unter vierzig Jahren zusammensetzt. Ferner dürfte auch die besondere, konfliktträchtige Lebenslage in der Fremde, insbesondere auch in sozialstruktureller Hinsicht, bedeutsam sein. Soweit die Urteile dazu Informationen enthielten, wurde versucht, die näheren Erkenntnisse zu dem Aufenthaltsstatus zu erfassen. In 14 Fällen war Täter ein Flüchtling, über dessen weiteren Status noch nicht entschieden war. In 18 Fällen hielt sich der Migrant bereits länger als 5 Jahre in Deutschland auf, in 5 Fällen weniger als ein Jahr. In 4 Fällen hatte der Migrant bereits die deutsche Staatsangehörigkeit erworben. Der überwiegende Anteil der verurteilten Männer lebte schon länger als 5 Jahre in Deutschland und war mit Familie ausgewandert. Insoweit konnte in keinem der Urteile ein Hinweis darauf erlangt werden, dass etwa eine Isolation, eine Ausreise ohne Familie, ein Alleinsein oder nicht Eingebundensein in einem fremden Land zu Gewaltdelikten geführt haben könnte. In der Beurteilung der Tötungsdelikte spielte die Herkunft kaum eine nennenswerte Rolle, auch nicht bei der Motivlage. Es lag kein Urteil vor, in dem nachweisbar patriarchalische Strukturen bei der Motivlage eine Rolle spielten.

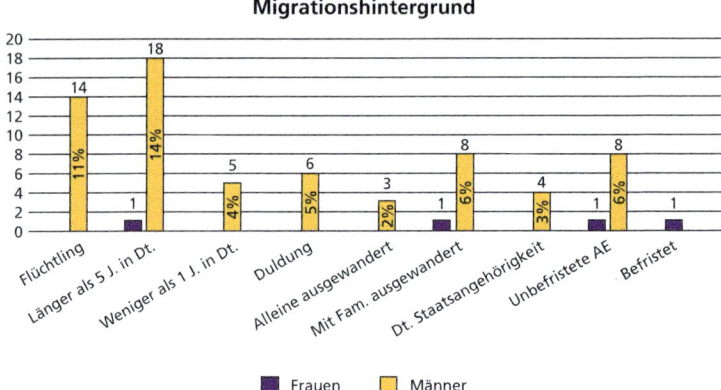

25 b) Täter mit psychischer Erkrankung. Erschreckend ist die hohe Anzahl an psychisch Kranken, die ein Tötungsdelikt begangen und wegen sicher feststehender oder nicht auschließbarer Schuldunfähigkeit und fortbestender Gefährlichkeit für die Allgemeinheit in einem Sicherungsverfahren gem. § 63 StGB in einer psychiatrischen Klinik untergebracht wurden. Ihr Anteil an den Gesamtverurteilungen beträgt im ausgewerteten Zeitraum 24 Prozent.

Bei den psychisch Erkrankten handelte es sich durchweg um Personen, die sich zur Tatzeit in einer akuten Psychose infolge einer paranoiden Schizophrenie befanden, die also (imperative) Stimmen hörten und/oder sich aufgrund von Wahnvorstellungen verfolgt fühlten. Anlassdelikt der nach § 63 StGB Untergebrachten war jeweils ein Totschlag.

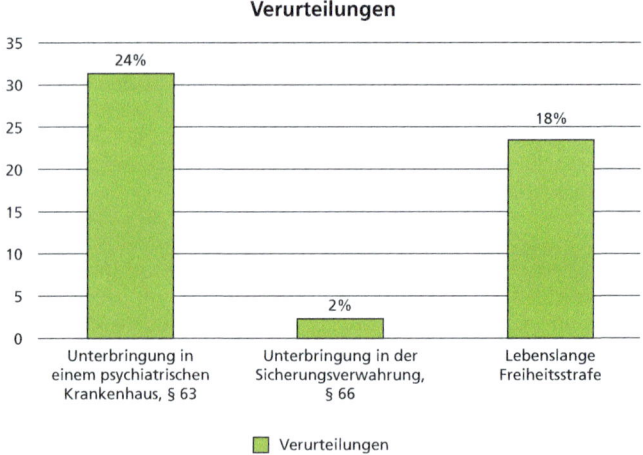

Hingegen bildeten die Täter, die schuldfähig und aus anderen Gründen besonders gefährlich waren, die Minderheit. In lediglich 2 Prozent der untersuchten

Fälle wurde durch das erkennende Gericht neben einer Freiheitsstrafe auch eine Sicherungsverwahrung gem. § 66 StGB angeordnet. Bei 18 Prozent verhängte das Gericht die Höchststrafe, nämlich lebenslange Freiheitsstrafe wegen Mordes. Die übrigen Täter wurden wegen Totschlags zu Freiheitsstrafen verurteilt.

c) **Frauen als Täterinnen eines Kapitaldeliktes.** Der Anteil der Frauen, die wegen eines vorsätzlichen vollendeten Tötungsdelikts verurteilt wurden, schlägt mit 12 Prozent zu Buche. In den meisten Fällen (mit Ausnahme eines einzigen Falles) richtete sich ihre Gewalt gegen ihre Kinder, sei es direkt nach der Geburt oder aber, weil sie die Erkrankung und die mangelnde Chance auf Heilung ihres Kindes nicht zu ertragen vermochten und deshalb einen sog. erweiterten Suizid geplant hatten, der jedoch scheiterte.

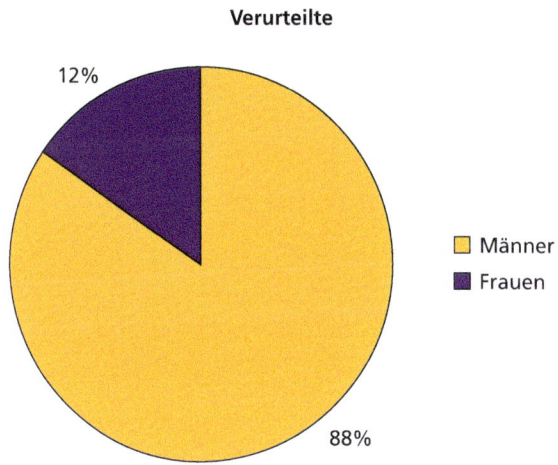

d) **Alter der Täter**

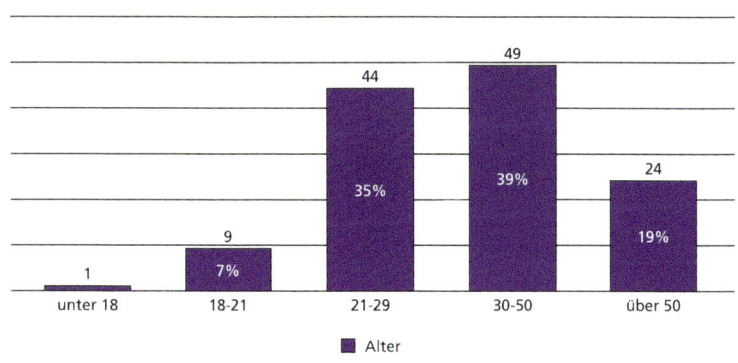

27 Die Alterskurve erstaunt. Die Mehrzahl aller Täter war zur Tatzeit zwischen 30 und 50 Jahren alt und immerhin 19 Prozent der Verurteilten waren schon über 50 Jahre alt. Lediglich 8 Prozent der Täter waren zur Tatzeit jugendlich oder heranwachsend.

28 **e) Ausbildung/Brüche im Lebenslauf.** Gleichwohl fällt in der persönlichen Entwicklung, insbesondere im schulischen Werdegang auf, dass bei einer großen Anzahl an Tätern erste Brüche im Lebenslauf bereits in der Schule feststellbar sind, die häufig schon in der Schulzeit zu Gewaltproblematiken, zu Aggressionen gegenüber Mitschülern oder Lehrern führten. Immerhin in 61 der ausgewerteten Fälle zeigte der/die später Verurteilte bereits erhebliche Auffälligkeiten in der Grundschule/Hauptschule.

Als Auffälligkeiten gewertet wurden nicht etwa schulische Defizite im Schreiben, Rechnen oder Lesen, sondern Aggressionen und Gewalttätigkeiten gegenüber Mitschülern und/oder Lehrkräften. Hinzu kommt, dass nicht in allen Urteilen Feststellungen zum schulischen Werdegang des Verurteilten getroffen wurden. Die Zahlen in dem nachfolgenden Schaubild erstrecken sich deshalb nur auf die Fälle, in denen das Gericht im Urteil dazu ausdrücklich Feststellungen getroffen hat. Die von dem Gericht jeweils getroffenen Feststellungen beruhten auf Angaben der Verurteilten, der Zeugen oder etwa – bei den jüngeren Tätern – auf der Grundlage der beigezogenen Akten von Jugendamt oder Schule. Auch insoweit wieder: Ausgewertet wurden nur Feststellungen im Urteil. Häufig beruhen diese Feststellungen zum persönlichen Werdegang ausschließlich auf den Angaben des Angeklagten – sofern nicht Schulakten oder Jugendamtsakten beigezogen werden konnten. Ermittlungen in dieser Hinsicht scheinen häufig nicht erfolgt zu sein.

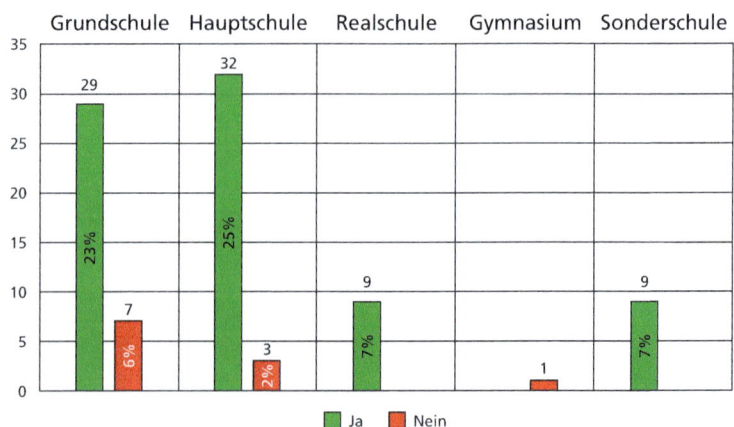

In vielen Fällen waren die Aggressionen gepaart mit Leistungsdefiziten infolge von Lernschwierigkeiten und/oder Sprachschwierigkeiten, die zum Teil auch zum

Sitzenbleiben führten. Deutlich auffälliger in diesem Bereich waren wiederum die Männer.

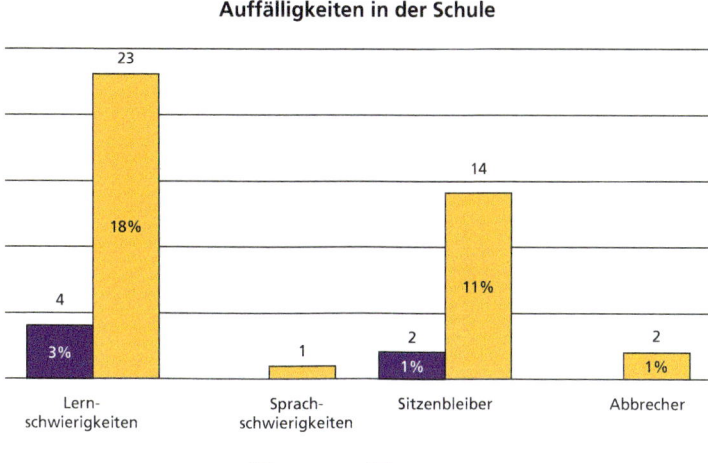

Auffällig ist, dass sich insgesamt ein deutlich niedriges Bildungsniveau bei den Tätern zeigt, was letztendlich auch mit den bislang aufgezeigten Problemen bereits in recht jungen Jahren in Zusammenhang stehen dürfte.

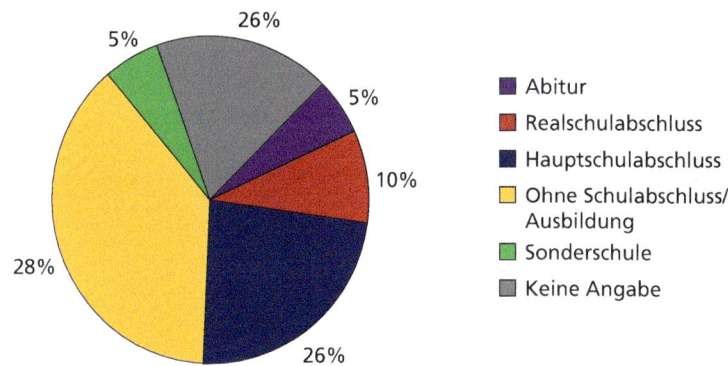

Lediglich 56 Prozent der Verurteilten machte ein Abitur. Die Anzahl derjenigen, die ohne Schulabschluss und auch ohne Ausbildung blieben, betrug hingegen 28 Prozent. Ähnlich groß ist der Anteil derjenigen, die einen Hauptschulabschluss absolviert haben, nämlich 26 Prozent. In 26 Prozent der Verurteilungen

hat das Gericht keine Feststellungen zum schulischen Werdegang des Verurteilten getroffen.

Nachdem sich für viele Verurteilte bereits in der Schule wenig Erfolg einstellte, zog sich dies häufig durch den weiteren Werdegang. Auffallend groß ist der Anteil der Verurteilten, die eine Lehre einmal oder gar mehrfach abgebrochen haben. 26 Prozent haben einmal eine Lehre abgebrochen, 4 Prozent sogar mehrfach.

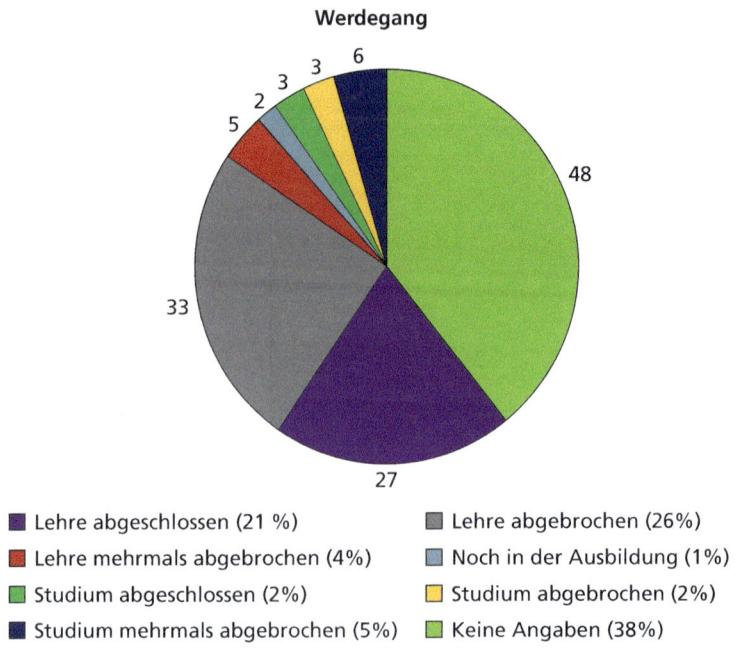

f) **Alkohol- und Drogenproblematik/Prägung durch das Elternhaus.** In einer erschreckend hohen Anzahl der ausgewerteten Fälle scheinen die Verurteilten zum Teil nahtlos da angeknüpft zu haben, was sie im elterlichen Haushalt erlernt haben. In 23 Prozent aller ausgewerteten Fälle hatte bereits der Vater ein Alkoholsuchtproblem, in immerhin 2 Prozent der Fälle sogar die Mutter, in 4 Prozent der Fälle beide Elternteile. 19 Prozent der Verurteilten haben einen Vater erlebt, der zu Hause Gewalt gegen Kinder und/oder Frau angewendet hat.

Neben dieser Problematik zeigte sich aber auch deutlich eine weitere Gruppe: In 11 Prozent der Fälle hat das Gericht festgestellt, dass der Verurteilte die Scheidung der Eltern nicht überwunden hat und zur Folge, dass die Scheidung die schulische Entwicklung und/oder den Konsum von Alkohol oder anderen Drogen – und schließlich das Abdriften – bewirkt hat. Lediglich in 32 Prozent der Fälle hat das Gericht festgestellt, dass das Elternhaus unauffällig war und/oder der Verurteilte eine unauffällige oder auch glückliche Kindheit/Jugend erlebt hat.

Kapitel 1: Einleitung

Auch da wieder wird man die Feststellungen der Gerichte nur vorsichtig bewerten können, weil objektive Tatsachen aufgrund fehlender Ermittlungen nicht erhoben wurden, sondern diese Feststellungen in der Regel ausschließlich auf den Angaben des Angeklagten beruhen. Insbesondere bei psychiatrischer Begutachtung eines Täters sind Feststellungen hierzu im Vorfeld wichtig.

Eine nicht unerhebliche Zahl der später Verurteilten hat bereits in sehr jungen Jahren in erheblichem Maße Alkohol konsumiert, davon 9 Prozent der Verurteilten in einem Alter unter 10 Jahren. Dabei geht es nicht um etwa gelegentlichen Konsum, sondern regelmäßiges und erhebliches Betrinken.

In 34 Prozent der Fälle führte der Alkoholkonsum dazu, dass nachteilige Auswirkungen in der Schule, am Arbeitsplatz oder auch in der Familie Folge waren. Oft beschrieben wird in den gerichtlichen Feststellungen, dass der Täter so erheblich und so oft Alkohol bzw. Drogen konsumiert hat, dass er in der Schule nicht mehr zurechtkam, häufig gefehlt hat, die Leistungen nicht mehr erbringen konnte, die in der Schule oder am Arbeitsplatz erwartet wurden, was dann zu Frust führte und letztendlich zu negativen Auswirkungen innerhalb der Familie oder der Beziehung. Dort nahmen Streitigkeiten zu, häufig setzte sich ein Teufelskreis in Gang. Ohne Schule nur Langeweile, ohne Arbeitsplatz kein Einkommen mit der Folge finanzieller Probleme. Die Auswirkungen waren besonders nachhaltig bei den sehr jungen Konsumenten.

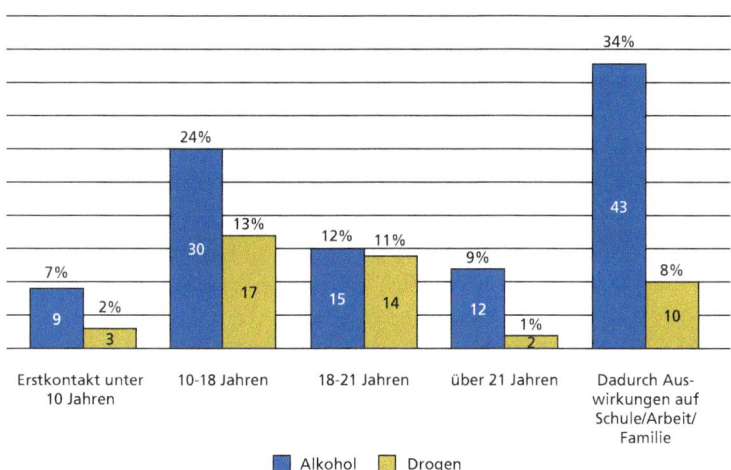

46 Prozent aller Verurteilten konsumierten über eine längere Zeit Alkohol, bei 46 Prozent gab es im Urteil darauf lediglich keine Hinweise. 11 Prozent der Verurteilten stiegen nach schädlichem Alkoholkonsum auf Cannabis um bzw. nahmen zusätzlich Cannabis. Für einen ausschließlichen Cannabiskonsum gab es bei keinem der Verurteilten einen Hinweis. 10 Prozent der Verurteilten konsumierten hingegen andere Drogen, wie etwa Amphetamine oder Kokain. In diesen Fällen war Cannabis in der Regel die Einstiegsdroge. Hier war feststellbar,

dass zunächst hin und wieder Cannabis konsumiert wurde – etwa in der Clique oder weil es in der Schule gerade nicht so gut lief –, alsbald der Konsum gesteigert und auf andere Drogen wie etwa Speed oder Kokain ausgeweitet wurde, dann mit gewaltigen finanziellen Problemen und Beschaffungskriminalität. Cannabis erwies sich somit als die klassische sog. Einstiegsdroge.

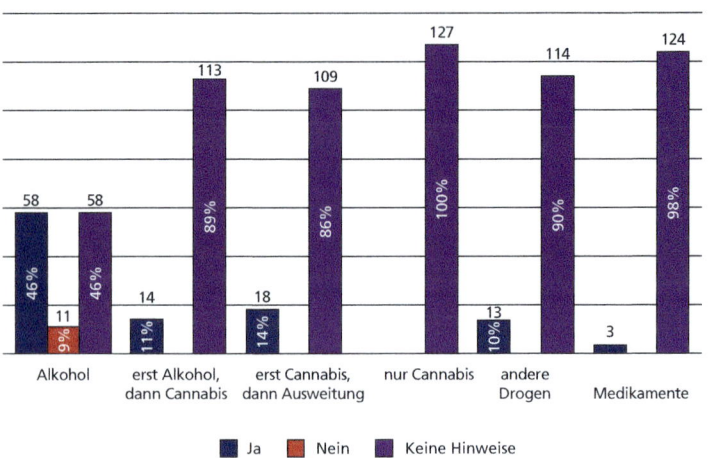

Art der konsumierten Drogen

Die Drogen – und Alkoholproblematik betraf ganz überwiegend die Straftäter, die besonders große Probleme in der Schule und im elterlichen Haushalt hatten und über wenig Bildung verfügten, wobei häufig anhand der Urteile nicht sicher feststellbar war, ob zuerst die Schulprobleme auftraten oder die Drogenproblematik. In vielen Fällen scheint zumindest beides zeitlich eng zusammengetroffen zu sein. Die Zahlen zeigen, dass Cannabis keine harmlose Droge ist, sondern Einstiegsdroge. Auffällig ist, dass viele der Verurteilten eine Abhängigkeit (Alkohol und/oder Drogen) aufwiesen, aber die Anzahl der erfolgten Unterbringungen gem. § 64 StGB mit 8 Fällen eher gering war.

g) **Auswirkungen von Gewalterfahrung auf spätere Gewaltneigung.** Dazu wurden folgende Zahlen erhoben:

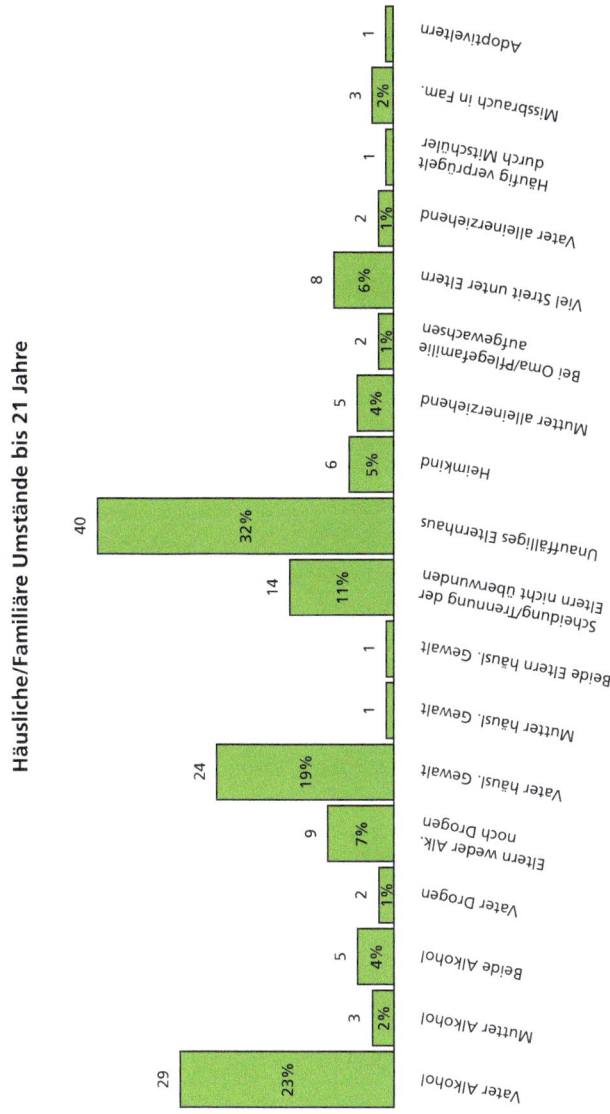

31 **h) Auswirkung mangelnder Vorbildung im Elternhaus.** Die meisten Täter stammen aus Haushalten mit eher niedrigem Bildungsgrad. 13 Prozent der Eltern sind ohne Ausbildung, 81 Prozent sind Arbeiter, in fast allen Fällen waren beide Elternteile durchgehend berufstätig. Der Anteil der Akademikerhaushalte mit 5 Prozent ist auffallend gering. Die bereits in der Ausbildung und der Familie festgestellten Brüche ziehen sich häufig weiter. Lediglich 38 der Täter haben das Tötungsdelikt begangen, während sie in eine eigene Familie eingebunden waren. 38 lebten zur Tatzeit alleine, 17 waren geschieden.

4 der Verurteilten waren zur Tatzeit alleinerziehend mit mindestens einem Kind, davon 1 Fall obdachlos, 2 lebten in einem Wohnheim und ein Alleinerziehender in einer eigenen Wohnung. Auch insoweit wurden nicht in allen Urteilen Feststellungen zur Lebenssituation im Tatzeitraum getroffen, weshalb nur die tatsächliche Anzahl und nicht die Prozentzahl vermerkt wurde. Die Verurteilten mit höherem Bildungsgrad traten in den meisten Fällen in Erscheinung aus finanziellen Aspekten. Sie sind diejenigen, die im Bereich der Motivlage Habgier aktiv geworden sind.

i) Familiensituation der Täter bei Tatbegehung

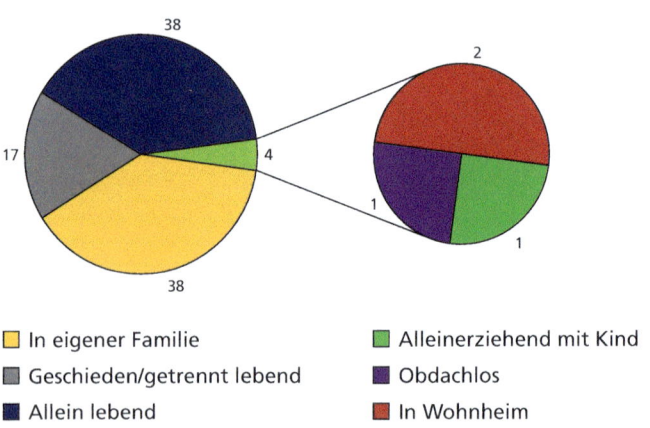

32 Auffällig war weiter, dass der Anteil der Täter, die zur Tatzeit alleine lebten bzw. geschieden/getrennt waren, besonders groß ist. Lediglich 38 Verurteilte haben die Tat begangen, während sie in eine eigene Familie eingebunden waren. Bei der Auswertung wurden sog. erweiterte Suizide gesondert betrachtet und nur die Fälle ausgewertet, in denen der Täter/die Täterin überlebt hat und angeklagt wurde.

Auffallend war in diesen Fällen, dass das Täterbild, was bislang dargestellt und umrissen wurde, vollständig abwich. In diesen Fällen spielte weder ein Alkohol- noch Drogenkonsum eine Rolle, sondern Hintergrund waren in der Regel Krankheits-/Verzweiflungssituationen. Unterschieden wird in der nachfolgenden

Darstellung, ob die Tat durch einen Mann oder eine Frau begangen wurde. In 5 Fällen war (auch) Opfer eine erwachsene Person. In diesen Fällen war Täter immer ein Mann. Während die Frauen zur Täterin wurden aufgrund einer Erkrankung ihres Kindes oder Überforderung eine Rolle spielten, war die Motivlage bei den Männern anders geprägt. In einem Fall wurde Eifersucht durch das Gericht festgestellt. In allen anderen Fällen waren finanzielle Sorgen tatmotivprägend.

Von den 120 Verurteilungen waren 10 sog. gescheiterte erweiterte Suizide. In 5 Fällen wurde ein Kind getötet, in 5 weiteren Fällen ein erwachsener männlicher Angehöriger. In 4 Fällen konnte das Motiv sicher festgestellt werden, in einem Fall war die Krankheit eines Opfers Tatmotiv, in 2 Fällen ein Zusammentreffen von Krankheit und Überforderung des Täters und in einem Fall Eifersucht.

Insgesamt war der Anteil der Kindstötungen eher niedrig. 4 Kinder wurden direkt nach der Geburt getötet, in 5 Fällen war ein Kind Opfer eines sog. erweiterten Suizidversuchs. In einem Fall wurde ein bereits erwachsenes Kind Opfer eines erweiterten Suizidversuchs.

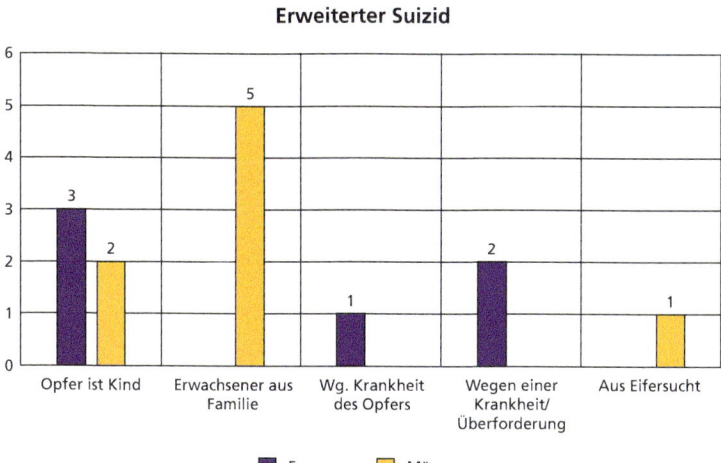

j) Täter/Täterinnen mit Vorstrafen. Der Anteil der Täter mit Vorstrafen ist hoch. Immerhin 54 Prozent der Männer waren bereits vor dem Tötungsdelikt mindestens einmal wegen eines anderen Delikts verurteilt worden. In 40 Prozent dieser Fälle war der männliche Täter mindestens einmal zuvor wegen eines Gewaltdelikts verurteilt worden. De facto ist die Anzahl der Vorstrafen gerade bei den Gewaltstraftätern deutlich höher. In den meisten Fällen lagen zum Zeitpunkt der Begehung des Kapitaldelikts schon zwischen 5 und 10 Vorstrafen vor. Die Anzahl der Frauen ohne Vorstrafen ist prozentual höher als bei den Männern. In einem Fall enthielt das Urteil keine Feststellungen zu etwaigen Vorstrafen.

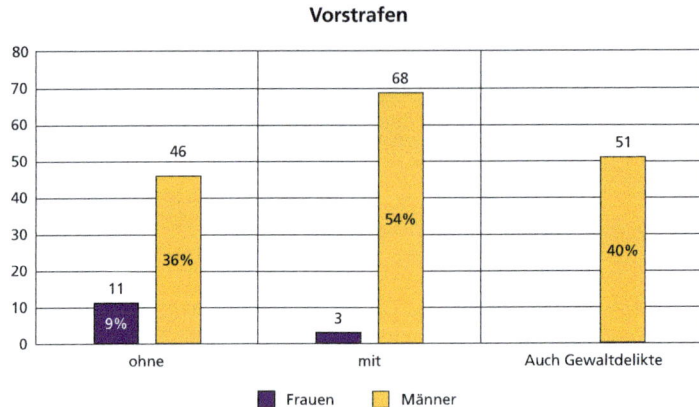

34 k) Schuldfähigkeit der Täter/Täterinnen. In allen ausgewerteten Fällen erfolgte eine psychiatrische Begutachtung des Täters/der Täterin. 35 Prozent der Verurteilten waren zur Tatzeit sicher voll schuldfähig. 18 Prozent der männlichen Täter waren zur Tatzeit sicher schuldunfähig. Ursache war durchgängig eine akute Psychose infolge einer paranoiden Schizophrenie. Alkoholkonsum oder sonstiger Drogenkonsum spielten insoweit keine Rolle. Übermäßiger Alkoholkonsum oder Drogenkonsum führten in 9 Prozent der Fälle dazu, dass eine verminderte Schuldfähigkeit sicher feststand, in 15 Prozent eine verminderte Schuldfähigkeit nicht ausgeschlossen werden konnte.

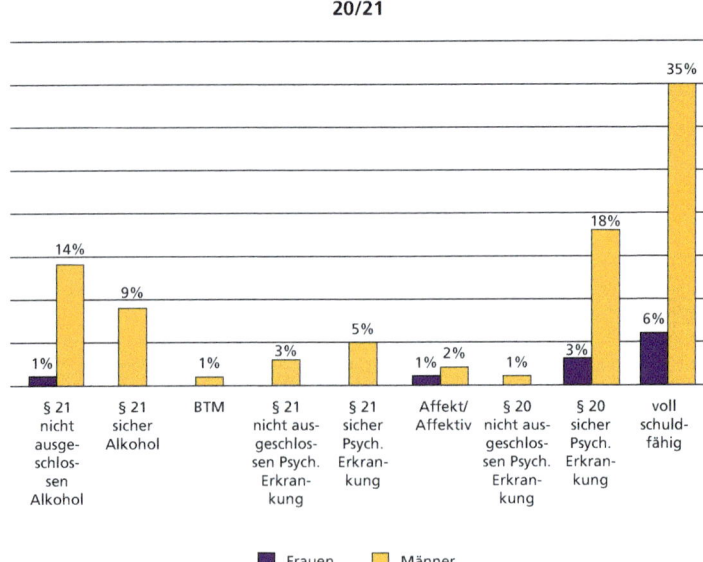

l) **Vorsatzformen.** Ferner wurde hinterfragt: Wird man geplant zum Mörder oder Totschläger oder werden die Taten spontan begangen?

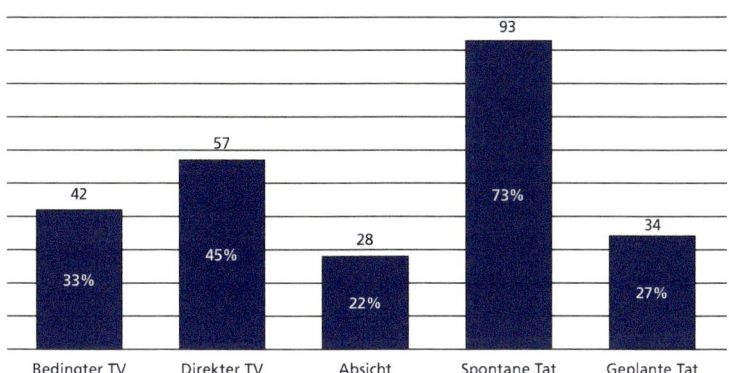

In 33 Prozent der untersuchten Fälle hat das Gericht einen bedingten Tötungsvorsatz festgestellt, in 45 einen direkten Tötungsvorsatz und in immerhin 22 Prozent war es Absicht, einen Menschen zu töten. 73 Prozent der Taten erfolgten spontan, 27 Prozent der Taten wurden geplant.

m) **Tatmotive.** Die Motivlagen sind sehr unterschiedlich. Soweit ein Motiv in den Urteilen als das dominierende festgestellt wurde, wurde dieses Tatmotiv in dem nachfolgenden Diagramm festgehalten. Bisweilen konnte jedoch kein Tatmotiv festgestellt werden. Das häufigste Motiv war Eifersucht, gefolgt von Wahn (betrifft die psychisch Kranken, die schuldunfähig waren). Die Täter mit den Tötungsphantasien, Sexphantasien bzw. Gewaltphantasien waren die Personen, die als besonders gefährlich eingestuft wurden.

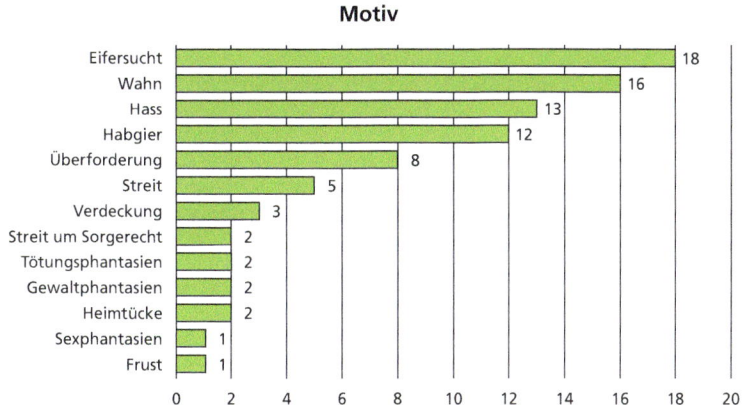

37 n) Fazit. Es lässt sich folgendes Fazit ziehen:

Hohe Anzahl psychisch Kranker
Bei (versuchten) Kapitaldelikten ist die Tatbegehung durch psychisch schwer Erkrankte mit der Diagnose „paranoide Schizophrenie" mit knapp einem Viertel aller Tötungsdelikte auffallend häufig. Hintergrund der Taten ist in der Regel, dass die Beschuldigten Stimmen hören, die ihnen ein konkretes Verhalten vorschreiben. Dabei sind Opfer häufig Bezugspersonen. Ursache darin ist, dass mit engen Bezugspersonen, beispielsweise Familienangehörigen, häufig infolge der Erkrankung Konflikte bestehen.

Folgende Risikofaktoren erhöhen die Chance der Begehung eines Tötungsdeliktes:
- Gewalterfahrungen in Kindheit und/oder Jugend,
- Alkohol und/oder Drogenkonsum in der aktuellen Tatsituation, aber auch als erhebliche Risikofaktoren in der Persönlichkeitsbildung,
- geringe schulische/berufliche Bildung,
- ungeordnete persönliche Verhältnisse.

Alkohol/Drogen als risikoerhöhende Faktoren
Alkohol- und/oder Drogenkonsum ist nachweislich risikoerhöhender Faktor. Nicht selten werden Substanzen im Zusammenhang mit psychischen Erkrankungen konsumiert. Cannabis fungiert als klassische Einstiegsdroge – ebenso wie Alkohol – und steigert das Risiko des persönlichen schulischen/beruflichen Absturzes. Zwar ist in dem Ermittlungsverfahren und später in der Hauptverhandlung zu klären, ob es Hinweise auf einen Hang im Sinne des § 64 StGB gibt, der (mit-) ursächlich war für den Gewaltausbruch. Die Praxis zeigt aber, dass oftmals angeordnete Entzugstherapien abgebrochen werden.

Frauen begehen wenige Tötungsdelikte
Bei ihnen entfallen in der Regel die vorgenannten Risikofaktoren bzw. kommen bei den Delikten nicht zum Tragen. Seit 2015 zeigt sich innerhalb des Zuständigkeitsbereichs der Staatsanwaltschaft Verden eine deutliche Zunahme von Messereinsätzen durch männliche Personen mit Migrationshintergrund, dies insbesondere im Deliktsfeld „Kapitaldelikte zum Nachteil von Frauen". Da die Verdener Zahlen mit den Zahlen zu den Tötungsdelikten mit Tatzeit 2012 und 2013 der genannten Bundesländer in etwa übereinstimmten, ist anzunehmen, dass sich insoweit bundesweit das Bild seit 2015 bei den vorsätzlich begangenen Tötungsdelikten verändert hat.

Kapitel 2: Häusliche Gewalt – typische Straftaten aus dem Bereich der Häuslichen Gewalt

I. Beleidigung, Üble Nachrede, Verleumdung

1. Beleidigung (§ 185 StGB)

38 Nicht selten liegen den Strafanzeigen ehemaliger oder in Trennung befindlicher Partner gegenseitige Beleidigungen zugrunde.

Beispiel:
Im Rahmen von Trennungsschwierigkeiten sagt der Partner zu seiner Partnerin „Hure", „Schlampe" oder verwendet sogar noch heftigere Titel, entweder, weil er selbst (über die Trennung oder einen neuen Partner seiner Partnerin) verletzt ist oder weil die Kommunikation bereits gestört ist. In der Regel werden gegenseitige Betitelungen („du Blödmann" etc.) genutzt, um sich gegenseitig zu verletzen, der Trennung noch einmal eine besondere Entscheidungsform zuzubilligen oder weil den Partnern einfach der respektvolle Umgang miteinander verloren gegangen ist. Entsprechende Verhaltensformen treten in der Regel nicht allein, sondern mit weiteren (oftmals Körperverletzungs-) Delikten gemeinsam auf.
Die nur beispielhaft dargelegten Äußerungen stellen eine Ehrverletzung des jeweils anderen dar. Eine strafrechtlich relevante Beleidigung wird in der Missachtung des anderen gesehen, so bei „Missachtung des anderen als ein vernünftiges Wesen ausdrückenden Vorwurf elementarer menschlicher Unzulänglichkeiten", was z. B. bei der Äußerung „Idiot" anzunehmen ist. Allein die Ablehnung eines anderen wird indes noch nicht als Beleidigung angesehen.[1]
Inhalt einer die andere Person beleidigenden Äußerung ist immer eine unverdiente Missachtung. Bei wahren Behauptungen kann sich die Äußerung der Missachtung noch aus den besonderen Umständen der Kommunikation ergeben.[2]

2. Üble Nachrede (§ 186 StGB)

39

Beispiele:
(1) Frau A (später Beschuldigte) soll im gemeinsamen Bekanntenkreis verbreitet haben, der B (früherer Partner) sei ein Kinderschänder.
(2) Frau A soll im Dorf herumerzählt haben, sie habe sich von dem B getrennt, weil dieser ein Alkoholiker sei.

a) Tatsachenbehauptung. Die üble Nachrede gemäß § 186 StGB setzt voraus, **40** dass der Täter über einen anderen („in Beziehung auf einen anderen") eine Tatsache behauptet oder verbreitet. Mit Tatsachen sind konkrete Ereignisse, Geschehnisse oder Zustände gemeint, die wahrgenommen werden können, also beweisbar

---

[1] Schönke/Schröder (Eisele/Schittenhelm) StGB § 185 Rn. 2.
[2] Schönke/Schröder (Eisele/Schittenhelm) StGB § 185 Rn. 5, 6.

sind.[3] Charaktereigenschaften können dazugehören, wenn diese mit bestimmten Geschehnissen in Verbindung gebracht werden können,[4] denn (nur so) wären sie dem Beweis zugänglich. Gibt jemand lediglich ein Gerücht weiter und benennt dieses auch ausdrücklich als Gerücht, so ist lediglich die Existenz dieses Gerüchts die behauptete oder verbreitete Tatsache. Wird das Mitgeteilte auch noch als wahr unterstellt, so ist auch der Inhalt des Gerüchts die entsprechende Tatsachenbehauptung.[5]

41 Beispiel:
Frau A verbreitet in der Nachbarschaft (lediglich), sie habe gehört, dass der B ein Alkoholiker (oder Kinderschänder) sei.

„Fremde Äußerungen werden zu eigenen gemacht, wenn diese dergestalt in den eigenen Gedankengang eingefügt werden, dass die gesamte Äußerung als eigene erscheint."[6] Anders als die genannten Tatsachen werden reine Werturteile von der genannten Vorschrift nicht erfasst, weil sie nicht dem Beweis zugänglich sind. Es handelt sich nämlich um eine persönliche Überzeugung. Zu Werturteilen zählen u. a. Meinungsäußerungen, Schlussfolgerungen und Prognosen.[7]
Werturteile von Tatsachenbehauptungen zu unterscheiden ist nicht immer ganz einfach. Gleichwohl ist diese Unterscheidung wichtig. Denn auf der einen Seite ist das Recht der freien Meinungsäußerung zu beachten. Andererseits darf dieses Recht nicht dazu genutzt werden, unwahre Tatsachen zu behaupten, weil insoweit das Persönlichkeitsrecht des jeweils anderen betroffen wäre.

42 b) Eignung zum Verächtlichmachen oder Herabwürdigen. Weitere Voraussetzung für eine Strafbarkeit ist, dass die behauptete Tatsache geeignet ist, den jeweils anderen verächtlich zu machen oder in der öffentlichen Meinung herabzuwürdigen. Verächtlich machen meint, dass die jeweils andere Person so dargestellt wird, als würde sie ihren sittlichen Pflichten nicht gerecht werden. „Herabwürdigen" besagt, dass der Ruf der jeweils anderen Person geschmälert wird. Wie bei der Beleidigung (§ 185 StGB) erfährt auch hier die Ehe der Person einen besonderen Schutz. Die Handlung muss zum Herabwürdigen oder Verächtlichmachen nur geeignet sein. Es handelt sich mithin um ein abstraktes Gefährdungsdelikt,[8] denn ein Erfolg (des Herabwürdigens/Verächtlichmachens) muss nicht eintreten.
Die Handlung des Täters beinhaltet also das Behaupten und/oder Verbreiten der Tatsachen und diese Tatsachen müssen nicht erweislich wahr sein. Was meint das?

43 c) Tathandlungen. – aa) Behaupten. Unter „behaupten" ist zu verstehen, dass der Täter eine bestimmte Tatsache aus eigener Überzeugung als richtig darstellt. Dabei kommt es nicht darauf an, ob diese Tatsachenpräsentation aus eigener oder fremder Wahrnehmung resultiert oder ob es sich (nur) um eine Schlussfol-

---

3 MüKo-StGB, Regge/Pegel, § 186 Rn. 5. m. w. N.
4 Ders.
5 Ders.
6 BGH 17.11.2009 – VI ZR 226/08, NJW 2010, 760 Rn. 11. Zitiert nach MüKo-StGB, Regge/Pegel, wie vor.
7 MüKo-StGB, Regge/Pegel, § 186 Rn. 6.
8 MüKo-StGB, Regge/Pegel, § 186 Rn. 14.

gerung handelt. Auch die Form der Kundgebung ist ohne Belang. Ob es sich um eine ausdrückliche Aussprache handelt oder ob die Behauptung nur konkludent erfolgt, ist also nicht wichtig. Damit sind auch rhetorische Frageformen, ggf. auch nur in versteckter Form, vom Straftatbestand erfasst.[9]
Beispiel: „Wahrscheinlich ist der A ein Kinderschänder", „Meiner Meinung nach…" oder „Ich vermute, dass…".

bb) Verbreiten. Wird eine Tatsachenbehauptung (eines anderen) als „Gegenstand fremden Wissens oder Behauptens"[10] an einen Dritten weitergegeben, so handelt es sich um das strafbewährte Verbreiten der jeweiligen Tatsache. Der Täter gibt diese Tatsachenbehauptung (nur) weiter, tritt für ihre Richtigkeit nicht zwingend ein (überprüft und/oder revidiert sie aber auch nicht). Die Anzahl der Personen, an die der Täter die Tatsachenbehauptung weitergibt, ist ohne Belang. Auch eine „vertrauliche" Weitergabe der Information ist vom Straftatbestand erfasst. Auch hier gilt, dass die Mitteilung (nur) eines Gerüchts strafbewährt ist. Das gilt selbst für den Fall, dass der Täter die Richtigkeit der Information anzweifelt. (Auch) für den Bereich der Häuslichen Gewalt gilt, dass der Täter, der einen Link auf einer eigenen Internetseite hin auf eine dritte Seite setzt, sich die dort vorhandenen, ehrverletzenden Äußerungen zu eigenmacht, also als eigene Meinungen verbreitet.

44

cc) Mit Drittbezug. § 186 StGB formuliert, dass die Tatsachenbehauptung (-verbreitung) „in Beziehung auf einen anderen" erfolgen muss. Diese Voraussetzung wird als Drittbezug bezeichnet und meint, dass es sich bei dem Betroffenen (über den gesprochen wird) und dem Empfänger der Information um unterschiedliche Personen handeln muss. Die ehrenrührige Tatsachenäußerung über eine bestimmte Person muss also einer weiteren (dritten) Person kenntlich werden.[11]

45

In bestimmten Vertrauensbeziehungen oder familiären Beziehungen wird oft von „beleidigungsfreien Sphären" gesprochen. Heißt das nun, dass innerhalb der Familie, also auch im Rahmen der die Fälle der Häuslichen Gewalt betreffenden „Trennungssituationen", entsprechende Ehrverletzungen hingenommen werden müssen, strafrechtlich also nicht verfolgt werden?
Nein, so umfassend gilt dies natürlich nicht. Unter „beleidigungsfreie Sphären" werden vielmehr die Fälle erfasst, in denen innerhalb der Familie angestaute Emotionen auch einmal ausgesprochen werden müssen, „dass jeder Mensch innerhalb seines engsten Lebenskreises Raum für eine ungezwungene, vertrauliche Aussprache und ggf. auch zum Entladen angestauter Emotionen in Bezug auf außenstehende Personen braucht, ohne dabei jedes Wort auf die Goldwaage legen zu müssen. An dieser Lebensnotwendigkeit, die zur menschlichen Natur gehört, kann die Rechtsordnung nicht vorbei gehen."[12]

---

9 Ders. Rn. 17.
10 Ders. 18.
11 Ders. Rn. 20.
12 MüKo-StGB, Regge/Pegel, § 186 Rn. 21. Vor § 185 Rn 61 m.w.N. und Anmerkungen; ähnlich: BVerfG 20.5.2010 – 2 BvR 1413/09, NJW 2010, 2937 Rn. 20; vgl. auch die entspr. Nachweise bei Schönke/Schröder (Eisele/Schittenhelm) Rn. 9a.

46 **Beispiel:** Nach einem Streit oder auch länger anhaltenden Schwierigkeiten sagt Frau A zu ihrer (sie unterstützenden) Schwester, dass der B (ihr Ehemann, Freund o. ä.) doch wirklich ein Idiot sei.

47 Diese Ausnahme besteht indes nicht in den dargelegten, den originären Fällen der Häuslichen Gewalt zugrunde liegenden Äußerungen zwischen zwei (sich streitenden) Personen. Der dargelegte, besondere Vertraulichkeitscharakter erfasst nicht die Fälle, in denen sich Familienangehörige untereinander beleidigen.[13]

48 **dd) Nichterweislichkeit der Tatsachen.** Ist die Wahrheit der behaupteten Tatsache bewiesen, so handelt es sich nicht um eine strafrechtlich relevante üble Nachrede. Die Ermittlung der Wahrheit oder Unwahrheit der behaupteten Tatsache liegt sowohl im Interesse des Täters als auch des Betroffenen. So geht es einerseits um die Frage der Strafbarkeit (bzgl. des Täters) und andererseits um die evtl. Wiederherstellung des guten Rufes des von der ehrverletzenden Aussage Betroffenen.

Im Strafverfahren gilt grundsätzlich, dass die entsprechende Beweislast die Staatsanwaltschaft als Strafverfolgungsbehörde bzw. nach Anklageerhebung das mit der Sache befasste Gericht trägt (keine Verurteilung ohne Überzeugung der Täterschaft). Andererseits soll bzgl. dieser Fragestellung der Grundsatz „in dubio pro reo" (im Zweifel für den Angeklagten) nicht gelten. Es soll daher nicht erforderlich sein, dass die Unwahrheit der ehrverletzenden Tatsache bewiesen wird.[14] Das widerspricht dem dargelegten Grundsatz der Nachweispflicht insoweit, als dass Staatsanwaltschaft und/oder Gericht dem Täter alle Erfordernisse des strafbaren Verhaltens nachzuweisen haben. Nach der von Regge/Pegel vertretenen Auffassung, der wir zustimmen, soll es daher so sein, dass mindestens die Sorgfaltswidrigkeit des Täters festgestellt werden muss, sollte nicht schon der Wahrheitsbeweis gelingen. Dieses subjektive Merkmal der Sorgfaltswidrigkeit erfährt mit der immer weiter zunehmenden Nutzung sozialer Medien eine besondere Bedeutung. Denn werden falsche Inhalte in den sozialen Medien erstellt oder geteilt, so führt dies unweigerlich dazu, dass der Täter dem Empfänger der Mitteilung eine „als zutreffend zitiert behauptete Informationen anbietet".[15] Von demjenigen, der unter Nutzung dieser sozialen Phänomene Informationen „wie im Lauffeuer" verbreitet, muss daher erwartet werden, die jeweiligen Informationen vorab sorgfältig zu prüfen.

49 Zu den o. a. Beispielen: [Frau A (später Beschuldigte) soll im gemeinsamen Bekanntenkreis verbreitet haben, der B (früherer Partner) sei ein Kinderschänder. Frau A soll im Dorf herumerzählt haben, sie habe sich von dem B getrennt, weil dieser ein Alkoholiker sei.]
Sollte der Beweis erbracht werden können, dass A kein Kinderschänder (Fall a) bzw. kein Alkoholiker (Fall b) ist, so liegt zunächst der Schluss nahe, dass sich die Täterin wegen Übler Nachrede (§ 186 StGB) strafbar gemacht hat. Insoweit handelt es sich aber um ein sehr abstrakt gehaltenes Ergebnis. Nach den o. g.

---

13 Ders. Rn. 63 m. w. N.
14 Ders. Rn. 30 m. w. N.
15 Ders.

Darlegungen kommt es auf weitere Feststellungen, Nachweise bzw. die Verletzung der Sorgfaltspflicht an. Im Fall a wäre bspw. die Konstellation denkbar, dass die Tatsache, A sei ein Kinderschänder, allein aufgrund der Beweislast in dem gegen A gerichteten Verfahren nicht feststellbar ist.

3. Verleumdung (§ 187 StGB)

Anders als bei der üblen Nachrede (§ 186 StGB) muss bei der Verleumdung die Unwahrheit der behaupteten Tatsache positiv festgestellt werden. Teilt der Täter aber wahre Tatsachen nur unvollständig mit und kommt so beim Empfänger ein anderer Inhalt an bzw. kommt der Empfänger aufgrund der ausgelassenen Details zu einer anderen Schlussfolgerung, genügt dies bereits zur Erfüllung des Tatbestandes wegen Verleumdung.[16] Erfolgt die Tatsachenbehauptung allerdings vertraulich, so wird diese Handlung von § 187 StGB nicht erfasst.[17]

Die Behauptung der unwahren Tatsache muss wider besseres Wissen erfolgen. Der Täter muss von der Unwahrheit also eine sichere Kenntnis haben. Hält er die Unwahrheit nur für möglich, genügt dies für die Erfüllung des entsprechenden Tatbestandsmerkmals („wider besseres Wissen") nicht. Anders ist der Fall wiederum dann zu beurteilen, wenn der Täter von einer „nur aus der Luft gegriffenen Behauptung" überzeugt ist[18] bzw. überzeugt zu sein glaubt.

4. Strafantrag

Gem. § 194 StGB wird Beleidigung nur auf Antrag verfolgt. Die Vorschrift des § 194 StGB setzt grundsätzlich das Vorliegen eines Strafantrages voraus. Dies gilt für alle Vorschriften des 14. Abschnitts des StGB und damit sowohl für die Beleidigung als auch für die Üble Nachrede (§ 186 StGB) und für die Verleumdung (§ 187 StGB).[19] Für bestimmte Fälle der vorgenannten Taten gelten Ausnahmen. Diese Ausnahmen werden in § 194 StGB explizit genannt, betreffen indes nicht die Fälle der Häuslichen Gewalt und finden demzufolge hier keine Erwähnung.

II. Körperverletzung, gefährliche Körperverletzung, schwere Körperverletzung

Die Vielzahl der aus dem Bereich der Häuslichen Gewalt zur Anzeige kommenden Taten betreffen Körperverletzungsdelikte.

1. Körperverletzung (§ 223 StGB)

(Einfache) Körperverletzungen sind, wie bereits dargelegt, das typische Phänomen der Häuslichen Gewalt, hier nahezu „an der Tagesordnung".

Beispiele:
(1) Ehefrau A zeigt bei der Polizei an, ihr Ehemann E habe sie über einen längeren Zeitraum zwei bis drei Mal wöchentlich geschlagen. Dies sei in der

---

16 BGH NJW 2000, 656.
17 Lackner/Kühl/Heger, StGB, § 187 Rn. 1.
18 Lackner/Kühl/Heger, StGB, § 187 Rn. 1.
19 MüKo-StGB, Regge/Pegel, § 187 Rn. 34.

Regel mit der flachen Hand in das Gesicht oder gegen den Oberkörper geschehen. Als Grund für die insoweit erlittenen Demütigungen gibt Frau A an, sie habe ihrem Ehemann gehorchen müssen. Habe sie die häuslichen Pflichten (wie bspw. Kochen und Putzen) nicht wie erwartet erfüllt, so habe es Schläge gegeben. Habe sie Widerworte gehabt, habe er sie geschlagen.

(2) Als entsprechende Demütigungen werden durch die betroffenen Frauen auch gelegentlich Handlungen wie „Anspucken" oder „Haare abschneiden" angegeben. Eine strafrechtlich relevante Körperverletzung (§ 223 Abs. 1 StGB) setzt eine körperliche Misshandlung oder eine Gesundheitsschädigung voraus.

55 **a) Körperliche Misshandlung.** Als eine körperliche Misshandlung wird eine üble, unangemessene Behandlung verstanden, durch welche das Opfer entweder in seinem körperlichen Wohlbefinden oder in seiner körperlichen Unversehrtheit nicht nur unerheblich beeinträchtigt wird.[20] Bei erlittenen Beulen, Wunden oder Hämatomen steht die Beeinträchtigung der körperlichen Unversehrtheit wohl außer Frage. Aber auch Verunstaltungen des Körpers, wie bspw. Beschmieren des Körpers mit schwer entfernbaren Materialien (wie bspw. Teer) werden durch die Gerichte als entsprechende Beeinträchtigung erkannt.[21] Auch hat der BGH es als Körperverletzung gewertet, dass der Täter eine Vollstreckungsbeamtin mit einer erheblichen Menge Brennspiritus übergoss und dadurch deren Haare und deren Oberbekleidung bis auf die Haut durchnässte.[22] Auch das Abschneiden der Haare wird jedenfalls dann als Verletzung der körperlichen Unversehrtheit verstanden, wenn dies zu einer entstellenden Wirkung und damit einem körperlichen Unbehagen bei der Geschädigten führt. Kleinere, unauffällige Verluste an nachwachsenden Haaren werden eher als Bagatelle verstanden und nicht als strafrechtlich erhebliche Körperverletzung gewertet.[23]

56 **b) Erheblichkeit.** Die Beeinträchtigung der körperlichen Unversehrtheit darf nicht nur ganz unerheblich sein. Die Beeinflussung des körperlichen Empfindens wird hier an Dauer und Intensität des Störfaktors gemessen. Auch hier gilt, dass im jeweiligen Einzelfall festzustellen und abzuwägen ist. So werden bspw. kleine Nadelstiche, kleine Kratzer, minimale Blutungen, ganz leichte Brandverletzungen oder nur geringe Blutergüsse noch nicht als erhebliche Beeinträchtigungen angesehen. Dies soll jedenfalls dann so sein, wenn die zu dieser unerheblichen Beeinträchtigung führende Handlung auch sozialadäquat erscheint. Mit Eschelbach[24] halten wir diese Wertung für tatsächlich und rechtlich bedenklich. Denn: „Bei der Tätervorstellung, dass es zu weitergehenden Beeinträchtigungen hätte kommen können, kann jedenfalls ein Versuch der Körperverletzung nicht ausgeschlossen werden."[25] Unabhängig davon halten wir die pauschale Wertung, geringen Blutergüssen und/oder Stichen würde es an der Erheblichkeit fehlen, für bedenklich. Letztlich bleibt jeder Fall der Einzelfallbewertung zugänglich!

---

20 Schönke/Schröder (Sternberg-Lieben), StGB, § 223 Rn. 3 m. w. N.
21 Ders. Rn. 3.
22 BGH, Beschluss vom 28.6.2007 – 3 StR 234/07 (LG Lübeck), in: NStZ 2007, 701.
23 BeckOK StGB, Eschelbach, § 223 Rn. 21.
24 BeckOK StGB, Eschelbach, § 223 Rn. 22.
25 Ders.

Das Anspucken verursacht nach der Rechtsprechung bloßes Ekelgefühl mit geringen körperlichen Auswirkungen unterhalb der Bagatellgrenze, so dass eine Körperverletzung (§ 223 StGB) ausscheidet.[26] Diesbezüglich kommt daher (lediglich) eine Ehrverletzung (§ 185 StGB) in Betracht.

57 Ergebnis zu den Beispielen (Rn. 54): Das o. g. Fallbeispiel zu (2) obliegt hinsichtlich des Haare-Abschneidens einer Bewertung des Einzelfalles. Bzgl. des Anspuckens liegt eine Beleidigung gemäß § 185 StGB vor. Das o. g. Beispiel zu (1) stellt unzweifelhaft Körperverletzungen gemäß § 223 Abs. 1 StGB dar.[27]

58 **c) Gesundheitsschädigung.** Als Gesundheitsschädigung wird jedes Hervorrufen oder Steigern eines vom Normalzustand der körperlichen Funktionen des Menschen nachteilig abweichender, krankhafter Zustand gesehen.[28] Dabei ist weder ein Schmerzempfinden erforderlich noch eine Beeinträchtigung von Dauer. Eine Beeinträchtigung, die durch einen natürlichen Vorgang herbeigeführt wird, wird aber nicht als tatbestandlich betrachtet. Was meint das?

59 **aa) Herbeiführen von Schlaf.** Schlaf wird, anders als Bewusstlosigkeit, nicht als pathologischer Zustand betrachtet, auch dann nicht, wenn dieser durch das Verabreichen von Schlafmitteln oder durch länger andauernden Schlafentzugs herbeigeführt wurde.[29] Eine Gesundheitsschädigung i. S. d. Körperverletzungsdelikts erfordert vielmehr eine besondere Qualität der Befindlichkeit der Geschädigten in Form von nachhaltig vertieftem Bewusstseinsausfall und pathologischen Nachwirkungen, wie bspw. Schwindel, Unwohlsein oder Erinnerungsverlust.[30]

60 **Beispiel:**
Der BGH hatte über einen Fall zu entscheiden, in welchem durch heimliche Beibringung eines Schlafmittels eine gefährliche Körperverletzung mittels eines hinterlistigen Überfalls (§ 224 Abs. 1 Nr. 3 StGB) zur Anklage gekommen war. Insoweit lagen dem vom BGH zu überprüfenden Urteil folgende Sachverhaltsfeststellungen zugrunde: Der Täter habe seine Frau „außer Gefecht setzen" wollen, um sich ihr ungestört sexuell nähern zu können. Zu diesem Zweck habe er ein starkes, geschmackloses Schlafmittel in eine Tasse Milch gemischt, welche die Geschädigte ausgetrunken habe. Die Geschädigte habe sofort einen starken Schwindel gespürt und sei erst Stunden später benommen neben dem Angeklagten nackt im Bett liegend wieder aufgewacht.[31]
Das Landgericht, über dessen Urteil der BGH zu entscheiden hatte, verurteilte den Angeklagten wegen gefährlicher Körperverletzung mittels eines hinterlistigen Überfalls. Die gegen dieses Urteil eingelegte Revision des Angeklagten blieb

---
26 MüKo-StGB, Hardtung, § 223 Rn. 41.
27 Zur Frage der Konkretisierung einzelner Handlungen und Nachweisbarkeit in einer Gerichtsverhandlung vgl. unsere Ausführungen zur Beweisbarkeit.
28 BeckOK StGB, Eschelbach, § 223 Rn. 24.
29 MüKo-StGB, Joecks, Rn. 28.
30 Ders. Rn. 25.
31 Ob es in der Zwischenzeit auch zu sexuellen Handlungen des Angeklagten an der Geschädigten gekommen war, soll für die vorliegenden Erwägungen dahinstehen, weil insbesondere die Frage der (gefährlichen) Körperverletzung zu diskutieren war.

ohne Erfolg. Der BGH³² hat dazu u. a. ausgeführt, der Angeklagte habe die Geschädigte gewaltsam an der Gesundheit geschädigt. Die in der Beibringung des Schlafmittels liegendes Gewalt sei auch mittels eines hinterlistigen Überfalls, nämlich durch einen plötzlichen, unvermuteten Angriff verübt worden.³³

61 bb) **Herbeiführen einer Schwangerschaft.** Allein eine Schwangerschaft stellt nach der Rechtsprechung keine Gesundheitsbeeinträchtigung und damit keine Körperverletzung dar. Einzelne Umstände der Schwangerschaft und der Geburt (wie bspw. Erbrechen und/oder Wehenschmerzen) können u. U. körperliche Misshandlungen sein.³⁴

62 cc) **Hervorrufen von Depressionen.** Oftmals nach Kontaktverstößen (§ 4 GewSchG) und/oder Nachstellungshandlungen (§ 238 StGB)³⁵ leiden die Betroffenen an depressiven Zuständen, Angst und Unruhe und nehmen u. U. Antidepressiva als Dauermedikation. Die Beeinträchtigung des seelischen Wohlbefindens allein wird noch nicht als Körperverletzung gewertet. Vorausgesetzt wird darüber hinaus, dass die Störung der Befindlichkeit Krankheitswert besitzt. Die Annahme, dass eine psychische Krankheit als Folge der Handlung eines anderen im Einzelfall als Körperverletzungserfolg zu werten sein kann, wird überwiegend bejaht, ist aber nicht abschließend geklärt. Als Gesundheitsbeeinträchtigung soll eine psychische Einwirkung nämlich nur dann ausreichen, wenn diese den Körper in einen pathologisch, somatisch empfundenen Zustand versetzt.³⁶ Die psychischen Empfindungen müssen also zu einer körperlichen Wirkung führen. Nur in diesen Fällen können psychosomatische Vorgänge zumindest in den Grenzbereich der Körperverletzung gelangen, werden oftmals aber unterhalb der Grenze einzustufen sein.³⁷ Auch wenn die Rechtsprechung erkennt, dass es zu entsprechenden Körperverletzungsfolgen kommen kann, finden sich naturwissenschaftlich keine festen Grenzen. Die Gerichte müssen sich an medizinisch fest definierten Krankheitsbildern orientieren. So kann oftmals nur die Zufügung von Schmerzen als ein Indiz für eine körperliche Beeinträchtigung angesehen werden.³⁸

2. Gefährliche Körperverletzung (§ 224 StGB)

63 Wie wäre der oben dargestellte Fall (Abschneiden der Haare) zu bewerten, wenn der Täter die Haare mit einem Küchenmesser abschneidet? Handelt es sich bei der Verwendung eines Küchenmessers um ein gefährliches Werkzeug? Macht sich der Täter entsprechend wegen gefährlicher Körperverletzung (§ 224 Abs. 1 Nr. 2 StGB) strafbar?

64 Der BGH hat in einem Beschluss vom 17.4.2008 dazu folgendes ausgeführt:
„*1. Das Abschneiden von Haaren ist eine Körperverletzung i. S. von § 223 StGB.*

---

32 BGH, Beschluss vom 24.6.1992 – 2 StR 195/92 (LG Köln), NStZ 1992, 490.
33 Ders.
34 MüKo-StGB, Hartung, § 223 Rn. 65.
35 Die hier noch gesondert dargestellt werden sollen.
36 BeckOK StGB, Eschelbach, § 223 Rn. 27 m. w. N.
37 Ders.
38 Ders.

2. *Ein Gegenstand ist nur dann ein gefährliches Werkzeug i. S. von § 224 Nr. 2 StGB, wenn er nach seiner objektiven Beschaffenheit und nach der Art seiner Benutzung im Einzelfall geeignet ist, erhebliche Körperverletzungen zuzufügen."* (Redaktionelle Leitsätze).[39]
Diesem vom Bundesgerichtshof zu entscheidenden Fall lag der Sachverhalt zugrunde, dass der Täter nach einer Party morgens früh zu seiner Freundin zurückgekehrt war, diese beschimpft, geschlagen und getreten und ihr schließlich mit einem Küchenmesser die Haare („Dreadlock") abgeschnitten hatte. Zudem hatte der Täter sie für etwa eine ½ Stunde in der Wohnung eingeschlossen, nachdem diese ihm gegenüber erklärte, die Wohnung verlassen zu wollen. Das Landgericht verurteilte den Täter wegen gefährlicher Körperverletzung in Tateinheit mit Freiheitsberaubung. Auf die Revision des Angeklagten hob der BGH das Urteil mit folgenden Erwägungen auf: Das Abschneiden der „Dreadlocks" sei unzweifelhaft als Körperverletzung (§ 223 StGB) zu werten. Der Einsatz des Messers dafür sei aber nicht als Verwenden eines gefährlichen Gegenstandes (§ 224 Abs. 1 Nr. 2 StGB) zu werten. Ein Gegenstand sei nur dann ein gefährliches Werkzeug, wenn es nach seiner objektiven Beschaffenheit und nach der Art seiner Benutzung im Einzelfall geeignet sei, erhebliche Körperverletzungen zuzufügen. Feststellungen dazu, dass der Täter das Messer so benutzt hatte, dass es der Geschädigten gravierende Verletzungen hätte zufügen können, waren aber nicht getroffen worden. Unabhängig von den Tritten mit den Schuhen, die (auch nur im Einzelfall) ein gefährliches Werkzeug darstellen können, war die Qualifikation des § 224 StGB vorliegend daher nicht festzustellen.

3. Schwere Körperverletzung (§ 226 StGB)

Gemäß § 226 Abs. 1 StGB wird der Täter zu einer Freiheitsstrafe von mindestens 1 Jahr bis zu 10 Jahren Freiheitsstrafe verurteilt, wenn das Opfer
– Nr. 1: „das Sehvermögen auf einem Auge oder beiden Augen, das Gehör, das Sprechvermögen oder die Fortpflanzungsfähigkeit verliert",
– Nr. 2: „ein wichtiges Glied des Körpers verliert oder dauernd nicht mehr gebrauchen kann oder"
– Nr. 3: „in erheblicher Weise dauernd entstellt wird oder in Siechtum, Lähmung oder geistige Krankheit oder Behinderung verfällt"...
Weil es sich insoweit um ein Erfolgsdelikt (§ 18 StGB) handelt (ein besonderer Erfolg muss eingetreten sein), muss das Grunddelikt der Körperverletzung (§ 223 StGB) vorsätzlich begangen worden sein. Insoweit kann es sich auch um ein Unterlassungsdelikt handeln (§ 13 StGB).

Beispiel:
Die zu schützende Person wird bewusst zu spät zum Arzt gebracht,[40] wodurch die Erfolgsqualifikation eintritt. Für die eingetretene schwere Folge reicht Fahrlässigkeit (§ 18 StGB) aus.

---

[39] BGH, Beschluss vom 17.4.2008 – 4 StR 634/07 (LG Stralsund), NStZ-RR 2009, 50.
[40] Schönke/Schröder (Sternberg-Lieben) StGB, § 226 Rn. 1.

Rechtlich nicht ganz unproblematisch und für die Praxis wissenswert ist folgendes:
- Grundtatbestand der Körperverletzung
 Tathandlungen des § 225 StGB, die nicht zugleich den Grundtatbestand des § 223 StGB erfüllen (wie bspw. das seelische Quälen), werden nicht als ausreichendes Grunddelikt i. S. d. § 226 StGB angesehen, insbesondere weil § 226 StGB nicht auf die dem § 223 StGB folgenden Vorschriften verweist.[41]
- Grund der Strafschärfung des § 226 StGB
 § 226 StGB enthält die Strafschärfung,[42] weil die schweren Folgen „den Verletzten in seiner Lebensqualität dauernd empfindlich beeinträchtigen".[43]
 Diese schwere Folge muss allerdings aus dem Erfolg der Körperverletzung resultieren; eine schwere Folge aus der Körperverletzungshandlung genügt insoweit nicht.

Der Unterschied? Dazu zwei Beispiele, die zum Nachdenken anregen.

Pistole löst (ungewollt) einen Schuss aus
Sofern sich beim Zuschlagen mit einer Pistole ein Schuss löst, dieser Schuss das Opfer in das Gehirn trifft und in Siechtum verfallen lässt, beruht diese (fahrlässig herbeigeführte) schwere Folge der Körperverletzung auf der Handlung des Täters (dem Zuschlagen), nicht aber auf dem Erfolg (der Verletzung).[44] Dieses Ergebnis wird teilweise kritisiert, weil eine Abweichung im Kausalverlauf für den Vorsatz nicht immer relevant sei. Denn: Abweichungen im Kausalverlauf sind dann ohne Belang, *„wenn sie sich noch innerhalb der Grenzen des nach allgemeiner Lebenserfahrung Voraussehbaren halten und keine andere Bewertung der Tat rechtfertigen.“*[45]

Messerstich verfehlt das Ziel
Der Täter beabsichtigt, das Opfer mit einem Messer in den Oberarm zu stechen, es folglich zu verletzen. Der Messerstich trifft stattdessen aber das Auge. Das Opfer erblindet. Würde man in diesem Fall die Augenverletzung (also das Treffen des Auges mit dem Messer) noch vom Vorsatz umfasst würdigen, so würde es sich bei dem Sehverlust um eine Folge der Verletzung (also des qualifizierten Erfolges) handeln und der Tatbestand des § 226 StGB wäre erfüllt. Diese Wertung wird kritisch gesehen, weil „angesichts des nicht gewollten höheren Verletzungsausmaßes ein vorsätzliches Handeln verfehlt wäre".[46]
Die Wertung hängt sicherlich vom Einzelfall ab. Die Vorsatzfrage kann nur anhand der im Einzelfall zu treffenden Feststellungen beantwortet werden, weil ggf. eine billigende Inkaufnahme (hier: des Treffens des Auges) in Betracht kommen kann. Eine Zurechnung des Verlustes des Augenlichts kann auch daran scheitern, dass der Verletzte eine das Augenlicht erhaltende Operation verweigert.[47]

---

41 Schönke/Schröder (Sternberg-Lieben) StGB, § 226 Rn. 1 m. w. N.
42 Es handelt sich hier um einen Verbrechenstatbestand mit einer Mindeststrafe von 1 Jahr Freiheitsstrafe
43 Schönke/Schröder (Sternberg-Lieben) StGB, § 226 Rn. 1.
44 Ders.
45 Schönke/Schröder (Sternberg-Lieben/Schuster) StGB, § 15 Rn. 55.
46 Schönke/Schröder (Sternberg-Lieben) StGB, § 226 Rn. 1.
47 Ders. m. w. N.

Das Ergebnis (keine Strafbarkeit gemäß § 226 StGB) mag für den Laien kaum nachvollziehbar erscheinen, wird aber dem Erfordernis an ein vorsätzliches Handeln des Täters mit fahrlässig herbeigeführtem Erfolg gerecht.
Eine schwere Folge i. S. d. § 226 StGB kommt in Betracht bei:
- Nr. 1: einem Verlust des Sehvermögens auf einem Auge oder beiden Augen, bei Verlust des Gehörs oder des Sprechvermögens sowie bei Verlust der Fortpflanzungsfähigkeit, jeweils für unbestimmt lange Zeit,
- Nr. 2: dem Verlust oder der dauernden Gebrauchsunfähigkeit eines wichtigen Körpergliedes,
- Nr. 3: einer dauernden erheblichen Entstellung des Geschädigten[48] oder das Verfallen in Siechtum, Lähmung oder geistige Krankheit oder Behinderung.

Die schwere Folge muss dauerhaft sein, also (auch noch) zum Zeitpunkt des Urteils festgestellt werden können. Erfolgt eine natürliche Heilung oder ist diese sehr wahrscheinlich, so handelt es sich nicht um eine Dauerhaftigkeit der schweren Folge. Lassen sich die schweren Folgen im Wege einer Operation beseitigen, liegt die Voraussetzung nicht vor. Teilweise wird argumentiert, dass es auf eine mögliche Beseitigung der schweren Folgen nicht ankomme.[49] Eine Ungewissheit soll sich zu Lasten des Täters auswirken.[50] Diese Feststellungen sind im Einzelfall nicht immer leicht zu treffen, zumal weitere Rechtsfragen nicht einheitlich entschieden werden.[51]

III. Misshandlung von Schutzbefohlenen (§ 225 StGB)

Die Misshandlung von Schutzbefohlenen wird mit einer Freiheitsstrafe von sechs Monaten bis zu zehn Jahren bestraft, in minder schweren Fällen von drei Monaten bis zu fünf Jahren; in besonders schweren Fällen liegt die Strafe nicht unter einem Jahr Freiheitsstrafe (Verbrechen). Durch diese Norm werden Jugendliche oder wegen Krankheit oder Gebrechlichkeit wehrlose Personen unter besonderen Schutz gestellt, dies bei Tathandlungen durch Quälen, rohes Misshandeln oder gegen die Gesundheitsschädigung durch böswillige Vernachlässigung der Fürsorgepflicht durch eine Person aus einem Täterkreis mit vier definierten Personengruppen.[52]

1. Der geschützte Personenkreis
§ 225 StGB schützt
- Personen unter achtzehn Jahren (Kinder und Jugendliche; abstrakt-generell unabhängig von der Frage der Wehrlosigkeit) oder

---

48 Eine *erhebliche Entstellung* liegt vor, wenn die äußere Gesamterscheinung des Verletzten in ihrer ästhetischen Wirkung derart verändert ist, dass er erhebliche psychische Nachteile im Verkehr mit anderen Menschen zu erleiden hat (Schönke/Schröder (Sternberg-Lieben) StGB § 226 Rn. 3, 4).
49 BGH, Urteil vom 7.2. aktaufnahme unterbleibt. Auch folgt dies bereits aus d 2017 – 5 StR 483/16, in: NJW 17, 1763.
50 Schönke/Schröder (Sternberg-Lieben) StGB, § 226 Rn. 2 m. w. N.
51 Eine detaillierte Darstellung der einzelnen Rechtsfragen und Anforderungen ist uns im Rahmen dieser Kurzdarstellung nicht möglich; eine umfassende Falldarstellung- und Aufarbeitung ist in Planung.
52 BeckOK StGB, Eschelbach, StGB § 225 Rn. 1.

– wegen einer Gebrechlichkeit oder Krankheit wehrlose Person.[53]
Neben der körperlichen Unversehrtheit wird auch die psychische Integrität geschützt.

2. Das besondere Verhältnis zum Täter

69 Zwischen dem Täter und dem Opfer muss ein besonderes Schutzverhältnis bestehen, dessen Missachtung durch die Misshandlung den Unrechtsgehalt des Sonderdelikts begründet,[54] nämlich
- das Fürsorge- und Obhutsverhältnis,
- das Angehörigenverhältnis bei demselben Hausstand wie der Täter,
- vom Fürsorgepflichtigen der Gewalt überlassen oder
- die Unterordnung im Dienst- oder Arbeitsverhältnis.

3. Die Tathandlungen

70 Als Handlungen des Täters kommen in Betracht:
- das Quälen,
- das rohe Misshandeln oder
- die Gesundheitsschädigung durch böswillige Vernachlässigung der Sorgepflicht.

4. Die Qualifikationen des Verbrechenstatbestandes (§ 225 Abs. 3 StGB)

71 Der Verbrechenstatbestand ist erfüllt, wenn der Täter die schutzbefohlene Person durch die Tat im Sinne des Absatzes 1, nicht schon durch den Versuch, entweder in die Gefahr
- des Todes,
- einer schweren Gesundheitsschädigung oder
- einer erheblichen Schädigung der körperlichen oder seelischen Entwicklung
bringt.
Minder schwere Fälle und Konkurrenzen mit weiteren Tatbeständen sind auch hier möglich.

5. Beispiele

72 (1) **„Das Schreibaby"** oder **„der überforderte Vater".** Der 3 Monate Luca[55] schrie in den ersten Wochen sehr viel. Blähungen und/oder die Abwesenheit der Mutter ließen ihn mitunter so unzufrieden werden, dass er sich länger (bis zu einer Stunde) nicht beruhigen ließ. Weitere Kenntnisse der Strafverfolgungsbehörden setzen ein, als die Eltern den ärztlichen Notdienst riefen, weil das Baby stundenlang und ununterbrochen weinte und schrie und – nach Angaben der Mutter – blau bis blau-lila Hämatome am Körper aufwies. Das Kind wurde ärztlich untersucht und zum Zweck der genaueren Analyse in der medizinischen Hochschule einer umfassenden körperlichen Untersuchung zugeführt. Die polizeilichen Ermittlungen ergaben, dass die Mutter an dem vermeintlichen Tattag

---

53 Eine nicht krankheitsbedingte Wehrlosigkeit, die der Täter einer Gewalttat im Verlauf des Tatgeschehens gezielt herbeiführt, etwa indem er das Opfer seines Angriffs fesselt, wird nicht von dem Tatbestand der Misshandlung Schutzbefohlener erfasst.
54 BeckOK StGB, Eschelbach, StGB § 225 Rn. 7 m.w.N.
55 Der Name wurde auch hier zwecks Anonymisierung geändert.

mehrere Stunden außer Haus gewesen und Luca mit dem Vater allein zuhause gewesen war. Der Beschuldigte (Vater) ließ sich nach ordnungsgemäßer Belehrung dahingehend ein, dass Luca vom Wickeltisch gefallen war. Der ärztliche Untersuchungsbericht ließ aber erkennen, dass das Kind
- Blessuren im Gesichtsbereich aufwies, welche einem Handabdruck gleichkamen,
- eine Vielzahl blauer Flecke und Hautabschürfungen an Ober- und Unterkörper hatte, welche jedenfalls nicht durch einen Sturz vom Wickeltisch hervorgerufen worden sein konnten und
- mehrere Stunden lang höllische Schmerzen ertragen haben musste, welche u. a. zu einem Schrei- und Weinkrampf geführt haben mussten.

Die Tatvariante des Quälens: Die Tathandlung des Quälens im Sinne des § 225 StGB meint „das Verursachen länger andauernder oder sich wiederholender Schmerzen oder Leiden körperlicher oder seelischer Art. die ggf. über die typischen Folgen einzelner Körperverletzungen hinausgehen".[56] Dabei können mehrere Körperverletzungen zusammengenommen als Quälen bezeichnet werden, wenn die ständige Wiederholung den gesteigerten Unrechtsgehalt erreicht.[57] Bei der Frage, wie lange die Schmerzen andauern müssen, um diese gesteigerte Form des Leides zu erreichen, sollen daran keine übertriebenen Anforderungen zu stellen sein.[58] Eine gefühllose oder unbarmherzige Gesinnung des Täters ist nicht Voraussetzung. Als entscheidend für das Vorliegen eines Quälens wird die individuelle *Befindlichkeit des Opfers*, die durch das Täterverhalten *nachhaltig beeinträchtigt* werden muss, angesehen.[59]

Im Gegensatz zum Quälen durch Zufügung seelischer Leiden ist bei der rohen Misshandlung eine körperliche Beeinträchtigung des Opfers erforderlich, denn der Begriff der Misshandlung entspricht dem Begriff aus § 223 StGB (körperliche Misshandlung). Anders als beim Quälen erfordert die Tatvariante des rohen Misshandelns ein einzelnes Körperverletzungsgeschehen.[60] Eine rohe Misshandlung wird angenommen, „wenn der Täter die Körperverletzung aus einer gefühllosen Gesinnung begeht, die das Leiden des Opfers missachtet und sich in erheblichen Handlungsfolgen äußert."[61] Die geforderte „gefühllose Gesinnung" kann sich im Einzelfall schon aus dem äußeren Ablauf ergeben, sodass besondere Feststellungen zur inneren Tatseite nicht immer gesondert zu treffen sind.

Der Vater des kleinen Luca wurde zu einer Freiheitsstrafe auf Bewährung verurteilt. Zum Motiv dieser Tat konnte eine erhebliche Überforderung des Vaters mit der speziellen Situation des „schreienden Babys" und des sich daraus ergebenden besonderen Betreuungsaufwands festgestellt werden.

(2) Der auf sich gestellte 9-jährige Schüler. In einem weiteren Fall, den wir im Dezernat für Häusliche Gewalt zu bearbeiten hatten, wurde der 9-jährige Tim[62]

---
56 BeckOK StGB, Eschelbach, StGB § 225 Rn. 16 m. w. N.
57 BGH, NStZ 2022, 676.
58 BeckOK StGB, Eschelbach, StGB § 225 Rn. 17 m. w. N.
59 Ders. Rn. 18.
60 Ders. Rn. 19 unter Verweis auf BGH, NStZ 2022, 676.
61 Ders. Rn. 20 unter Verweis auf BeckRS 2023, 46571 Rn. 34.
62 Name geändert.

von seinem Vater (als alleinigem gesetzlichen Vertreter) über mehrere Wochen allein zu Hause gelassen. Bereits nach wenigen Tagen hatte sich der Kühlschrank in der von dem Kind bewohnten Wohnung geleert, sammelten sich im gesamten Haus leere Teller und Geschirr sowie Essensreste an, welche mit Schimmel befallen waren. Essbare Nahrung gab es in der Wohnung keine; die Waschmaschine war defekt; die Heizung blieb kalt.[63]
Aufgefallen war dieser Umstand erst Wochen später, weil Tim kaum noch oder verspätet zur Schule erschien und (falls er zur Schule erschien) dort einschlief oder „mit offenen Augen träumte". Als die Lehrerin sich dieser Situation annahm und das Kind sich ihr gegenüber öffnete, wurden die dargestellten Lebensverhältnisse bekannt. Das Kind wurde in Obhut genommen.

75 **Die Tatvariante der Gesundheitsschädigung durch böswillige Vernachlässigung der Sorgepflicht:** Wer durch böswillige Vernachlässigung seiner Pflicht, für die schutzbedürftige Person zu sorgen, diese an der Gesundheit schädigt, macht sich ebenfalls gemäß § 225 StGB strafbar. Die genannte Pflicht, für die schutzbedürftige Person zu sorgen, kann auf Gesetz, Vertrag, Verwaltungsakt, Hausgemeinschaft oder anderen Lebensumständen beruhen[64] und steht vorliegend (bei dem sorgeberechtigten-/verpflichteten Vater) außer Frage. Vernachlässigt der Täter diese Pflicht und tritt eine Gesundheitsschädigung bei der schutzbedürftigen Person ein, muss für die Feststellung der Kausalität nachgewiesen werden, dass „durch ein Eingreifen des Garanten die Gesundheitsschädigung des Opfers in ihrer konkreten Gestalt mit an Sicherheit grenzender Wahrscheinlichkeit verhindert worden wäre."[65]

76 **Die Gesundheitsschädigung:** Unter einer Gesundheitsschädigung wird „jedes Hervorrufen oder Steigern eines vom Normalzustand der körperlichen Funktionen des Menschen nachteilig abweichenden krankhaften Zustand" verstanden, so bspw. ein, wenn auch nur vorübergehendes Herbeiführen einer pathologischen Verfassung. Die Beeinträchtigung braucht nicht von Dauer zu sein; Schmerzen sind nicht erforderlich. Ob es sich bei der dargestellten Vernachlässigung, einhergehend mit mangelnder Nahrungsaufnahme und unzureichendem Schlaf bzw. den dadurch entstehenden gesundheitlichen Folgen bereits um eine Gesundheitsschädigung im Sinne des § 225 StGB handelt, hängt vom Einzelfall ab. Feststellungen zu Gewichtsverlust, mangelnder Konzentration und Denkvermögen, können eine entsprechende Folge u. U. begründen.

77 **Die Böswilligkeit:** Die Pflichtverletzung, die zur Gesundheitsschädigung des Opfers führt, muss böswillig sein. Böswilligkeit meint ein feindseliges Verhalten aus Bosheit, Lust an fremdem Leid, Hass und anderen verwerflichen Beweggründen. Auch Geiz und Eigensucht sollen u. U. zur Annahme dieses Beweggrundes genügen;[66] eine auf Depression, Erschöpfung oder Überforderung beruhende „Gefühllosigkeit" indes nicht. Gleichgültigkeit und Abgestumpftheit oder Schwäche reichen ebenfalls nicht aus. Pflichtvergessenheit aus Vergnügungs-

---

63 Mutmaßlich aufgrund einer nicht bezahlten Nebenkostenrechnung.
64 BeckOK StGB, Eschelbach, StGB § 225 Rn. 21.
65 Ders. Rn. 23.
66 Ders. Rn. 24.

sucht oder Desinteresse an der vernachlässigten Person wird ebenfalls nicht als böswilliges Verhalten verstanden.[67] Feststellungen zu vorgenannten Voraussetzungen sind immer im Einzelfall zu treffen. Bei Tim war die Folge einer Gesundheitsschädigung noch nicht festzustellen. Unabhängig davon war hier die Strafbarkeit der Verletzung der Fürsorge- oder Erziehungspflicht in Betracht zu ziehen (§ 171 StGB).

IV. Nachstellung (§ 238 StGB)

Beispiel:
In einem uns zur Kenntnis gebrachten Fall[68] bestand der Verdacht der Körperverletzung, Bedrohung, Nötigung, Beleidigung und weiterer Verstöße gegen das Gewaltschutzgesetz in einer Vielzahl von Fällen. Dem Beschuldigten, Noch-Ehemann und Vater der beiden Geschädigten, war zur Last gelegt worden, seine Ehefrau und die gemeinsame Tochter geschlagen, damit gedroht zu haben, das Haus in die Luft zu sprengen („Ich schlag hier eine Bombe ein"), sie mit dem Tode bedroht und insoweit (auch) genötigt zu haben („Ihr seid tot!"), dies insbesondere auch für den Fall, dass die Trennung und Scheidung vollzogen werde. Eine Vielzahl weiterer, nahezu gleich gelagerter Taten war ebenfalls konkretisiert worden. Die Ehefrau des Beschuldigten und insoweit Geschädigte hatte zwischenzeitlich einen Gewaltschutzbeschluss des zuständigen Familiengerichts bewirkt. In diesem Beschluss war dem Beschuldigten untersagt worden, Kontakt zu den genannten Personen aufzunehmen. Dabei war ihm jegliche Kontaktaufnahme (persönlich, schriftlich, per mobiler Kommunikation, Kommunikation über Dritte etc.) verboten. Auch war ihm untersagt worden, sich den genannten Geschädigten sowie dem von diesen Personen bewohnten Haus mehr als 100 Meter zu nähern. Gleichwohl ließen die Kontaktaufnahmen bzw. Versuche der Kontaktaufnahme seitens des Beschuldigten nicht nach. Dieser schrieb Briefe, hinterließ kurze schriftliche Nachrichten, hielt sich vor dem Wohnhaus der Geschädigten sowie im Treppenhaus des Hauses auf und folgte der insoweit geschädigten Ehefrau, sobald er sie erblickte. Telefonische Kontaktaufnahmen, manchmal bis zu 50 mal am Tag, konnten ebenfalls festgestellt werden. Aufgrund der Vielzahl der Kontaktaufnahmen, der Bedrohungen und körperlicher Übergriffe und insbesondere des langen Zeitraums und der nicht nachlassenden Intensität der Handlungen seitens des Beschuldigten, bekam die Geschädigte Kopf- und Magenschmerzen, Angstzustände und hatte Sorge, das Haus überhaupt noch zu verlassen. Der Arzt attestierte im Laufe der Wochen eine auf die Angstzustände zurückzuführende depressive Phase. Die Geschädigte war für mehrere Wochen arbeitsunfähig.
Das Ermittlungsverfahren wurde wegen des Verdachts der Nachstellung (§ 128 StGB), des Verstoßes gegen das GewSchG (§ 4 GewSchG), der Bedrohung (§ 241 StGB), der Nötigung (§ 240 StGB), der Körperverletzung (§ 223 StGB) sowie der Beleidigung (§ 185 StGB) in einer Vielzahl von Fällen geführt. Auch nach

---

67 Ders. mit zahlreichen weiteren Nachweisen.
68 Der Fall wird anonymisiert dargestellt.

Bekanntwerden der polizeilichen Ermittlungen ließen die Kontaktaufnahmen seitens des Beschuldigten nicht nach.

1. Sach- und Rechtslage[69]

79 a) **Nachstellung. – aa) Schutzgut.** § 238 StGB wurde durch das 40. Strafrechtsänderungsgesetz (StÄG) im Jahre 2007 in das StGB aufgenommen.[70] Schutzzweck dieser Norm ist die persönliche Freiheit der anderen Person/en. So sollen bei mutmaßlichen Stalking-Opfern (erhebliche) Gesundheitsschädigungen vermieden werden.[71] Nachdem die Vorschrift zunächst als Erfolgsdelikt ausgestaltet worden war, wurde dies mit dem Gesetz zur Verbesserung des Schutzes gegen Nachstellungen im Jahre 2017 zu einem Eignungsdelikt umgestaltet.[72] Seither muss die Handlung des Täters (nur noch) geeignet sein, die Lebensgestaltung des Opfers nicht unerheblich zu beeinträchtigen.

80 bb) **Tathandlungen.** Die unterschiedlichen Handlungsmöglichkeiten des Täters sind in den Ziffern 1 bis 8 der benannten Vorschrift gesetzlich geregelt. Alle genannten Handlungen (das Nachstellen) betreffen die unmittelbare oder (auch nur) mittelbare Annäherung des Täters an das Opfer und zielen darauf ab, in dessen persönlichen Lebensbereich einzugreifen. Die entsprechenden Kontaktaufnahmen müssen unbefugt erfolgen. So wird sichergestellt, dass sozialadäquate Formen der Kontaktaufnahme nicht kriminalisiert werden.[73] So manche Kontaktaufnahme mag einem lästig erscheinen, wird die Voraussetzungen eines strafrechtlich relevanten Nachstellens aber nicht in jedem Fall erfüllen. Unbefugt handelt, wer entgegen des ausdrücklich oder auch nur konkludent erklärten Willens des Opfers handelt (es sei denn, es besteht eine amtliche oder privatautonome Befugnisnorm).[74]

Wichtig zu wissen ist auch, dass das Opfer seinen entgegenstehenden Willen nicht lautstark äußern muss. Eine höfliche, aber eindeutige Bitte gegenüber dem Täter, entsprechende Kontaktaufnahmen zukünftig zu unterlassen, genügt. Unbefugt handelt damit derjenige, der weiß oder zumindest erkennt, dass die andere Person den Kontakt in dieser Art, Umfang und Intensität nicht will.[75]

81 Nr. 1: **Aufsuchen der räumlichen Nähe einer Person.** Sucht der Täter selbst die räumliche Nähe zum Opfer auf, so erfüllt dieser den Tatbestand der Nr. 1 der genannten Vorschrift (Stalking). Das Aufsuchen der räumlichen Nähe geschieht durch physische Annäherung, bspw. durch Verfolgen, Auflauern, Verweilen vor der Wohnung oder der Arbeitsstätte, u. ä. Zufällige Begegnungen sind vom Tat-

---

69 Die Ausführungen werden an dieser Stelle auf die darzustellende Nachstellung (§ 238 StGB) sowie die Verstöße gegen das GewSchG (§ 4 GewSchG) beschränkt.
70 Zwischenzeitlich aber umfangreich ergänzt worden (vgl. unten).
71 HK-GS/Karsten Krupna, StGB, § 238 Rn. 1, 2.
72 Ders.
73 Ders., Rn. 3.
74 Zitiert nach HK-GS/Karsten Krupna, StGB, § 238 Rn. 3: BT-Drs. 16/575, 7; zu beachten sind hierbei insbes. die Pressefreiheit gem. Art. 5 Abs. 1 S. 2 GG, Observationen im Rahmen einer Strafverfolgung, die Geltendmachung eines fälligen und einredefreien Anspruchs oder die amtliche Tätigkeit eines Gerichtsvollziehers.
75 Ders.: „Bei irrtümlicher Situationsverkennung kommt ein Tatbestandsirrtum nach § 16 in Betracht." Anm. der Autorinnen: Wie bei jedem anderen Tatbestandsirrtum auch, entfiele hier der Vorsatz.

bestand nicht erfasst[76] („die räumliche Nähe aufsucht"). Aus diesem Grund entfällt die Tatbestandsmäßigkeit auch dann, wenn der Täter lediglich den eigenen alltäglichen Gewohnheiten nachgeht und es insoweit zu einem Zusammentreffen kommt. Wenn der Täter das Opfer nach einem solchen zufälligen Zusammentreffen aber verfolgt, verwirklicht dieser den Tatbestand. Das Opfer muss die Anwesenheit des Täters grundsätzlich auch wahrnehmen.[77] Anderenfalls dürfte auch die Eignung der Beeinträchtigung der Lebensgestaltung entfallen. Eine Ausnahme dieser Voraussetzung (Wahrnehmung durch das Opfer) soll aber dann bestehen, wenn der Täter das Opfer regelmäßig aufsucht, sich stetig vor dem Haus des Opfers aufhält oder dieses regelmäßig verfolgt. In diesem Fällen soll bereits die Möglichkeit der Wahrnehmung (der Anwesenheit des Täters) durch das Opfer ausreichen. „Richtigerweise ist weder Sichtkontakt noch eine andere Art der Wahrnehmung erforderlich, da eine heimliche Observation oder versteckte Bildaufnahmen in räumlicher Nähe, von der das Opfer später durch den Täter oder Dritte erfährt sogar eine gravierende psychische Belastung darstellen kann".[78]

Nr. 2: Versuch der Kontaktaufnahme unter Verwendung von Telekommunikation. Gemäß Nr. 2 der genannten Vorschrift sind auch (bloße) Versuche der Kontaktaufnahme mit Strafe bedroht. Als Varianten der Tatbegehung werden hier (Versuche der) Kontaktaufnahmen mittels Telekommunikation, der Verwendung sonstiger Kommunikationsmittel sowie die (nur) mittelbare Kontaktaufnahme durch Dritte genannt. Beispiele sind etwa Kontaktaufnahmen (bzw. nur Versuche) mittels Anrufen, SMS, MMS, WhatsApp oder sonstiger moderner Mittel des Internets ebenso zu nennen wie Online-Netzwerke oder sonstiger, ähnlicher Mittel. Krupna[79] nennt hier rein beispielhaft das Versenden von Briefen, Postkarten, Paketen, Botschaften an Hauswänden, Plakaten, Windschutzscheiben und Türeingängen sowie das Versenden von Blumen. Eisele[80] hingegen argumentiert, das Versenden von Blumen, Geschenken oder beschädigten Gegenständen ohne „Begleitschreiben" erfülle den Tatbestand nicht, weil eine sinnvolle Abgrenzung zu den anderen Nachstellungshandlungen kaum möglich sei und praktisch jedes Stalking-Verhalten, das eine Opferreaktion hervorrufen könne, erfasst würde. Auch „Telefonterror" durch ständiges Anrufen und Auflegen soll daher nicht tatbestandsmäßig sein, weil der Täter mit diesem Verhalten gerade eine Kommunikation mit dem Opfer vermeiden und unmittelbar die psychische Verfassung angreifen wolle. Diese Argumentation überzeugt nicht. Das (stetige) Versenden von Blumen (oder Geschenken) stellt bereits dann eine (unbefugte) Kontaktaufnahme zum Opfer her, wenn diesem der Versender (auch ohne Begleitschreiben, bspw. aufgrund der Häufigkeit oder der Art der Blumen/Geschenke) klar ist. Gleiches gilt, sofern das Opfer aufgrund der Gesamtumstände weiß, dass der anonyme Anrufer der Täter ist. Eine Entscheidung kann daher auch hier nur im Einzelfall und nach Würdigung aller Feststellungen im Gesamtkontext erfolgen.

---

76 Ders. Rn. 5.
77 Ders.
78 Schönke/Schröder/Eisele StGB § 238 Rn. 8-10.
79 HK-GS/Karsten Krupna, StGB § 238 Rn. 6 und Fn. 26.
80 Schönke/Schröder/Eisele StGB § 238 Rn. 11.

Als weitere Möglichkeit der Kontaktaufnahme beschreibt Nr. 2 die mittelbare Kontaktherstellung über Dritte. Insoweit wird nach Krupna[81] ein besonderes Näheverhältnis zwischen dem Dritten und dem Opfer verlangt, so bspw. bei Angehörigen, Freunden, Bekannten oder Arbeitskollegen des Opfers. Anders argumentiert Eisele,[82] der das Ansprechen der nahen Angehörigen lediglich als Hauptbeispiel der Kontaktherstellung über Dritte nennt. Dem ist zuzustimmen, weil das Überbringen von Nachrichten zum Zweck der Herstellung eines Kontaktes ebenso gut über unbekannte Dritte möglich ist. Auch die durch Krupna erwähnte Bundestagsdrucksache führt unter Nr. 2 Angehörige oder sonstige Personen aus dem Umfeld des Opfers rein beispielhaft auf, weist im Übrigen aber deutlich auf die Tathandlung der beharrlichen unmittelbaren und mittelbaren Annäherungshandlungen an das Opfer hin.[83] Anderenfalls bliebe dem Täter hier auch wieder eine (ungewollte) Gesetzeslücke übrig, um (straffrei) den ungewollten Kontakt herzustellen bzw. dieses zu versuchen.

83 **Nr. 3: Missbräuchliche Verwendung von personenbezogenen Daten.** Verwendet der Täter die personenbezogenen Daten des Opfers missbräuchlich, indem er Bestellungen aufgibt oder veranlasst Dritte, Kontakt mit dem Opfer aufzunehmen, so handelt er gemäß § 238 Abs. 1 Nr. 3 StGB. Auch insoweit handelt es sich um Fälle der mittelbaren Kontaktaufnahme. Der Täter tritt dem Opfer also nicht direkt gegenüber. Es ist auch nicht erforderlich, dass die durch den Täter auf den Namen des Opfers bestellten Waren tatsächlich geliefert werden oder der Dritte das Opfer bereits kontaktiert hat.[84] Dies folgt auch aus dem insoweit eindeutigen Wortlaut der Vorschrift („Bestellungen von Waren oder Dienstleistungen für sie aufgibt oder Dritte veranlasst, Kontakt mit ihr aufzunehmen"). Mit der Aufgabe der Bestellung oder der Veranlassung eines Dritten zur Kontaktaufnahme ist der Tatbeitrag des Täters mithin vollendet. Auch Anzeigen, die unter dem Namen des Täters selbst in Auftrag gegeben werden, in denen aber der Name oder sonstige personenbezogene Daten des Opfers verwendet werden, um Dritte so dazu zu veranlassen, auf diesem missbräuchlich eröffneten Weg Kontakt aufzunehmen, werden von der Vorschrift erfasst. So wird rein bspw. der Fall erwähnt, dass der Täter eine Kontaktanzeige mit dem Angebot sexueller Dienstleistungen aufgibt und dort die Telefonnummer des Opfers nennt.[85]
Was genau meint „missbräuchliche Verwendung der personenbezogenen Daten"? Unter Anwendung des § 3 BDSG sind als personenbezogene Daten alle Einzelangaben über persönliche oder sachliche Verhältnisse einer bestimmten oder bestimmbaren natürlichen Person zu verstehen (bspw. Namen, Anschrift, E-Mail-Adresse, Telefonnummer, Kontodaten, Kreditkartennummern, Passwörter).[86] Eine Bestellung erfolgt dann unter missbräuchlicher Verwendung der Daten des Opfers, wenn diese Daten ohne oder gegen den Willen des Opfers verwendet werden. Auch in dem Fall, in dem der Täter die Daten im Internet problemlos abrufen konnte, liegt ein Einverständnis des Opfers naturgemäß

---

81 HK-GS/Karsten Krupna, StGB § 238 Rn. 7 unter Bezugnahme auf BT-Drucks. 16/575, 7.
82 Schönke/Schröder/Eisele StGB § 238 Rn. 14.
83 BT-Drucks. 16/575, 7.
84 Schönke/Schröder/Eisele StGB § 238 Rn. 15.
85 BT-Drucks. 16/575, 7.
86 Schönke/Schröder/Eisele StGB § 238 Rn. 16 m. w. N.

nicht vor.[87] Ein solches Einverständnis in die konkrete Verwendung würde den Missbrauch selbstverständlich entfallen lassen.

Nr. 3a: Bestellungen von Waren oder Dienstleistungen. Von dieser Norm erfasst werden sollen Bestellungen von Waren oder Dienstleistungen jeglicher Art. Eisele[88] nennt beispielhaft die Bestellung von Waren aus dem Internet, aus Versandhandelskatalogen oder beim Pizzaservice, die Beauftragung eines Gutachters oder Handwerkers, die Beauftragung von Rettungsdiensten oder das Schalten von Anzeigen im Namen des Opfers.[89] Es kommt nicht darauf an, ob die Bestellungen entgeltlich erfolgen[90] (dem Opfer also ein finanzieller Schaden entstehen könnte). Vielmehr sollen auch Gratisangebote erfasst sein. Vorausgesetzt wird (lediglich), dass die Bestellung dem Opfer zugerechnet wird. „Mangels entsprechender Zurechnung der Bestellung an das Opfer wird nicht der Fall erfasst, dass der Täter gegenüber dem Dritten selbst als Besteller einer unerwünschten Schenkung auftritt und in seinem Namen an das Opfer liefern lässt".[91] Das überzeugt, weil anderenfalls eine nachstellungsgeeignete Kontaktaufnahme unterbleibt. Auch folgt dies bereits aus dem Wortlaut des Gesetzes („Bestellungen ... für sie aufgibt oder Dritte veranlasst, Kontakt mit ihr aufzunehmen").

Nr. 3b: Veranlassen eines Dritten zur Kontaktaufnahme. Der Gesetzgeber hat hier insbesondere den Fall in Erwägung gezogen, dass der Täter „andere dazu veranlasst, sich dem Betroffenen gegenüber in bestimmter Weise zu verhalten". Beispielhaft wird der Fall genannt, dass der Täter eine Kontaktanzeige mit dem Angebot sexueller Dienstleistungen aufgibt und dort die Telefonnummer des Opfers angibt.[92] Entsprechendes soll für Einträge im Internet gelten, durch die andere Nutzer dazu veranlasst werden, Kontakt zu dem Opfer aufzunehmen.[93] Eisele[94] stellt zudem die Frage, ob das Schalten von Todesanzeigen mit dem Namen des Opfers unter diese Vorschrift fällt. Dagegen spricht, dass bei dieser Konstellation der Dritte gerade nicht dazu gebracht wird/werden soll, Kontakt zu dem Opfer (dem vermeintlich Verstorbenen) aufzunehmen.[95] Zu Recht wird hier aber eingewandt, dass dem Opfer nahestehende Personen eben diesen Kontakt herstellen werden, sobald sie Kenntnis von der Nachricht erhalten, tatsächlich aber davon ausgehen, dass das Opfer gar nicht verstorben ist. Der Tatbestand setzt ja gar nicht voraus, dass es zu einem tatsächlichen Kontakt mit dem Opfer kommt. Allein die Handlung des Täters muss darauf gerichtet sein, einen solchen Kontakt herzustellen und das Opfer muss davon Kenntnis erhalten,[96] weil es sonst an der Eignung zur Beeinträchtigung der Lebensgestaltung fehlt.[97]

---

87 Ders. Rn. 17.
88 Ders.
89 Vgl. insoweit auch BT-Drucks. a. a. O.
90 Schönke/Schröder/Eisele StGB § 238 Rn. 17.
91 Ders.
92 BT-Drucks. 16/575, 7, 8.
93 Schönke/Schröder/Eisele StGB § 238 Rn. 18.
94 Ders.
95 Ders. mit Bezugnahme auf Gazeas JR 2007, 501.
96 Ders.
97 Mitsch NJW 2007, 1239.

86 **Nr. 4: Bedrohen des Opfers, eines Angehörigen oder einer nahestehenden Person.** Mit Nr. 4 des § 238 StGB werden die höchstpersönlichen Rechtsgüter Leben, körperliche Unversehrtheit, Gesundheit und Freiheit unter besonderen Schutz gestellt. Der Begriff „Freiheit" soll dabei eng ausgelegt werden, um lediglich die körperliche Bewegungsfreiheit (entsprechend § 239 StGB) zu erfassen, nicht aber die bloße Handlungs- oder Willensentschließungs- und Betätigungsfreiheit.[98] Auch wenn Adressat dieser Bedrohung das Opfer selbst sein muss, so kann sich die Realisierung der angedrohten Handlung auch gegen eine ihm nahestehende Person richten. Dies folgt unzweideutig aus dem Wortlaut des Gesetzes. Aber auch hier gilt: Erreichen die Drohungen das Nachstellungsopfer nicht, sind diese nicht geeignet, die Gefahr einer schwerwiegenden Beeinträchtigung der Lebensgestaltung zu begründen.[99]

Diesem Tatbestand kommt keine hohe eigenständige Bedeutung zu, weil er der strafrechtlich relevanten Bedrohung gemäß § 241 StGB sowie der Nötigung gemäß § 240 StGB ähnelt. Beruht der Erfolg der Nachstellung (also die Beeinträchtigung der Lebensgestaltung) auf Handlungen, die den Tatbestand der Nr. 4 erfüllen, dürfte dieser objektiv zugleich der Nötigungserfolg sein, weil das Opfer durch die Drohung dazu angehalten wird, seine Lebensführung zu ändern.[100]

87 **Nr. 5: Begehung einer Tat nach § 202a, 202b oder 202c StGB (Ausspähen von Daten, Abfangen von Daten und Vorbereiten des Ausspähens und Abfangens von Daten).** Mit der am 1.10.2021 in Kraft getretenen (neuen) Fassung des § 238 StGB wurde der Katalog der Tathandlungen um spezifische Vorgehensweisen des Cyberstalkings erweitert (Nr. 5 bis 7).[101] Nr. 5 erfasst nunmehr die Fälle, in denen der Täter sich durch bloßes Erraten von Passwörtern, durch Einsatz von Hacking-Methoden oder sogenannter Stalkingware unbefugten Zugang zu Daten des Opfer verschafft. Nach dem Willen des Gesetzgebers sollen davon insbesondere die Sachverhalte erfasst sein, „in denen der Täter auf diese Weise virtuell in E-Mail- oder Social-Media-Konten des Opfers eindringt oder sich Zugang zu Daten des Opfers verschafft, dies sich auf einem PC oder Smartphone befinden."[102] Der Gesetzgeber hat sich bewusst für die Aufnahme dieses Tatbestandes in die Nachstellungsnorm des § 238 StGB entschieden, obwohl das entsprechende Verhalten bereits gemäß 202a StGB unter Strafe gestellt ist, weil „bei Hinzukommen weiterer Umstände auch eine Strafbarkeit nach § 238 Absatz 2 oder 3 StGB in Betracht kommt". § 238 Abs. 1 Nr. 5 StGB geht insoweit dem § 202a StGB als lex specialis vor.[103] Und: Die Aufnahme dieser Tathandlungen wird auch für die Frage des Erlasses eines Haftbefehls von besonderer Bedeutung sein (vgl. dazu unten).

88 **Nr. 6: Verbreitung einer Abbildung.** § 238 Abs. 1 Nr. 6 StGB stellt unter Strafe, wenn der Täter eine Abbildung der geschädigten Person, eines ihrer Angehörigen oder einer anderen ihr nahestehenden Person verbreitet oder der Öffentlich-

---

98 Valerius JuS 2007, 319 ff. (322).
99 Schönke/Schröder/Eisele StGB § 238 Rn. 19.
100 Mitsch NJW 2007, 1239.
101 BT-Drs. 19/28679 S. 12.
102 Ders.
103 Ders.

keit zugänglich macht. Dies gilt *„unabhängig davon, ob die Abbildungen zusätzlich mit Text-Botschaften versehen werden."*[104] Der Gesetzgeber hat diese weiteren Varianten in die Vorschrift aufgenommen, weil Opfer erheblich eingeschüchtert werden können, wenn Abbildungen von ihnen unkontrolliert verbreitet oder öffentlich zugänglich gemacht werden. Wenn es sich bei den entsprechenden Abbildungen auch noch um intime Aufnahmen handelt, werden die Folgen beim Opfer umso spürbarer. Dies kommt in der Praxis gar nicht selten vor. Sofern es sich bei den Tätern um ehemalige Beziehungspartner handelt, die (gewollt oder zumindest gebilligt) in den Besitz entsprechender Bilder gekommen sind, besteht für die Opfer oftmals keine Möglichkeit, die Verbreitung dieser Bilder zu verhindern. Der Eingriff ist die Intimsphäre des Opfers ist umso gravierender. Sofern der Täter Aufnahmen dem Opfer nahestehender Personen verbreitet, wird oftmals suggeriert, dass auch das nahe Umfeld des Opfers einer Bedrohung durch den Täter ausgesetzt ist.[105]

Nr. 7: Verbreitung eines Inhalts (§ 11 Abs. 3 StGB). Mit der Tatbestandsalternative des § 238 Abs. 1 Nr. 7 StGB werden ausdrücklich die Fälle erfasst, in denen der Täter Inhalte des § 11 Abs. 3 StGB verbreitet.
§ 11 Abs. 3 StGB (*Personen- und Sachbegriffe*)[106]: *„Inhalte im Sinne der Vorschriften, die auf diesen Absatz verweisen, sind solche, die in Schriften, auf Ton- oder Bildträgern, in Datenspeichern, Abbildungen oder anderen Verkörperungen enthalten sind oder auch unabhängig von einer Speicherung mittels Informations- oder Kommunikationstechnik übertragen werden".*
Erfasst werden u. a. Texte oder Zeichnungen, die unter Vortäuschung einer Urheberschaft des Opfers verbreitet oder öffentlich zugänglich gemacht werden und wodurch das Ansehen des Opfers gefährdet wird. Auch das *„Anlegen eines Social-Media-Kontos unter dem Namen des Opfers, über das dann mit Dritten in sexualisierter Sprache kommuniziert wird"*, soll erfasst sein, ebenso das Veröffentlichen angeblicher sexueller oder krimineller Fantasien oder Vorhaben unter dem Namen des Opfers, wie bspw. *„das Äußern des Wunsches, vergewaltigt zu werden oder Sex mit Kindern zu haben".*[107] Wichtig zu wissen ist auch noch: Der Täter muss nicht ausdrücklich unter dem Namen des Opfers handeln. Es genügt auch eine anonyme Erklärung, wenn zudem eine Spur zum Opfer gelegt wird.[108] Der Hinweis zu Nr. 6, dass unter Abbildungen des Opfers nicht nur Fotoaufnahmen, sondern u. a. auch Zeichnungen, die das Opfer darstellen sollen, erfasst werden,[109] ist damit wohl überholt.

Nr. 8: Andere vergleichbare Handlungen. Wie sich bereits aus der Formulierung („andere vergleichbare Handlungen") ergibt, handelt es sich insoweit um einen Auffangtatbestand zur Vermeidung von Strafbarkeitslücken.[110] Gerade im Bereich strafbarer Nachstellungshandlungen gibt es in der Praxis immer wieder

---

104 Ders.
105 Ders.
106 Auszugsweise (Absatz 3).
107 Ders.
108 Ders. S. 12 und 13.
109 Ders. m. w. N.
110 Schönke/Schröder/Eisele StGB § 238 Rn. 21.

Täter, deren Phantasie keine Grenzen gesetzt sind, die mit immer wieder neuen Ideen Handlungsalternativen finden, zu dem Opfer Kontakt aufzunehmen, aber keine der sonst im Gesetz konkretisierten Handlungen auszuführen. Eben solche bisher unbekannten Handlungen des Stalkings sollen nach dem Willen des Gesetzgebers von der Strafbarkeit erfasst sein.[111] So werden alle Handlungsalternativen erfasst, „die darauf gerichtet sind, durch unmittelbare oder mittelbare Annäherungen an das Opfer in dessen persönlichen Lebensbereich einzugreifen und dadurch seine Handlungs- und Entschließungsfreiheit zu beeinträchtigen."[112] Um dem Willen des Gesetzgebers Rechnung zu tragen müssen die Handlungen „sowohl quantitativ als auch qualitativ eine vergleichbare Schwere aufweisen und in ihrem Handlungs- und Erfolgsunwert diesen gleichkommen".[113] Erfasst werden so bspw. Handlungen wie „das ständige Beobachten einer Person mit Fernglas oder Kamera", wobei Nr. 1 dieser Vorschrift mangels räumlicher Nähe nicht vorliegen würde sowie auch eine schwerwiegende Beeinträchtigung durch dauernde Lärmbelästigung, Telefonterror oder Drohung mit Suizid.[114] Weitere in Betracht zu ziehende Handlungsmöglichkeiten sind: Verleumdungen oder Strafanzeigen, Überwachung des Familien- und Bekanntenkreises, Bild- und Tonaufnahmen oder die Veröffentlichung von sensiblen Daten oder Bildern des Opfers im Internet (Cybermobbing und Cyberstalking). Auch insoweit kommen neben dem Tatbestand des § 238 Abs. 1 Nr. 5 StGB weitere Straftatbestände in Betracht, so insbesondere § 201a Abs. 2 StGB bei Cybermobbing und Cyberstalking,[115] § 303 StGB beim Zerkratzen von Fahrzeugen oder Aufstechen von Reifen[116]. Mitsch[117] meint daher, dass ein Verzicht auf Nr. 5 dem Opferschutz nicht geschadet hätte, dem Gesetz aber mehr Akzeptanz gegeben und damit genützt hätte. Das mag bei den wenigen, genannten Beispielsfällen so sein. Der Auffangtatbestand soll aber, wie bereits dargelegt, darüber hinaus dafür Sorge tragen, dass Täter nicht durch phantasievolles Handeln eine Lücke des konkreten Tatbestandes finden und das Opfer dann straflos, aber schwerwiegend in der Lebensführung beeinträchtigen.

91 b) Der besonders schwere Fall der Nachstellung (§ 238 Abs. 2 StGB). Der Gesetzgeber hat aus Erkenntnissen der Praxisfälle die Notwendigkeit eines erhöhten Strafrahmens für besondere (besonders schwere) Fälle erkannt, weil dies aus Gründen des Opferschutzes bei schwerwiegenden Nachstellungstaten erforderlich sei. Abs. 2 bezieht sich dabei nur auf die Fälle des Abs. 1 Nr. 1 bis 7, nicht aber auf Nr. 8, weil ein Bezug zu „einer vergleichbaren Handlung" zu unbestimmt wäre.

---

111 BT-Drs. 16/3641 S. 14.
112 Schönke/Schröder/Eisele StGB § 238 Rn. 21.
113 BT-Drs. 16/3641 S. 14.
114 Schönke/Schröder/Eisele StGB § 238 Rn. 21 m. w. N. zu den einzelnen Handlungsalternativen
115 Ders. m. w. N.
116 Mitsch NJW 2007, 1239.
117 Ders.

Die besonders schweren Fälle des § 238 Abs. 2 StGB:

Nr. 1: Gesundheitsschädigung. Nr. 1 setzt die tatsächliche Verursachung einer Gesundheitsschädigung voraus. Diese braucht nicht schwer zu sein (vgl. insoweit den eindeutigen Wortlaut des Gesetzes). Bereits eine tatsächlich hervorgerufene Gesundheitsschädigung, bedeutet für das Opfer eine besonders schwere Folge der Tat. Die Gesundheitsschädigung[118] kann physischer oder psychischer Natur sein. Nach dem Willen des Gesetzgebers ist in diesen Fällen die Anwendung des erhöhten Strafrahmens gerechtfertigt, anders als bei § 223 StGB.[119] Das ist nachvollziehbar, weil die Folge der Gesundheitsschädigung hier eine solche der Nachstellungshandlungen ist, die naturgemäß nicht bei einem einmaligen Handeln des Täters eintritt. Die Nachstellungshandlungen des Täters beeinträchtigen das Opfer in einem besonderen Ausmaß und sollen daher anders (höher) bestraft werden können als solche des Absatzes 1.

92

Nr. 2: Gefahr des Todes oder einer schweren Gesundheitsschädigung. Diese Tatbestandsvariante setzt voraus, dass das Opfer, ein Angehöriger oder eine ihm nahestehende Person in die **konkrete Gefahr** des Todes oder einer **schweren Gesundheitsschädigung** gebracht wird. Der Begriff der schweren Gesundheitsschädigung ist bereits aus anderen Straftatbeständen bekannt (bspw. § 177 Abs. 3 Nr. 3, § 250 Abs. 1 Nr. 1c, § 303b Abs. 1 StGB) und geht weiter als der Begriff der schweren Körperverletzung (§ 226 StGB).[120] So werden u. a. langwierige ernsthafte Krankheiten oder der Verlust der Arbeitsfähigkeit für längere Zeit erfasst. In Betracht gezogen werden auch der Tathandlung zurechenbare Panikreaktionen sowie Fluchtversuche des Opfers oder Rettungsversuche einer nahestehenden Person, die wiederum die konkrete Gefahr einer Verletzung mit entsprechenden Folgen begründen.[121] Auch Mosbacher[122] stellt dar, dass der Schweregrad des § 226 StGB noch nicht erreicht sein müsse. Über gefährliche Stalkingmethoden und panische Opferreaktionen sei insbesondere auch an Auswirkungen mit erheblichem psychischen Druck beim Opfer, wie bspw. Depressionen mit Krankheitswert,[123] suizidale oder sonstige selbstzerstörende Handlungen (erheblicher Tabletten- oder Drogenmissbrauch, Alkoholsucht) zu denken.[124] Zudem sollen individuelle Schadensdispositionen, wie bspw. besondere Erregbarkeit oder Herzschwäche zu berücksichtigen sein, sofern diese vom Vorsatz des Täters erfasst werden.[125] BGH:[126] *„Die Gefahr einer schweren Gesundheitsbeschädigung umfasst außer den Risiken, die generell für jeden Betroffenen von der Raubhandlung ausgehen, auch die konkreten Gefahren, denen das Opfer allein wegen seiner individuellen Schadensdisposition ausgesetzt ist"*. Aus den Gründen (auszugsweise): *„(...) vielmehr sind auch*

93

---

118 Vgl. dazu die Ausführungen zu § 223 StGB.
119 BT-Drs. 16/3641 S. 13.
120 MüKo-StGB, Gericke, § 238 Rn. 54.
121 MüKo-StGB, Gericke, § 238 Rn. 54.
122 Mosbacher, Nachstellung – § 238 StGB; Rn. 669 m. w. N.
123 Ders. unter Hinweis auf Mitsch, S. 1240.
124 Ders. unter Hinweis auf BGH, Beschluss vom 15.9.1999 – 1 StR 452/99 (LG Ravensburg), NStZ 2000, 25.
125 Ders. unter Hinweis auf BGH, Urteil vom 18.4.2002 – 3 StR 52/02 (LG Hannover), NJW 2002, 204.
126 BGH, Urteil vom 18.4.2002 – 3 StR 52/02 (LG Hannover), NJW 2002, 204.

die Gefahren einbezogen, denen das konkrete Opfer allein wegen seiner individuellen besonderen Schadensdisposition durch die Raubhandlung ausgesetzt ist (…)".

94 **Nr. 3: Tatzeitraum von mindestens 6 Monaten.** Mit dieser Tatbestandsvariante werden die Fälle erfasst, „bei denen das Nachstellungsverhalten besonders intensiv ist, weil es zu täglichen oder nahezu täglichen Tathandlungen kommt, und sich zudem über einen längeren Zeitraum erstreckt."[127] Eine Vielzahl von Tathandlungen soll zumindest eine niedrige zweistellige Zahl an Tathandlungen erfassen.[128] Dies wird aufgrund der mangelnden Bestimmtheit nachvollziehbar kritisiert: Auslegungsprobleme liegen nahe, wenn es um eine „Vielzahl von Tathandlungen" geht. Was denken Sie? Der ursprüngliche Gesetzentwurf formuliert: *„Eine Vielzahl von Tathandlungen setzt zumindest eine niedrige zweistellige Zahl an Tathandlungen voraus".* Sind wir jetzt klüger? Das wirkt sehr unbestimmt."[129] Im Ergebnis wird die Übergriffsqualität zu werten und könnte u. U. die Regelvermutung der Nr. 3 widerlegt sein, dies wohl dann, wenn die genannte Zahl nur knapp erreicht wird.[130] Wie so oft, läuft es auch bei diesen Fragestellungen nach unserer Auffassung auf eine Einzelfallbewertung hinaus.

95 **Nr. 4: Einsatz eines Computerprogrammes zum Zweck des Auspähens.** Nach Nr. 4 dieser Vorschrift muss der Täter ein Computerprogramm einsetzen, dessen Zweck das digitale Auspähen anderer Personen ist. Führt ein Computerprogramm hingegen nur einzelne Arbeitsschritte aus, erfüllt es also eine neutrale Funktion, ist diese Voraussetzung nicht erfüllt. Dies soll insbesondere für sog. „dual use"-Tools, die auch legalen Zwecken dienen können (wie bspw. der einverständlichen Ortung von Familienangehörigen) gelten. Der Gesetzgeber hatte hier den Einsatz sog. Stalkingware, deren Einsatz in der Regel von besonderer Dauer und Intensität ist, im Blick.[131]

96 **Nr. 5 und Nr. 6: Verwenden unrechtmäßig erlangter Abbildungen des Opfers.** Hat der Täter Abbildungen unrechtmäßig erlangt (§ 238 Abs. 1 Nr. 5 § 202a, § 202b oder § 202c StGB), also Daten ausgespäht oder abgefangen und verwendet er nun eben diese so erlangten Daten (§ 238 Abs. 1 Nr. 6 und Nr. 7 StGB), dann wirkt sich auch das strafeschwerend aus (§ 238 Abs. 2 Nr. 5 StGB). Der Gesetzgeber hat erkannt, dass „das Zusammentragen und Veröffentlichen von personenbezogenen Daten im digitalen Raum in böser Absicht" und sofern dies „mit Hacking-Methoden vollzogen wird", mithin das „sog. Doxing", einer besonderen Strafandrohung bedürfen.[132] Hier wird das Zusammentreffen der Nachstellungshandlungen des § 238 Abs. 1 Nr. 5 und Nr. 6 bzw. Nr. 5 und Nr. 7 StGB besonders gewürdigt. Das wird teilweise kritisiert und die Gründe für diese Kritik sind durchaus lesenswert: *„Wer eine Nachstellungshandlung nach § 202 a StGB = Auspähen von Daten begeht, erfüllt § 238 I Nr. 5 StGB. Die folgende Verbreitung so erlangter Abbildun-*

---

127 BT-Drs. 16/3641 S. 13.
128 BT-Drs. 19/28679 S. 13.
129 Kretschmer, JA 2022, 41 ff. (46).
130 BeckOK StGB, v. Heintschel-Heinegg/Kudlich, § 238 Rn. 27 mit Hinweis auf BT-Drs. 19/28679, 13; BT-Drs. 19/31111, 6.
131 Ders. Rn. 28 mit Hinweis auf BT-Drs. 19/28679 S. 13.
132 Ders., Rn. 29. mit Hinweis auf BT-Drs. 19/28679 S. 13.

gen oder Schriften erfüllt möglicherweise § 238 I Nr. 6 oder 7 StGB. Diese Einzelhandlungen sind Bestandteil des Gesamtkomplexes der wiederholten Nachstellungshandlungen im Grundtatbestand. Und über § 238 II Nr. 5 und 6 StGB wird solche wiederholte Begehung zu einem strafschärfenden Regelbeispiel. Die Kumulation ist bereits Bestandteil des Unrechts im Grundtatbestand. Auf diese Weise wird das Tatbestandsmerkmal „wiederholt" gleichsam zum Regelbeispiel. Das überzeugt dogmatisch nicht. Das führt zu einer Ausdehnung der Strafbarkeit und zu einer Überreglementierung."[133] Ähnlich und ebenso überzeugend argumentiert auch Eisele, denn diese Fälle könnten innerhalb des Grundstrafrahmens sachgerecht beurteilt werden. Auch bestünde die Möglichkeit eines unbenannten besonders schweren Falls. Zudem müsse bedacht werden, dass „auch die Verwirklichung verschiedener Tathandlungen des Abs. 1 gerade eine wiederholte Begehungsweise begründen kann".[134] Auch wenn diese Argumentationen sich lesen lassen und gut vertretbar sind, so ist die Entscheidung des Gesetzgebers von praktischer Relevanz. Dies wird insbesondere bei der Frage einer evtl. Inhaftierung des Täters (dazu unten mehr) praktisch bedeutsam! Voraussetzung ist immer, dass es sich um Abbildungen i. S. d. Nr. 6 handelt. Von Nr. 6 werden im Hinblick auf dessen Sinn und Zweck lediglich digitale Darstellungen wie nicht zuletzt Bild- und Videoaufnahmen erfasst. In welcher Situation der Betroffene abgebildet wird, ist unerheblich.[135]

Nr. 7: Alter des Täters und des Opfers. Ist der Täter über einundzwanzig Jahre und das Opfer unter sechzehn Jahren alt, liegt ebenfalls ein besonders schwerer Fall vor. Diese Altersgrenzen schützen besonders vulnerable Opfer in de Konstellationen älterer Täter. Nachstellungen unter gleichaltrigen Jugendlichen hat der Gesetzgeber bewusst ausgenommen.[136]

2. Die Erfolgsqualifikation des § 238 Abs. 3 StGB

Die Erfolgsqualifikation des Abs. 3 enthält eine weitere Strafrahmenerhöhung (Mindeststrafe 1 Jahr Freiheitsstrafe). Voraussetzung ist, dass der Täter durch die Tat den Tod des Opfers, eines Angehörigen oder einer nahestehenden Person verursacht. Dieser Gefahrzusammenhang wird auch dann angenommen, wenn sich das Opfer infolge der Nachstellungshandlung des Täters selbst das Leben nimmt. Voraussetzung ist dann aber ein motivationaler Zusammenhang mit der Nachstellungshandlung und diese Motivation für das Opfer handlungsleitend gewesen ist.[137] Der BGH hat dies in einem Fall festgestellt, indem das Opfer sich acht Monate nach dem Ende der Nachstellungshandlungen selbst das Leben genommen hatte. Voraussetzung für den gefahrspezifischen Zusammenhang sei, ob von dem Täter in der konkreten Lage sowie nach seinen persönlichen Kenntnissen und Fähigkeiten der Eintritt des Todes des Opfers vorausgesehen werden konnte oder ob die tödliche Gefahr für das Opfer so weit außerhalb der Lebenswahrscheinlichkeit lag, dass die qualifizierende Folge dem Täter nicht mehr zu-

---

133 Kretschmer, JA 2022, 41 ff. (46).
134 Eisele, KriPoZ 3/2021, S. 150.
135 BeckOK StGB, v. Heintschel-Heinegg/Kudlich, § 238 Rn. 10.
136 BT-Drs. 19/28679 S. 13.
137 BeckOK StGB, v. Heintschel-Heinegg/Kudlich, § 238 Rn. 32 mit Hinweis auf BGH, Beschluss vom 15.2.2017 – 4 StR 375/16; NJW 2017, 2211.

zurechnen ist.¹³⁸ Diese Voraussetzung ist unzweifelhaft erfüllt, wenn das Opfer sich nur durch den Suizid den andauernden Belästigungen zu entziehen weiß. Aber auch, wenn die Selbsttötung sich als psychische Folge der Nachstellungshandlungen des Täters darstellt, wird dieser Zusammenhang angenommen, dies auch, wenn das Opfer eine ärztliche Behandlung selbst abgelehnt hat.¹³⁹

V. Der Verstoß gegen das Gewaltschutzgesetz (GewSchG)

1. Die Gewaltschutzanordnung

99 Gemäß § 1 Abs. 1 GewSchG kann das Gericht anordnen, dass derjenige, der vorsätzlich eine andere Person an Körper, Gesundheit, Freiheit oder der sexuellen Selbstbestimmung widerrechtlich verletzt hat, es unterlässt,
- die Wohnung der verletzten Person zu betreten,
- sich in einem bestimmten Umkreis der Wohnung der verletzten Person aufzuhalten,
- zu bestimmende andere Orte aufzusuchen, an denen sich die verletzte Person regelmäßig aufhält,
- Verbindung zur verletzten Person, auch unter Verwendung von Fernkommunikationsmitteln, aufzunehmen und/oder
- Zusammentreffen mit der verletzten Person herbeizuführen,

soweit dies nicht zur Wahrnehmung berechtigter Interessen erforderlich ist.

100 Gemäß § 1 Abs. 2 GewSchG gilt dies auch, wenn
- eine Person einer anderen mit einer Verletzung des Lebens, des Körpers, der Gesundheit, der Freiheit oder der sexuellen Selbstbestimmung widerrechtlich gedroht hat oder
- eine Person widerrechtlich und vorsätzlich
  - in die Wohnung einer anderen Person oder deren befriedetes Besitztum eindringt oder
  - eine andere Person dadurch unzumutbar belästigt, dass sie ihr gegen den ausdrücklich erklärten Willen wiederholt nachstellt oder sie unter Verwendung von Fernkommunikationsmitteln verfolgt.

101 Die Vorschriften des GewSchG sollen Schutz vor Gewalttaten bieten und damit, insbesondere Opfer vor Häuslicher Gewalt bewahren. Auch allgemeine Stalkingfälle sind von dieser Schutznorm erfasst. Entsprechende Schutzanordnungen können mittels unmittelbaren Zwanges vollstreckt werden.¹⁴⁰ Auch ist der Polizei im Falle einer Zuwiderhandlung (und damit strafbaren Handelns gemäß § 4 GewSchG; vgl. dazu Rn. 104) ein Eingreifen nach den Polizeigesetzen der Länder möglich.¹⁴¹

Gemäß § 2 Abs. 1 GewSchG ist es möglich, der verletzten Person die mit dem Täter gemeinsame Wohnung zur alleinigen Wohnung zuzuweisen. Das Motto

---

138 BGH, Beschluss vom 15.2.2017 – 4 StR 375/16; NJW 2017, 2211.
139 Ders. S. 2213.
140 BeckOGK/Schulte-Bunert GewSchG § 1 Rn. 1.
141 So bspw. eine Gefährderansprache, ein Platzverweis, eine Ingewahrsamnahme oder eine Wohnungswegweisung.

lautet hier also „Wer schlägt, der geht". Voraussetzung ist allerdings, dass das Opfer mit dem Täter zuvor einen auf Dauer angelegten gemeinsamen Haushalt geführt hat. Weitere Voraussetzung für die Wohnungszuweisung ist eine erfolgte Rechtsgutverletzung (s. o.). Liegt („nur") eine angedrohte Rechtsgutverletzung vor (§ 1 Abs. 2 GewSchG), muss zudem eine „unbillige Härte" vorliegen.[142] Gewaltanwendungen werden häufig eine unbillige Härte darstellen. Auch das Wohl der Kinder ist bei der entsprechenden Entscheidung zu berücksichtigen.[143]

102 Gemäß § 2 Abs. 3 GewSchG scheidet eine Wohnungsüberlassung aus, wenn
- keine Wiederholungsgefahr besteht,
- der Anspruch verwirkt ist (weil die verletzte Person nicht innerhalb von drei Monaten nach der Tat die Überlassung der Wohnung schriftlich vom Täter verlangt hat) und/oder
- schwerwiegende Belange des Täters der Wohnungsüberlassung entgegenstehen.

103 Bei Ehepartner gilt § 1361 BGB vorrangig; bei eingetragenen Lebenspartnern § 14 LPartG. (Weitere) Voraussetzung insoweit ist, dass die jeweiligen Partner getrennt leben oder Trennungsabsicht besteht.

2. Strafbares Handeln

104 § 4 GewSchG gibt gerichtlichen Anordnungen nach § 1 GewSchG und gerichtlich bestätigten Vergleichen nach § 214a FamFG einen besonderen strafrechtlichen Schutz. Die Handlung des Täters muss darin liegen, gerichtlichen Anordnungen oder Verpflichtungen des genannten Vergleichs zuwider zu handeln. Voraussetzung dabei ist, dass das Gericht die Rechtmäßigkeit dieser familiengerichtlichen Anordnung geprüft und die Voraussetzungen des Tatbestandes festgestellt hat.[144] Die gerichtliche Anordnung muss dem Täter zugestellt worden sein, weil sie erst durch diese Zustellung wirksam wird. Anderenfalls ist die entsprechende Anordnung nicht vollstreckbar.[145] Für das strafrechtliche Ermittlungs-/Strafverfahren bedeutet dies, dass bei fehlender bzw. nicht nachweisbarer Zustellung keine wirksame gerichtliche Anordnung vorliegt, die Voraussetzungen des § 4 GewSchG mithin nicht erfüllt sind. Zudem wäre ohne den Nachweis der Zustellung in aller Regel vorsätzliches Verhalten des Täters nicht nachweisbar.

3. Ein Exkurs (Vorsatz/Fahrlässigkeit)

105 Steht nach dem Gesetz nur vorsätzliches Verhalten unter Strafe, muss dieses mithin vorliegen und nachgewiesen werden. § 15 StGB (Vorsätzliches und fahrlässiges Handeln): Strafbar ist nur vorsätzliches Handeln, wenn nicht das Gesetz fahrlässiges Handeln ausdrücklich mit Strafe bedroht.
Die Strafbarkeit (nur) fahrlässigen Verhaltens muss im Gesetz (in der jeweiligen Strafnorm) mithin ausdrücklich geregelt sein.[146] Vorsatz meint das „Wissen und

---

142 BeckOGK/Schulte-Bunert GewSchG § 2 Rn. 1.
143 Ders. Rn. 12.
144 Erbs/Kohlhaas/Häberle, GewSchG § 4 Rn. 3, m. w. H. zur Rechtsprechung des BGH; BGH BeckRS 2016, 15661 Rn. 9; grundlegend: BGH NStZ 2014, 651 u. a.
145 Ders. Rn. 4.
146 Hohagen, Strafrecht AT S. 17, Rn. 126.

Wollen der Tatbestandsverwirklichung.[147] Von der Darstellung der unterschiedlichen Vorsatzformen (a) Dolus Eventualis (Eventualvorsatz), (b) Dolus Directus I (Absicht), Dolus Directus II (Wissentlichkeit) wird hier abgesehen. Dem Täter muss somit das Wissen und Wollen des Tatbestandes (also jedes objektiven Tatbestandsmerkmals) nachzuweisen sein.

106 In der Regel enthält eine Anordnung nach § 1 Abs. 1 Satz 2 GewSchG eine Befristung. Erfolgt diese nicht. So liegen die Voraussetzungen der Strafbarkeit gleichwohl vor, weil es sich bei der Befristung nur um eine Sollvorschrift handelt.[148] (*„Die Anordnungen sollen befristet werden; die Frist kann verlängert werden"*). Gemäß § 4 GewSchG ist nur vorsätzliches Verhalten strafbar. Bedingter Vorsatz genügt. „Der Täter muss also die tatsächlichen Umstände kennen oder diese für möglich halten und sich damit abfinden."[149] Der Versuch, gegen die gerichtliche Anordnung (bzw. den gerichtlich bestätigten Vergleich) zuwiderzuhandeln, ist nicht strafbar, weil dies Vorschrift des § 4 GewSchG dies nicht ausdrücklich so bestimmt (vgl. dazu § 23 Abs. 1 StGB).

4. Besondere prozessuale Maßnahmen (Haft)

107 Insbesondere in Fällen mehrfacher Nachstellungstaten (die i. d. R. mit Körperverletzungsdelikten und/oder Verstößen gegen das GewSchG einhergehen), werden wir häufig gefragt, warum der Täter nicht in (Untersuchungs-)Haft komme.

108 **Das sollte man wissen:** (Auch) die (Untersuchungs-)Haft ist an besondere Voraussetzungen gebunden. Die Möglichkeit der Polizei, den Täter bereits vor Erlass eines richterlichen Haftbefehls vorläufig festzunehmen, richtet sich nach § 127 Abs. 2 StPO. Es müssen also in jedem Fall (sei es bei vorläufiger Festnahme durch die Polizei vor Erlass eines Haftbefehls oder bei Erlass eines Haftbefehls durch den Ermittlungsrichter) die Voraussetzungen eines Haftbefehls vorliegen. Diese Voraussetzungen sind in §§ 112 ff. StPO gesetzlich geregelt.

109 **a) Dringender Tatverdacht.** Die Inhaftierung greift schwerwiegend in das Freiheitsrecht des jeweils Betroffenen ein. Das Grundrecht der Freiheit (Art. 2 Abs. 2 Satz 2 GG) bedarf der besonderen Beachtung. Voraussetzung für eine Inhaftnahme ist daher der dringende Tatverdacht. Diese Tatverdachtsstufe meint einen stärkeren Verdachtsgrad, als dieser für die Einleitung des Ermittlungsverfahrens und erste Ermittlungsmaßnahmen erforderlich ist (§§ 160 Abs. 1, 152 Abs. 2 StPO). Der „höhere Verdachtsgrad", den der dringende Tatverdacht erfordert, liegt erst bei einer großen Wahrscheinlichkeit der Tatbegehung vor.[150] Der BGH hat die Anforderung an einen dringenden Tatverdacht wie folgt formuliert: *„Ein solcher ist nur gegeben, wenn den ermittelten Tatsachen entnommen werden kann, dass sich der Beschuldigte mit großer Wahrscheinlichkeit der ihm angelasteten Tat schuldig gemacht hat; bloße Vermutungen genügen dagegen nicht."*[151]

---

147 BGH NStZ 1988, 175, zitiert nach Hohagen.
148 Ders. Rn. 6.
149 Ders. Rn. 8.
150 KK-StPO/Graf, § 112 Rn. 6.
151 BGH (3. Strafsenat), Beschluss vom 18.10.2007 – StB 34/07; BeckRS 2007, 16872.

Es werden daher Umstände gefordert, die nach der Lebenserfahrung oder auch der kriminalistischen Erfahrung, in erheblichem Maße den Schluss zulassen, dass jemand als Täter oder Teilnehmer eine Straftat begangen hat. Dabei muss der Verdacht bereits ein gewisses Maß an Konkretisierung und Verdichtung erreicht haben.[152] Rechtfertigungs-, Schuld- bzw. Strafausschließungsgründe dürfen nicht vorliegen, weil diese die hohe Wahrscheinlichkeit einer Verurteilung entfallen lassen. Der hohe Grad des dringenden Tatverdachts muss von einer ausreichenden Tatsachengrundlage, die sich auf die Ermittlungsakten stützt, getragen werden.[153] Mit einfachen Worten lässt sich zusammenfassen, dass die Anhaltspunkte, die den Tatverdacht begründen, die Anhaltspunkte, die gegen einen solchen Verdacht sprechen, bei weitem überwiegen müssen. Es ist also immer eine Einzelentscheidung erforderlich, die die jeweiligen Momente gegeneinander abwägt.

b) Haftgründe. Als weitere Voraussetzung für einen Haftbefehl wird ein Haftgrund gefordert (§ 112 Abs. 1 Satz 1 StPO).

aa) Haftgrund der Flucht (§ 112 Abs. 2 Nr. 1 StPO). Gemäß § 112 Abs. 2 Nr. 1 StPO besteht ein Haftgrund, wenn der Täter flüchtig ist oder sich verborgen hält. Dies muss aufgrund bestimmter Tatsachen festgestellt werden. Flüchtig ist etwa derjenige, der sich mit dem Ziel in das Ausland absetzt, für Ermittlungsbehörden und Gerichte dauernd oder zumindest für längere Zeit unerreichbar zu sein. Um diese Alternative von der Alternative des Sichverborgenhaltens unterscheiden zu können, wird teilweise ein Auslandsbezug gefordert,[154] wenngleich der Wortlaut des Gesetzes dies nicht so benennt. Graf indes formuliert: Der Haftgrund der Flucht liege vor, wenn festgestellt werde, dass der Beschuldigte flüchtig sei oder sich verborgen halte. Eine präzise Abgrenzung der beiden Begriffe sei schwierig, aber auch entbehrlich, zumal ein Beschuldigter zugleich flüchtig sein und sich verborgen halten könne. Es werde der Wille des Beschuldigten vorausgesetzt, sich dem eingeleiteten oder zu erwartenden Strafverfahren auf Dauer oder für längere Zeit zu entziehen.[155] **Flüchtig** ist der Beschuldigte, also dann, wenn er sich von seinem bisherigen räumlichen Lebensmittelpunkt absetzt, um für Ermittlungsbehörden und Gerichte (zumindest auch) in dem gegen ihn anhängigen Verfahren unerreichbar zu sein und ihrem Zugriff zu entgehen.[156] Dieser Haftgrund stellt bei den hier maßgeblichen Fallgestaltungen nicht den Regelfall dar![157]

bb) Haftgrund der Fluchtgefahr (§ 112 Abs. 2 Nr. 1 StPO). Bei dem Haftgrund der Fluchtgefahr werden bestimmte Tatsachen gefordert, die die höhere Wahrscheinlichkeit begründen, der Täter werde sich dem Strafverfahren entziehen als für die Annahme, er werde sich dem Strafverfahren stellen.[158] Wiederum gilt es,

---

152 MüKo-StPO, Böhm, § 112 Rn. 22.
153 Ders.
154 MüKo-StPO, Böhm, § 112 Rn. 36.
155 KK-StPO/Graf, StPO § 112 Rn. 10.
156 Ders, Rn. 11.
157 Eine genauere Betrachtung dieses Merkmals soll daher vorliegend nicht erfolgen.
158 KK-StPO/Graf, StPO § 112 Rn. 16, BGH, Beschluss vom 8.5.2014 – 1 StR 726/13, NJW 2014, 2372.

den jeweiligen Einzelfall zu betrachten. Bei der Frage der Fluchtgefahr sind die fluchtanreizenden Momente den fluchthemmenden Momenten gegenüberzustellen. In die gebotene Einzelfallentscheidung sind alle entscheidungserheblichen Umstände mit einzubeziehen, so insbesondere die persönlichen Verhältnisse des Täters.[159] Auch die zu erwartenden Folgen des Strafverfahrens sind bei der Frage der Fluchtgefahr zu berücksichtigen. Zwar stellt die zu erwartende Strafe allein keinen genügenden Anhaltspunkt der Fluchtgefahr dar. In Verbindung mit weiteren, die Annahme der Flucht begründenden Faktoren kann dies aber der Fall sein. Dabei gilt: Je höher die zu erwartende Strafe ist, umso geringer müssen die weiteren fluchtanreizenden Momente sein.[160] Auch dieser Haftgrund stellt bei den hier maßgeblichen Fallgestaltungen nicht den Regelfall dar!

cc) Haftgrund der Verdunkelungsgefahr (§ 112 Abs. 2 Nr. 3 StPO)

113 **Beispiel:**
Nachdem die Tochter T den Vater V bei der Polizei wegen sexuellen Missbrauchs zu ihrem eigenen Nachteil angezeigt hatte, schrieb dieser ihr Nachrichten mittels Internetkommunikation. In durch die Polizei sichergestellten und ausgewerteten Chats gab es u. a. Nachrichten des V an die T: *„Nimm die Strafanzeige zurück. Überlege dir gut, was du tust, denn die einen leben länger und andere leben kürzer."*

114 Der Haftgrund der Verdunkelungsgefahr soll das unlautere Einwirken auf sachliche und persönliche Beweismittel verhindern. Die Feststellung des strafrechtlich relevanten Sachverhalts soll nicht beeinträchtigt werden. Der Haftgrund der Verdunkelungsgefahr wird angenommen, „wenn aufgrund bestimmter Tatsachen das Verhalten des Beschuldigten den dringenden Verdacht begründet, er werde eine der in Abs. 2 Nr. 3 lit. a–c umschriebenen, auf Beweisvereitelung abzielenden Handlungen vornehmen, und deshalb die Gefahr droht, dass die Ermittlung der Wahrheit erschwert werde."[161] Der Verdacht, dass die Beweislage verdunkelt werden könnte, muss dringend sein. Dringender Verdacht bedeutet, dass mit hoher Wahrscheinlichkeit davon auszugehen ist, der Beschuldigte werde „in unstatthafter Weise" versuchen, die Beweislage zu verändern.[162] Die „bloße Möglichkeit", der Beschuldigte könnte die Beweislage vereiteln, genügt also nicht. Auch allein die Tatsache, dass die Ermittlungen noch nicht abgeschlossen sind, wird als nicht ausreichend erachtet. Unstreitig dürfte wohl auch sein, dass es stets einer Einzelfallentscheidung bedarf. Graf[163] bringt dies mit einem Hinweis auf ein Urteil des OLG Frankfurt a. M. auf den Punkt: *„Die Tatsachengrundlage für den dringenden Verdacht darf nur aufgrund einer einzelfallbezogenen Würdigung des Sachverhalts gewonnen werden. Die in nahezu jedem Ermittlungsverfahren mögliche Vermutung, der Beschuldigte werde alles unternehmen, um nicht überführt zu werden, und daher auch vor Verdunkelungsmaßnahmen nicht zurückschrecken, reicht nicht aus."*[164] Das überzeugt. Folgende weitere Überlegungen verdeutlichen, dass die

---

159 Ders. Rn 9 und 16.
160 Ders. Rn. 19 m. w. N.
161 Ders. Rn. 25.
162 OLG Köln (2. Strafsenat), Beschluss vom 10.6.1994 – 2 Ws 230/94; BeckRS 1994, 8859.
163 KK-StPO/Graf, StPO § 112 Rn. 25.
164 OLG Frankfurt a. M., Beschluss vom 26.10.2006 – 1 Ws 87/06, 1 Ws 88/06; BeckRS 2006, 137105.

Einzelfallentscheidung immer die konkreten Umstände bezogen auf den Täter berücksichtigen sollte. So weist das OLG Köln[165] zutreffend daraufhin, dass die die Verdunkelungsgefahr begründende Argumentation auf die Person, das Verhalten, die Beziehungen und die Lebensumstände des Täters abstellen kann. Das OLG Hamm betont, dass auch früheres Verhalten des Täters bei der Prognose berücksichtigt werden könne: *„Da die Frage der Verdunkelungsgefahr Prognosecharakter hat, ist jedoch kein Grund ersichtlich, früheres Täterverhalten für die Prognose seines künftigen Verhaltens unberücksichtigt zu lassen (ständige Rechtsprechung des Senats, vgl. u. a. Beschlüsse vom 02. August 1999 in 2Ws 236 u, 237/99, vom 12. Oktober 2001 in 2 Ws 246/01 und vom 13. Dezember 2001 in 2 Ws 305 u. 306/01). Entscheidend ist vorliegend vielmehr, dass diese Handlungen eindeutig darauf abzielten, den Beschuldigten vor Ermittlungen gegen seine Person bzw. vor einer Bestrafung zu bewahren."*[166] Die klaren Worte vermögen zu überzeugen. Sofern die Handlungen des Täters bezwecken sollen, den Beschuldigten vor strafprozessualen Ermittlungen zu schützen, die Beweislage in dem aktuellen Verfahren mithin zu erschüttern oder zumindest zu erschweren, so kann nichts Anderes gelten. Entfällt die festgestellte Gefahr der Verdunkelung im Verlauf des Verfahrens, bspw., weil bereits ein erstinstanzliches Urteil ergangen ist oder der Beschuldigte ein (Teil)-Geständnis abgelegt hat, ist das Fortbestehen des Haftgrundes neu zu prüfen. So hat bspw. das OLG Stuttgart entschieden, der Haftgrund der Verdunkelungsgefahr entfalle jedenfalls bei einem glaubhaften und die Tatvorwürfe umfassenden richterlichen Geständnisses des Beschuldigten.[167] Dem ist unzweifelhaft zuzustimmen, weil die Beweislage in diesem Fall nicht mehr vereitelt werden kann. Zweifelsohne kann allein ein Bestreiten des Beschuldigten oder allein sein Schweigen keine Verdunkelungsgefahr begründen, denn dies gehört zu den prozessualen Rechten des Beschuldigten.

Für das dargestellte Fallbeispiel ist festzustellen, dass die Mitteilungen des Beschuldigten an die Geschädigte *„Nimm die Strafanzeige zurück. Überlege dir gut, was du tust, denn die einen leben länger und andere leben kürzer"* den Haftgrund der Verdunkelungsgefahr begründen dürfte. Denn die Geschädigte wird aufgefordert, ihre Strafanzeige zurückzuziehen, im Ergebnis also auch nicht mehr den Beschuldigten zu belasten und ihr wird suggeriert, dass es Personen gebe, die nicht so lange leben würden, Die Schlussfolgerung, die die Geschädigte zieht, unseres Erachtens auch ziehen muss und ziehen soll, ist geeignet, die Beweisführung zu vereiteln.[168]

dd) Haftgrund der Schwerkriminalität (§ 112 Abs. 3 StPO). Bei den in § 112 Abs. 3 StPO aufgezählten besonders schwerwiegenden Taten kann Untersuchungshaft auch dann angeordnet werden, wenn kein Haftgrund vorliegt. Abs. 3 nennt die Straftaten des Völkermordes (§ 6 Abs. 1 Nr. 1 VStG), das Führen eines Angriffskrieges (§ 13 Abs. 1 VStG), die Bildung terroristischer Vereinigungen (§ 129a Abs. 1 oder 2, § 129b Abs. 1 StGB), des schweren sexuellen Missbrauchs von Kindern (§ 176c StGB), des sexuellen Missbrauchs von Kindern mit Todes-

---

165 OLG Köln, Beschluss vom 26.1.1999 – 2 Ws 29/99; BeckRS 1999, 10725.
166 OLG Hamm, Beschluss vom 17.6.2004 – 2 Ws 141/04; BeckRS 2010, 3597.
167 OLG Stuttgart, Beschluss vom 4.1.2005 – 4 Ws 367/04; BeckRS 2005, 11476.
168 Der Kurzsachverhalt und die dargestellte Würdigung stellt naturgemäß keine Musterlösung dar!

folge (§ 176d StGB), des Mordes (§ 211 StGB), des Totschlags (§ 212 StGB), der schweren Körperverletzung (§ 226 StGB), der besonders schweren Brandstiftung (§ 306b StGB), der Brandstiftung mit Todesfolge (§ 306c StGB) sowie des Herbeiführens einer Sprengstoffexplosion (§ 308 Abs. 1 bis 3 StGB).
Im Bereich Häuslicher Gewalt sind die Straftaten des schweren sexuellen Missbrauchs von Kindern, des sexuellen Missbrauchs von Kindern mit Todesfolge, des Mordes, des Totschlags, sowie der schweren Körperverletzung von besonderer Bedeutung. Für die Annahme des § 112 Abs. 3 StPO genügt der Versuch einer der genannten Katalogtaten, die Anstiftung (§ 26 StGB), die Beihilfe (§ 27 StGB) oder der Versuch der Teilnahme an der Straftat (§ 30 StGB).
Das Bundesverfassungsgericht hat aufgrund des Verhältnismäßigkeitsprinzips verdeutlicht, dass die Untersuchungshaft stets der Sicherung des Verfahrens und der Strafvollstreckung dienen muss. *„Weder die Schwere der Verbrechen wider das Leben noch die Schwere der (noch nicht festgestellten) Schuld rechtfertigen für sich allein die Verhaftung des Beschuldigten; noch weniger ist die Rücksicht auf eine mehr oder minder deutlich feststellbare „Erregung der Bevölkerung" ausreichend, die es unerträglich finde, wenn ein „Mörder" frei umhergehe. Es müssen vielmehr auch hier stets Umstände vorliegen, die die Gefahr begründen, dass ohne Festnahme des Beschuldigten die alsbaldige Aufklärung und Ahndung der Tat gefährdet sein könnte. Der zwar nicht mit „bestimmten Tatsachen" belegbare, aber nach den Umständen des Falles doch nicht auszuschließende Flucht- oder Verdunkelungsverdacht kann u. U. bereits ausreichen. Ebenso könnte die ernstliche Befürchtung, dass der Beschuldigte weitere Verbrechen ähnlicher Art begeht, für den Erlass eines Haftbefehls genügen. § 112 Abs. 4 StPO ist in engem Zusammenhang mit Abs. 2 zu sehen; er lässt sich dann damit rechtfertigen, dass mit Rücksicht auf die Schwere der hier bezeichneten Straftaten die strengen Voraussetzungen der Haftgründe des Abs. 2 gelockert werden sollen, um die Gefahr auszuschließen, dass gerade besonders gefährliche Täter sich der Bestrafung entziehen."*[169]
Die Vorschrift des § 112 Abs. 3 StPO ist mithin einschränkend auszulegen. Diese verfassungskonforme Auslegung meint, dass die strengeren Voraussetzungen des § 112 Abs. 2 StPO „gelockert werden", dass „bereits eine nach den Umständen des Falles nicht auszuschließende Möglichkeit der Flucht, der Verdunkelung oder auch der Wiederholung in den Fällen des Verdachts einer Katalogtat zur Verhängung v. U-Haft ausreicht."[170] Diese Beweislastumkehr führt dazu, dass Erwägungen zur Flucht-, Verdunkelungs- oder Wiederholungsgefahr nicht völlig erlassen sind. Sind die weiteren Haftgründe fernliegend oder sogar ausgeschlossen oder kann den Gefahren durch mildere Mittel begegnet werden, so darf Haft auch nicht aufgrund des dringenden Tatverdachts einer der genannten Straftaten (§ 112 Abs. 3 StPO) angeordnet werden.

ee) **Haftgrund der Wiederholungsgefahr (§ 112a StPO).** Liegen die Haftgründe des § 112 StPO nicht vor, ist aus Gesichtspunkten des Opferschutzes – wie bei vorliegenden Fällen der Nachstellung eher anzunehmen – der Haftgrund der Wiederholungsgefahr zu prüfen.

---

169 BVerfG, Beschluss vom 15.12.1965 – 1 BvR 513/65; NJW 1966, 243.
170 HK-GS/Christian Laue, StPO § 112 Rn. 22.

(1) Zum Hintergrund. Der Haftgrund der Wiederholungsgefahr kommt nur bei den in der genannten Vorschrift konkret dargelegten Straftaten in Betracht. Straftaten der Nachstellung mit Gefahren für schwere Gesundheitsbeschädigungen oder Tod bzw. tödlichem Ausgangs wurden durch das 40. StrÄndG v. 22.3.2007 in den Straftatenkatalog (Nr. 1) aufgenommen. Das BVerfG[171] hat die Vorschrift des § 112a StPO als mit dem Grundgesetz vereinbar erkannt. Zwar nehme die Freiheit der Person einen hohen Rang unter den Grundrechten ein. Die Entziehung der persönlichen Freiheit müsse daher stets durch gewichtige Gründe gerechtfertigt sein. Der Gesetzgeber dürfe dieses Freiheitsrecht aber dann einschränken, „wenn überwiegende Belange des Gemeinwohls dies zwingend gebieten." Auch wenn der Zweck des Haftgrundes der Wiederholungsgefahr nicht die Sicherung des Strafverfahrens, sondern der Schutz der Allgemeinheit vor weiteren Straftaten sei, sei dieser Haftgrund als präventiver Gesichtspunkt anerkannt. Das Sicherungsbedürfnis der Gemeinschaft müsse aber den verfassungsrechtlich geschützten Freiheitsanspruch des noch nicht verurteilten Beschuldigten überwiegen. Diesem Anspruch wird die Vorschrift durch die engen Voraussetzungen, die nachfolgend dargestellt werden, gerecht.

118

(2) Katalogtaten des § 112a Abs. 1 Nr. 1 StPO. Ist der Täter einer der in Nr. 1 der genannten Vorschrift dargestellten Katalogtaten (Straftaten gegen das sexuelle Selbstbestimmungsrecht gemäß §§ 174, 174, 176-179[172] StGB sowie der besonders schwerwiegenden Handlungen der Nachstellung (§ 238 Abs. 1 und 3 StGB) dringend verdächtig, so genügt der dringende Verdacht der einmaligen Begehung (anders als bei den in Nr. 2 dargestellten Taten, bei denen eine wiederholte oder fortgesetzte Begehung gefordert wird). Diese zu Nr. 2 unterschiedliche Betrachtungsweise rechtfertigt sich, weil vorliegend ein besonders schutzbedürftiger Kreis der Bevölkerung vor weiteren, besonders schwerwiegenden Straftaten geschützt werden soll,[173] was neben den dargestellten Sexualstraftaten auch für die besonders schwerwiegenden Stalkingfälle gilt, weil bei diesen schwere Gesundheitsschädigungen oder gar tödliche Folgen drohen.[174] Gleichwohl weist Peters[175] (im Praxisergebnis zu Recht[176]) daraufhin, dass die Anordnung oder Bestätigung der Untersuchungshaft wegen Nachstellung bisher nur wenig zu beobachten sei. Sollten die Taten des § 238 Abs. 2 oder 3 StGB im Zusammenhang mit „haftwürdigen Taten" begangen werden, wie bspw. Körperverletzung oder versuchter Totschlag, so würden diese der Nachstellung vorgehen.

119

(3) Katalogtaten des § 112 Abs. 1 Nr. 2 StPO. Ist der Täter einer der in Nr. 2 der genannten Vorschrift dargestellten Katalogtaten (nämlich: Vorbereitung einer schweren staatsgefährdenden Gewalttat [§ 89a StGB], Terrorismusfinanzierung [§ 89c StGB], dringend verdächtig, eines besonders schweren Falls des Landfriedensbruchs [§ 125a StGB], der gefährlichen oder

120

---

171 BVerfG, Beschluss vom 30.5.1973 – 2 BvL 4/73; BeckRS 1973, 107198.
172 § 179 StGB ist zwischenzeitlich aufgehoben; die strafrechtlich relevanten Handlungen sind nunmehr in § 177 StGB mit aufgenommen.
173 KK-StPO/Graf, StPO § 112a Rn. 7, 7a.
174 Krüger, NJW 2008, 150.
175 Peters, NStZ 2009, 238 ff. (243).
176 Anmerkung der Autorinnen.

schweren Körperverletzung [§§ 224, 226 StGB], der Misshandlung von Schutzbefohlenen [§ 225 StGB] oder der Körperverletzung mit Todesfolge [§ 227 StGB], des besonders schweren Fall des Diebstahls [§ 243 StGB], des Diebstahls mit Waffen, Banden- oder Waffendiebstahls [§ 244 StGB], des Raubes [§§ 249 bis 255 StGB], der gewerbsmäßig oder bandenmäßig begangenen Hehlerei [§ 260 StGB], der vorsätzlich begangenen Brandstiftungsdelikte [§§ 306 bis 306c StGB], des räuberischen Angriffs auf Kraftfahrer [§ 316a StGB] oder der benannten Betäubungsmitteldelikte [§§ 29 Abs. 1 Satz 1 Nr. 10, Abs. 3, § 29a Abs. 1, § 30 Abs. 1, § 30a Abs. 1 BtMG, § 4 Abs. 3 Nr. 1a des Neue-psychoaktive-Stoffe-Gesetzes]) dringend verdächtig, so muss der Täter der wiederholten oder fortgesetzten Begehung dieser Tat/en dringend verdächtig sein. Er muss also mindestens zweimal durch verschiedene Handlungen gegen dasselbe Strafgesetz verstoßen haben. Der Verstoß gegen einen Qualifikationstatbestand steht dem Verstoß gegen das Grunddelikt gleich. Nach ständiger Rechtsprechung reicht es aus, wenn der Täter einer (Katalog-)Straftat dringend verdächtig ist, sofern er wegen mindestens einer weiteren Tat bereits verurteilt ist oder insoweit (ggf. in einem anderen Verfahren) dringend verdächtig ist („wiederholt").[177]
Nach § 112a Abs. 1 Nr. 2 StPO wird weiter gefordert, dass diese wiederholt oder fortgesetzt begangenen Straftaten die Rechtsordnung schwerwiegend beeinträchtigten. Der Schweregrad der konkreten Tat muss also über das ohnehin schon schwerwiegende Delikt des Katalogs hinausgehen. Die Einzelfallbewertung erfordert hier eine Würdigung des Unrechtsgehalts der konkreten Tat, wobei Art und Ausmaß des Schadens bei jeder der dem Täter zur Last gelegten Taten zu berücksichtigen sind. Auch die Tatsache, dass der Täter bei Begehung der Tat einschlägig unter Bewährung stand, kann ein Gesichtspunkt in der Gesamtbewertung sein. Allein der Bewährungsbruch soll indes nicht ausreichen, um die Wiederholungsgefahr begründen zu können,[178] auch nicht, wenn der Beschuldigte die Taten als Jugendlicher begangen hat, aber nicht zu einer Jugendstrafe verurteilt wurde.[179]

121 Bei **Fällen der Häuslichen Gewalt** wird oftmals auf Körperverletzungsdelikte abzustellen sein. Wenngleich die Opferperspektive insbesondere bei diesen Delikten von besonderer Bedeutung sein wird, so soll es gleichwohl nicht darauf ankommen, ob der Täter „abstrakt" gegen eine mit einer erheblichen Strafe bedrohte Strafvorschrift verstoßen hat. Die gebotene Einzelfallbetrachtung erfordert den Blick darauf, ob durch die Tat die Strafvorschrift konkret in überdurchschnittlicher Weise verletzt worden ist.
Das OLG Karlsruhe hat zu dieser Frage ausgeführt: *„soweit als Anlasstat gefährliche Körperverletzung nach § 224 StGB in Betracht kommt, ist zur Beurteilung ihres Schweregrades maßgeblich auf den Unrechtgehalt der Tat abzustellen und danach zu fragen, ob diese in ihrer konkreten Ausgestaltung die Rechtsordnung schwerwiegend beeinträchtigt hat. Dabei ist nicht nur unter dem Gesichtspunkt der Schuldschwere auf das verhängte oder mutmaßlich zu erwartende Strafmaß abzustellen, sondern auch die Opferperspektive zu berücksichtigen."*[180]

---

177 KK-StPO/Graf, StPO § 112a Rn. 13 m. w. N. zur (ständigen) Rechtsprechung.
178 Ders.
179 OLG Oldenburg, Beschluss vom 27.3.2012 – 1 Ws 159/12, BeckRS 2012, 12360.
180 OLG Karlsruhe, Beschluss vom 21.4.2006 - 1 Ws 79/06; NStZ-RR 2006, 210.

In dem dem Urteil des OLG Karlsruhe zugrunde liegenden Fall war der Täter dringend verdächtig, völlig grundlos auf einen am Boden Liegenden massiv eingetreten und dabei schwere Verletzungen am Kopf in Kauf genommen zu haben, weshalb das Gericht zu dem Ergebnis gelangte, dass diese Tat die Rechtsordnung schwerwiegend beeinträchtige. Eine zuvor verurteilte Tat (Voraussetzung ist ja die wiederholte Begehung!) reichte dem Gericht indes für eine entsprechende Bewertung nicht aus: *„Zwar stünde der Umstand, dass lediglich eine Bewährungsstrafe von 4 Monaten verhängt wurde, angesichts der äußerst gefährlichen Tathandlung – der Angekl. hatte dem Geschädigten ein Longdrink-Glas ins Gesicht geschlagen – der Annahme einer Anlasstat nicht zwingend entgegen, das AG ist jedoch vom Vorliegen eines minder schweren Falles der gefährlichen Körperverletzung nach § 224 I StGB ausgegangen, weil der Tätlichkeit eine Rangelei zwischen Täter und Opfer vorausgegangen war. Diese gesetzliche Wertung steht – jedenfalls bei Straftaten der mittelschweren Kriminalität aus dem hier in Rede stehenden Deliktsbereich – der Annahme einer die Rechtsordnung schwerwiegend beeinträchtigenden Straftat entgegen."*[181]

Dieses Beispiel macht deutlich, wie hoch die Anforderungen an eine „wiederholte Begehung eine die Rechtsordnung schwerwiegend beeinträchtigende Tat" und damit an die Voraussetzung des Haftgrundes der Wiederholungsgefahr (§ 112a Abs. 1 Nr. 2 StPO) sind, wobei ja noch weitere Voraussetzungen erfüllt sein müssen:

(4) Straferwartung. Aus § 112a Abs. 1 Satz 1 StPO ergibt sich, dass der Täter eine Freiheitsstrafe von mehr als einem Jahr zu erwarten haben muss, um den Haftgrund der Wiederholungsgefahr begründen zu können (*„und in den Fällen der Nummer 2 eine Freiheitsstrafe von mehr als einem Jahr zu erwarten ist"*). Insoweit wird teilweise argumentiert, es komme auf die zu erwartende Gesamtfreiheitsstrafe an.[182] Anderen Stimmen zufolge würde sich bereits aus dem Wortlaut der Norm ergeben, dass für die Anlasstat als Einzeltat mindestens ein Jahr Freiheitsstrafe zu erwarten sei. In Anbetracht der verfassungsrechtlich gebotenen Auslegung[183] sei die Höhe der Einzelstrafe maßgeblich. Diese Regelung sei auch auf das Jugendrecht anzuwenden, so dass insgesamt eine Jugendstrafe von mehr als einem Jahr zu erwarten sein müsse, dies ohne die Einbeziehung weiterer Vorverurteilungen oder Nichtkatalogtaten, weil wegen des im Jugendstrafrecht geltenden Prinzips der Einheitsstrafe das vom Gesetzgeber vorausgesetzte Gewicht der Anlasstat sonst unterlaufen werden würde.[184] Jedenfalls aufgrund des Wortlautes des Gesetzes „(…) eine die Rechtsordnung schwerwiegend beeinträchtigende Straftat begangen zu haben (…) und in den Fällen der Nummer 2 eine Freiheitsstrafe von mehr als einem Jahr zu erwarten ist", lässt sich dieses Ergebnis gut vertreten.

---

181 Ders.
182 HK-GS/Christian Laue, StPO § 112a Rn. 2-5.
    OLG Hamm, Beschluss vom 1.4.2010 – 3 Ws 161/10; Beck.
183 Weil die Vorschrift wegen ihres präventiven Charakters in besonderem Maße Grundrechte tangiere, sei sie eng auszulegen. Insbesondere seien strenge Anforderungen an die Voraussetzungen zu stellen, die in materieller Hinsicht zur Annahme einer Wiederholungsgefahr berechtigen würden (MüKo-StPO, Böhm, § 112a Rn. 41, 42 m.w.N.).
184 MüKo-StPO, Böhm, § 112a Rn. 41, 42.

123 **(5) Konkrete Wiederholungsgefahr.** („… und bestimmte Tatsachen die Gefahr begründen, dass er vor rechtskräftiger Aburteilung weitere erhebliche Straftaten gleicher Art begehen oder die Straftat fortsetzen werde, die Haft zur Abwendung der drohenden Gefahr erforderlich ist …"). Besteht aufgrund bestimmter Tatsachen die Gefahr, der Täter werde vor rechtskräftiger Verurteilung der ihm zur Last gelegten Tat weitere, erhebliche Straftaten gleicher Art begehen? In diesem Fall wäre die weitere Frage zu prüfen, ob die Inhaftierung des Täters zur Abwendung dieser Gefahr erforderlich ist. Auch das ist im Einzelfall nicht immer problemlos und muss konkret festgestellt werden.

VI. Sexualdelikte zum Nachteil von Erwachsenen

124 Sexualdelikte zum Nachteil des (ehemaligen) Partners oder anderer Angehöriger (Kinder u. a.) sind keine Seltenheit. Nachfolgend erfolgt eine Übersicht der einschlägigen Sachverhalte mit Fokus auf die in der Praxis relevanten Fälle.

1. Sexuelle Belästigung

125 **a) Zum Hintergrund dieser Vorschrift.** § 184i StGB wurde durch das 50. StrÄndG vom 4.11.2016 eingeführt. Nach dem Übereinkommen des Europarats zur Verhütung und Bekämpfung von Gewalt gegen Frauen und häuslicher Gewalt vom 11.5.2011 (Istanbul-Konvention) wurde eine weitgehende Sanktionierung der sexuellen Belästigung gefordert und auch durch den Gesetzgeber der Bundesrepublik umgesetzt. Bis zur Einführung des § 184i StGB waren sexuelle Belästigungen unterhalb der Erheblichkeitsschwelle des § 184h StGB strafrechtlich nicht erfasst. So waren vor Einführung dieser Vorschrift körperlich (auch sexuell bedingte) Berührungen i. d. R. straflos. Nur in Einzelfällen wurden diese als Ehrverletzung und damit als Beleidigung i. S. d. § 185 StGB gewertet.

126 **Beispiel:**
Einer Joggerin wurde durch einen ihr unbekannten Mann während des Laufs überraschend von hinten zwischen die Beine (an den Intimbereich) gegriffen (§ 184i StGB war zu dieser Zeit noch nicht in Kraft getreten!). Das OLG Bamberg hatte diesen Fall als (Sexual-) Beleidigung gewertet und den Täter entsprechend § 185 StGB verurteilt. Ebenso entschied das OLG Karlsruhe in einem Fall, in dem der Täter einen überraschenden Griff an die Genitalien einer Frau verübt hatte und argumentierte, der Täter habe die Frau in ihrer Ehre herabgewürdigt, nämlich zum Ausdruck bringen wollen, das Opfer gehöre zu einem Personenkreis, der „so etwas" mit sich machen lasse. Beide Gerichte hatten für diese Argumentation Kritik erfahren. Die Strafnorm des § 185 StGB biete Schutz vor Angriffen auf die Ehre. Die Ehre sei lediglich ein Aspekt der Personenwürde, aber nicht mit ihr gleichzustellen. Eine Ehrverletzung stelle die Kundgabe der Missachtung, Geringschätzung oder Nichtachtung dar. Das Rechtsgut der Ehre dürfe aber nicht mit der Personenwürde oder der ideellen Persönlichkeitssphäre gleichgesetzt werden.[185] Eine Verletzung der Ehre durch den Griff zwischen die Beine, die Genitalien, der Joggerin, war bis zur Einführung des § 184i StGB

---

[185] So auch schon: BGH, Urteil vom 15.3.1989 – 2 StR 662/88 (LG Hanau), NJW 1989, 3028.

mithin nicht selbstverständlich als strafbewährt zu werten, hätte man doch ebenso argumentieren können, dass der plötzliche und unerwartete Griff zwischen die Beine der Frau die Kundgabe der Ehre beinhalten solle.[186]

b) Voraussetzungen der Strafbarkeit. – aa) Körperliche Berührung. Vorausgesetzt wird die körperliche Berührung in sexuell bestimmter Weise. Es wird also ein Körperkontakt gefordert. Teilweise wird auch für ausreichend erachtet, dass die körperliche Berührung mittels eines Gegenstandes erfolgt,[187] anders indes noch die Begründung in der Bundestagsdrucksache, nach welcher ein unmittelbarer Körperkontakt gefordert wird.[188]

bb) Sexuell bestimmte Weise. „In sexuell bestimmter Weise" könnte meinen, dass die Motivation des Täters über den sexuellen Charakter der Tat entscheidet. Dem ist aber nicht so! Eine Berührung erfolgt dann in sexuell bestimmter Weise, wenn diese bei objektiver Betrachtung und unter Beachtung des Gesamtkontextes sexuell motiviert ist. Erscheint die Handlung nach ihrem äußeren Erscheinungsbild sexualbezogen, ist mithin von einer sexuell bestimmten Weise auszugehen.[189]

Beispiele:
Eine körperliche Berührung in sexuell bestimmter Weise wird ohne weiteres angenommen, wenn der Täter die Intimsphäre der Betroffenen, sprich die Geschlechtsorgane, das Gesäß oder die weibliche Brust berührt. Küsse auf den Mund werden ebenso erfasst. Andererseits werden Küsse auf die Wange, das Streicheln der Hand, des Armes oder des Beines nicht ohne weiteres als sexuell bestimmte Berührungen gewertet. In diesen Fällen soll es vielmehr auf die Beziehung zwischen den Personen, den Umfang, die Intensität und die Dauer der Handlungen ankommen. Auch dazu ein Beispiel: „So stellt eine medizinisch indizierte Untersuchung durch einen Arzt keine sexuelle Belästigung dar, wenn diese mit entsprechenden medizinisch gebotenen Berührungen verbunden ist, während dies bei zusätzlichen, nicht indizierten Handlungen zu einer Strafbarkeit führen kann."[190]

Negative Beispiele:
Zur Strafanzeige kommen oftmals auch „Anmachsprüche" eines Täters, durch welche sich die Anzeigeerstatterin (sexuell) belästigt fühlen, wie bspw.: „Geile Titten", „Komm mal her, lass uns f…" u. ä. Diese unzweifelhaft sexuell motivierten und unseres Erachtens auch moralisch höchst verwerflichen Sprüche erfüllen die Tatbestandsvoraussetzung des § 184i StGB nicht, weil es sich nicht um die geforderte körperliche Berührung handelt. Berührt der Täter indes (nur) den Arm und/oder die Schulter des Opfers, streift er an diesem entlang und kommen weitere Momente (Sprüche, in die Luft leckende Zunge o. a.) hinzu, so dürfte der Einzelfall entscheidend sein.

---

186 Dies stellt lediglich die These eines Gegenarguments, aber mitnichten die Auffassung der Autorinnen dar!
187 So u. a. Schönke/Schröder/Eisele § 184i Rn. 4.
188 BT-Drs. 18/9097 S. 30.
189 Schönke/Schröder (Eisele) StGB § 184i Rn. 5.
190 Ders. m. w. N.

131 cc) **Belästigung.** Die Berührung muss zu einer Belästigung der Geschädigten führen. Es muss unmittelbar durch die Tat ein sog. Belästigungserfolg beim Opfer eintreten. Eine nur mittelbare Belästigung reicht mithin nicht aus.

132 **Beispiel:**
Beobachten Dritte den Vorfall zwischen Täter und Geschädigter und greifen sie ein oder lachen laut und führt erst dies zu der Belästigung des Opfers, reicht dies für eine unmittelbar aus der Tathandlung resultierende Tatfolge nicht aus.
Die Belästigung setzt eine auf die sexuelle Selbstbestimmung bezogene, negative Gefühlsempfindung voraus. In Betracht kommen insoweit Schock, Schrecken, Angst, Ekel, Abscheu, Entrüstung, Ärger und die Verletzung des Schamgefühls. Diese Empfindung darf nicht nur ganz unerheblich, sondern muss von einigem Gewicht sein. Die Erheblichkeit ist unzweifelhaft gegeben, wenn der Täter ohne vorherige Kommunikation sexualbezogene Berührungen vornimmt. Als Anhaltspunkt wird oft die Frage gestellt, ob entsprechende Berührungen sonst nur in Beziehungen vorgenommen werden.[191] Die Vorschrift des § 184i StGB darf indes nicht dazu führen, dass bereits Beziehungs-Anbahnungs-Handlungen unter Strafe gestellt werden. Der typische Flirt, der irgendwann auch zu körperlichen Berührungen führt, ist insoweit nicht erfasst und darf auch nicht zu einem Strafbarkeits-Risiko führen. Insoweit ist also von Bedeutung, dass bei der Anbahnung einer Beziehung oder auch schon im Vorfeld einer solchen Anbahnung Gespräche, Kontaktaufnahmen und erste vorsichtige Berührungen stattfinden dürfen, die das Einverständnis des jeweils anderen „ertasten". Denn: Ist das Opfer mit der Handlung einverstanden, so liegt keine Belästigung vor. Entsprechendes gilt, wenn die betroffene Person, etwa bei Anbahnung einer Beziehung, über das Verhalten erfreut ist oder das Verhalten nur Interesse, Verwunderung oder Vergnügen auslöst. Insoweit kommt es bei der Belästigung auf das subjektive Empfinden des Opfers an, so dass die Verwirklichung des Tatbestandes von der Opferreaktion abhängt.[192]

133 c) **Strafantrag.** Gemäß § 184i Abs. 3 StGB wird die Tat nur auf Antrag verfolgt, es sei denn, dass die Strafverfolgungsbehörde wegen des besonderen öffentlichen Interesses an der Strafverfolgung ein Einschreiten von Amts wegen für geboten hält. Es handelt sich insoweit um ein relatives Antragsdelikt, welches entweder aufgrund eines Antrages der Geschädigten oder der Feststellung der Staatsanwaltschaft, das besondere öffentliche Interesse an der Strafverfolgung sei gegeben, verfolgt wird. Dies wird oftmals kritisiert. Bei diesen „leichteren Taten" solle es den Opfern selbst überlassen bleiben, ob die Straftat verfolgt werde und ob und inwieweit das Opfer in diesen Prozess involviert werde. Dieser Kritik kann in der Praxis durch Vorschriften aus dem Bereich der Opportunität begegnet werden (dazu Näheres unter Rn. 235 ff.).

134 2. **Sexueller Übergriff, sexuelle Nötigung, Vergewaltigung**
a) **Das Beispiel: „Ich wollte das nicht".** Nina[193] hat ihren ehemaligen Freund Stefan wegen Vergewaltigung angezeigt (§ 177 Abs. 1 und 6 StGB) und im Rah-

---

191 Schönke/Schröder (Eisele) StGB § 184i Rn. 8.
192 Schönke/Schröder (Eisele) StGB § 184i Rn. 8.
193 Name aus Gründen der Anonymität geändert.

men der polizeilichen Zeugenvernehmung „immer und immer wieder" betont „Und ich wollte das nicht!". Sie hat mehrere Vorfälle geschildert, bei denen Stefan gegen ihren Willen den vaginalen Geschlechtsverkehr mit ihr vollzogen habe. Nina hat Orte und Zeiten geschildert und ferner angegeben, in welchen konkreten zwei Situationen sie die sexuellen Handlungen definitiv abgelehnt hatte. Seit der sog. **„Nein-heißt-Nein"** Lösung, dem seit dem 10.11.2006 geltenden § 177 StGB, sind sexuelle Handlungen, die der Täter gegen den erkennbaren Willen einer anderen Person an dieser Person vornimmt oder von ihr vornehmen lässt, mit Strafe bedroht. Und Nina hat auch im Rahmen einer polizeilichen Nachvernehmung angegeben, diese sexuellen Handlungen bis hin zum Geschlechtsverkehr nicht gewollt zu haben. Stefan wurde von der Polizei als Beschuldigter geführt und nach weiteren polizeilichen Ermittlungen[194] verantwortlich vernommen. Er hat sich dahingehend geäußert, den Geschlechtsverkehr in dem besagten Zeitraum mit seiner damaligen Freundin vollzogen zu haben. Das sei aber alles einverständlich geschehen! Von einem entgegenstehenden Willen seiner Partnerin habe er nichts mitbekommen.

Die Rechtslage: Gemäß § 177 StGB macht sich strafbar, wer **gegen den erkennbaren Willen** einer anderen Person sexuelle Handlungen an dieser Person vornimmt oder von ihr vornehmen lässt oder diese Person zur Vornahme oder Duldung sexueller Handlungen an oder von einem Dritten bestimmt. Das heißt, dass nicht jede „Nein-Situation" bei dem Täter entsprechend erkannt wird. Neben dem entgegenstehenden Opferwillen („Ich wollte das nicht") muss dieser entgegenstehende Wille zum Zeitpunkt der Tat auch erkennbar sein. Das Opfer muss die Ablehnung „nach außen erkennbar zum Ausdruck bringen", also gegenüber dem Täter kommunizieren. Der Täter muss das „Nein" des Opfers also als ein „Nein" erkennen! So soll den Fällen Rechnung getragen werden, in denen das Opfer sich nicht erkennbar ablehnend verhält. „Da sexuelle Handlungen als sozialadäquate Verhaltensweisen nicht per se den Tatbestand verwirklichen, soll dem Täter nicht das Risiko eines nur inneren entgegenstehenden Willens auferlegt werden. Dadurch wollte der Gesetzgeber eine Überpönalisierung vermeiden und dem verfassungsrechtlich verankerten Schuldprinzip Rechnung tragen."[195] In manchen Fällen mag es ausreichen, dass das Opfer den ablehnenden Willen nur konkludent erklärt, wie bspw. durch Abwehren des Täters oder Weinen. Aber hier gilt, dass eine umfassende Würdigung des Einzelfalles vorzunehmen ist. Denn nicht jedes Weinen oder Schreien ist einem „Nein" gleichzusetzen bzw. durch den Täter nicht einwandfrei als solches erkennbar. Auch ein neutrales oder gar ambivalentes Verhalten des Opfers führt dazu, dass der Tatbestand nicht erfüllt ist, dem Täter jedenfalls nicht mit der für eine spätere Verurteilung erforderlichen Sicherheit nachgewiesen werden kann, dass dieser einen entgegenstehenden Willen (ein „Nein!") erkannt hat. In vorliegendem Kurzsachverhalt wird man nicht feststellen können, dass Nina überhaupt „Nein" gesagt bzw. ihren entgegenstehenden Willen auf andere Weise zum Ausdruck gebracht hat, noch, dass der Täter einen entsprechenden Gegenwillen bemerkt hat. Die besondere Herausforderung an zeugenschaftliche Vernehmungen der mutmaßlich Geschä-

---

194 Spurensicherung u. a.
195 Schönke/Schröder/Eisele StGB § 177 Rn. 19.

digten liegt damit auf der Hand. Denn es ist unabdingbar, die Opfer im Detail zu fragen, wann, wie und mit welcher Deutlichkeit sie dem Täter kommuniziert haben, die sexuellen Handlungen nicht zu wollen.

136 b) **Das Beispiel: „Ich hab ganz deutlich ‚Nein' gesagt!".** Gehen wir davon aus, dass Nina dieses von dem Gesetzgeber geforderte „Nein" auch deutlich geäußert hat, der Beschuldigte im Rahmen des weiteren Verfahrens aber ebenso ausdrücklich erklärt hat, dass kein „Nein" gefallen sei, alle sexuellen Handlungen einverständlich erfolgt seien, Nina dabei auch mitgemacht habe. In einem uns vorliegenden Beispielsfall hatte der Beschuldigte darüber hinaus noch vortragen lassen, dass es sich um eine Falschanschuldigung[196] handele, welche strafrechtlich verfolgt werden solle.

137 **Die Rechtslage:** Fälle der sog. Aussage-gegen-Aussage-Konstellation sind naturgemäß häufig, weil (aufgrund der intimen Situation) objektive Beweise (wie bspw. Zeugen) nicht zur Verfügung stehen und daher besonders schwierig zu beurteilen sind. Nach der Rechtsprechung des Bundesgerichtshofs muss in einem Fall, in dem Aussage gegen Aussage steht und die Entscheidung allein davon abhängt, welchen Angaben das Gericht folgt, aus den Urteilsgründen hervorgehen, dass der Tatrichter alle Umstände erkannt und in seine Überlegungen einbezogen hat, die die Entscheidung beeinflussen können.[197] Im Einzelfall bedeutet das, dass die Angaben der Geschädigten auf ihre Aussagekonstanz hin zu bewerten sind. „Falls ein Zeuge mehrfach vernommen worden ist, ist ein Aussagevergleich in Bezug auf Übereinstimmungen, Widersprüche, Ergänzungen und Auslassungen vorzunehmen."[198] Vergleicht man also die Angaben der Geschädigten im Rahmen der Erstattung der Strafanzeige mit den späteren in einer umfassenden polizeilichen Vernehmung, den weiteren Aussagen in einer richterlichen (Video)-Vernehmung und ggf. Aussagen gegenüber engen Vertrauten (unmittelbar nach der Tat), so ist es möglich, anhand der Konstanz dieser Angaben über ein- und denselben Sachverhalt (und noch genauer: über ein und dieselbe Handlung, das Teilgeschehen, die Anbahnung des Kontakts, die Annäherungsversuche, die Ablehnung bis hin zu dem eigentlichen Tat(Kern)-Geschehen), und stellt man also eine deutliche Übereinstimmung der einzelnen Aussagen fest, so ist dies ein deutliches Zeichen einer Aussagekonstanz und im Rahmen der Entscheidung umfassend zu würdigen. Denn die Aussagekonstanz stellt oftmals ein deutliches Indiz einer Erlebnisbasiertheit (also des tatsächlich Erlebten der geschilderten Handlungen) dar. Aber auch bei erlebnisbasierten Aussagen ist eine völlige Aussagekonstanz bei den Befragungen der Geschädigten zu verschiedenen Zeitpunkten nicht zwingend zu erwarten. Die auftretenden Inkonstanzen müssen dann auf ihre gedächtnispsychologische Plausibilität hin bewertet werden. Und nicht jede Inkonstanz stellt einen Hinweis auf mangelnde Glaubhaftigkeit der Angaben insgesamt dar. Vielmehr können vor allem Gedächtnisunsicherheiten eine hinreichende Erklärung für festgestellte Abweichungen sein.[199] Wenn aber die Angaben der Zeugin zum Kernbereich des Tat-

---

196 Er hat also Gegenanzeige wegen falscher Verdächtigung erstattet (§ 164 StGB).
197 BGH (4. Strafsenat), Beschluss vom 5.7.2022 – 4 StR 96/22; Beck RS 2022, 23845.
198 Ders.
199 Ders.

geschehens in verschiedenen Vernehmungen signifikant voneinander abweichen und es sich hierbei um ein Erlebnis handelt, das wenig vergessensanfällig ist,[200] so sind darauf bezogene Erinnerungs- oder Wahrnehmungsfehler nicht mehr ohne weiteres erklärbar. Das heißt nun aber keinesfalls, dass Angaben einer mutmaßlich Geschädigten bei einer derartigen Aussage-gegen-Aussage-Situation kein Glauben zu schenken wäre oder dass derartige Beweissituationen zwangsläufig zu einer Verfahrenseinstellung führen! Vielmehr handelt es sich immer um eine Einzelfallentscheidung, im Rahmen derer die Angaben der Geschädigten sorgsam geprüft und mit den Angaben des Täters verglichen werden. Und nicht selten stehen weitere Beweise oder Indizien zur Verfügung, die allein für sich genommen keine besondere Beweiskraft haben würden, die Angaben der Geschädigten im Rahmen dieser Einzelfallbewertung aber durchaus untermauern können.

Beispielhaft
- das Vorliegen unmittelbar nach der Tat geführter (Chat)-Kommunikation mit Aussagen wie „es tut mir leid", „ich weiß, dass du das eigentlich nicht wolltest" oder „kannst du mir bitte verzeihen?",
- Angaben des Täters gegenüber Dritten (Prahlerei o. ä.) und/oder weiteres.

3. Das Ergebnis der vorliegenden Fälle

Gemäß § 177 StGB macht sich strafbar, wer **gegen den erkennbaren Willen** einer anderen Person sexuelle Handlungen an dieser Person vornimmt oder von ihr vornehmen lässt oder diese Person zur Vornahme oder Duldung sexueller Handlungen an oder von einem Dritten bestimmt. Das heißt, dass nicht jede „Nein-Situation" bei dem Täter entsprechend erkannt wird. Neben dem entgegenstehenden Opferwillen („Ich wollte das nicht") muss dieser entgegenstehende Wille zum Zeitpunkt der Tat auch erkennbar sein. Das Opfer muss die Ablehnung „nach außen erkennbar zum Ausdruck bringen", also gegenüber dem Täter kommunizieren. Der Täter muss das „Nein" des Opfers also als ein „Nein" erkennen! So soll den Fällen Rechnung getragen werden, in denen das Opfer sich nicht erkennbar ablehnend verhält. „Da sexuelle Handlungen als sozialadäquate Verhaltensweisen nicht per se den Tatbestand verwirklichen, soll dem Täter nicht das Risiko eines nur inneren entgegenstehenden Willens auferlegt werden. Dadurch wollte der Gesetzgeber eine Überpönalisierung vermeiden und dem verfassungsrechtlich verankerten Schuldprinzip Rechnung tragen."[201] In manchen Fällen mag es ausreichen, dass das Opfer den ablehnenden Willen nur konkludent erklärt, wie bspw. durch Abwehren des Täters oder Weinen. Aber hier gilt, dass eine umfassende Würdigung des Einzelfalles vorzunehmen ist. In beiden vorgenannten Fällen war das Ermittlungsverfahren mangels hinreichenden Tatverdachts gemäß § 170 Abs. 2 StPO einzustellen.

---

200 Also aufgrund dieses Erlebnisses im Gedächtnis haften bleibt – ggf. durch Daran-Denken immer und immer wieder erlebt wird.
201 Schönke/Schröder/Eisele StGB § 177 Rn. 19.

VII. Sexueller Missbrauch von Kindern und schwerer sexueller Missbrauch

140 Leider erfährt auch der sexuelle Missbrauch von Kindern im Rahmen der Häuslichen Gewalt eine besondere Bedeutung. Denn nicht selten werden Kinder im Rahmen häuslicher Gemeinschaften[202] Opfer sexueller Übergriffe.

141 Beispiel:
Marie (heute 20 Jahre alt):[203] „Mein Vater hat mich über Jahre sexuell missbraucht. Anfangs wusste ich nicht, was da passiert, hielt das, was mein Vater da mit mir machte, völlig normal, weil ich es ja gar nicht anders kannte. Beim ersten Mal, an das ich mich erinnere, muss ich so um die 5 oder 6 Jahre alt gewesen sein. Zur Schule ging ich noch nicht. Ich schlief mit meinem (4 Jahre jüngeren) Bruder zusammen in einem Zimmer in einem Hochbett. Ich schlief im oberen Bett des Etagenbettes, als mein Vater eines Abends zu mir ans Bett kam, seine Hand unter meine Schlafanzughose schob und dort zwischen meinen Beiden streichelte. Ich tat, als ob ich schlief…".
Marie schilderte im Rahmen des strafrechtlichen Ermittlungsverfahrens eine Vielzahl weiterer, nahezu ähnlich gelagerter Taten in einem Zeitraum zwischen ihrem 6. und 17. Lebensjahr. Neben dem reinen Streicheln ihres äußeren Schambereichs sprach sie vom Eindringen mit den Fingern ihres Vaters in ihre Scheide, davon, dass sie später auch den Penis des Vaters in die Hand und irgendwann auch in den Mund nehmen und diesen so befriedigen musste. Besondere Fälle im Elternschlafzimmer, im Badezimmer – auf der Waschmaschine hockend und in der Badewanne sitzend – spielen im Rahmen ihrer umfassenden Schilderungen ebenso eine Rolle. Erst als sie ihren ersten festen Freund und sich diesem gegenüber irgendwann anvertraut hatte, gelang es Marie, aus dieser Abhängigkeitssituation herauszukommen, sich zunächst ihrer Mutter und dann der Polizei anzuvertrauen. So nahm das Ermittlungsverfahren seinen Lauf. Marie wurde richterlich vernommen und die Vernehmung wurde in Bild und Ton aufgezeichnet (Videovernehmung § 58a StPO). Zuvor war Marie eine psychosoziale Prozessbegleitung (§ 406g StPO) als auch eine Opferanwältin (§§ 395, 397a, 406h StPO) beigeordnet worden. Weitere strafprozessuale Ermittlungserkenntnisse (Zeugen, Datenträger u. a.) rundeten das Beweisbild ab. Der Beschuldigte wurde zu einer mehrjährigen Freiheitsstrafe verurteilt.[204]

---

202 Durch (Stief)Vater, (Stief)Opa oder ähnliche Lebensgemeinschaften.
203 Name geändert.
204 Die Materie der Sexualstraftaten zum Nachteil von Kindern oder Jugendlichen ist sehr komplex. Der sexuelle Missbrauch von Schutzbefohlenen (§§ 174 ff. StGB) ist ebenso unter Strafe gestellt wie der sexuelle Missbrauch von Kindern mit körperlichen Berührungen (§§ 176, 176c StGB) oder ohne Körperkontakt (§ 176a StGB). Es gibt eine Vielzahl rechtlicher Besonderheiten und entsprechender Beispiele, die wir Ihnen in einem weiteren, zurzeit in Planung befindlichen, Buchprojekt umfassend vorstellen möchten.

Kapitel 3: (Versuchte) vorsätzliche Tötungsdelikte im und außerhalb des häuslichen Umfelds

Tötungsdelikte sind häufig Beziehungstaten. Auch deshalb ist die Aufklärungsrate in diesem Deliktsfeld besonders hoch. Im Jahr 2023 bestand in Deutschland bei 808 polizeistatistisch erfassten Tötungsdelikten keine Beziehung zwischen Täter und Opfer, in 786 Fällen eine informelle soziale Beziehung, in 771 Fällen bestand eine partnerschaftliche/familiäre Beziehung zwischen Opfer und Täter, in 119 Fällen eine formelle soziale Beziehung und in 374 war die Täter-Opfer-Beziehung unklar.[1] Tötungsdelikte als Beziehungsdelikte sind im Regelfall der traurige Höhepunkt länger andauernder Konflikte. Im Nachfolgenden werden exemplarisch Fälle aus der Praxis geschildert, an denen jeweils die besondere Problematik bei der Aufklärung erläutert wird. Sämtliche geschilderte Fälle sind Echtfälle aus dem Zuständigkeitsbereich der Staatsanwaltschaft Verden nach Einrichtung des Kapitaldezernats im Mai 2011.

Bei den vorsätzlichen Tötungsdelikten wird unterschieden zwischen Totschlag (Grundtatbestand), § 212 StGB und Mord (Qualifizierung mit sog. Mordmerkmalen, von denen wenigstens eines erfüllt sein muss, etwa Habgier oder Heimtücke), § 211 StGB. Ebenfalls vor der Schwurgerichtskammer des Landgerichts werden die sog. erfolgsqualifizierten Delikte verhandelt wie Körperverletzung mit Todesfolge oder etwa Vergewaltigung oder Raub – jeweils mit Todesfolge.

I. Allgemein

Im Jahr 2023 wurden bundesweit 938 Mädchen und Frauen Opfer eines versuchten oder vollendeten Tötungsdelikts. 360 weibliche Opfer wurden getötet. In Verden konnten seit Einführung des Kapitaldezernats eine Vielzahl von Straftaten registriert werden, die unter den Aspekten des Femizids/der häuslichen Gewalt zu beleuchten sind. Die in Zusammenhang mit Häuslicher Gewalt und Femiziden interessanten Fälle werden in 8 Gruppen unterteilt und sollen im Folgenden exemplarisch beleuchtet werden:[2]

1. Fallgruppe Kapitaldelikte zum Nachteil von Säuglingen und Kleinkindern
- Sieben Ermittlungsverfahren wegen des Verdachts der Kindstötung nach der Geburt, die zum großen Teil mangels Nachweises des Gelebthabens des Kindes eingestellt werden mussten.
- Zwei Verfahren wegen vollendeten Tötungsdelikts und drei Fälle des versuchten Tötungsdelikts zum Nachteil eines Säuglings durch Schütteln, in

---
1 Statista 2023, Opfer-Tatverdächtigen- Beziehungen bei polizeilich erfassten Fällen von Mord, Totschlag und Tötung auf Verlangen in Deutschland im Jahr 2023.
2 Ausgewertet wurden die Fälle bis Ende 2024.

sechs Fällen wurden die Ermittlungen mangels Klärung der Täterschaft eingestellt.
- Ein Fall einer Tötung eines Kindes durch aktives Tun.
- Ein Fall einer Tötung eines Kindes durch Unterlassen.

145 2. **Fallgruppe Kapitaldelikte durch psychisch Kranke zum Nachteil von Angehörigen bzw. einer Frau**
- Sieben Fälle vollendeter Tötungen durch paranoid schizophrene Männer, davon ein Fall zum Nachteil des Vaters, ein Fall zum Nachteil eines Kindes, ein Fall zum Nachteil der Mutter, ein Fall zum Nachteil einer Nachbarin.
- Zwei Fälle eines versuchten Tötungsdelikts eines Schizophrenen zum Nachteil der Mutter.

146 3. **Fallgruppe der sog. Ehrenmorde zum Nachteil einer Frau**
- Ein Ermittlungsverfahren wegen des Verdachts des Ehrenmordes.
- Vier Fälle wegen des Verdachts des versuchten Ehrenmordes, drei der vier Fälle wurden im Ermittlungsverfahren eingestellt aufgrund mangelnder Aussagebereitschaft der Opfer.
- Ein Fall eines versuchten Tötungsdelikts zum Nachteil der Mutter.

147 4. **Fallgruppe der Kapitaldelikte zum Nachteil einer Frau außerhalb bestehender Partnerschaft**
- Sieben vollendete Tötungsdelikte zum Nachteil einer Frau außerhalb einer Partnerschaft.
- Drei versuchte Tötungsdelikte zum Nachteil einer Frau außerhalb einer Partnerschaft.

148 5. **Fallgruppe der Kapitaldelikte zum Nachteil einer Frau innerhalb bestehender Partnerschaft**
- Sechs vollendete Tötungsdelikte innerhalb einer Partnerschaft zum Nachteil der Frau, davon eines durch Unterlassen.
- Vier versuchte Tötungsdelikte zum Nachteil der Frau innerhalb der Partnerschaft.

149 6. **Fallgruppe der Kapitaldelikte zum Nachteil einer Frau nach beendeter Partnerschaft**
- Drei vollendete Tötungsdelikte zum Nachteil einer Frau nach Trennung.
- Vier versuchte Tötungsdelikte zum Nachteil einer Frau nach Trennung.

150 7. **Fallgruppe der Kapitaldelikte durch einen Mann zum Nachteil eines Mannes**
- Zwei vollendete Tötungsdelikte zum Nachteil eines Mitbewohners in einem Mehrfamilienhaus nach alkoholbedingtem Streit.
- Ein vollendetes Tötungsdelikt zum Nachteil des Vaters.

Alle weiteren (versuchten) Tötungsdelikte, die durch Männer an Männern begangen wurden, hatten keinen häuslichen bzw. familiären Bezug, standen besonders häufig im Zusammenhang mit übermäßigem Alkohol- oder Drogenkonsum oder waren Tötungsdelikte aus Eifersucht zum Nachteil eines Nebenbuhlers (dort oft sog. Affekttaten) oder Delikte, die aus Rache verübt wurden, etwa wegen einer vorausgegangenen Straftat durch das Opfer. In einem Fall wurde ein Täter beauftragt einen Mann zu erschießen, der mit einer verheirateten Jesidin fremdgegangen war, wobei der Täter weder in Beziehung zum Opfer noch zu der jesidischen Familie stand.

8. Fallgruppe Kapitaldelikte durch eine Frau zum Nachteil eines Mannes **151**
Auffallend ist, dass in dem vorgenannten Zeitraum lediglich gegen eine Frau wegen eines (versuchten) Kapitaldelikts zum Nachteil eines Mannes ermittelt worden ist. Sie wurde durch das Gericht vom Tatvorwurf freigesprochen, da unklar blieb, ob sie ihren Mann tatsächlich bewusst in Lebensgefahr gebracht hat. Im Folgenden werden exemplarisch Echtfälle beleuchtet – jeweils unter der Fragestellung: Was ist über die Vita des Angeklagten bekannt? Welche Umstände waren für die Aufklärung der Tat wesentlich bzw. was machte die Aufklärung schwierig? Hätte sich die Straftat verhindern lassen? Auffallend ist in der Fallgruppe „Kapitaldelikte in der Partnerschaft" der hohe Anteil an Migranten mit patriarchalischer Prägung.

II. Tötungsdelikte zum Nachteil von Frauen

1. Kapitaldelikte innerhalb bestehender Partnerschaft

a) Beispiele

Fall 1: **152**
Der 32-jährige Angeklagte stammt aus dem **Irak**. Er wuchs dort als eines von vier Kindern in einer jesidischen Familie auf. **Die Schule besuchte er nicht.** Er arbeitete in der Kfz-Werkstatt des Vaters und lernte nach und nach etwas schreiben und lesen. Er heiratete auf Wunsch seiner Eltern mit 18 Jahren, kurz nach der Geburt der Tochter wurde die Ehe geschieden. Traditionsgemäß zog er die Tochter mit seiner zweiten Ehefrau auf. Aus der zweiten Ehe ging ein Sohn hervor. Der Angeklagte floh mit seiner Familie über die sog. Balkanroute nach Deutschland und beantragte Asyl. Mit der Familie bezog er ein Einfamilienhaus. In Deutschland wurde eine weitere Tochter geboren. Zwischen den Eheleuten gab es zunehmend **Streit über die Finanzen**, da der Angeklagte größere Geldbeträge zu seiner Familie in den Irak sandte, teils für deren Lebensunterhalt, teils auch zum Ankauf von Goldschmuck. Am Tag vor der späteren Tat führte er ein langes Telefonat mit der Familie im Irak. Am Tattag befand er sich mit der Frau und den drei Kindern im Alter von 9 und 3 Jahren sowie dem Baby im Wohnzimmer des Einfamilienhauses. Der Angeklagte, der im Besitz von 5.000 Euro war, geriet mit seiner Ehefrau abermals in Streit, weil er erneut Geld an die Familie im Irak senden wollte. **Aus Verärgerung über seine Frau und deren mangelnden Unterstützungswillen entschloss er sich, die Ehefrau durch Würgen zu töten.** Er nahm ihr das Baby vom Arm, warf seine Frau auf das Sofa und dann auf den Boden, setzte sich auf ihren Rücken und ergriff ihren Hals, um sie zu erwürgen. Als die 9-jährige Tochter ihn bat, aufzuhören, unterbrach er kurz die Tathandlungen und schickte die Kinder in das Kinderzimmer. Anschließend erwürgte er die Frau. Insgesamt würgte er sie mindestens 3 bis 5

Minuten. Derweil rief die Tochter, die das Tatgeschehen teilweise beobachtete, ihren Onkel an. Anschließend begab der Angeklagte sich zur Polizeiwache und stellte sich dort. Nach einer Einigung der Opferfamilie und der Täterfamilie zahlte die Familie des Angeklagten in der Folgezeit ca. 6.000 Euro, um die Familien jesidischer Tradition bzw. Stammesgesetzen gemäß zu versöhnen. Das Jugendamt brachte die Kinder in einer Pflegefamilie unter. Der Angeklagte behauptete in der Hauptverhandlung, seine Frau habe sich mit ihm massiv gestritten und ihm mitgeteilt, zurück in den Irak zu wollen, was für ihn ein Schock gewesen sei. Sie habe ihm die Kinder wegnehmen wollen. Der Streit sei schließlich handgreiflich geworden, wer angefangen habe, wisse er nicht. Die Frau habe ihn mehrfach beleidigt. Deshalb habe er „rot" gesehen – eine typische Einlassung mit der Zielsetzung einer Verurteilung lediglich wegen Totschlags im minderschweren Fall infolge eines Affekts oder affektiver Erregung. Die Angaben ließen sich durch die Aussage der Tochter, die bereits im Ermittlungsverfahren richterlich vernommen worden war, widerlegen. Das Mädchen hatte nicht nur gegenüber der Richterin, sondern auch gegenüber Dritten von finanziellen Schwierigkeiten und der erneuten Absicht des Vaters, Geld in den Irak zu schicken, berichtet. Sie sagte aus, dass „der Papa die Mama tot gemacht" habe. Er habe die Mama zu Boden gebracht, sich auf ihren Rücken gesetzt und dann mit den Händen ganz fest den Hals zugedrückt. Tatort sei das Wohnzimmer gewesen. Die Mutter habe sich nicht wehren können. Papa habe gesagt, dass er seinem Bruder Geld geben wolle. Grund sei ein „kaputtes Auto" gewesen. Mama habe gesagt, dass das nicht gehe, weil sie dann nur noch 300 Euro hätten. Dann hätten sich beide gestritten und Papa habe Mama getötet. Sie habe den Papa aufgefordert, er solle das nicht machen. Aber er habe nicht auf sie gehört. Dann hätten sie in das Spielzimmer gehen sollen. Der Vater sei kurz darauf ebenfalls in das Spielzimmer gekommen und habe angekündigt, nun zur Polizei zu gehen. Der Vater habe die Mutter auch hin und wieder geschlagen. Einmal habe die Nase geblutet. Ein anders Mal habe der Papa vorher ein ganz scharfes Messer aus der Küche genommen und sei damit zu Mama gegangen. Er habe gesagt „Wenn du das nicht lässt, dann mach ich dich tot". Mama habe gesagt „Ok, kannst du machen" und dann habe er das Messer hingelegt. Der Vater habe auch den kleinen Bruder öfter geschlagen, genauso sie. Er habe ihr auch an den Haaren gezogen. Lediglich das Baby sei nicht geschlagen worden.
Das Landgericht Verden verurteilte den Angeklagten wegen Totschlags zu einer Freiheitsstrafe von 11 Jahren. Tatablauf und Motivlage ließen sich nur deshalb sicher feststellen, weil das Kind dazu in der richterlichen Vernehmung ausgesagt hatte und sich die Angaben in Einklang bringen ließen mit den Daten des Mobiltelefons des Angeklagten, die zudem auch belegten, dass das Gerät zur Tatzeit am Tatort eingeloggt war. Die Geschädigte verfügte über wenige Außenkontakte, insbesondere über keine Vertrauenspersonen, denen gegenüber sie sich zu ihrer Situation hätte öffnen können. Strafanzeigen wegen Häuslicher Gewalt erfolgten im Vorfeld des Tötungsdelikts nicht.

153 Fall 2:
Der 42-jährige Angeklagte stammt **aus dem Irak und ist Jeside**. Er ist mit seiner Familie (Frau und 7 Kinder) 2015 nach Deutschland geflüchtet. Zwischen ihm und seiner Ehefrau kam es **immer häufiger zu Streitigkeiten**. Beide gehören

der Kaste der Merid an. **Die Familie ist von patriarchalischen Werten geprägt.** Der Angeklagte besuchte sieben Jahre die Schule, seine Mutter ist Analphabetin. Am Tattag teilte der Angeklagte der Polizei telefonisch mit, dass er seine Frau umgebracht habe. Der Angeklagte wartete in Tatortnähe auf die Polizei und ließ sich widerstandslos festnehmen. Gegenüber der Polizei gab er nach erfolgter Beschuldigtenbelehrung an, er habe seine Frau mittels eines Messers getötet. Er habe mitbekommen, dass sie fremdgegangen sei. Außerdem habe sie versucht, ihn mit Medikamenten, die sie in sein Getränk gemischt habe, zu vergiften. Er habe Angst um seine Gesundheit. Zudem wünsche er, dass ein Vaterschaftstest bei seinen Söhnen durchgeführt werde, um festzustellen, ob er überhaupt deren Vater sei oder ob seine Ehefrau ihn mit einem anderen Mann betrogen habe. In der rechtsmedizinischen Untersuchung wurde der Angeklagte nach gesundheitlichen Beschwerden gefragt. Er sagte, er habe seine Frau töten müssen, weil sie ihn mit Weihrauch verzaubert habe. Er nehme Gerüche aus seinem Magen wahr. Die Verteidigerin gibt später in der Hauptverhandlung eine Erklärung für den Angeklagten ab. Ihr Mandant habe die Frau getötet und ihr zahlreiche Messerstiche beigebracht. Kurz zuvor habe sie ihm gegenüber eingeräumt, ihm seit geraumer Zeit Gift in die Getränke zu mixen. Deshalb sei er völlig ausgerastet. Die Getötete habe ihn verzaubert. Sie habe Kräuter eingesetzt. Die Kinder des Paares bestätigen dies nicht. Die Mutter habe nie etwas mit schwarzer Magie zu tun gehabt. **Hingegen habe der Angeklagte wiederholt gesagt, dass er eine zweite Frau heiraten werde.** Der Angeklagte habe die Mutter geschlagen, auch schon im Irak. Gleiches habe er mit den Kindern getan, ihnen sogar Brandnarben beigebracht. Er habe auch gedroht, die Kinder umzubringen, wenn sie in der Schule „durchfallen". **Der Angeklagte sei sehr konservativ und habe ein schlechtes Bild von Frauen.** Die Getötete sei eine sehr verschüchterte Frau gewesen, die wusste, dass der Angeklagte sie schlägt, wenn ihr Verhalten ihm nicht passt. Er habe von der Mutter – jesidenuntypisch – das Tragen eines Kopftuches, im Irak sogar das Tragen einer Vollverschleierung gefordert.
Das Landgericht verurteilte den Angeklagten wegen Totschlags zu einer Freiheitsstrafe von 8 Jahren, nachdem eine Unterbringung wegen einer möglichen psychischen Erkrankung ausweislich der Ausführungen der psychiatrischen Sachverständigen nicht in Betracht kam. Auch wenn das eigentliche Tatmotiv vermutlich im Dunkeln blieb, dürften gelernte Verhaltensmuster auf das Tatgeschehen Einfluss genommen haben. Auch diese Geschädigte, die kaum Deutsch sprach, verfügte außerhalb ihrer Familie über keine Kontakte und hatte keine Vertrauenspersonen, denen gegenüber sie sich hätte öffnen oder rechtzeitig Hilfe hätte erbitten können. Strafanzeigen erfolgten im Vorfeld nicht.

Fall 3:
Der 32-jährige Angeklagte ist **Serbe**. Der Angeklagte wuchs im elterlichen Haushalt (beide Elternteile sind schwerbehindert und stehen unter Betreuung, die Mutter ist stark entwicklungsverzögert) zusammen mit einer Schwester auf. Er selbst wurde in Deutschland geboren, hat einen Hauptschulabschluss erlangt, aber **keine Ausbildung** absolviert. Er lebt seit vielen Jahren von Sozialleistungen. Der Vater ist spielsüchtig. In der Familie, die über 2 Jahre sozialpädagogische Hilfe erhielt, soll der Angeklagte viel Gewalt erfahren haben. Der Angeklagte schwänzte früh die Schule und fiel immer wieder durch Straftaten auf.

Er ist strenggläubiger Moslem und verlangte von seiner Lebensgefährtin, die er nach islamischem Recht geheiratet hatte, ein Kopftuch zu tragen. Beide haben zusammen zwei Kinder, einen 3-monatigen Säugling und eine einjährige Tochter. Mit in der Familie lebt der ältere Sohn der Geschädigten aus einer früheren Beziehung. Der Angeklagte geriet **immer häufiger mit seiner Lebensgefährtin in Streit**, so auch wieder am Tattag. Aus Angst rief die Frau ihre Mutter und ihren Bruder um Hilfe, die daraufhin die Familie in deren Wohnung aufsuchten und den Angeklagten zur Rede stellten. Der Angeklagte reagierte hierauf aggressiv und drohte dem Bruder der Lebensgefährtin, ihn zu töten, nachdem dieser seiner Schwester geraten hatte, **den Angeklagten mit den Kindern zu verlassen**. Der Angeklagte begab sich in die Küche, nahm ein Messer an sich und stach nunmehr auf die Lebensgefährtin, die sich vor ihren Bruder gestellt hatte, immer wieder ein, auch noch, als sie in Richtung des Treppenhauses geflüchtet und bereits zu Boden gegangen war. Der Bruder und der 13-jährige Sohn der Geschädigten waren Augenzeugen. Zeugen berichteten, dass es schon im Vorfeld zu Gewalthandlungen des Angeklagten gegenüber der Geschädigten gekommen sei, die von ihr jedoch nie zur Anzeige gebracht wurden.

Das Landgericht verurteilte den Angeklagten wegen Mordes (niedrige Beweggründe) zu lebenslanger Freiheitsstrafe. Während der Urteilsverkündung bedrohte der Angeklagte den Vorsitzenden und verhielt sich im Sitzungssaal völlig respektlos, auch gegenüber seiner Verteidigerin. Wenige Tage später nahm er sich in der Zelle das Leben. Ein Tatnachweis konnte gelingen, weil die Tat vor Augenzeugen begangen wurde und die Daten der Mobiltelefone der Geschädigten und des Angeklagten die Streitigkeiten und die Einstellung des Angeklagten gegenüber seiner Lebensgefährtin dokumentierten. Auch diese Geschädigte hatte außerhalb der eigenen Familie so gut wie keine Kontakte, denen gegenüber sie sich wegen der problematischen Familiensituation hätte öffnen können. Strafanzeigen erfolgten nicht.

155 b) **Vita der Täter und Familiengefüge.** Alle drei Angeklagten zeigen vergleichbare Auffälligkeiten im Lebenslauf, eine geringe Schulbildung und ein problematisches Familiensetting mit eigener Gewalterfahrung. Im Fall 2 konnte die Gewalterfahrung zwar nicht ausdrücklich festgestellt werden, dürfte aber zumindest naheliegend sein. Die Geschädigte hatte kurz vor ihrem Tod Lichtbilder gefertigt, die Hämatome an ihrem Körper zeigten und gegenüber ihrer Familie Körperverletzungshandlungen des Angeklagten belegen sollten. Alle drei Angeklagten verfügten über ein geringschätziges Frauenbild, das sich bereits im Vorfeld der Taten zeigte. Aber auch die Frauen waren in die patriarchalischen Strukturen eingebunden und sahen davon ab, eigene Rechte geltend zu machen.

156 c) **Möglichkeiten die Taten zu verhindern.** Die Opfer haben im Vorfeld keine Versuche unternommen, außerhalb ihrer Familien Hilfe zu suchen. In zwei der drei Fälle dürfte eine Kommunikation mit Personen außerhalb der Familie schwierig oder eher unmöglich gewesen sein aufgrund fehlender Sprachkompetenzen. Mindestens in den Fällen 1 und 2 war die familiäre und patriarchalisch geprägte Situation so, dass die Wünsche der Frauen traditionell denen des Mannes untergeordnet waren und insoweit auch aus dem eigenen Rollenverständnis heraus ein Herantreten an Polizei oder Jugendamt nicht in Frage gekommen sein dürfte, dies auch, weil die Polizei in dem jeweiligen Heimatland kein großes Vertrauen genießt. Fall 1 ist nicht als Femizide einzustufen. Tatbeherrschend waren Streitigkeiten finanzieller Art. In den Fällen 2 und 3 wird die Bewertung schwieriger. Zumindest dürfte im Fall 3 die Einstellung des Angeklagten gegenüber der Frau und die Nichtbilligung der in Erwägung gezogenen Trennung das Tatmotiv mitgeprägt haben.

2. Kapitaldelikte nach Auflösung einer Partnerschaft
a) Beispiele

Fall 1:
Der 49-jährige **iranische** Angeklagte besuchte die Schule bis zum Erwerb des Abiturs im Iran. Er leistete dort den Militärdienst und arbeitete als Fahrer in der Stadtverwaltung. Er heiratete die später Verstorbene, mit der er zwei Töchter bekam. Aufgrund seines regelmäßigen Opiumkonsums kam es zu **finanziellen Problemen, die zu vermehrten Streitigkeiten** zwischen den Eheleuten führten, innerhalb derer er seiner Frau außereheliche Liebesbeziehungen vorwarf. Schließlich fasste die Familie den Entschluss nach Deutschland auszuwandern. Hintergrund war, dass der Angeklagte sich als zum Christentum Konvertierter durch die muslimische Bevölkerung missachtet fühlte und seine ältere Tochter nicht seinen sozialen Vorstellungen entsprechend geheiratet hatte. Die Familie beantragte in Deutschland Asyl. Das Bundesamt für Migration und Flüchtlinge lehnte den Antrag ab und erließ eine Abschiebeanordnung, wogegen der Angeklagte klagte. Bereits kurz nach der Ankunft in Deutschland verschärften sich die Eheprobleme und die Streitigkeiten. Der Angeklagte war mit den Wohnverhältnissen und der Erwerbslosigkeit unzufrieden. Er wurde **zunehmend eifersüchtiger**. Das Paar trennte sich schließlich räumlich. In der Folgezeit kam es zunächst zu Drohungen und leichteren körperlichen Übergriffen. U.a. drohte der Angeklagte damit, erst sie und dann sich umzubringen, was schließlich zur endgültigen Trennung führte. Die später Geschädigte begann eine neue Beziehung, der Angeklagte wurde in einem Männerwohnheim untergebracht. **Er war vom Scheitern der Ehe tief betroffen** und litt unter der räumlichen Trennung von seiner Familie. Der Angeklagte wurde zunehmend depressiv und entwickelte paranoide Verfolgungstendenzen. Infolgedessen isolierte er sich zunehmend von Freunden. Er glaubte zudem, dass die später Getötete beabsichtige, ihn töten zu lassen, weshalb sie Personen beauftragt habe, die ihn mit mehreren Autos verfolgen und mit Pistolen bedrohen würden. In seinem Zimmer vermutete er Kameras, die ihn beobachten und abhören würden. Ebenso empfand er das Vibrieren des Handys als ein Anzeichen dafür, dass auf seinem Handy Abhörprogramme installiert worden seien. Der Angeklagte vernachlässigte zunehmend die körperliche Hygiene und verlor zeitweise die räumliche Orientierung. Ratschläge, einen Arzt aufzusuchen, ignorierte er in der Überzeugung nicht krank zu sein. Der Angeklagte begab sich schließlich im März 2022 zur Wohnung des Opfers. Er sah dieses auf dem Balkon und bat um ein Gespräch. Die Frau lehnte zunächst ab und bat ihre Tochter, dem Angeklagten an der Haustür zu erklären, dass sie keine Gespräche wünsche. Nachdem der Vater weinend vor der Haustür stand, teilte die Tochter dies der Mutter mit und dass

er unbedingt mit ihr reden wolle. Die Geschädigte willigte schließlich ein. Es kam zu einem zunächst ruhigen Gespräch in ihrer Wohnung über die familiäre Situation. Die Tochter, die anfangs während des Gesprächs anwesend war, begab sich in ihr Zimmer. Nunmehr fasste der Angeklagte den Entschluss, die Frau zu töten. Er versetzte ihr in Tötungsabsicht mehrere Messerstiche u. a. in den Hals, die zum Tode führten. Als die Tochter infolge der Hilfeschreie der Mutter hinzueilte und den Notruf absetzen wollte, zerrte der Angeklagte an ihrem Arm und sagte „Ich habe gut gemacht, lass sie sterben!" Sodann flüchtete er.

Der Angeklagte, der in der Folgezeit wegen Suizidalität in Behandlung war, wurde wegen Totschlags zu einer Freiheitsstrafe von 5 Jahren verurteilt. Zum Strafmaß führte das Gericht u. a. aus: „Die Kammer kann jedoch nicht ausschließen, dass der Angeklagte aufgrund einer kurz vor Verlassen des Wohnzimmers in Richtung Badezimmer getätigten, nicht näher feststellbaren Äußerung der Verstorbenen plötzlich und unerwartet derart in Rage geriet, dass er außer sich vor Wut und unter dem nicht sicher ausschließbaren Einfluss dieser plötzlich aufkeimendem und unkontrollierbaren Wut das Küchenmesser an sich nahm, der Verstorbenen in das Badezimmer folgte und auf sie einstach. Danach kann die Kammer nicht ausschließen, dass die Steuerungsfähigkeit des Angeklagten aufgrund dieser affektiven Erregung bei der Tat von (...) erheblich vermindert war." Die Kammer ging also zugunsten des Angeklagten davon aus, dass die Geschädigte ihn unmittelbar vor der Tat provoziert haben könnte. Mit der Frage, ob eine patriarchalische Prägung und die damit einhergehende Nichtbilligung der Trennung durch die Frau eine Rolle gespielt haben könnte, befasste sich das Gericht nicht, ebenso wenig, dass der Angeklagte das Messer mit zum Tatort gebracht hatte. Die Tochter der Geschädigten ist indes weiterhin der Überzeugung, dass der Angeklagte die Rechte ihrer Mutter und deren Entscheidung zur Trennung und für eine neue Partnerschaft nicht zu akzeptieren bereit war und er deshalb ihre Mutter tötete.

158 Fall 2:
Der 35-jährige **bulgarische** Angeklagte ist in Bulgarien geboren und dort als jüngstes von vier Kindern im elterlichen Haushalt aufgewachsen. Er besuchte Kindergarten und Schule, wiederholte die 5. Klasse dreimal und verließ die Schule ohne Abschluss nach der achten Klasse. Als Grund für den **Schulabbruch** nennt der Angeklagte fortwährende **Gewalterfahrungen** durch eine Lehrerin. Er begann in einer Autowerkstatt zu arbeiten, absolvierte aber keine Berufsausbildung. 2018 lernte er die später und ebenfalls aus Bulgarien stammende und 10 Jahre jüngere Getötete kennen, mit der er einen 4-jährigen Sohn hat. Mit 16 Jahren machte er erste Erfahrungen mit Alkohol und konsumierte dann regelmäßig. Nachdem er einige Jahre den Konsum eingestellt hatte, begann er mit der ersten Trennung von der später Geschädigten erneut zu trinken. Die Streitigkeiten des Paares nahmen weiter zu, insbesondere nach der Geburt ihres Kindes. Beide trennten sich mehrfach. Die Frau warf ihm vor, zu wenig Geld nach Haus zu bringen, mit dem vorhandenen Geld nicht vernünftig umzugehen und sich zu wenig um die Familie zu kümmern. Etwa 3 Jahre später begab sich die Frau mit dem Sohn zu ihrer in Deutschland lebenden Mutter. Er folgte ihr, bewohnte zusammen mit der Familie eine Wohnung in einem Mehrparteienhaus und begann in Deutschland bei einer Leiharbeitsfirma zu arbeiten. Auf-

grund erneuter Streitigkeiten, die auch in Deutschland regelmäßig mit körperlichen Übergriffen auf den Angeklagten verbunden waren, trennte sich die Frau von ihm. Er musste die gemeinsame Wohnung verlassen, was dazu führte, dass er zunehmend wütend auf seine Frau wurde, zumal er **unter der Trennung von dem Sohn litt.** Am zweiten Geburtstag des Sohnes kam es erneut zu heftigen Streitigkeiten. Der Angeklagte konsumierte ab diesem Zeitpunkt deutlich mehr Alkohol und begann, der Geschädigten mit deren Tötung zu drohen, wobei er zunächst den Kontakt zu dem Kind erzwingen wollte. Die Geschädigte besorgte sich aus Angst vor dem Angeklagten Pfefferspray und ließ ihre Wohnung durch Kameras ausstatten aus Sorge davor, dass der Angeklagte in ihre Wohnung eindringen könnte. Der Angeklagte tauschte in der der Wohnung der Geschädigten gegenüberliegenden und leer stehenden Wohnung den Schließzylinder aus, hielt sich nunmehr fortlaufend dort auf und beobachtete die Frau heimlich. Um unentdeckt zu bleiben, betätigte er in der Wohnung nicht die Toilettenspülung. **Die Wut gegen die Geschädigte steigerte sich kontinuierlich. Zeitgleich wurde der Wunsch nach Kontakt mit dem Sohn immer größer.** Den Angeklagten beschäftigte immer mehr die Idee, die Frau mit einem Messer zu töten. Im August 2022 beobachtete er, dass die Frau mit ihrem neuen Lebensgefährten die Wohnung betrat, was bei ihm zu **erheblicher Eifersucht** führte. Seine Wut steigerte sich weiter und er beschloss, die Frau noch an demselben Tag zu töten. Als die Geschädigte mit dem Sohn später alleine nach Hause zurückkehrte, passte er sie vor der Haustür ab und griff die arg- und wehrlose Frau mit einem Messer an. Die Geschädigte erlitt insgesamt 17 Stichverletzungen, die u. a. zu Verletzungen von Herz und Leber sowie zur Eröffnung der Aorta und zum sofortigen Tode führten.
Das Landgericht Verden verurteilte den Angeklagten wegen Mordes zu lebenslanger Freiheitsstrafe. Die Kammer nahm an, dass **handlungsleitend die Wut des Angeklagten über den unterbundenen Kontakt zum Sohn war.** Wesentlich waren insoweit WLAN-Daten und die Chatnachrichten des Angeklagten mit verschiedenen Personen, die auf seinem Handy festgestellt wurden, darunter auch Nachrichten direkt an die Geschädigte. Vita und Täterpersönlichkeit weisen erhebliche Parallelen auf zu den Angeklagten, die wegen vollendeter Tötungsdelikte verurteilt wurden. Zu einer geringen Schulbildung und einer fehlenden Beschäftigung treten hier Alkoholkonsum und erheblicher Frust wegen der Familiensituation und der Trennung von dem minderjährigen Kind hinzu. Anders als bei den geschilderten vollendeten Tötungsdelikten ist hier eine deutliche Eskalation über einen längeren Zeitraum feststellbar mit einer längeren Planung der Tötung der Ex-Partnerin. Die Geschädigte verfügte über Außenkontakte und hat versucht, sich für den Fall eines Angriffs durch den späteren Angeklagten im Vorfeld zu schützen. Die Art der Tatausführung unter Ausnutzung der Arg- und Wehrlosigkeit des Opfers war nur deshalb möglich, weil der Angeklagte die Geschädigte unbemerkt über einen längeren Zeitraum ausspionieren konnte. Die Beantragung eines Annäherungsverbots war angestrebt.

Fall 3:
Der 39-jährige **deutsche** Angeklagte (Hauptschulabschluss, gelernter Schlachter, aktuell geringfügig beschäftigt als Abschleppwagenfahrer) ist mit dem späteren Opfer noch verheiratet. Beide haben drei gemeinsame Kinder im Alter von 6, 7

und 10 Jahren. Der Angeklagte ist **extrem eifersüchtig**, untersagte seiner Frau überwiegend Außenkontakte und kontrollierte sie. Sein **Kontrollverlangen** steigerte sich, nachdem er wegen drohender Kindeswohlgefährdung mit Beschluss des zuständigen Amtsgerichts die Ehewohnung verlassen musste. Aus der einstweiligen Verfügung des Amtsgerichts ergibt sich, dass er seine Frau wiederholt geschlagen haben soll. Zur Betreuung der Kinder war eine ambulante Familienhilfe installiert. Als die nunmehr getrennt von ihm lebenden Ehefrau ihm mitteilte, einen anderen Mann kennengelernt zu haben und zu beabsichtigen, sich scheiden zu lassen, geriet der Angeklagte außer sich. **Am Tatabend kam es zu einer lautstarken Auseinandersetzung zwischen beiden in deren Verlauf sie ankündigte, sich nicht nur trennen, sondern auch die Kinder mitnehmen zu wollen.** Wenig später kehrte der Angeklagte zur Wohnanschrift seiner Familie zurück, verabredete sich mit der Geschädigten an einem Parkplatz etwas entfernt vom Wohnhaus der Familie, um nicht gegen das Kontaktverbot zu verstoßen. Dort kam es zu einem erneuten Streit, in dessen Verlauf der Angeklagte achtmal mit einem mitgebrachten Besenstiel so heftig auf den Kopf der Frau einschlug, dass die Geschädigte am Tatort verstarb. Anschließend zog er den Leichnam über einen Wall zu einer Ackerfläche, fuhr zu seinem Wohnwagen, in dem er lebte und reinigte seine Kleidung. Danach gab er gegenüber Bekannten den sich sorgenden Ehemann, der seine Frau telefonisch nicht erreichen kann. Er fuhr mit dem Paar zu dem Parkplatz, weil man angeblich dort an dem Abend verabredet gewesen sei, die Frau aber nicht erschien und gab vor, nunmehr zufällig den Leichnam zu finden. Der Angeklagte berichtete der Polizei, dass er über 10 Jahre ein sexuelles Verhältnis mit der Schwiegermutter gehabt habe, dies auch noch in der Zeit der Ehe mit der Verstorbenen. Seine Ehefrau sei alkohol- und drogenkrank gewesen.

Das Landgericht Verden verurteilte ihn im Rahmen eines Indizienprozesses wegen Totschlags zu einer Freiheitsstrafe von 11 Jahren und 6 Monaten. Dabei spielten Spuren am Tatort, am Tatwerkzeug und widersprüchlichen Angaben in der Nachtatphase sowie Sendeturmdaten der Mobiltelefone von Täter und Opfer eine gewichtige Rolle. Ausweislich des Gutachtens des psychiatrischen Sachverständigen weist der Angeklagte eine Beeinträchtigung in Form einer antisozialen Persönlichkeitsstörung mit narzisstischen Zügen auf, die jedoch nicht den Schweregrad eines Eingangsmerkmals des § 20 StGB erreicht. Er hat Vorstrafen u. a. wegen Körperverletzungsdelikten, Betrugs und Verstoßes gegen das Tierschutzgesetz, ferner wegen sexuellen Missbrauchs von Schutzbefohlenen in Tatmehrheit mit schwerem sexuellen Missbrauch. Die Geschädigte wusste um die Aggressionen des Angeklagten und auch, dass er sich wegen der richterlichen Anordnung von ihren Kindern und dem Wohnhaus fernzuhalten hatte, hat sich aber dennoch mit ihm außerhalb des Grundstücks getroffen. Der Umgang innerhalb der Familie war beidseitig von wenig Respekt geprägt.

160 Fall 4:
Der 42-jährige deutsche Angeklagte vermutete, dass sich ein anderer Mann bei seiner ehemaligen Lebensgefährtin in der Wohnung aufhält, was tatsächlich nicht der Fall war. Aus Wut darüber begab sich der Angeklagte zu deren Wohnung, trat die Haustür des Mehrparteienhauses, die Wohnungstür und die Tür des Wohnzimmers, in dem sich die Geschädigte mit ihrer 5-jährigen Tochter aus

Angst vor dem Angeklagten eingeschlossen hatte, ein, brachte die Geschädigte zu Boden und schlug ihr vor den Augen des kleinen Kindes mit den Fäusten gegen den Kopf, wobei er mindestens erkannte, dass Schläge mit der Faust gegen den Kopf zu lebensgefährlichen Verletzungen führen können, was ihm jedoch gleichgültig war. Sodann erfasste er mit den Händen den Hals des Opfers und drückte so kräftig zu, dass das Opfer Atemnot erlitt. Dabei erkannte er, dass auch das Würgen zum Tode führen kann und rief wiederholt „Ich bringe dich um! Ich hasse dich!". Als der Geschädigten gelang, aufzustehen und in das Treppenhaus zu flüchten, folgte der Angeschuldigte ihr, um weiter auf sie einzuwirken. Deshalb hielt er sie an den Haaren fest, zog sie an den Haaren die Treppe hinunter, wo der inzwischen auf das Geschehen aufmerksam gewordenen Nachbar eingriff und den Angeklagten gewaltsam davon abhielt, die Geschädigte weiter zu schlagen. Die Geschädigte erlitt Todesängste und blutende Verletzungen im Gesicht, diverse Hämatome und Einblutungen in den Bindehäuten und in der Haut an den Haaransätzen. In der Hauptverhandlung fiel es der Geschädigten sichtlich schwer, die Angaben, die sie bei der Polizei tatzeitnah gemacht hatte, zu wiederholen und gab sich am Tatgeschehen eine Mitschuld. Der Angeklagte händigte ihr eine Zeichnung aus, beide bekundeten wechselseitig ihre Liebe zueinander, sie versicherte, dass sie eigentlich gar nicht wünsche, dass der Angeklagte verurteilt wird.

Das Landgericht verurteilte ihn lediglich wegen Körperverletzung zu einer Freiheitsstrafe von 1 Jahr und 6 Monaten, da nicht sicher festgestellt werden konnte, ob die Geschädigte tatsächlich in die Gefahr des Todes gebracht wurde und auch ein freiwilliger Rücktritt von einem etwaigen versuchten Tötungsdelikt nicht auszuschließen war.

Fall 5:
Der 49-jährige Angeklagte, afghanischer Staatsangehöriger, flüchtete zunächst in den Iran, später von dort mit seiner Familie nach Deutschland. Er arbeitete als Leiharbeiter in einer Autofabrik. Mit der Geschädigten, mit der er nach islamischem Recht verheiratet ist, hat er fünf gemeinsame Kinder. In der Anklage wird ihm vorgeworfen, im Rahmen eines Streits mit seiner Lebensgefährtin versucht zu haben, diese zu töten. Er soll sie geschlagen haben, sodass die Geschädigte eine Platzwunde an der Lippe, ein Schädel-Hirn-Trauma und eine Nasenbeinfraktur erlitt. Sodann soll er sie mit einer Scherbe an der Brust verletzt haben, während Kinder dazwischen gingen und ihn vom Opfer wegzogen. Er soll gerufen haben: „Allahu Akbar, ich werde dich töten!". Der Angeklagte konnte der Geschädigten lediglich oberflächliche Schnittverletzungen an der Brust zufügen, dann erschien aufgrund der durch Nachbarn abgesetzten Notrufe die Polizei. Die Tochter sagte in der polizeilichen Vernehmung aus, Grund des Streits sei gewesen, dass der Vater ärgerlich gewesen sei, weil sie eine Ausbildung zur Krankenschwester absolviere und ihm deshalb die Sozialleistungen gekürzt worden seien. Ihr Vater sei der Meinung, dass eine Tochter heiraten und keine Ausbildung machen solle. Der Angeklagte hingegen behauptet, die Frauen seien unzufrieden gewesen wegen der Lebensverhältnisse und hätten von ihm verlangt, schwarz zu arbeiten. Während des Streits sei er von der Familie angegriffen worden, er sei das Opfer und nicht seine Lebensgefährtin.

Das Landgericht konnte einen Tötungsvorsatz nicht hinreichend sicher feststellen, dies auch deshalb, weil die Familienangehörigen in der Hauptverhandlung nicht mehr aussagen wollten. Es verurteilte den Angeklagten wegen Körperverletzung in Tateinheit mit Bedrohung zu einer Freiheitsstrafe von 10 Monaten und stützte dabei seine Einschätzung auch auf die Aussage des Notarztes, der in der Wohnung die Geschädigte behandelte, fließend Farsi spricht und deshalb in der Lage war, die Gespräche zwischen der Geschädigten und deren Kindern unmittelbar nach der Tat zu verstehen. Dieser bestätigte gegenüber dem Gericht, dass die Geschädigte Angst vor dem Angeklagten gehabt habe, davon sprach, dass der Angeklagte ihr mit dem Tode gedroht habe und sie dies ernst nehme. Aus der Beiziehung der Jugendamtsakten im Ermittlungsverfahren ergaben sich Hinweise auf bereits vorangegangene Häusliche Gewalt. Schon drei Jahre zuvor gab es Streitigkeiten um das Umgangsrecht zwischen dem Angeklagten und der Geschädigten. Der Sozialpädagoge, der im Auftrag des Familiengerichts Gespräche mit den Kindern führte, berichtete, dass die Söhne Angst und Misstrauen vor dem Vater geäußert hätten. Die erlebte Gewalt gegenüber ihnen, der Schwester und der Mutter wäre noch sehr präsent. Beide Kinder hätten geweint und seien verzweifelt. Frau und Kinder erstatteten zwar im Vorfeld mehrfach Strafanzeigen wegen häuslicher Gewalt, zogen diese dann aber zurück bzw. stellten keinen Strafantrag und sagten auch nicht aus, weshalb alle Verfahren eingestellt wurden.

162 b) **Vita der Täter und Familiengefüge.** Die Fälle zeigen allesamt Parallelen zu den vollenden Tötungsdelikten in bestehenden Partnerschaften auf. Geringe Bildung, eigene Gewalterfahrung, patriarchalische Strukturen und ein problematisches Frauenbild erhöhen das Risiko von Gewaltausbrüchen gegenüber Frauen, dies insbesondere dann, wenn das eigene Leben nicht (mehr) als zufriedenstellend empfunden wird oder der Täter meint, infolge der Trennung an Ansehen verloren zu haben. Die Geschädigten verfügten entweder über keine ausreichenden Kontakte nach außen, um Hilfe zu bekommen oder haben ihre Situation nicht als akut gefährlich wahrgenommen. Lediglich in einem Fall war angestrebt, ein Annäherungsverbot zu beantragen.

163 c) **Möglichkeiten die Taten zu verhindern.** In sämtlichen vorgenannten Fällen haben die Geschädigten keine Versuche unternommen, sich im Vorfeld zu schützen bzw. Kontakt zur Polizei aufzunehmen. Im Fall 3 hat sich die Geschädigte gezielt außerhalb des Grundstücks getroffen, um den Ex-Partner zu treffen – in Kenntnis der Gewaltproblematik. Im Fall 1 hat das Gericht nicht festgestellt, dass die Tötung aufgrund einer geschlechtsspezifischen Ungleichheit der Frau erfolgte, wenngleich dies aufgrund der sehr patriarchalischen Strukturen naheliegend ist. Es ist nahezu greifbar, dass tatbeherrschend die Enttäuschung über das ablehnende Verhalten der Frau war, die sich nicht in ihre ihr kulturell zugewiesene Rolle einfügen wollte, und weniger die von dem Gericht festgestellte Eifersucht, sodass Fall 1 wohl als Femizid einzustufen sein dürfte. Im Fall 2 hat das Gericht festgestellt, dass ein Motivbündel tatbeherrschend bestehend aus Eifersucht und der Angst war, das Sorgerecht und den Kontakt zum Sohn zu verlieren, sodass dieser Fall nicht von der Femiziddefinition erfasst wird. Im Fall 3 dürfte die Vorstellung des kontrollsüchtigen Täters von der Ungleichwertigkeit seiner Ex-Frau eine wesentliche Rolle gespielt haben, auch wenn das Gericht als Tatmotiv ausschließlich von Eifersucht ausgegangen ist. Ähnlich verhält es sich im Fall 4. Im Fall 5 gibt es aufgrund der familiäreren Strukturen erhebliche Indizien dafür, dass eine Ungleichwertigkeit der Frau eine gewichtige Rolle bei der Tat spielte, indes fehlen Feststellungen, da die Geschädigten keine Angaben gemacht haben. In keinem der Fälle hat sich das Gericht mit der Begrifflichkeit des Femizids befasst. Die vorgenannten Trennungsfälle zeigen die Probleme in der Praxis auf bei der Feststellung des tatbeherrschenden Motivs. Patriarchalische Strukturen werden zwar zur Kenntnis genommen, spielen aber in der Regel bei der Bewertung der Motivlage durch die Gerichte keine Rolle. Trennungsschmerz und Angst, das Sorgerecht für die Kinder zu verlieren, Wut auf die Frau, die die Trennung anstrebt, erscheinen oft als Motive, die nicht als niedrig im Sinne der niedrigen Beweggründe einzustufen sind.

3. Kapitaldelikte als Beziehungstaten bei fehlender Partnerschaft

a) Allgemein. Die nachfolgend genannten Delikte sind durch eine besondere Form der Gewalt gegen Frauen geprägt. Zwischen allen Opfern und Tätern ließ sich kein familiärer Kontakt feststellen, sodass die Fälle zweifelsohne nicht der Rubrik Häusliche Gewalt zuzuordnen sind. Indes sind die in dieser Gruppe aufgetretenen Fälle (mit Ausnahme von 2 Fällen, auf deren Schilderung hier verzichtet werden soll)[3] alle als Femizide einzustufen. Im Fall 1 kannten sich zwar Opfer und Täter aus einem Sprachkurs, in dem Fall 2 lediglich als Arbeitskollegen.

b) Beispiele

Fall 1:
Der 40-jährige **afghanische** Angeklagte hat die Schule bis zur 5. Klasse besucht und dann **ohne Schulabschluss** verlassen. Er wuchs mit sieben oder acht Geschwistern im elterlichen Haushalt auf, vom Vater erfuhr er Gewalt. Er übte verschiedene Tätigkeiten aus und flüchtete schließlich 2015 nach Deutschland. Er absolvierte Sprachkurse, in denen er die spätere Geschädigte kennenlernte und arbeitet danach in einer Firma für Internetversand. Er begann Kokain in Form von Crack zu konsumieren. Die alleinstehende und damals noch kinderlose Eritreerin lehnte die Avancen des Angeklagten ab. In der Folgezeit war der Angeklagte mehrfach in stationärer psychiatrischer Behandlung, den Ärzten berichtete er, dass er eine Beziehung zu der Frau habe, aktuell getrennt sei und dies der Grund für seine Beschwerden sei. Die spätere Geschädigte lernte einen anderen Mann kennen, lebte zunächst mit diesem zusammen, brachte ein gemeinsames Kind zur Welt, dann folgte die Trennung. Der Angeklagte suchte weiterhin den Kontakt zu ihr, drohte sich selbst umzubringen, wenn sie ihn weiter zurückweise. Er gab ihr 1.000 Euro, um dieses Geld für ihn aufzubewahren, sagte, sie könne das Geld aber auch für sich nutzen, solle dies aber zurückzahlen, wenn er sie auffordere. Die Geschädigte zahlte das Geld in Raten zurück.

---

3 In zwei Fällen erschoss der Angeklagte zwei Frauen aus Hass, weil diese aus seiner Sicht dafür verantwortlich waren, dass seine eigene Ehe gescheitert ist. Die Fälle lassen sich nach der Definition des BKA nicht unter den Begriff „Femizide" fassen.

Knapp einen Monat vor der späteren Tat verfolgte er sie am Bahnhof, **stellte ihr so nach, dass die Geschädigte die Polizei informierte.** Als der Angeklagte die Geschädigte schließlich mit einem neuen Partner und ihrem Sohn Richtung eines Lebensmittelgeschäfts gehen sah, folgte er ihr, sprach sie im Laden an, behauptete gegenüber dem Lebensgefährten der Geschädigten, dass dies seine Frau sei und stach in einem unbeobachteten Moment von hinten auf die Geschädigte massiv ein, woraufhin die Frau zu Boden ging. Auch dort stach er weiter auf die Geschädigte ein, brachte ihr akut lebensgefährliche Verletzungen bei. Dank des Eingreifens einer Verkäuferin gab der Angeklagte die weitere Tatbegehung auf, versteckte das Messer unter einem Warenregal und wartete sodann auf die Polizei. Das Opfer überlebte.

Der Angeklagte wurde wegen versuchten Mordes (Heimtücke) in Tateinheit mit gefährlicher Körperverletzung zu einer Freiheitsstrafe von acht Jahren verurteilt. Wesentlich für die Beweiswürdigung (kein Rücktritt) und für die Ausnutzung der Arg- und Wehrlosigkeit des Opfers waren die Videoaufnahmen im Markt. Bei widersprüchlichen Angaben der Zeugen vor Ort wäre ohne die Aufnahmen die Beweisführung zu Rücktrittsproblematik und Mordmerkmal schwierig geworden. Der Sachverständige gelangte zu folgenden Ergebnissen: Zum Zeitpunkt der Tat ergäben sich keine Hinweise auf eine akute Intoxikation oder auf eine akute Entzügigkeit, ebensowenig Hinweise auf das Vorliegen einer chronifizierten oder einer floriden Psychose. Die Geschädigte hatte zwar Kontakte zu anderen Flüchtlingen, aber keine ausreichend stabilen Beziehungen zu Personen, die sie in irgendeiner Form hätten beraten können. Der Fall ist der Gruppe der Femizide zuzuordnen. Der Angeklagte griff die Geschädigte allein deshalb an, weil sie eine Frau ist und weil er eine Beziehung zu ihr aufbauen wollte, die sie indes ablehnte. Eine Einordnung als Femizid hat das Gericht nicht vorgenommen.

166 Fall 2:
Der 18-jährige **deutsche** Angeklagte stand kurz vor dem Abitur und arbeitete in einem Getränkemarkt, um seinen Führerschein zu finanzieren. Er hoffte, nach der Schule eine Sonderausbildung bei den „Kommando-Spezial-Kräften" (KSK) absolvieren zu können. Um die Aufnahmeprüfung zu schaffen, schwänzte er vermehrt die Schule und hält sich statt im Unterricht im Kraftraum der Schule auf. In dem Getränkemarkt war er insbesondere für das Leergut zuständig, während die ganztags angestellte Mitarbeiterin die Kasse macht und auch die abendliche Abrechnung. Der Angeklagte war in der Theater-AG der Schule aktiv und schrieb eigene Kurzgeschichten, vornehmlich Grusel- und Horrorgeschichten. Bis zum Frühjahr unterhielt er eine Beziehung zu einer Mitschülerin, seit der Trennung ist er mit einer anderen Schülerin aus dem Jahrgang zusammen, mit der er sich verlobt hat. Der Angeklagte zeigte bereits längere Zeit vor der späteren Tat eine gedankliche Ausrichtung auf Horror, brutale Tötungen und die Manipulation anderer. So **manipulierte und dominierte er beide Freundinnen.** Er produzierte in der Kunst-AG ein Video über eine Verbrechertasche mit Ausrüstungsständen, die nach eigenem Bekunden der Täter mit sich führen solle, u. a. ein Messer mit einer kurzen und einer langen Klinge. Weiter hatte er seiner Verlobten berichtet, dass er seine Eltern umbringen werde. Er wolle das Ganze wie einen Überfall aussehen lassen. Danach werde er aus dem Fenster springen und sich verletzen, sodass man ihn als Opfer ansehen werde. Niemand

werde dann auf die Idee kommen, dass er der wahre Täter sei. Das sei der perfekte Mord. Die Freundin ging davon aus, dass er sie lediglich provozieren wolle. Die ehemalige Freundin berichtete später, dass der Angeklagte mindestens einmal am Tag mit ihr irgendwas Böses habe veranstalten müssen. Er habe sie regelmäßig gedemütigt. Einmal versuchte er ihr Angst zu machen und behauptete, wenn er in der Ausbildung bei der Bundeswehr sei, werde er nachts in „voller Montur" im Kampfanzug der KSK-Truppen in ihr Schlafzimmer eindringen und sie erschrecken, bis sie sich vor Angst „Einscheißen" werde. Mit seiner Verlobten führte er häufig ernste Gespräche über Mord und Töten, mehrfach sagte er ihr, dass er selbst kein Problem damit habe, einen Menschen zu töten. Kurz vor der späteren Tat erzählte er ihr, dass er darüber nachdenke, in den Herbstferien einen Überfall zu begehen, er werde dafür einen schwarzen Overall tragen. Er habe kein Problem damit, das Opfer zu erstechen. Einen Monat vor der Tat rief er sie an und fragte sie, wie sie reagieren würde, wenn er einen Menschen umgebracht hätte und ob sie ihn verpetzen würde. Am Tattag arbeitete er im Getränkemarkt zusammen mit der Kollegin. Nachdem der Laden um 20 Uhr geschlossen worden war, kümmerte sich die Kollegin in einem kleinen Büro um die Abrechnung. Das Verhältnis zur Kollegin war schon länger angespannt, er bezeichnete sie zuvor mehrfach anderen gegenüber als fette Schlampe, die dumm und faul sei. Und die es nicht verdiene zu leben. Am liebsten würde er sie umbringen. Spätestens am Abend während seiner Tätigkeit im Leergutlager fasste er den Entschluss, die Tageseinnahmen an sich zu nehmen. Er hatte auch die Überlegung, die Kollegin als Mittäterin zu gewinnen und gemeinsam einen Raubüberfall durch einen Dritten vorzutäuschen. Er betrat das Büro, weihte die Kollegin in seinen Plan ein, die jedoch die Begehung einer Straftat kategorisch ablehnte. Er hielt ihr die schlechten Arbeitsbedingungen im Markt vor, die geringe Bezahlung – doch ohne Erfolg. Ein Wort gab das andere und die Stimmung in dem kleinen Büro heizte sich immer mehr auf. Der Angeklagte hatte mit diesem Widerstand nicht gerechnet. Er forderte schließlich die Kollegin auf, sich auf den Bauch zu legen, dort versuchte er sie mit Kabelbindern zu fesseln. Er steckte die Tageseinnahmen ein. Als die Geschädigte darüber klagte, dass die Fesseln zu eng seien, unterstützte er sie, aufzustehen und sich auf einen Stuhl zu setzen, wo er die Fesseln lockerte. Er versuchte erneut, sie zum Mitmachen zu animieren. Der Geschädigten gelang es in dem neuerlichen Streit, die Fesseln zu entfernen und sich ihm in den Weg zu stellen. Der Angeklagte griff nun zu einem Messer, das auf der Küchenzeile lag und stach auf die Geschädigte immer wieder ein. Insgesamt erlitt sie etwa 120 Messerstiche gegen Kopf und Körper. Das Kampfgeschehen vollzog sich über einen Zeitraum von mehr als 10 Minuten und es wurden mindestens 3 Messer eingesetzt, dies auch, weil eine Klinge während der Tat abbrach. Mit einem Käsemesser mit Doppelsitze im Klingenbereich setzte er Stiche in das Unterhautfettgewebe. Anschließend begab sich der Angeklagte zu einer ihm bekannte Familie, klingelte dort und behauptete, im Getränkemarkt von einem Unbekannten überfallen worden zu sein. Der Unbekannte habe auf die Kollegin eingestochen. Er habe versucht, die Kollegin zu schützen und sei dabei selbst in der Hand verletzt worden.

Das Landgericht verurteilte den Angeklagten wegen Mordes in Tateinheit mit besonders schwerem Raub zu einer Jugendstrafe von 13 Jahren und behielt die Anordnung der Sicherungsverwahrung vor. Das Gericht bejahte die Mordmerkmale der Habgier und „grausam", da die Verletzungen nur den Schluss zuließen, dass er das Opfer habe quälen und sadistische Impulse habe ausleben wollen. Weiter bejahte die Kammer das Mordmerkmal der Ermöglichungsabsicht. Dem Angeklagten sei es auch darum gegangen, den beabsichtigen Raub zu ermöglichen. Zwar wurde das Tötungsdelikt begangen, weil das Opfer nicht an dem vorgetäuschten Raub teilnehmen wollte, jedoch spricht die Gesamtsituation dafür, dass auch die erwartete mangelnde Abwehrmöglichkeit des Opfers bei der Tatausführung und der Entscheidung für die Tat eine Rolle gespielt hat. Die sadistischen Impulsdurchbrüche lassen sich aus unserer Sicht nur damit erklären, dass er diese Frau hasste und dieser Frau Schmerzen zufügen wollte, sodass auch dieser Fall der Gruppe der Femizide zuzuordnen ist. Eine irgendwie geartete Möglichkeit aus Sicht des Opfers, sich vor dem Angriff zu schützen, bestand schon deshalb nicht, weil das Opfer nicht mit einer Gewalteskalation zu ihrem Nachteil rechnen konnte bzw. musste.

167 c) **Art der Beziehung.** Die Kontakte sind eher oberflächlicher Art, man kennt sich, hat beruflich oder anderweitig miteinander zu tun (gehabt). Die Opfer haben weder eine Beziehung gesucht noch zur Tat Anlass gegeben.

168 d) **Möglichkeiten die Tat zu verhindern.** Im Fall 1 war ein gewisses Nachstellen und Bedrohen zunehmend erkennbar, wobei selbst im Falle einer Strafanzeige lediglich eine Gefährderansprache – wie zuletzt tatsächlich einmal erfolgt – als präventive Maßnahmen möglich war. Es ist fraglich, ob sich der Täter an ein gerichtliches Kontaktverbot gehalten hätte. Im Fall 2 war für das Opfer eine Gefährdung im Vorfeld der Tat schlicht nicht zu erkennen, sodass in diesen Fallkonstellationen kaum eine Möglichkeit besteht, diese Femizide durch konkrete präventive Maßnahmen im Vorfeld zu verhindern.

4. Kapitaldelikte ohne jede Beziehung zwischen Täter und Opfer

169 a) **Allgemein.** Von besonders heftiger Gewalt geprägt sind die nachfolgenden Fälle, in denen sich die Opfer möglicherweise allenfalls vom Sehen kannten, wobei dazu die Urteile keine Feststellungen enthalten. Zwischen den Personen bestand kein persönlicher Kontakt, keine Vorgeschichte, die einer derartige Gewalteskalation erklären könnte.

b) **Beispiele**

170 Fall 1:
Der deutsche Angeklagte, vorbestraft wegen diverser Sexualdelikte, war im Maßregelvollzugszentrum zwecks Alkoholentzugstherapie untergebracht. In unmittelbarer Nachbarschaft zur Klinik wohnte das spätere Opfer, eine 23-jährige Frau. Als die Frau an einem sonnigen Herbsttag im Nachbarort im Wald spazieren ging, wurde der Angeklagte auf sie aufmerksam, zerrte sie vom Waldweg in das Waldgebiet (oder veranlasste die junge Frau anderweitig dazu den Waldweg zu verlassen), brachte sie dazu, sich dort zu entkleiden oder entkleidete sich selbst mit dem Ziel, den Sexualverkehr gegen ihren Willen mit ihr auszuüben. Ob es dazu kam, bleibt aufgrund der Spurenlage (das Opfer wurde erst Tage später tot aufgefunden) unklar. Das Opfer wurde erstickt.

In einem aufwendigen Indizienprozess wird der Angeklagte schließlich wegen Mordes zu lebenslanger Freiheitsstrafe verurteilt. Es wird zudem die besondere Schwere der Schuld festgestellt und Sicherungsverwahrung angeordnet. Zuvor war der Angeklagte zunächst lediglich wegen Totschlags zu einer zeitigen Freiheitsstrafe (sowie Sicherungsverwahrung) verurteilt worden, weil das Gericht nicht ausschließen wollte, dass das Opfer sich zunächst einverständlich mit dem Angeklagten in den Wald begeben und möglicherweise dort auch zunächst einverständlich mit ihm verkehrt hat. Nachdem der Bundesgerichtshof dieses Urteil aufgehoben hatte, sprach eine andere Kammer desselben Landgerichts den Angeklagten vom Tatvorwurf des Mordes frei. **Dieser Fall ist eine besonders schwere Form des Femizids bei Vorliegen eines Motivbündels.** Die junge Frau wurde nur deshalb getötet, weil der Angeklagte mit ihr sexuell verkehren wollte (oder hat) und sich das Opfer wehrte, sodass strafrechtliche Folgen zu erwarten waren. Die Crux des Falles liegt darin, dass die Gefährlichkeitsprognose seitens des Maßregelvollzugs und die darauf beruhenden Vollzugslockerungen zu sehr auf dem scheinbaren Erfolg einer erreichten Alkoholabstinenz aufbauten und die eigentliche Problematik (die Gefahr weiterer Sexualdelikte und ein sexueller Sadismus) aus dem Fokus gerieten. Obwohl dem Angeklagten im Anlassurteil nicht nur eine Alkoholtherapie auferlegt worden war, sondern das Gericht auch die Sicherungsverwahrung angeordnet hatte, unterblieb eine ausreichende Kontrolle des Angeklagten. Wäre eine Überwachung etwa durch elektronische Fußfesseln erfolgt, hätte der Angeklagte vermutlich die Tat nicht begangen, zumindest wäre das Risiko für ihn so signifikant erhöht gewesen, dass er mit einer zeitnahen Überführung hätte rechnen müssen.

Fall 2:
Der 43-jährige deutsche Angeklagte wuchs mit seinen Eltern und einer Schwester auf dem landwirtschaftlichen Familienbetrieb auf, der seit Generationen im Eigentum der Familie ist. Im Alter von fünf Jahren erlitt der Angeklagte bei einem häuslichen Unfall schwere Verbrennungen, nachdem er in einen Bottich heißen Wassers stürzte, der beim Gänserupfen durch die Oma bereitgestellt worden war, und wurde in der Schulzeit wegen der zurückgebliebenen großflächigen Vernarbungen gehänselt. Der Angeklagte erlangte den Hauptschulabschluss und machte eine Ausbildung in der Landwirtschaft, die er schließlich mit der Meisterprüfung beendete. Der Angeklagte war eher ein Einzelgänger, hatte nie Freunde oder eine Freundin. Die einzigen sozialen Kontakte beschränkten sich auf seine Familie und Kontakte innerhalb der örtlichen Feuerwehr, der er angehörte. Auch gegenüber seinen Eltern fasste er kaum Gefühle und Gedanken in Worte, was dazu führte, dass die Eltern – auch in der Sorge, der Sohn könne nicht in der Lage sein, den Hof fortzuführen – immer wieder darauf drängten, dass der Angeklagte Therapiegespräche führte, in denen er sich jedoch ebenso wenig öffnete. Wenn die Eltern, die grundsätzlich weiterhin zur Unterstützung des Angeklagten auf dem Hof tätig waren, in den Urlaub fuhren, war es die Aufgabe des Angeklagten, in dieser Zeit den Hof mitsamt der Schweinezucht alleine zu führen. Knapp sieben Jahre von den nunmehr zu verhandelnden Delikten waren die Eltern im Urlaub und der Angeklagte hatte den Hof zu versorgen. In diesem Zeitraum fuhr er umher, um sich zu entspannen, und wurde dabei auf den 14-jährigen Geschädigten aufmerksam, der mit seinem Fahrrad

heimfahren wollte. Er hielt an, zog den Jungen in seinen PKW, um die körperliche Nähe zu diesem zu suchen und sexuelle Handlungen auszuführen und fuhr mit ihm davon. Dem Jungen gelang es aus dem PKW zu flüchten. Der Angeklagte wurde wegen versuchten sexuellen Missbrauchs in Tateinheit mit Körperverletzung zu einer Freiheitstrafe von einem Jahr und sechs Monaten verurteilt. Die Vollstreckung setzte das Gericht zur Bewährung aus und erteilte dem Angeklagten die Auflage, eine Therapie zu machen, die er absolvierte.

Als die Eltern einige Jahre später erneut im Urlaub sind, fährt der Angeklagte wieder umher, nachdem er sich vorher zu Hause pornografische Dateien im Internet angeschaut hatte. Aufgrund der ihn subjektiv überfordernden Gesamtsituation und der Abwesenheit der Eltern empfand er Frust und Unzufriedenheit. Er hatte keine Vorstellung darüber, wie er in Zukunft den Hof ohne die Hilfe des Vaters alleine betreiben sollte. Er fühlte sich überfordert und hatte ein Druckgefühl, nicht genug geschafft zu haben. Weiter fehlten ihm eigene soziale Beziehungen. Er entschloss sich deshalb, einen Menschen zu töten. Dabei verfolgte er das Ziel seine Lebensunzufriedenheit und seine persönlichen Überforderungsgefühle zu entladen, um sich irgendwie besser zu fühlen. Er führte deshalb ein Taschenmesser mit sich, um dieses als Tatwerkzeug zu nutzen. *„Als potenzielles Opfer für seine Tathandlung beabsichtigte der Angeklagte eine junge schlanke Frau zu suchen, da er sich erhoffte, dass sich diese am wenigsten wehren wird. (…) Er wollte sein Opfer lediglich zum bloßen Objekt seiner Wut und seiner Frustration über seine Lebenssituation machen".*[4] Er plante, das Opfer durch einen gezielten Stich in die Drosselgrube zu töten und dabei seine Kenntnisse aus der Schlachtung bzw. Tötung von Schweinen zu nutzen. Er traf zufällig auf die 16-jährige Schülerin, die auf dem landwirtschaftlichen Weg mit Inlinern unterwegs war, stoppte sie, griff sie mit dem Messer an, fügte ihr Stiche insbesondere im Bereich des Halses zu und legte ihre Leiche in einem Wassergraben ab, als sich eine Gruppe Radfahrer näherte.

Anschließend fuhr er heim, versteckte das Messer und beseitigte Spuren. Sodann beschäftigte er sich erneut mit pornografischen Seiten im Internet. An den beiden Folgetagen ging er seiner üblichen Arbeit auf dem Hof nach. Am Abend des zweiten Tages überkam ihm wieder sein Gefühl von Unzufriedenheit. Zwar hatte er durch die Tötung der Schülerin kurzfristig eine gewisse Befriedigung empfunden, er strebte nun jedoch eine Wiederholung dieses Gefühls an und beschloss, eine weitere Frau zu töten. Er präparierte sich mit einem Rucksack, den er mit mehreren Messern, Kabelbindern u. a. bestückt hatte, und fuhr erneut gezielt umher, um ein geeignetes Opfer zu finden. Schließlich wurde er nachts auf eine Frau auf einem Parkplatz aufmerksam, die in der Dunkelheit im Begriff war, sich in ihren PKW zu begeben und dann nach Hause zu fahren. Auch auf sie stach er gezielt Richtung Hals ein. Die schwer verletzte Frau überlebte, weil eine Gruppe junger Männer auf ihren Hilfeschrei aufmerksam wurde und herbeieilte, sodass der Angeklagte mit seinem PKW flüchtete. Dem Angeklagten war bewusst, dass ihn die Polizei suchen wird, begab sich deshalb nicht zurück zum elterlichen Hof, sondern fuhr weiter umher. Am nächsten Tag wurde er auf eine junge Joggerin aufmerksam, die alleine auf einem Feldweg unterwegs war und beschloss auch sie aufgrund derselben Motivlage zu töten. Er fuhr mit einer

---

4 So die Feststellungen der Kammer im Urteil.

Geschwindigkeit von etwa 39 km/h von hinten auf die junge Frau in der Absicht, diese zu töten. Die Geschädigte wurde etwa 16 Meter durch die Luft geschleudert und blieb regungslos und schwer verletzt am Boden liegen, weshalb der Angeklagte zunächst davon ausging, die Frau sei verstorben und deshalb flüchtete. Tatsächlich lebte die Frau und wurde von Zeugen, die die Kollision wahrgenommen hatten, versorgt.

Das Landgericht Verden verurteilte den Angeklagten wegen Mordes, wegen versuchten Mordes in Tateinheit mit gefährlicher Körperverletzung und wegen versuchten Mordes in Tateinheit mit gefährlicher Körperverletzung und vorsätzlich begangenem gefährlichen Eingriff in den Straßenverkehr jeweils zu einer lebenslangen Freiheitsstrafe (Gesamtstrafe: Lebenslang), stellte die besondere Schwere der Schuld fest und ordnete die Sicherungsverwahrung an. Alle Morde bzw. versuchten Morde wurden nur deshalb begangen, weil die Opfer Frauen waren. Demzufolge sind alle vorgenannten Fälle der Gruppe der Femizide zuzuordnen.

c) Vita der Angeklagten. Beide Täter verfügen unstreitig über ein hohes Gewaltpotenzial, das im Fall 1 bereits bei dem vorletzten Urteil erkannt wurde und deshalb zur Anordnung der Sicherungsverwahrung führte. Im Fall 2 erfolgte im Vorfeld der Kapitaldelikte eine Verurteilung wegen eines versuchten Sexualdelikts, ohne dass eine erhöhte Gefährlichkeit erkannt wurde. Vielmehr ging man davon aus, den Täter durch eine Therapieauflage auf rechte Bahnen lenken zu können.

d) Möglichkeiten die Taten zu verhindern. Im Fall 1 hätte wohlmöglich die Überwachung der Ausgänge durch elektronische Fußfesseln den Mord verhindern können, zumindest hätte – für den Täter ersichtlich – ein erhöhtes Risiko bestanden, einer weiteren Tat überführt zu werden. Im Fall 2 wären die rechtlichen Voraussetzungen für eine engmaschige Kontrolle nicht erfüllt gewesen. Die Opfer selbst hätten keinerlei Chance gehabt sich vor diesem Täter zu schützen. Sie waren Zufallsopfer. Zudem wurden drei der vier Frauen am Tage angegriffen, zwar fernab von Wohnbebauung, aber nicht in einem Umfeld, in dem mit einem Risiko zu rechnen gewesen wäre.

III. Tötungsdelikte zum Nachteil von Kindern

1. Allgemein

Tötungsdelikte an Kindern treten leider immer wieder auf, häufig sind besonders junge bzw. kleine Kinder Opfer, die des besonderen Schutzes innerhalb der Familie bedürfen und die sich nicht selbst schützen bzw. Dritten nicht von Misshandlungen zu ihrem Nachteil berichten können. Bei Durchsuchungen von Wohnungen, in denen kleine Kinder leben, wird immer häufiger eine Verwahrlosung körperlicher und seelischer Art festgestellt, kleine Kinder, die in Windeln schon am frühen Morgen vor dem Fernseher sitzen und mit Filmen (mit Altersgrenze) oder Computerspielen ruhiggestellt werden. Statt einer gesunden Mahlzeit steht als Frühstück das koffeinhaltige Getränke samt salzigen Snacks parat. Aber es sind nicht ausschließlich diese Familien, in denen Kinder tödliche Verletzungen beigebracht werden.

2. Beispiele

175 Fall 1:
Die 41-jährige türkische Staatsangehörige und spätere Angeklagte verließ nach der 8. Klasse die Schule und absolvierte für 4 Jahre einen Nähkurs. Anschließend war sie als Näherin in einer Fabrik beschäftigt. 2007 lernte sie durch Vermittlung ihrer in Deutschland lebenden Cousine sowie der späteren Schwiegermutter ihren Ehemann kennen und zog ein Jahr danach mit ihm nach Deutschland. Die Angeklagte arbeitete zunächst in Deutschland als Reinigungskraft, dies bis zur Geburt ihrer Tochter. Nach dem Jobverlust des Ehemannes (Bürokaufmann) gab es immer häufiger Streitigkeiten unter den Eheleuten, die sogar einmal zu einem Polizeieinsatz führten. Der Ehemann behauptete, die Angeklagte habe die Tochter am Hals gewürgt. Die Angeklagte wurde in der Psychiatrie vorgestellt, die Tochter zunächst in Obhut genommen. Die Angeklagte fühlte sich durch das Jugendamt deshalb falsch behandelt. Die Tochter kehrte schließlich in die Familie zurück, das Hilfsangebot des Jugendamts nahm die Angeklagte nicht als Hilfe, sondern eher als Bedrohung wahr. Zwei Jahre später gebar die Angeklagte einen Sohn, das spätere Opfer. Die frühkindliche Entwicklung des Sohnes war verzögert. Als das Kind mit drei Jahren in die Kita sollte, war eine Kommunikation mit dem Kind noch nicht möglich. Auch seine Motorik war nicht altersgemäß entwickelt. Die Eingewöhnung in den Kindergarten scheiterte. Die Angeklagte hielt sich danach wiederholt mit dem Sohn zur medizinischen Behandlung in der Türkei auf. Bei der Angeklagten selbst, so hat die psychiatrische Begutachtung ergeben, besteht eine Lernbehinderung, ihr Intelligenzquotient liegt im Bereich um 80. Ihr Sozialleben beschränkt sich auf ihre Familie und einige wenige Freunde. Die deutsche Sprache hat sie in ihrem 12-jährigen Aufenthalt in Deutschland nicht erlernt. Als der nunmehr 4-jährige Sohn in die Hose uriniert hatte, wechselte sie dessen Kleidung und stellte ihn in die Badewanne, um ihn abzuduschen. Das Kind wehrte sich massiv. Deshalb achtete sie nicht auf die Temperatur des Wassers. Der Hebel der Mischbatterie war auf die heißeste Stufe (Wasser mit einer Temperatur von 73 Grad) eingestellt, als sie das Kind abduschte. Das Kind, das am Rücken Verbrühungen erlitt, schrie. Sie beratschlagte mit ihrem Mann, was zu tun sei, dieser kaufte in der Apotheke Salbe gegen Verbrennungen. Weil das Kind in der Nacht eingekotet und die Angeklagte Sorge hatte, dass es dadurch zu einer Infektion im Bereich der verletzten Hautareale kommen könnte, begab sie sich mit dem Jungen in die Klinik. Die Ärzte hatten den Verdacht, dass die Angeklagte das Kind absichtlich durch Eintauchen in heißes Wasser verbrüht hat und informierten deshalb das Jugendamt. Der Ehemann, der sich zunächst gegen die Benachrichtigung des Jugendamts gewehrt hatte, informierte die Angeklagte und sagte ihr, dass er nun befürchte, dass der Junge aus der Familie genommen werde. Die Angeklagte war hierüber schockiert. Für sie war es nicht vorstellbar, ohne das Kind zu leben. Sie glaubte auch, dass der Junge nicht ohne sie werde leben können. Sie entschied deshalb, ihren Sohn und sich zu töten, um die Inobhutnahme durch das Jugendamt zu verhindern, nahm das Kind auf der Kinderstation der Klinik an sich, verließ die Klinik und begab sich zu dem etwa 1,5 km entfernten Fluss und warf das Kind von der Brücke, die über den Fluss führt, in das Wasser. Das Kind ertrank. Die Angeklagte begab sich von der Brücke zum Ufer, ging in das Wasser, tauchte den Kopf unter, wobei ihr auf-

grund des Drangs nach Luft und Atem eine Selbsttötung nicht möglich war. Deshalb begab sie sich nun zum Bahnhof und legte sich auf die Gleise, in der Erwartung, vom Zug überfahren und getötet zu werden. Als der Zug sich näherte, zog sie sich so zusammen, dass sie in den Zwischenbereich der Schienen geriet und deshalb trotz des Überfahrens nicht verletzt wurde. Ein weiterer Versuch, sich von einem Zug überfahren zu lassen scheiterte, weil der Lokführer den Zug rechtzeitig zum Stehen bringen konnte und die Polizei alarmierte.

Das Landgericht verurteilte sie wegen Totschlags zu einer Freiheitsstrafe von 6 Jahren. Die Kammer nahm an, dass die Angeklagte zur Tatzeit infolge einer akuten Belastungsreaktion im Rahmen eines präsuizidalen Syndroms in der Schuldfähigkeit erheblich eingeschränkt war. Anhand von Handydaten konnte festgestellt werden, wann die Beschuldigte zu wem Kontakte hatte und auch, dass sie sich insbesondere wegen des Jugendamts davor sorgte, dass die Kinder aus der Familie genommen werden könnten. Der Fall ist eine besondere Form Häuslicher Gewalt, auch wenn die Tat nicht in den Räumlichkeiten der Familie, sondern außerhalb ausgeführt worden ist.

3. Vita der Angeklagten und Möglichkeiten die Tat zu verhindern

Ähnlich wie bei den durch Männer zum Nachteil von Frauen begangenen Delikten im Bereich der Häuslichen Gewalt zeigen sich eine geringe Schulbildung und wenig Außenkontakt, der helfend oder rettend hätte eingreifen können. Zwar hatte einmal Kontakt zum Jugendamt bestanden, dem misstraute die Angeklagte aber und fürchtete, dass gerade diese Personen ihr den Jungen wegnehmen könnten. Offenbar hatte auch der Ehemann nicht mit einer derartigen heftigen Reaktion seiner Frau gerechnet, sodass unklar ist, wie man derartigen Taten sicher begegnen will.

IV. Tötungsdelikte zum Nachteil von Männern

1. Allgemein

Kapitaldelikte von Männern zum Nachteil von Männern im familiären/häuslichen Bezug treten sehr selten auf. Häufig stehen die Delikte in Zusammenhang mit einem übermäßigen Alkoholkonsum oder dem Konsum anderer berauschender Substanzen.

2. Beispiele

Fall 1:
Der spätere Beschuldigte bewohnte mit seinem Ehemann (beide bereits im Rentenalter) ein Einfamilienhaus. Aufgrund eines Korsakow-Syndroms war der Beschuldigte schuldunfähig. Im Streit schlug er dem Ehemann einen Glasaschenbecher gegen den Kopf, sodass dieser verstarb. Der Beschuldigte wurde später infolge der Schuldunfähigkeit freigesprochen. Eine Unterbringung in einer psychiatrischen Klinik kam wegen fehlender Fremdgefährlichkeit nicht in Betracht.

Fall 2:
Der angeklagte Deutsche wuchs als Einzelkind im elterlichen Haushalt auf und wohnte in der Einliegerwohnung des Zwei-Parteienhauses. Er hatte sich über

seinen an einer frontotemporalen Demenz erkrankten Vater, den späteren Geschädigten geärgert, weil er der Ansicht war, dass dieser ihm nicht genügend Respekt entgegenbringt. Er beabsichtigte, ihn deshalb zur Rede zu stellen, nahm ein Messer aus seiner Küche und begab sich zur elterlichen Wohnung. Da der Vater nicht die Tür zur Erdgeschosswohnung öffnete und er in seiner Rage den Haustürschlüssel verwechselte, schlug der Angeklagte ein Fenster zur Waschküche der Erdgeschosswohnung ein, stieg in das Haus und begab sich in den Flur, wo er auf den Geschädigten traf. Es kam zu einer verbalen Auseinandersetzung, in dessen Verlauf der Angeklagte den Vater schubste. Er versetzte dem Geschädigten mit dem von ihm mitgeführten Küchenmesser mit einer Klingenlänge von 11,3 Zentimetern 6 Stiche in den Brust- und Rückenbereich, von denen 2 Stiche fast vollständig den rechten Lungenmittellappen durchsetzen. Das Opfer, das sich zu diesem Zeitpunkt noch wehrte, erlitt diverse Schnittverletzungen an den Händen. Der Anklagte brachte den Geschädigten zu Boden, wo es zu Gewalteinwirkung auf die Rippen kam, die zu knöchernen Läsionen der Rippen 2 und 3 sowie 5 bis 7 führte und zu einem Querbruch des Brustbeines. Als der Geschädigte nach 20 bis 30 Minuten immer noch nicht verstorben war, strangulierte er ihn mit einer Hundeleine, die an der Garderobe im Flur hing. Ferner schlug er mit einem Locher, den er aus dem Büro geholt hatte, auf das Opfer ein und mit einem Mörser, der auf einer Kommode im Flur stand. Anschließend begab sich der Angeklagte nach draußen, holte einen 20 x 30 cm großen und 15 kg schweren Stein und zertrümmerte den Kopf des Opfers, so dass der Geschädigte verstarb. Der Angeklagte wurde durch das Landgericht wegen Totschlags zu einer Freiheitsstrafe von 8 Jahren 6 Monaten verurteilt.

180 Fall 3:
Der 56-jährige Angeklagte ist Deutscher. Er ist mit vier Geschwistern im elterlichen Haushalt aufgewachsen und verließ die Hauptschule ohne Abschluss. Danach übte er diverse Tätigkeiten aus, zuletzt war er Taxifahrer. Etwa 20 Jahre vor der angeklagten Tat hatte er wegen Alkoholkonsums den Führerschein verloren und nach einer bestandenen MPU wiedererlangt. Er trank regelmäßig, aber nicht täglich, Alkohol. Am Tattag feierte er mit Nachbarn und konsumierte in größeren Mengen Alkohol. Im Laufe des Abends kam es zu Streitigkeiten zwischen zwei anderen Personen. Der Angeklagte entschloss sich spontan und aus nichtfeststellbaren Gründen einzugreifen, er nahm einen der Männer in den Schwitzkasten. Der Geschädigte ging zu Boden, schlug unglücklich mit dem Kopf auf und wurde bewusstlos. Der Angeklagte drückte auf den Hals des Opfers, sodass dieses verstarb. Er ging zurück zum Haus, wo er sich wenig später festnehmen ließ. Es wurde eine Blutalkoholkonzentration (BAK) von 2,55 Promille festgestellt. Das Landgericht Verden verurteilte den Angeklagten wegen Totschlags zu einer Freiheitsstrafe von sieben Jahren.

V. Sonderfälle

1. Ehrenmorde

181 Sog. „Ehrenmorde" werden in der Polizeistatistik nicht eigens ausgewiesen, so dass es keine Übersicht über die tatsächliche Anzahl der Ehrenmorde, ge-

Kapitel 3: (Versuchte) vorsätzliche Tötungsdelikte 181

schweige denn der Fälle, die im Zusammenhang mit „verletzter Ehre" stehen, gibt (z. B. Körperverletzungen, Nötigungen oder Entführungen). Laut einer vom BKA in Auftrag gegebenen Auswertung der Ehrenmorde in Deutschland im Zeitraum 1996 bis 2005 gab es keine spürbare Zu- oder Abnahme sog. Ehrenmorde, wobei die Auswertung der Presseartikel zu Ehrenmorden im Zeitraum 2003 bis 2005 einen kräftigen Anstieg der sog. Ehrenmorde andeutet.[5]
Was unter „Ehre" bzw. unter „Ehrenmord" zu verstehen ist, ist vielfach unklar, wie die Aussage eines Kriminalbeamten belegt: „Wer den Begriff Ehrenmord in den Mund nimmt, disqualifiziert sich selbst."
„Ehre" in diesem Zusammenhang hat jedoch eine gänzlich andere Bedeutung als die, die uns aus unserem Kulturverständnis geläufig ist. **Dieser Ehrbegriff hat nichts mit einer „Achtungswürdigkeit" zu tun, die wir einer bestimmten Person entgegenbringen.** Wenn im Folgenden von sog. Ehrenmorden gesprochen wird, beziehen wir uns ausschließlich auf den Ehrbegriff in den relevanten Kulturkreisen (insbesondere Nordirak, Syrien, Südosttürkei, Pakistan, Afghanistan, Albanien, ehem. Jugoslawien, Jordanien, Brasilien, Iran, Libanon). Wenn man die Länder näher betrachtet bzw. die Regionen der Länder, in denen vornehmlich der Ehrbegriff eine große Rolle spielt, stellt man fest, dass es sich um eher „schwächere Länder" handelt mit schwachem staatlichen Gewaltmonopol, das Selbstjustiz begünstigt. Alle Länder haben gemeinsam, dass dort neben dem staatlichen Rechtssystem das vorstaatliche Stammesrecht weiter fort gilt. Polizei und Justiz sind nicht gut aufgestellt, so dass ein großer Raum bleibt für Selbstjustiz. Die Türkei hat zwar die Strafmilderungen für ehrbezogene Tötungsdelikte 2005 abgeschafft. Dennoch werden Ehrenmorde weiterhin sehr häufig begangen. Im Sommer 2005 hat die Türkei EU-Forderungen erfüllt und eine umfangreiche Strafgesetzbuchnovelle verabschiedet. Vergewaltigung in der Ehe steht seither unter Strafe, genauso wie sexuelle Belästigung. Auch Jungfräulichkeitstests ohne Auftrag der Staatsanwaltschaft sind seither strafbar. Nunmehr steht auf Ehrenmord lebenslange Strafe unter sogenannten erschwerten Bedingungen. Zuvor galt Mord an einem Familienmitglied, das durch außerehelichen Geschlechtsverkehr seine Ehre verloren hatte, als strafmildernder Umstand. In der Regel war der Täter –wenn er überhaupt eine Strafe erhielt – schnell wieder auf freiem Fuß. Seit der Gesetzesverschärfung soll die Selbstmordrate junger Frauen signifikant gestiegen sein, da zunehmend darauf gedrängt wird, sich selbst zu töten, um Vater oder Bruder vor der lebenslangen Freiheitsstrafe zu schützen. Hinzu kommt, dass die Bildungsrate in den genannten Ländern eher gering ist. Dies zeigt sich insbesondere an der hohen Analphabetenquote gerade unter Frauen. „Die Welt" berichtete 2014 in einem Artikel von mindestens 62 Ehrenmorden in der Türkei, inoffiziell soll die Zahl bei über 130 liegen. Zudem lässt sich feststellen, dass der Ehrbegriff im Wesentlichen in den Gegenden zum Tragen kommt, in denen Familienverbände sehr zusammenhalten und sich gegen andere Stämme durchsetzen müssen, um überleben zu können – insbesondere in armen und klimatisch ungünstigen Gegenden, in denen die Stämme mehr schlecht als recht von der Landwirtschaft leben. Kizilhan weist zudem daraufhin, dass umweltbedingte und gesellschaftliche Belastungen in diesen Län-

---

5 BKA-Reihe Polizei und Forschung, Dietrich Oberwitter, Julia Kasselt: Ehrenmorde in Deutschland 1996-2005, 2011, S. 3 ff.

dern oft zu einem Leben in Angst führten.⁶ In diesen schwierigen wirtschaftlichen Situationen hängt insbesondere das (wirtschaftliche) Wohlergehen des Einzelnen sehr von der Stärke der Familie als solcher ab, von ihrem wirtschaftlichen, sozialen und politischen Einfluss. Angriffe auf den Einzelnen treffen den gesamten Familienverband. Das Leben des Einzelnen ist weniger wichtig. Im Kollektiv gibt es eine strikte Rangordnung.⁷ Alle genannten Länder haben ferner gemeinsam, dass die Frau völlig untergeordnet ist. Selbstbestimmung und Entfaltungsmöglichkeiten der Frauen sind sehr eingeschränkt. Es herrschen weitgehend Zustände wie im Mittelalter. Der Vater als Familienvorstand kontrolliert und bestraft die Familienmitglieder. Die Rolle der Frau ist auf Hauswirtschaft und Kinderaufzucht beschränkt. Töchter haben für den Familienverband wirtschaftlich kaum Bedeutung, lediglich die, sie möglichst früh und rein zu verheiraten (je besser der Ruf der Frau und der Familie, umso höher das Brautgeld), sodass die Frage, wen sie heiraten darf, nicht ihr überlassen werden kann. Vielfach sind Töchter verpflichtet, den Cousin zu heiraten, was den Vorteil mit sich bringt, dass der Besitz des Familienverbandes nicht durch das der Tochter zustehende Erbe mit anderen Familien geteilt werden muss. Durch Verheiratungen hat deshalb die weibliche Ehre eine wirtschaftliche Bedeutung für den gesamten Stamm. Da also die Töchter nicht frei heiraten dürfen, sondern die Auswahl das Familienoberhaupt trifft, ist es auch nur folgerichtig, dass die unverheirateten Töchter entsprechend rigoros kontrolliert werden. Freiheiten können die Heiratspläne gefährden. So werden Kontakte zu Männern außerhalb der Familie nicht gerne gesehen. In einem Fall wurde der ermittelnden Staatsanwältin berichtet, dass die 13-jährige Tochter nur in Begleitung des jüngeren Bruders (ältester Sohn der Familie) das Haus verlassen durfte. Ehrenmorde (und natürlich auch alle anderen Delikte mit Ehrmotiv) in Deutschland betreffen die Menschen, die aus „Ehrenmordtraditionsgegenden" kommen. Die Tradition der Heimatländer wirkt oft hier in Deutschland fort. Das, was über Generationen in den Heimatländern gelernt und vermittelt wurde, lässt sich nicht von heute auf morgen abstreifen – insbesondere nicht durch die erste Migrantengeneration. Gewiss betreffen die hier dargestellten Besonderheiten nicht alle Familien, die aus den vorgenannten Ländern eingereist sind. Das soll ganz deutlich betont werden. Zum Teil wird die Ansicht vertreten, dass auch in weiteren Migrantengenerationen das Bemühen, sich von den Deutschen abzusetzen und sich eine eigene kulturelle Identität zu erhalten oder zu schaffen, zu einer Art Trotzreaktion führt und dazu, dass das Ehrkonzept des Herkunftslandes Bestand hat.⁸ Dabei muss man sich vor Augen führen, dass faktisch die jungen Frauen häufig erfolgreicher in der Schule und im Beruf sind und ihnen die Integration häufig viel besser gelingt als den Brüdern. Wenn diese sich dann noch so wie die deutschen Frauen verhalten (Ausgehen, Schminken, figurbetonte Kleidung), stößt das bei den jungen Männern oft nicht auf Begeisterung. Kizilhan vertritt die Ansicht, dass *alternative Lebensweisen* (z. B. demokratische Grundbedingungen) infolge von Gewalterfahrungen (z. T. über Jahrhunderte) *weniger reflektiert* werden. Die Gefahr, dass die jungen Männer in die alten Traditionen verfallen, um

---

6 Kizilhan, Ehrenmorde, 2. Aufl., 2012, S. 24 ff.
7 Kizilhan, Ehrenmorde, 2. Aufl., 2012, S. 24 f.
8 Schiffauer, Deutsche Ausländer, 2005.

sich gezielt abzusetzen, ist groß, zumal natürlich der Einfluss von Eltern und Großeltern fortwirkt, und die Tradition gerade dem ältesten Sohn allein aufgrund seiner Geburt eine Sonderposition innerhalb der Familie verleiht. Dem Begriff „Ehre" liegen eine rein patriarchalische Vorstellung zugrunde und die Frage, wie man Besitz definiert. Ehre ist die Ordnung von Werten und Normen. Dazu gehört der gesamte Besitz, somit auch die Frau. Man kann die Ehre als das soziale Ansehen der Familie insgesamt bezeichnen. Es ist ein kollektives Gut, das durch die Familie gemeinsam erkämpft und verteidigt werden muss. Zu ihr gehört auch die weibliche Ehre, die sich als eine rigorose Sexualmoral beschreiben lässt. Ehre wird immer als körpergebunden betrachtet, so dass der Angriff auf die Ehre als Angriff auf die Körperlichkeit angesehen wird. Die Frau symbolisiert daher die Ehre des Mannes, im Wesentlichen getragen von der Sexualität. Dies hat zur Folge, dass
- die Frau zu absoluter Keuschheit bis zur Ehe verpflichtet ist,
- in der Ehe treu zu sein hat,
- Kontakte zu Männern außerhalb der Familie weitestgehend zu vermeiden sind.

Halten sich die Frauen nicht daran, führt dies zu Konflikten, wobei allein der Verdacht, dass die Ehre verletzt wurde, ausreichend sein kann. Die gesamte Familie, vertreten durch den Haushaltsvorstand als Oberhaupt der Familie, ist für die Bewahrung der (Frauen-)Ehre verantwortlich. Die Nichteinhaltung dieser vorgegebenen Verhaltensweisen wird als fehlende Autorität, quasi als Gesichtsverlust des Familienoberhauptes interpretiert. Der Verlust der weiblichen Ehre stellt eine schwerwiegende Verletzung der Ehre jedes einzelnen Mitglieds des Familienverbands dar. Folge ist, dass sogar Vergewaltigungen – selbst durch Männer der eigenen Familie – zur Tötung der Frau führen, auch wenn sie keine Schuld an der Ehrverletzung trifft. Entscheidend ist allein der Verlust der sexuellen Reinheit und damit die Verletzung der Familienehre. Stellt sich heraus, dass die Frau/das Mädchen nicht als Jungfrau verheiratet worden ist, ist das Ordnungssystem zerstört, ebenfalls die Familienehre verletzt.

a) Beispiele aus Verden

Fall 1:
Der spätere Beschuldigte A. (nach außen voll integriert, berufstätig, Eigenheim) ist verheiratet mit seiner Cousine. Die Familienoberhäupter beschlossen, dass die Schwester des A. den Bruder der Ehefrau heiratet, der geistig eingeschränkt ist. Die Schwester war aber nicht bereit, den Cousin zu heiraten, sondern wollte einen Nichtjesiden heiraten. Die Familie des A. warf der Familie der Ehefrau vor, dass der versprochene Ehemann schuld an der Misere sei, weil er nicht in der Lage gewesen sei, auf die Braut entsprechend einzuwirken. Die Schwester des A. tauchte unter, da ihr mit Ermordung gedroht wurde. Die Konflikte bauten sich in der Folgezeit auf. A. verbot seiner Familie jeglichen Kontakt zur verhassten Familie der Ehefrau. Zum Zwecke der Kontrolle der Familienmitglieder kampierte er auf einer Matratze im Wohnzimmer. Schließlich stürmte er vor den Augen der Kinder mit einem Fleischbeil auf die Ehefrau zu, um sie zu töten. Außerhalb der Vernehmungen berichteten Ehefrau und Tochter: Es gab Vermittlungen durch den Scheich. Dieser schlug vor, dass die Familie der Ehe-

frau eine Frau „opfert", die zum Ausgleich den Bruder des Täters heiratet. Tatsächlich erfolgte im Laufe des Verfahrens eine Hochzeit beider. In einer Sitzungspause sagte die Ehefrau der Staatsanwältin: „Es ist nun passiert. Meine Schwester wurde geopfert, die Ehre ist wiederhergestellt." Auf die Frage, welche Aufgabe der Scheich habe, erklärte die Frau wörtlich: „Er wacht über die Einhaltung der Ehre des Mannes." Nach der Verurteilung des Täters wegen gefährlicher Körperverletzung und Bedrohung zog die Ehefrau wieder zurück in die Wohnung des Täters, nachdem von der Familie massiv Druck auf sie ausgeübt worden sein soll. Die 15-jährige Tochter erklärte in der staatsanwaltschaftlichen Vernehmung: „Ich besuche das Gymnasium, lerne fleißig und möchte unbedingt Jura studieren, um mich für die Rechte der jungen Jesidinnen einzusetzen. Ich möchte nicht meinen Cousin heiraten. Ich möchte doch keine kranken Kinder." Die Aussage zeigt das ganze Konfliktpotenzial innerhalb dieser Familien.

183 **Fall 2:**
Ein Vater erschießt seine 12-jährige Tochter nach einem Gespräch mit ihr und dem Jugendamt, in dem die Tochter ihm mitteilte, nicht in die Familie zurückkehren zu wollen. Bei der Familie soll es sich um streng gläubige Jesiden handeln. Der Beschuldigte ist weiter auf der Flucht.

184 **Fall 3:**
Eine junge Jesidin wird entführt und geschlagen. Man droht sie zu töten – so ihre ersten Angaben. Täter seien Familienangehörige. Tathintergrund sei, dass sie einen deutschen Freund habe. Zeugenschützer werden eingebunden, die Geschädigte wird so untergebracht, dass die Familie sie nicht findet. Wenige Tage später kehrt sie zu ihrer Familie zurück. Die Tat lässt sich nicht nachweisen, da sie nicht mehr aussagen möchte.

b) Beispiele aus den Medien

185 – 2008 verurteilte das Landgericht Stuttgart einen Kosovo-Albaner, der am Flughafen mehrfach auf seine Ehefrau geschossen hatte. Er hatte sich bewusst für ein spektakuläres Tatgeschehen entschieden, um die Ehre öffentlich wiederherzustellen. Die Ehefrau wollte sich scheiden lassen und kämpfte um das Sorgerecht für die gemeinsame Tochter.
– 2009 verurteilte das Landgericht Kleve einen Vater und dessen Sohn, der die Tochter hatte töten lassen, weil sie ihre Jungfräulichkeit verloren hatte. Die Brutalität hatte bundesweit für Aufsehen gesorgt. Die 20-Jährige war in einen Hinterhalt gelockt und bis zur Bewusstlosigkeit gewürgt worden. Danach zertrümmerte man ihr Gesicht bis zur Unkenntlichkeit.
– 2009 verurteilte das Landgericht Hamburg den Bruder der 16-jährigen M. Der Angeklagte war der Auffassung, M. beschmutze durch ihr Verhalten, ihre knappe Kleidung, ihre auffällige Schminke und ihr Interesse für das andere Geschlecht die Familienehre. Während der Urteilsverkündung beschimpfte der Angeklagte die Richter und zeigte, wie er zugestochen hat. Im Gerichtssaal kam es zu heftigsten Tumulten.
– 2010 verurteilte das Landgericht München einen Iraker, der seine 24-jährige Ehefrau vor den Augen des gemeinsamen 5-jährigen Sohnes niedergestochen, mit Benzin übergossen und dann angezündet hatte. Die Frau verbrannte bei

lebendigem Leibe. Laut Bericht der Süddeutschen Zeitung nahm der Angeklagte das Urteil „lebenslänglich" lächelnd entgegen. In seinem Schlusswort soll er erklärt haben, froh zu sein, dass er die Tat begangen habe. Er hatte die Frau getötet, weil sie nach mehrfachen Misshandlungen durch ihn sich von ihm getrennt hatte und er Sorge vor dem Gerede der Leute hatte. Er behauptete, auch die Familie der Frau habe die Tat von ihm verlangt. Seine Frau habe den Tod verdient. Die Politik der Bundesregierung sei mit Schuld an der Tat, weil „die Frauen so viele Rechte haben, werden sie unverschämt". Seine Kultur und Religion hätten ihn zu der Tat verpflichtet.
- 2010 verurteilte das Landgericht Nürnberg einen Iraker wegen versuchten Ehrenmordes, der seiner Ehefrau aufgelauert und sie mit 18 Messerstichen lebensgefährlich verletzt hatte, weil sie sich von ihm trennen wollte. Im Urteil heißt es „Er wollte sein Besitzrecht über seine Frau demonstrieren". Die Ehefrau, die den Angeklagten zwangsweise geheiratet hatte, war kurz vor der Tat in das Frauenhaus geflüchtet. Zur Polizei hatte der Angeklagte nach der Tat gesagt: „Was geht es euch an, wenn ich meine irakische Frau umbringe!".
- 2010 verurteilte das Landgericht Schweinfurt einen Angeklagten, der mit 68 Messerstichen seine erst 15-jährige Tochter getötet hatte, weil sie den „muslimischen Weg" nicht mitgehen wollte. Der Angeklagte sah durch den Lebenswandel seiner Tochter seine Familienehre gefährdet. Das Mädchen war westlich orientiert. Sie unterhielt eine harmlose Beziehung zu einem 17-jährigen Jungen, die nicht über „Händchenhalten" hinausging. Wörtlich soll der Angeklagte erklärt haben: „Ich habe sie getötet, um sie zu schützen".
- Das Landgericht Hildesheim verurteilte 2012 einen Libanesen, der an einer Kreuzung in Hildesheim den Geliebten der Ehefrau erschossen hatte. Das Gericht erklärte, dass es sich um „eine öffentliche Exekution zur Wiederherstellung der Familienehre" gehandelt habe. Nach der Urteilsverkündung gab es Tumulte im Gerichtssaal. Richter und Staatsanwalt wurden massiv bedroht.
- Das Landgericht Kiel verurteilte 2012 fünf Männer, die den neuen Lebensgefährten der Ehefrau eines der Täter erstochen hatten wegen geschändeter Familienehre.
- 2012 verurteilte das Landgericht Oldenburg einen Pakistaner, der seine Tochter und deren Ehemann getötet hatte. Beide hatten heimlich geheiratet. Die Tochter hatte kurz vor der Tat ihrem Vater die Hochzeit gestanden. Der Angeklagte tat auf verständnisvoll und plante sodann die Tat, weil seine Tochter ohne seine Erlaubnis geheiratet hatte. Die Schwester sagte gegenüber dem Ermittlungsrichter, dass es Tradition sei, die Frauen zu töten, die ohne Einwilligung heiraten.
- In Detmold wurde am 16.12.2012 eine 27-jährige Jesidin verurteilt wegen Beihilfe zum Mord in Tateinheit mit Geiselnahme an ihrer Schwester Arzu Ö. Sie lebt seit 1984 in Deutschland, machte Abitur und arbeitete nach entsprechender Ausbildung als Verwaltungsfachangestellte. Ihre Schwester unterhielt zum Entsetzen der Familie und trotz Verbots eine Liebesbeziehung zu einem Nichtjesiden. Als dieses Verhältnis bekannt wurde, wurde das Opfer von Bruder und Vater massiv geschlagen. Das Opfer vertraute sich zunächst niemandem an, da es gelernt hatte, dass alles, was die Familie betraf, Fremde nichts anging. Nachdem das Opfer aus Angst vor der Familie geflüchtet und untergetaucht war, führte im Wesentlichen die Schwester die

Suchaktion. Als man den Aufenthaltsort des Opfers ermittelt hatte (Wohnung des Freundes), drangen die Geschwister durch ein offenstehendes Fenster in die Wohnung und gingen mit roher Gewalt gegen die eigene Schwester und deren Freund vor. Die Schwester beteiligte sich an der Geiselnahme und brachte zusammen mit ihren Brüdern das Opfer an den späteren Tatort, wo einer der Brüder das Opfer erschoss (Lichtbilder).
- Das Landgericht Hagen verurteilt 2013 Onkel und Bruder der Libanesin I. I hatte einen Freund, der von der Familie nicht akzeptiert wurde und wollte einen Beruf ergreifen, um auf eigenen Füßen zu stehen – aus Sicht der Familie ein viel zu westlicher Lebenswandel. Der 16-jährige Bruder lockte das Opfer in die elterliche Wohnung, um die Tat zu ermöglichen und sich so als neues Oberhaupt der Familie hervorzutun. Das Gericht führt im Urteil aus, dass beide Angeklagten von „übersteigertem Ehrgefühl besessen waren". Nach der Urteilsverkündung gab es Ausschreitungen im Gerichtssaal.
- 2014 verurteilte das Landgericht Minden einen Türken, der seine Freundin getötet hatte, weil diese von ihm schwanger geworden war. Er erklärte, das Baby sei eine Schande für ihn. Sie habe es „nicht wegmachen lassen wollen". Die Familie hatte eine Hochzeit mit einer anderen Frau arrangiert.

186 **c) Vita der Beschuldigten.** Die patriarchalischen Strukturen zeigen sich sowohl in Familien mit geringem Bildungsgrad als auch in Akademikerfamilien, in denen an patriarchalischen Strukturen festgehalten wird, insbesondere an der traditionellen Rollenverteilung von Mann und Frau und dem geschilderten Ehrbegriff. Nicht selten sind es Stammesoberhäupter oder Religionsführer, die auf die Einhaltung der traditionellen Regeln drängen, dies auch aus dem Ausland.

187 **d) Möglichkeiten die Taten zu verhindern.** Die 15-jährige Schülerin hat aus unserer Sicht die Lösung dieser Problematik auf den Punkt gebracht: Bildung für die jungen Mädchen und Frauen sowie Kenntnisse über das hiesige Rechtssystem und die Möglichkeiten den Frauen Hilfe anzubieten, sind aus unserer Sicht das Paket, das betroffenen Frauen hilft und geeignet ist, das Konfliktpotenzial innerhalb der Familien aufzubrechen und langfristig die Rolle der Frauen zu ändern. Wichtig ist, dass Betroffene schnell in Konfliktsituation Rat und Hilfe bekommen und dies von Stellen, denen sie Vertrauen entgegenbringen. Schnelle Lösungen indes gibt es nicht. Das verdeutlichen auch die Betroffenen, die trotz aller Gefahren für ihr Leben in die Familien zurückkehren. Drei Aussagen verdeutlichen die Problematik: Ein Zeugenschützer sagte einmal: „Es ist unmöglich eine alleinerziehende Jesidin aus Norddeutschland in Süddeutschland so unterzubringen, dass die Familie sie nicht findet, wenn sie sich weiterhin innerhalb ihrer religiösen Gemeinschaft bewegt." Eine Betroffene erklärte ihre Rückkehr in die Familie folgendermaßen: „Das Einzige, was ich in Deutschland habe, ist meine Familie. Insbesondere auf den Kontakt zu meiner Mutter und meinen Schwestern kann und will ich nicht verzichten." Eine Geschädigte lehnte eine richterliche Vernehmung ab: „Irgendwie bin ich mit schuld, ich bin so erzogen worden und wusste, was passieren wird."

2. Tötungsdelikte nach der Geburt

188 In Verden wurden seit 2011 7 Ermittlungsverfahren wegen des Verdachts eines Tötungsdelikts zum Nachteil eines Säuglings direkt nach der Geburt geführt.[9] Kindstötungen direkt nach der Geburt durch die Kindsmutter werfen stets die Frage auf: Wurde die Schwangerschaft verdrängt oder verheimlicht? Denn alle Fälle haben eines gemeinsam: Die Geburt erfolgt heimlich, die Mutter bringt ihr Kind so zur Welt, dass das Umfeld davon nichts mitbekommt und tötet das Kind unmittelbar nach der Geburt.

189 a) **Allgemein.** Manche Mütter sind so jung, dass sie noch die Schule besuchen und ihre Eltern die Schwangerschaft nicht bemerkt haben. Andere Frauen leben in Partnerschaften. Von einer verdrängten Schwangerschaft spricht man dann, wenn die Frau die Schwangerschaft nicht bewusst wahrgenommen hat. Manche Frauen nehmen zwar zur Kenntnis, dass sie an Gewicht zunehmen oder sich die Brüste verändern, führen dies aber auf eine ungesunde Ernährung zurück. Anders sieht es bei der verheimlichten Schwangerschaft aus. Da nämlich weiß die Frau, dass sie schwanger ist, teilt dies aber nicht mit ihrem Umfeld und sucht auch keine medizinische Versorgung. Die verdrängte Schwangerschaft ist gar nicht so selten, immerhin soll eine von 475 ihre Schwangerschaft bis zur 20. Schwangerschaftswoche nicht bemerken. Eine von 2.455 Frauen wird durch die Geburt überrascht.[10] Man geht davon aus, dass Schwangerschaften psychotisch verdrängt werden können, wenn die Frau eine entsprechende Vorgeschichte hat. Auffallend ist, dass die Täterinnen nicht nur sehr junge Frauen oder Frauen aus sozial schwachen Bevölkerungsgruppen sind.

b) **Beispiele**

190 **Fall 1:**
Die 25-jährige Polizistin lebt mit einem Mann in einem Einfamilienhaus. Der Lebensgefährte arbeitet ebenfalls als Polizeibeamter. Eines Tages erscheinen beide bei der Leiterin des Zentralen Kriminaldienstes. Die spätere Angeklagte berichtet dort, dass sie ihr totes Kind in einem Wasserlauf vergraben habe. Die weiteren Ermittlungen ergeben, dass die Frau vier Tage zuvor am frühen Morgen ein Baby zur Welt gebracht hat, im Gästezimmer im Obergeschoss des Wohnhauses, zwei Zimmer von dem schlafenden Lebensgefährten entfernt. Das Gericht geht später davon aus, dass sie erst mit Einsetzen der Wehen in der Nacht von ihrer Schwangerschaft erfahren und dann kurz vor der Geburt in das Badezimmer gegangen ist und sich eine Schere geholt hat, um das Kind abzunabeln. Als das Kind geboren war und zwischen ihren Beinen liegend einen tiefen Atemzug tat, stach sie mit der Schere zu und tötete das Kind. Die Richter sind davon überzeugt, dass sie bis zum Einsetzen der Wehen die Schwangerschaft verdrängt hat, aber bereits vor der Geburt, direkt nach dem Einsetzen der Wehen den Entschluss gefasst hat, das Kind zu töten. So habe sie sich entschlossen, das Kind heimlich zu gebären. Als Motiv stellt die Kammer fest, dass der Lebensgefährte

---
9 Die nachgenannten Fälle 1 und 2 ereigneten sich vor 2011.
10 Bass/von Catelberg/Fleischli, Verheimlichte und negierte Schwangerschaften – eine Herausforderung für die Klinik, Speculum-Zeitschrift für Gynäkologie und Geburtshilfe Bd. 22.

der Angeklagten, mit dem sie sich verlobt hatte, nicht der Vater des Kindes war und sie die Sorge hatte, dass sich dieser wegen des Kindes von ihr trennen werde. Die Angeklagte wurde wegen Totschlags zu einer Freiheitsstrafe von 4 Jahren 6 Monaten verurteilt.

191 Fall 2:
Ähnlich gestaltete sich das Tatgeschehen um eine Soldatin, die in der Kaserne heimlich ein Kind gebar und das Kind in der Toilette liegen ließ, wo es dann verstarb. Beide Frauen waren sozial integriert und finanziell abgesichert.

192 Fall 3:
Die Beschuldigte B. war berufstätig und lebte mit einem ebenfalls berufstätigen Lebensgefährten L. zusammen. Bevor der Lebensgefährte sich zur Arbeit begibt, fällt ihm auf, dass sich B. im Bad eingeschlossen hat. B. ruft einige Stunden später einen Notarzt und berichtet, dass sie ein totes Kind zur Welt gebracht habe. Der Leichnam liegt in der mit Wasser gefüllten Badewanne, in der offenbar die Geburt stattgefunden hat. Sie behauptet, nichts von der Schwangerschaft gewusst zu haben. Die Auswertung ihres Handys ergibt, dass sie sich in den Wochen vor der Geburt zu Themen wie „Sternenkinder", „Abtreibung selbst gemacht", „Abtreibung mit Stricknadel" etc. informiert hat. Da nicht geklärt werden kann, ob das Kind bei der Geburt gelebt hat, wird das Verfahren schließlich gem. § 170 Abs. 2 StPO eingestellt. Während des Ermittlungsverfahrens verloben sich beide. L. beruft sich auf das Zeugnisverweigerungsrecht.

193 Fall 4:
Die 17-jährige Schülerin B. gebar ein Baby im Badezimmer der elterlichen Wohnung. Es blieb unklar, ob das Kind gelebt hat. Unklar blieb auch, ob sie die Schwangerschaft verdrängt oder verheimlicht hat. B. macht keine Angaben. Von Relevanz für die Beurteilung dieser Fälle durch das Gericht insbesondere im Hinblick auf die Schuld und die zu verhängende Strafe dieser Fälle können sein:
- Belastung durch überraschende Geburtssituation,
- verminderte Schuldfähigkeit zur Tatzeit oder zumindest erhebliche Bewusstseinseinengung,
- Tod wird durch ein Unterlassen verursacht und das Gericht hat Hinweise darauf, dass die Beschuldigte nach der Geburt besonders erschöpft war oder eine Antriebshemmung infolge einer Depression nicht auszuschließen ist,[11]
- sonstige Persönlichkeitsauffälligkeiten der Beschuldigten und außergewöhnliche Lebensumstände, wie etwa eine als existentiell empfundene Konfliktsituation.[12]

194 c) Sonderprobleme bei der Aufklärung. Häufig ist es bereits schwierig abzugrenzen, ob die Schwangerschaft verheimlicht oder verdrängt worden ist. Aufschluss darüber, ob die Beschuldigte sich in den letzten Monaten mit dem Gedanken einer möglichen Schwangerschaft oder gar einer Beendigung einer solchen oder dem Verbleib des Kindes befasst hat, ergibt sich oftmals bei einer Auswertung der Internetdaten (PC/Mobiltelefon). Die Auswertung ist zeitauf-

---

11 BGH – 2 StR 170/12 – in juris.
12 BGH – 4 StR 296/03 – in juris.

wendig und sollte daher möglichst zeitnah in Auftrag gegeben werden. Die Recherche nach bestimmten Suchwörtern kann dabei hilfreich sein (etwa: Kind, Säugling, Baby, Geburt, Schwangerschaft, Babyklappe, Adoption, Engelmacher, Abtreibung). In der Regel sind sehr umfangreiche Umfeldermittlungen erforderlich, um herauszufinden, ob sich die Beschuldigte in den vergangenen Monaten zurückgezogen, ihr Verhalten und ihren Bekleidungsstil verändert hat, ob sie auf eine Gewichtszunahme angesprochen wurde und wie sie diese erklärt hat, ob es Hinweise auf Schwangerschaftsbeschwerden gab, aber auch zur Klärung, inwieweit möglicherweise bei der Frau Reifeverzögerungen vorliegen, wie sich der Konsum von Alkohol und anderen Drogen und Tabak gestaltete und wer der Vater des Kindes ist. Weiter ist zu klären, ob eine Verhütung erfolgte (und wie), wann die letzte Untersuchung beim Frauenarzt erfolgte und wie die Frau allgemein mit Konflikten in der Vergangenheit umging, ob sie dazu neigte, konfliktbeladenes Geschehen auf sich zukommen zu lassen oder in irgendeiner Weise eine Lösungsstrategie bei Problemen erarbeitet hat.

3. Schütteltraumen bei Kleinkindern

a) Allgemein. In Verden wurden seit Mai 2011 in insgesamt 11 Fällen Ermittlungen wegen des Verdachts eines Tötungsdelikts zum Nachteil eines Säuglings durch Schütteln gegen Eltern geführt, wobei – soweit sich die Täterschaft klären ließ – in lediglich 2 Fällen die Kindsmutter wegen Totschlags angeklagt wurde.

b) Beispiele

Fall 1:
A. und B. sind Eltern (beide Deutsche) von 2 Monate alten Zwillingen. Tagsüber kümmert sich die nicht berufstätige Mutter (Abitur und abgeschlossene Ausbildung) um die Kinder, nachts der berufstätige Vater. Eines der Kinder, der O., ist „Schreikind". Eines Tages erscheinen Vater A. und der Großvater mit O. in der Kinderklinik. A. berichtet dort den Ärzten, dass er abends heimgekommen sei und bemerkt habe, dass O. eine Körperseite weniger bewege und O. schläfrig sei. B. berichtete später den Ärzten, dass O. aus der Tragewippe gerutscht sei. Außerdem habe O. öfter, wenn sie ihn auf dem Arm gehalten habe, den Kopf nach hinten überstreckt. Gegenüber der Polizei machten A. und B. keine Angaben. Die Untersuchungen des Kindes ergaben massive subdurale Blutungen und den Verdacht auf ein Schütteltrauma. Die Diagnose in der Kinderklinik lautet: „Subdurale Blutung links mit ausgeprägter Mittellinienverlagerung und Hemiperase links, massive intra- und epiretinale Blutungen beidseitig". Die Rechtsmediziner gelangen zu dem Ergebnis, dass erhebliche Blutungen infolge eines Schüttelns entstanden seien und deshalb akute Lebensgefahr bestanden habe, die man nur durch den auch tatsächlich durchgeführten sofortigen neurochirurgischen Eingriff habe abwenden können. Das Kind müsse so heftig geschüttelt worden sein, dass das Köpfchen peitschenförmig vor- und zurückgeschleudert worden sei. Ferner gäbe es Hinweise auf ein mehrzeitiges Schütteln. Eine Erblindung des Säuglings sei nicht auszuschließen. Da sich nicht klären ließ, ob die Mutter oder der Kindsvater das Kind geschüttelt hat, mussten die Ermittlungen schließlich eingestellt werden.

197 Fall 2:
Die 32-jährige aus Tschetschenien stammende verheiratete Angeklagte ist Mutter von drei Kindern, darunter die spätere dreimonatige Geschädigte. In dem islamisch geprägten Kulturkreis der Angeklagten ist eine Aufgabenverteilung dergestalt gegeben, dass der Ehemann mit seiner Arbeit das Geld für die Familie verdient und die Frau sich um die Kinder und den Haushalt kümmert. Entsprechend war die Erwartungshaltung ihres Ehemannes an sie, obwohl er infolge des Asylstatus keiner Arbeit nachging, sondern sich häufig im Fitnessstudio aufhielt oder sich mit Freunden traf, während seine Frau nahezu den gesamten Tag und auch den Großteil der Nacht damit befasst war, den Haushalt zu erledigen und sich um die Kinder zu kümmern. Insbesondere die drei Monate alte Tochter hatte als Frühchen und infolge häufiger Atemwegserkrankungen besonderen Bedarf. Selbst konnte sie kaum noch schlafen. Beide Eltern hatte nur kurze Zeit die Schule besucht, er war zeitweise beim Militär, beide hatten keinen Beruf erlernt. Wenige Wochen vor der später angeklagten Tat brachte sie möglicherweise der später getöteten Tochter auf unbekannte Art und Weise und aus unbekannten Gründen Frakturen der Rippen 7 bis 11 und 3 bis 8 bei, die in der Folgezeit zu erheblichen Schmerzen führten. Am Vorabend der angeklagten Tat geriet sie mit dem Ehemann in Streit, nachdem dieser ihr berichtete hatte, als Junggeselle viel Geld für sich und damalige Freundinnen ausgegeben zu haben. Sie warf ihm vor, dass er – wenn er gespart hätte – in Tschetschenien ein Haus hätte bauen können und sie dann nicht in Deutschland hätten Asyl beantragen müssen. Ihr Mann verließ daraufhin die Wohnung. Die Angeklagte hatte die dreimonatige Tochter auf dem Arm, die wegen der Schmerzen schrie. Sie ging mit der Tochter auf dem Arm in Richtung des Wickeltisches. Im Stehen hielt sie das Kind mit einer Hand unter den Po, mit der anderen Hand fasste sie auf das Gesicht und stieß aufgrund eines spontanen Tatentschlusses den Hinterkopf des Mädchens zweimal etwa gleich kräftig gegen die Wand. Unmittelbar nach dem Stoßen gegen die Wand atmete das Kind plötzlich stockend und stoßweise, kurz darauf wieder normal. Der Angeklagten tat ihr Handeln sofort leid. Sie weinte mit dem Kind und legte es dann in den Kinderwagen. Beide Stöße des Kopfes gegen die Wand waren jeweils so kräftig, dass das Kind jeweils ausgehend von den beiden Anstoßstellen zwei komplexe Bruchsysteme am Hinterkopf und zwar jeweils an den hinteren Anteilen beider Scheitelbeine erlitt. Die größeren Kinder schauten fern. Als der Mann nach Hause zurückkehrte, ging er in sein Zimmer. Um 23 Uhr bereitete die Angeklagte sich und die Kinder für die Nachtruhe vor und begab sich mit den Kindern zu Bett. In der Nacht begann das Baby zu weinen. Sie nahm das Baby nun aus dem Kinderwagen, griff mit beiden Händen unter dessen Achseln und schüttelte das Kind ohne Abstützen des Kopfes mehrfach, mindestens viermal. Durch das Vor- und Zurückschleudern des Köpfchens erlitt das Baby eine Druck-, Zug- bzw. Quetschungseinwirkung auf das Stammhirn so heftig, dass nahezu augenblicklich die Atmung aussetzte und das Kind bewusstlos wurde. Sie warf das Kind nunmehr aus dem Stand auf das Sofa. Jetzt merkte die Angeklagte, dass das Kind nicht mehr atmete, lief zu ihrem Mann, der den Notruf absetzte. Das Kind wurde zeitnah durch Rettungssanitäter und Notarzt versorgt, war aber bei deren Eintreffen bereits zyanotisch blau angelaufen. Im später in der Klinik durchgeführten Ultraschall zeigten sich die Strukturen des Gehirns verwaschen, die Durchblutung des Gehirns durch die

Kapitel 3: (Versuchte) vorsätzliche Tötungsdelikte

Hirnschlagader war nicht ausreichend, wenige Tage später wurde der Hirntod festgestellt.
Das Landgericht verurteilte die Angeklagte wegen Körperverletzung mit Todesfolge sowie gefährlicher Körperverletzung zu einer Gesamtfreiheitstrafe von 5 Jahren und 3 Monaten. Die Kammer ging zugunsten der Angeklagten davon aus, dass sie zur Tatzeit vermindert schuldfähig war (nicht ausschließbare Affekttat). Ferner nahm sie an, dass die Angeklagte die Möglichkeit des Todeseintritts erkannt hatte. Aufgrund der Gesamtumstände und der Rollenverteilung in der Familie und Erkenntnissen aus verdeckten Maßnahmen, in denen die Angeklagte Gott um Verzeihung gebeten hatte, erließ das Amtsgericht Untersuchungshaftbefehl wegen des dringenden Tatverdachts des Totschlags. Nach der Festnahme der Angeklagten wurde sie zum Amtsgericht am Sitz der Staatsanwaltschaft gefahren. Weil der Richter noch in der Hauptverhandlung in anderer Sache war, musste sie in der Vorführzelle untergebracht werden und dort warten. Sie erklärte sich bereit, sich von der Staatsanwältin zu den Tatvorwürfen vernehmen zu lassen und räumte dort ein, das Köpfen gegen die Wand geschlagen zu haben, nachdem sie zunächst behauptet hatte, das Kind sei ihr in einem unbeobachteten Moment von der Wickelkommode gefallen und mit dem Kopf auf dem Boden aufgeschlagen. In der späteren Hauptverhandlung bestritt sie dies. Sie habe dies nur gesagt, damit die Staatsanwältin zufrieden sei. Das Landgericht verurteilte die Angeklagte wegen Totschlags zu einer Freiheitsstrafe von 5 Jahren 3 Monaten. Nach der Änderung der Vorschriften über die Pflichtverteidigung und aufgrund der nunmehr bestehenden Pflicht, einen Pflichtverteidiger nach Festnahme mit Haftbefehl von Amts wegen beizuordnen, wäre heute eine Vernehmung vor der Vorführung beim Haftrichter nicht mehr zu erwarten.

Fall 3:
Die 25-jährige Deutsche wurde als jüngstes von drei Kindern geboren und wuchs im elterlichen Haushalt in einem Dorf auf. Sie besuchte Kindergarten und Schule bis zur 9. Klasse, die sie wiederholen musste, dann aber mit Hautschulabschluss verließ. In der Schule wurde sie zeitweise gemobbt. Sie schloss eine Ausbildung zur Altenpflegerin ab. Mit 23 Jahren wurde sie erstmalig Mutter, nachdem sie den Kindsvater über eine Dating-App kennengelernt und geheiratet hatte. Der Kindsvater wurde in der Folgezeit wiederholt straffällig und musste schließlich eine Freiheitsstrafe verbüßen. Die Familie der Beschuldigten lehnte den Partner ab, es folgten gerichtliche Auseinandersetzungen zwischen ihrem Mann und ihrer Familie, was dazu führte, dass sie kaum noch Kontakt zu ihrer Familie hatte. Er lernte in einer Autowaschstraße, in der er als ungelernte Kraft arbeitete, eine junge Frau kennen, die er zeitweise in der Familienwohnung einquartierte, nachdem diese sich von ihrem Lebenspartner getrennt hatte. Kollegin und Ehemann nächtigten wiederholt gemeinsam auf dem Sofa im Wohnzimmer, während die Angeklagte im Schlafzimmer schlief. Die Angeklagte duldete die Situation und fuhr beide zur Arbeit. Dass ihr Ehemann in der gemeinsamen Wohnung fremdging, nahm sie nicht wahr oder verdrängte dies. Als der Ehemann sich in Strafhaft befand, wurde der zweite Sohn geboren. In der Folgezeit hoffte das Paar, dass er den Familienunterhalt durch eine Tätigkeit als Fahrer in einem Fuhrunternehmen aufbessern kann. Dies zerschlug sich jedoch, nachdem der Ehemann die MPU nicht bestand. In der Folgezeit kam es

immer häufiger zu Streitigkeiten. Die Angeklagte fühlte sich mit Kindern und Haushalt allein gelassen. Ihr Ehemann zog sich insbesondere bei Schreianfällen des Säuglings zurück. Die Schreianfälle belasteten das Paar erheblich, so sehr, dass die Angeklagte in Erwägung zog, den Säugling in einer sogenannten Babyklappe abzulegen oder zur Adoption freizugeben. Die Angeklagte schüttelte schließlich das Baby so heftig, dass es später an den Folgen eines Schütteltraumas verstarb.

Das Landgericht Verden verurteilte sie wegen Totschlags zu einer Freiheitsstrafe von sieben Jahren und ging dabei von einem Augenblicksversagen aus in nervlich angespannter Situation. Ein Tatnachweis war deshalb möglich, weil die Angeklagte sich widersprüchlich gegenüber Polizei und Dritten zu den Ereignissen am Tattag und zur Situation des Kindes unmittelbar vor Alarmierung des Notdienstes eingelassen hatte. Später räumte sie gegenüber dem psychiatrischen Sachverständigen ein, das Baby kräftig geschüttelt zu haben, nachdem es sich nicht habe beruhigen lassen und fortwährend geschrien habe. Zuvor habe ihr Mann die Wohnung verlassen und sich in eine benachbarte Werkstatt begeben, um dort zu arbeiten. Anhand der Daten der Mobiltelefone des Paares ließ sich das Geständnis untermauern.

199 **c) Vita der Angeklagten.** Die Täterinnen sind in allen gesellschaftlichen Schichten zu finden, von gut situiert und Abitur bis hin zu problematischen Familienverhältnissen und geringer Bildung. Auslöser für die Taten sind Stresssituationen, Situationen, in denen Kinder lange und viel schreien. Manchmal treten weitere familiäre Belastungen hinzu.

200 **d) Möglichkeiten die Taten zu verhindern.** Wichtig erscheint, dass die Mütter und Väter durch Ärzte und Hebammen ausnahmslos über die Folgen eines Schüttelns aufgeklärt werden und bei sogenannten Schreikindern innerhalb der Familie Möglichkeiten geschaffen werden, die Mütter zumindest zeitweise zu entlasten.

201 **e) Sonderprobleme bei der Aufklärung.** Da die Gewalthandlungen zum Nachteil der Kleinkinder innerhalb der eigenen vier Wände stattfinden und in der Regel nur ein Elternteil (der Täter/die Täterin) anwesend ist, ist die Aufklärung dieser Fälle schwierig. Die Auswertung von Handydaten kann – wie in den Fällen dargelegt – helfen.

4. Tötungsdelikte durch psychisch Kranke

202 **a) Allgemein.** Etwa ein Drittel aller vollendeten und versuchten Tötungsdelikte wird durch Täter begangen, die zur Tatzeit schwer psychisch erkrankt, deshalb mindestens sicher vermindert oder schuldunfähig und für die Allgemeinheit deshalb gefährlich sind.

b) Beispiele

203 **Fall 1:**
Der 19-jährige Angeklagte wurde in Deutschland geboren und wuchs mit 5 Geschwistern im elterlichen Haushalt auf, die Familie hat Migrationshintergrund. Er besuchte die Hauptschule, verließ diese jedoch infolge von Fehlverhal-

ten nach der 9. Klasse ohne Abschluss. Nachdem auch der Versuch, in der Berufsschule den Schulabschluss nachzuholen, scheiterte, hing er überwiegend zu Hause rum und verbrachte die Zeit vor dem Computer. Von Freunden und Familie zog er sich zunehmend zurück. Sein Zimmer, in dem er auch Drogen (ab dem 12. Lebensjahr Cannabis, ab dem 16. Lebensjahr auch Ecstasy und schließlich zunehmend Kokain) konsumierte, verdreckte und verwahrloste. An gemeinsamen Mahlzeiten mit der Familie nahm er kaum noch teil. Innerhalb der Familie wurde nicht versucht, diesen Zustand zu ändern. Wegen seines Lebensstils kam es jedoch vermehrt zu Konflikten mit den Eltern, insbesondere dem Vater, der sich wünschte, dass der Sohn einen Schulabschluss erwirbt und arbeiten geht. Einige Monate vor der späteren Tat stellten sich erste akustische Halluzinationen ein, von denen er niemandem erzählte. Der Angeklagte hörte Stimme, die Stimmen redeten Tag und Nacht. Der Angeklagte schlief zunehmend schlecht. Später meinte der Angeklagte, dass in seinem Auge eine Kamera eingebaut sei. In der Nacht zum Vatertag schlief der Angeklagte erneut schlecht, wegen eines Streits mit dem Vater litt er unter Albträumen. Er hörte wieder die Stimmen, litt unter starken Kopfschmerzen und Schwindel. Während die Mutter im Wohnzimmer am Morgen des Vatertags betete, begab sich der Angeklagte in die Küche, nahm ein Küchenmesser an sich und ging nun in das elterliche Schlafzimmer, wo der Vater schlief. Der Angeklagte fragte die Stimmen „Soll ich?", woraufhin diese sagten „Ja, tús, mach, schlag!". Da er der Aufforderung infolge seiner Erkrankung nicht widerstehen konnte, stach er nun so heftig und oft auf den Vater ein, dass dieser sofort verstarb. Sodann flüchtete er aus dem Elternhaus und wurde wenig später im Nahbereich durch die Polizei festgenommen. Bei dem Angeklagten wurde eine chronifizierte hebephrene Schizophrenie diagnostiziert, infolge derer er zur Tatzeit schuldunfähig war.

Fall 2:
Der 44-jährige Angeklagte lebte in einem Mehrparteienhaus in der Innenstadt. Er wuchs mit seinem Bruder und einem Halbbruder, den die Mutter mit in die Ehe gebracht hatte, im elterlichen Haushalt auf. Die Eltern trennten sich, als er 7/8 Jahre alt war. Hintergrund war der Alkoholkonsums des Vaters und damit verbundene körperliche Übergriffe. Die Mutter heiratete erneut, auch der Stiefvater hatte Alkoholprobleme. Der Angeklagte besuchte die Förderschule, danach die Hauptschule, die er nach der 7. Klasse mit Abschlusszeugnis verließ. Eine Berufsausbildung erwarb er nicht. Mit 23/24 Jahren wurde er wegen eines Sexualdelikts verurteilt. Der Angeklagte arbeitet bei verschiedenen Firmen, verlobte sich und zeugte einen Sohn. Die Verlobte verstarb nach der Trennung an einer Krebserkrankung. Der Angeklagte begann erheblich Alkohol zu konsumieren. Schließlich konnte er keiner Erwerbstätigkeit mehr nachgehen und lebte von Sozialleistungen, verbrachte die meiste Zeit mit Fernsehen oder in einer nahegelegenen Kneipe. Als die unter seiner Wohnung befindliche Wohnung frei wurde und dort die spätere Geschädigte einzog, beschwerte er sich bei der jungen Frau immer öfter wegen Ruhestörung und über unangenehme Kochgerüche. Der Angeklagte war aufbrausend und hibbelig. Er meinte, ständig „Werder-Lieder" zu hören, besonders laut ab 22 Uhr. Tatsächlich spielte die junge Frau derartige Musik nicht und war auch sonst ruhig. Schließlich lauerte der Angeklagte der Geschädigten abends auf. Als diese von der Arbeit nach Hause zurückkehrte

und die Wohnungstür aufschloss, drängte sie der Angeklagte in die Wohnung und stellte sie dort erneut wegen angeblich zu lauter Musik zu Rede. Der Angeklagte war der Meinung, dass dieser Tag, an dem besonders schlechtes Wetter mit Orkan herrschte und sich nur wenige Mitbewohner draußen aufhalten würden, gut geeignet wäre, sich im Treppenhaus zu verstecken. Er führte ein Küchenmesser zum Fleischschneiden bei sich, um dessen Griff er Tesafilm gewickelt hatte. Er fordert sie auf, dass die „Werdergeschichte" aufhören müsse und hielt ihr drohend das Messer vor. Die Geschädigte hatte Angst und sagte ihm, dass sie damit nichts zu tun habe. Er hielt sie nun fest, die Geschädigte riss sich los und schrie. Der Angeklagte war mit dieser Reaktion überfordert und stach der Geschädigten mit dem Messer in den Bauch. Die Geschädigte fiel in dem Einzimmer-Apartment auf das Bett, dort stach der Angeklagte weiter auf sie ein, würgte sie und durchtrennte ihre Kehle. Am Folgetag begab sich der Angeklagte wieder in die Kneipe. Nachdem er weiterhin Werderlieder hörte, gelangte er zu dem Schluss, dass die junge Nachbarin unschuldig war und stellte sich auf der Wache der örtlichen Polizei.

Das Landgericht verurteilte ihn wegen Totschlags zu einer Freiheitsstrafe von 9 Jahren und 6 Monaten und ordnete die Unterbringung in einem psychiatrischen Krankenhaus an. Mordmerkmale konnten nicht mit einer für eine Verurteilung notwendigen Sicherheit festgestellt werden. Der Angeklagte war zur Tatzeit wegen der bei ihm diagnostizierten paranoid-halluzinatorischen Psychose aus dem schizophrenen Formenkreis in einem Zustand erheblich verminderter Schuldfähigkeit. Ein Femizid im Sinne der Definition kann indes nicht festgestellt werden.

Fall 3:
Die 33-jährige verheiratete Deutsche wuchs im elterlichen Haushalt auf, die Eltern trennten sich, als sie vier Jahre alt war. Die Mutter war psychisch-, der Vater alkoholkrank. Der Stiefvater sperrte sie ein und missbrauchte sie. Mit 13 Jahren verließ die Beschuldigte das Elternhaus. Bei ihr wird bereits in der Kindheit eine PCDH-19 Genmutation festgestellt. Sie wurde mehrmals in einer psychiatrischen Klinik untergebracht. Trotz aller Widrigkeiten erwarb sie den Hauptschulabschluss. Mit 12 Jahren hörte sie erstmals Stimmen. Im Alter von 16 Jahren wurde bei ihr eine manisch – depressive Psychose diagnostiziert. Mit 17 Jahren konsumierte sie Marihuana, Kokain, Ecstasy und Speed. Es folgten weitere Aufenthalte in psychiatrischen Kliniken. Sie jobbte in der Gastronomie bis zur Schwangerschaft und heiratete. Die Tochter litt ebenfalls unter einem Gendefekt (PSDH-19 Genmutation), epileptischen Anfällen und Autismus. Das Kind konnte nicht sprechen, hatte den Pflegegrad IV, trug Windeln und musste ständig betreut werden. Die von ihr besuchte freichristliche Kirche vermittelte der Beschuldigten den Eindruck, dass ihre Tochter vom Teufel besessen ist. Aufgrund der bei der Beschuldigten bestehenden paranoiden Schizophrenie glaubte die Beschuldigte dies fest und meinte, der Tochter helfen zu müssen. Sie brachte das Kind nicht mehr in den Kindergarten, kapselte sich zunehmend von Ehemann ab und entschloss sich schließlich, dem Kind den Teufel aus dem Bauch zu schneiden. Sie schnitt dem Mädchen mit einem Brotmesser den Bauch auf, riss nahezu vollständig Dünn- und Dickdarm heraus, weil sie meinte, die Schlange entfernen zu müssen, um das Kind zu retten. Das Mädchen verstarb. Die schuldunfähige Beschuldigte wurde gemäß § 63 StGB in einer Klinik untergebracht.

c) **Täter-Opfer-Beziehung.** Psychisch schwer kranke Täter/Täterinnen sind in allen gesellschaftlichen Gruppen zu finden. Manchmal treten die Symptome schon in der Schulzeit auf, manchmal erst im Erwachsenenalter. Oft werden enge Bezugspersonen geschädigt, Familienmitglieder, wenn die Erkrankten in ihrer Familie leben. Auffallend häufig richten sich dann die Tathandlungen der Täter gegen die Eltern, die Tathandlungen von Täterinnen oft gegen ihre eigenen Kinder. Tatursächlich sind Halluzinationen, nicht die Einstellung der Beschuldigten gegenüber Frauen im Sinne eines Femizids.

5. Tötungsdelikte durch Unterlassen

a) **Allgemein.** Ein Unterlassen gebotener Handlungen steht dann einem aktiven Tun gleich, wenn eine sogenannte Garantenstellung besteht, eine rechtliche Verpflichtung zu handeln. Die Folge ist dann, dass derjenige, dessen Unterlassen zum Tode eines Menschen führt, genauso zu bestrafen ist, wie der, der durch aktives Tun einen Menschen tötet.

b) **Beispiele**

Fall 1:
Abends teilte die Schwiegermutter S. der Getöteten der Rettungsleitstelle telefonisch mit, dass ihre Schwiegertochter verstorben sei. Diese sei schon länger „vor sich hin vegetiert". Kurz darauf trafen die Rettungskräfte vor dem Zweifamilienhaus in einer ländlich geprägten Gegend ein. In der im Erdgeschoss befindlichen Wohnung der S. warteten Ehemann A. und Tochter B. der Verstorbenen sowie Frau S. A. führte die Rettungskräfte in das Obergeschoss, wo bis zu diesem Zeitpunkt A., B. und die Verstorbene gelebt hatten. Schon ab dem oberen Drittel der Treppe schlug den Rettungskräften massiver Gestank entgegen. Im Wohnzimmer der 3-Zimmerwohnung lag auf einer Eckcouch der Leichnam. Oberkörper und Beine waren mit einer Decke und der Kopf mit einem Hundekissen abgedeckt, das A. eigenen Angaben nach auf den Kopf gelegt hatte. Das Gesicht der Toten, das stark eingefallen und gräulich verfärbt war, zeigte in Richtung Zimmer. Die Augen waren halb geöffnet, völlig matt und ausgetrocknet. Der Fernsehapparat lief. Aufgrund des Zustandes der Leiche war aus Sicht der Erstkräfte eindeutig, dass der Tod bereits vor mehreren Stunden eingetreten war. Die Rettungskräfte nahmen am Auffindeort keine Veränderungen vor. A. und B. unterhielten sich mit den Rettungsassistenten. B. gab an, die Mutter habe 2 Stunden vorher noch gelebt. Als die Rettungskräfte dies anzweifelten, äußerte der stark alkoholisierte A. mehrfach, er „gebe 5 drauf, schwöre es", dass seine Frau 2 Stunden vorher noch gelebt habe. B. sagte ferner, dass sie nicht traurig sei. Es sei ihr „scheißegal", dass die Mutter „verreckt" sei. Diese habe ihr das Leben seit dem 6. Lebensjahr zur Hölle gemacht. Wenige Minuten später trafen die Beamten des ESD[13] ein, die sich einen kurzen Überblick über die verwahrloste Wohnung verschafften und die Kollegen der Tatortgruppe (TOG) zuzogen. Ein Teil des Wohnzimmers war als eine Art Schlafnische abgetrennt, in der die Beamten jede Menge Kleidung, schmutziges Geschirr und Essensresten vorfanden. Dort übernachtete eigenen Angaben nach der A. Als die Beamten der TOG

---

13 Einsatz- und Streifendienst.

unter Überwindung des Ekelgefühls mit einer Küchenzange die Decke, die den Leichnam bedeckte, entfernten, schlug ihnen ein massiver und stark beißender Gestank nach Kot und Verwesung entgegen. Nun zeigte sich ein stark ausgezehrter Leichnam mit starken Kotverschmierungen, der bereits eine physische Einheit mit dem Sofastoff eingegangen war. Sämtliche Rippen waren erkennbar. Brustkorb und Hüftknochen waren stark eingefallen. Der Körper war von offenen Wunden übersät, die von Maden befallen waren. Es erfolgte eine Dokumentation der Auffindesituation durch Lichtbilder. Das Sofa war vollständig urindurchtränkt. Im Bereich des Gesäßes und des unteren Rückens befanden sich größere Kothaufen. Tochter B. und Ehemann A. machten vor Ort erste Angaben gegenüber der Polizei. B. erklärte, dass die Mutter seit 6 Wochen auf dem Sofa liege und sich nicht helfen lassen wolle. Sie habe keinen Arzt zuziehen wollen und bei dem Versuch, sie anzufassen, habe die Mutter sie weggeschlagen. Die Mutter trinke seit 12 Jahren massiv Alkohol. Seit 6 Wochen habe sie jedoch keinen Alkohol mehr getrunken, da sie sich den nicht habe selbst besorgen können. Sie und ihr Vater hätten die Geschädigte mit Tütensuppen und Brot versorgt. Die Mutter habe in den letzten Wochen „auf das Sofa gemacht". Sie habe auch „dumme Fragen gestellt, wie: Wo bin ich? und Ähnliches". Phasenweise sei sie auch ganz klar gewesen. B. äußerte: „Wenn die da oben weg ist, machen wir alles neu." A. gab an, seine Frau noch am Morgen angesprochen zu haben. Er habe gefragt, ob alles in Ordnung sei. Sie habe die Frage bejaht. Seine Frau habe seit 6 bis 7 Wochen stark abgebaut und zum größten Teil auf dem Sofa gelegen, jedoch über keinerlei körperliche Beschwerden geklagt. Kurz vor Absetzen des Notrufes habe er ihr etwas zu trinken geben wollen und dabei ihren Tod festgestellt. Gegen A. wurde ein Ermittlungsverfahren wegen des Verdachts des Totschlags durch Ersticken eingeleitet. B. sandte noch während der Anwesenheit der Beamten an ihren Freund eine WhatsApp-Sprachnachricht: „Glaube ich dir, aber du kennst sie gar nicht, tut mir leid, wenn ich sage, es klingt hart, aber ich bin stolz, dass sie weg ist!" und eine weitere: „Guck mal, das hört sich ja hart an und so was, aber sie hat seit ich 6 Jahre als bin mein Leben zur Hölle gemacht. Ich war mit meinem ganzen Dorf befreundet. Wegen ihr sind alle Freundschaften kaputt!". Im Rahmen der Obduktion stellte sich jedoch heraus, dass die Verstorbene nicht erstickt, sondern verstorben ist als Folge von Verhungern, Verdursten und Vernachlässigung. Der Leichnam hatte bei einer Größe von 1,59 m noch ein Gewicht von 26,2 Kilogramm. Eine absolute Nahrungskarenz in den letzten Wochen konnte nicht festgestellt werden. Festgestellt wurden aber u. a.: Durch- und Druckliegegeschwüre im Bereich des Rückens, des Oberschenkels und des Gesäßes sowie an der Fußsohle, eitrige Prozesse in den Wunden und Maden in der Muskulatur. In einer Wunde befanden sich Reste des Sofastoffes. Im rechten Oberschenkelknochen zeigte sich ein stark klaffender Riss mit starkem Madenbefall. Das rechte Bein war nahezu an der gesamten Aufliegestelle offen. Unter dem Gesäß klaffte eine etwa 10 Zentimeter große Wunde. Hautdefekte an der rechten Schulter reichten bis auf den Knochen. Starke Beugekontrakturen in den Knien belegten, dass die Gelenke länger nicht mehr bewegt wurden. Vom rechten Hüftknochen bis zum Knie war das rechte Bein innerlich mit Eiter durchsetzt. Anhand der Größe der Maden, der unterschiedlichen Entwicklungsstadien und der Dauer eines Entwicklungszyklus stand fest, dass die Maden den Körper bereits zu Lebzeiten befallen hat-

ten. Der rechte Rollhügel (Hüftknochen) war infolge Madenfraßes und entzündlicher Prozesse aufgelöst. Im Sektionsprotokoll heißt es: „Die Veränderungen am Leichnam deuten darauf hin, dass Frau X zum Zeitpunkt der Obduktion mit hoher Wahrscheinlichkeit ein bis zwei Tage tot war. (…) Der Abend, an dem der Notruf abgesetzt wurde, kann jedoch nicht sicher als Todeszeit ausgeschlossen werden".
Beide Angeklagten wurden psychiatrisch begutachtet. Die Gutachter gelangten zu dem Ergebnis, dass A. und auch B. voll schuldfähig sind. Für B. wurde eine forensisch erfahrene Kinder- und Jugendpsychiaterin ausgewählt. A. und B. wurden wegen Totschlags durch Unterlassen verurteilt, A. zu einer Freiheitsstrafe von 7 Jahren, B. zu einer Jugendstrafe von 3 Jahren. Die Kammer hat bei beiden Angeklagten eine Garantenpflicht bejaht, bei A. gem. § 1353 Abs. 1 Satz 2 BGB (Fortbestehen der häuslichen Gemeinschaft, keine räumliche Trennung) und bei B. aus einem tatsächlichen Näheverhältnis. Das Landgericht Verden dazu: Die Garantenstellung der Tochter setzt nicht voraus, dass ein echtes, gelebtes Mutter-Tochter-Verhältnis existiert. Jedenfalls ergibt sich die geforderte Garantenstellung zur sicheren Überzeugung der Kammer aus dem vorliegenden tatsächlichen Näheverhältnis zum Opfer. Auf eine weiter- und darüber hinaus gehende emotionale Nähe kommt es dagegen nicht an. Die Angeklagten wussten beide, dass sie die einzigen beiden Personen waren, die Zugang zur Wohnung im Obergeschoss und damit zu dem Opfer hatten, in der sie gemeinsam unter engen räumlichen Verhältnissen lebten.
Der Bundesgerichtshof hat die Revisionen der Angeklagten verworfen und sich im Wesentlichen der Generalbundesanwaltschaft angeschlossen. Ergänzend heißt es u. a.: *„Nach § 1618a BGB sind Eltern und Kinder einander Beistand und Rücksicht schuldig. Diese als Grundnorm für die gegenseitigen Beziehungen der Familienmitglieder ins Bürgerliche Gesetzbuch für die gegenseitigen Beziehungen der Familienmitglieder eingefügte Vorschrift soll zwar dem Willen des Gesetzgebers lediglich Leitlinien aufzeigen; unmittelbare Rechtsfolgen sollten an einen Verstoß nicht geknüpft sein. Gleichwohl kommt der Regelung im Hinblick auf ihre Leitbildfunktion Bedeutung bei der Konkretisierung unbestimmter Rechtsbegriffe und der Ausfüllung von Lücken zu. Auch über das bürgerliche Recht hinaus entfaltet § 1618a BGB Wirkung als Maßstab. Dass Eltern und Kinder nach dieser Norm Verantwortung füreinander tragen, beansprucht somit auch Geltung für die strafrechtliche Betrachtung. Das bedeutet, dass bei der Prüfung einer Einstandspflicht von Kindern gegenüber Eltern im Sinne des § 13 Abs. 1 StGB maßgeblich auf § 1618a BGB zurückzugreifen ist. Ob Kinder nach dieser Vorschrift indes bereits allein aufgrund der formal bestehenden familienrechtlichen Beziehung ohne Rücksicht auf das tatsächliche Bestehen einer effektiven Familiengemeinschaft zur Hilfeleistung gegenüber ihren Eltern verpflichtet sind (allgemein ablehnend Fischer, StGB 63. Aufl., § 13 Rn. 25) muss der Senat hier nicht entscheiden. Die Angeklagte lebte mit ihrer Mutter in häuslicher Gemeinschaft. Diese – tatsächliche – Gemeinschaftsbeziehung enthält durch § 1618a BGB ihre spezifische rechtliche Ausgestaltung. Der sonst für das Vorliegen einer Garantenpflicht bei tatsächlichem Zusammenwohnen notwendigen – jedenfalls konkludenten – Erklärung der Übernahme der Schutzfunktion im Einzelfall bedarf es in Fällen wie dem vorliegenden somit nicht. Vielmehr begründet die in § 1618a BGB normierte familiäre Solidarität schon von Gesetzes wegen im Eltern-Kind-Verhältnis bei faktischem Zusammenleben in aller Regel eine gegenseitige Schutzpflicht, die als Garantenpflicht des § 13 Abs. 1 StGB das Handeln gebietet. Ob die Art der familiären*

Beziehungen im konkreten Fall ein gegenseitiges Vertrauen auf Beistand rechtfertigt und diese von gegenseitiger Zuneigung und gegenseitigem Respekt getragen sind, ist insoweit unerheblich."

209 **Fall 2:**
Die später Verstorbene lebte zusammen mit Mann und Kindern auf einem verwahrlosten Grundstück. Sie verstarb infolge einer Verwahrlosung und mangelnden Versorgung offener Wunden in Vaginalbereich. Der Ehemann teilte der Polizei mit, dass seine Frau große Angst vor Ärzten gehabt und deshalb eine medizinische Behandlung abgelehnt habe. Deshalb habe er die Versorgung der Wunden übernommen. Im Laufe des Ermittlungsverfahrens lässt sich nicht klären, ob die Frau bis zum Todeseintritt noch in der Lage war, frei verantwortlich über eine medizinische Behandlung zu entscheiden. Da sich dies jedenfalls nicht ausschließen lässt, wird das Ermittlungsverfahren gem. § 170 Abs. 2 Strafprozessordnung eingestellt. Die Familie, die der Reichsbürgerszene zuzuordnen ist, lebte zurückgezogen. Frühere Besuche bei Ärzten belegten, dass die Frau große Angst vor Behandlungen hatte und diese auch ablehnte, wenn ihr Ärzte unmissverständlich deren Notwendigkeit darlegten.

210 **c) Vita der Täter.** Die Täter haben häufig eine geringe Bildung, leben in problematischen Familienverhältnissen, konsumieren Alkohol oder andere berauschende Substanzen.

211 **d) Sonderprobleme bei der Aufklärung.** Schwierig ist häufig zu ermitteln, ab wann sich das Opfer nicht mehr selber helfen konnte bzw. in einen Zustand geriet, der dem Täter/der Täterin zweifelsfrei zu erkennen gab, dass umgehend medizinische Hilfe zu holen ist. Dabei können Handydaten helfen, nämlich bei der Frage, wer sich wann in der Wohnung aufhielt und wann was feststellte. Auch Internetrecherchen geben Aufschluss darüber, womit man sich wann gedanklich beschäftigt hat.

Kapitel 4: Prozessuale Probleme – Sonderprobleme bei der Aufklärung und bei dem Nachweis der Tat in der (späteren) Gerichtsverhandlung

Warum werden eigentlich „so viele" Verfahren aus dem Bereich der Häuslichen Gewalt eingestellt? Wie bereits dargestellt, gibt es eine Vielzahl an Straftaten mit Bezug zur Häuslichen Gewalt. Doch immer wieder kommt es zu Einstellungen der jeweiligen Verfahren durch die Staatsanwaltschaft, ohne dass der Täter Konsequenzen erfährt. Zum besseren Verständnis dieser Verfahrensweise werden nachfolgend unterschiedliche Gründe dargestellt. **212**

I. Wahrnehmung des Zeugnisverweigerungsrechts (§ 52 StPO) durch Geschädigte

§ 52 StPO stellt nahen Angehörigen des Täters das Recht zu, das Zeugnis zu verweigern, also keine Angaben (mehr) zu tätigen und damit in der Folge bereits getätigte Angaben unberücksichtigt zu lassen: Das genannte Recht zur Aussageverweigerung dient dem Schutz des jeweiligen Zeugen. Zeugen, die bei wahrheitsgemäßer Aussage befürchten müssen, einen nahen Angehörigen zu belasten, soll diesen eben die Zwangslage ersparen. Dabei kommt es nicht darauf an, ob der Zeuge tatsächlich eine Zwangslage empfindet. Auch die Gründe dafür, die Aussage zu verweigern, muss der Zeuge darlegen, denn diese sind für die Zeugnisverweigerung ohne Belang. Wem steht dieses Recht zu (nahe Angehörige)? **213**

1. Verlobte

Ein Verlöbnis ist ein gegenseitiges, ernsthaftes Eheversprechen,[1] das mit der nichtehelichen Lebensgemeinschaft (ohne beiderseitiges Versprechen, miteinander die Ehe einzugehen) mithin nicht verwechselt werden darf. Ist einer der beiden Partner noch verheiratet, ist ein ernsthaftes Eheversprechen nicht möglich.[2] **214**

2. Ehegatten

Das Recht, das Zeugnis gemäß § 52 StPO zu verweigern, steht demjenigen zu, der mit dem Beschuldigten im Inland die Ehe geschlossen oder die Ehe nach deutschem Recht hat anerkennen lassen.[3] Eine im Ausland geschlossene Ehe begründet also kein Zeugnisverweigerungsrecht. In diesen Fällen wird oftmals erwogen, ein Verlöbnis, das ein Zeugnisverweigerungsrecht zur Folge hätte **215**

---

1 BeckOK StPO § 52 Rn. 3 m.w.N.
2 BGH NStZ 1983, 564.
3 BeckOK StPO § 52 Rn. 5.

(Nr. 1 der genannten Vorschrift) anzunehmen. Das ist aber nicht korrekt, denn, wie oben beschrieben, setzt ein Verlöbnis ein ernsthaftes Eheversprechen (Eheschließung nach deutschem Recht) voraus. Und, wie oben unter Verlöbnis bereits dargelegt, ist die eheähnliche Lebensgemeinschaft auch nicht mit der Ehe gleichzusetzen, ebenso wenig, wie eine rein freundschaftliche Beziehung.[4]

3. Lebenspartner

216 Mit Lebenspartnern (Nr. 2a der genannten Vorschrift) sind zwei Personen des gleichen Geschlechts gemeint, die gemäß § 1 LPartG eine Lebenspartnerschaft begründet haben. Auch hier darf mithin keine Verwechslung zur eheähnlichen Lebensgemeinschaft oder einem rein freundschaftlichen Zusammenleben hergestellt werden. Die gesetzlich geschlossene Lebenspartnerschaft steht dann der Ehe gleich und hat auch Einfluss auf Schwägerschaft. Auch ein Bezug zum Verlöbnis ist möglich (§ 1 Abs. 3 LPartG).

4. Verwandtschaft und Schwägerschaft

217 **a) Verwandtschaft.** Die Verwandtschaft ist in § 1589 Abs. 1 BGB gesetzlich definiert: „Personen, deren eine von der anderen abstammt, sind in gerader Linie verwandt. Personen, die nicht in gerader Linie verwandt sind, aber von derselbe dritten Person abstammen, sind in der Seitenlinie verwandt. Der Grad der Verwandtschaft bestimmt sich nach der Zahl der sie vermittelnden Geburten".
Bei der Verwandtschaft in gerader Linie ist der Grad der Verwandtschaft ohne Belang. Das Verständnis dafür ist daher noch relativ einfach: Eltern, Kindern, Großeltern, Enkelkindern, Urgroßeltern, Urenkeln, Ururgroßeltern, Ururenkel (usw.) steht mithin ein Zeugnisverweigerungsrecht zur Seite. Anders ist dies bei Verwandten in der Seitenlinie zu beurteilen, denn hier steht das benannte Recht nur Verwandten bis zum 3. Grad zu (Geschwister, Halbgeschwister [nicht Stiefgeschwister!] sowie die Kinder der Geschwister [Nichten, Neffen]). Cousin/Cousine gehören nicht mehr zu den Zeugen mit Zeugnisverweigerungsrecht! Diese Frage wird immer wieder gestellt und auch durch mit der Vernehmung von Zeugen betrauten Polizeibeamten nicht selten falsch beantwortet: Nein, insoweit besteht kein Zeugnisverweigerungsrecht mehr, denn diese Personen sind in der Seitenlinie im vierten Grad miteinander verwandt.[5]

218 **b) Schwägerschaft.** Die Schwägerschaft ist in § 1590 BGB gesetzlich definiert: Abs. 1: „Die Verwandten eines Ehegatten sind mit dem anderen Ehegatten verschwägert. Die Linie und der Grad der Schwägerschaft bestimmen sich nach der Linie und dem Grad der sie vermittelnden Verwandtschaft." Abs. 2: „Die Schwägerschaft dauert fort, auch wenn die Ehe, durch die sie begründet wurde, aufgelöst ist."
Weil nur die Verwandten des einen Ehegatten mit dem anderen Ehegatten verschwägert sind, ist also zunächst eine bestehende Ehe Voraussetzung.[6] Auch Stiefkindern (bei bestehender Ehe, s. o.) steht damit ein Zeugnisverweigerungs-

---

4 BeckOK StPO § 52 Rn. 6 mit Hinweis auf BVerfG NStZ 1999, 255.
5 Vgl. dazu im Detail und mit weiteren Beispielsfällen: Marquardt/Oelfke, Basiswissen Strafprozess für Polizeibeamte, S. 172 ff.
6 BGHSt 9, 37.

recht zu, denn ein Ehegatte ist mit den Eltern und Kindern des anderen Ehegatten im ersten Grad in gerader Linie verschwägert.[7] Mit den Geschwistern des Ehegatten ist der andere Ehegatte im zweiten Grad in der Seitenlinie verschwägert.[8] Sogenannte Schwippschwägerschaft ist von dem Zeugnisverweigerungsrecht nicht erfasst. Ein Beispiel: Der Beschuldigte hat zwei Schwestern. Die beiden Ehemänner dieser beiden Schwestern sind nicht miteinander verschwägert. Man spricht umgangssprachlich von Schwippschwägern.

c) Adoption. Besteht ein Zeugnisverweigerungsrecht auch bei Adoption? Für adoptierende Eltern besteht gemäß § 52 StPO ein Zeugnisverweigerungsrecht so, als wäre das Kind ehelich geboren; dies gilt unabhängig vom Zeitpunkt der Adoption.[9] Das Zeugnisverweigerungsrecht des Kindes besteht darüber hinaus auch zugunsten seiner bisherigen (Ursprungs-)Verwandten, dies allerdings nur, wenn das Kind zum Zeitpunkt der Adoption bereits geboren war. Doch auch für diesen Fall gilt folgende Ausnahme: „Wird ein Volljähriger adoptiert, so gilt das Zeugnisverweigerungsrecht gegenüber den Adoptierenden, nicht aber auch gegenüber deren Verwandten."[10]

219

d) Pflegeeltern und Pflegekinder. Pflegeeltern und Pflegekindern steht kein Zeugnisverweigerungsrecht zu, ebenso wenig wie dem Vormund oder Pfleger eines Kindes,[11] denn beide sind weder miteinander verwandt noch verschwägert.

220

5. Mehrere Beschuldigte

Steht dieses Privileg dem Zeugen auch dann zu, wenn sich das Strafverfahren gegen mehrere Beschuldigte richtet, der Zeuge aber nur mit einem Beschuldigten (in der dargestellten Weise) verwandt oder verschwägert ist? Diese Frage ist ganz klar mit „ja" zu beantworten, denn die Aussage des Zeugen beträfe (auch) den gemäß § 52 StPO betroffenen Angehörigen.[12] Allerdings muss insoweit ein das Verfahren betreffender Zusammenhang bestehen (Anhängigkeit eines zusammenhängenden und einheitlichen Verfahrens); allein die Tatsache, dass strafprozessuale Ermittlungen gleichzeitig geführt werden, genügt insoweit nicht. Nur den Fall, dass der Angehörige des Zeugen bereits rechtskräftig verurteilt oder freigesprochen oder das Verfahren gegen ihn endgültig eingestellt worden sein sollte,[13] lässt das Zeugnisverweigerungsrecht entfallen,[14] denn in diesem Fall besteht keine Gefahr (mehr), dass der Zeuge durch seine Angaben den Angehörigen belasten könnte. Gleiches gilt (aus demselben Grunde) sollte der Angehörige des Zeugen verstorben sein.[15]

221

---

7 BeckOK BGB, Krafka, § 1590 Rn. 20 f.
8 Ders.
9 BeckOK StPO, § 52 Rn. 8 ff.
10 Ders.
11 Ders. m. w. N. und mit Gegenmeinung.
12 BGH NStZ 1985, 419.
13 Bspw. gemäß § 154 stopp.
14 BGH 1993, 500.
15 BGH NStZ 1992, 291.

6. Kein Tatnachweis

222 Für den Fall, dass der betroffene Angehörige von dem ihm zustehenden Zeugnisverweigerungsrecht aus § 52 StPO Gebrauch machen sollte, ist der Nachweis des strafrechtlich relevanten Verhaltens des Beschuldigten i. d. R. nicht (mehr) möglich; eine Verurteilung also nicht zu erwarten. Warum ist das so? Warum können die Angaben des Zeugen, die dieser (unmittelbar nach der Tat zu einer Zeit des noch betroffen seins) nicht auf andere Art und Weise (z. B. durch Vernehmung des Polizeibeamten, demgegenüber der Zeuge sich offenbart hat – oder durch Anschauen der Verletzungsbilder) in die Gerichtsverhandlung eingebracht werden?

7. Höchstpersönliches Recht des Zeugen

223 Zum einen handelt es sich hier um ein höchstpersönliches Recht, also die Entscheidung des Zeugen selbst, das ihm zustehende und auch den Beschuldigten schützende Recht der Aussageverweigerung in Anspruch zu nehmen. Der Zeuge selbst muss dieses Recht mithin deutlich machen. Soweit Minderjährige bereits die entsprechende Verstandesreife haben (also verstehen können, was ein Zeugnisverweigerungsrecht meint), können Sie auch selbst entscheiden; der Mitwirkung der gesetzlichen Vertreter bedarf es dann also nicht.[16] Es liegt auch in der Entscheidung des Zeugen selbst, ob er nur wegen einzelner Teile oder auch nur bezüglich einzelner Fragen (oder vollumfänglich) von seinem Recht Gebrauch macht. Der Zeuge kann diese Entscheidung auch noch im Laufe der Vernehmung ändern. Auch kann der Zeuge selbst für den Fall, dass er selbst nicht zu einer Aussage bereit ist, zustimmen, dass der jeweilige Beweis anders erbracht und damit trotzdem in die Gerichtsverhandlung eingebracht werden darf[17] (z. B. auch durch Vernehmung des Polizeibeamten, der ihn vernommen hatte). Auch muss der Zeuge seine Entscheidung (auszusagen oder die Aussage zu verweigern) nicht begründen. Die Frage nach den Beweggründen ist unzulässig. Erfolgt die Frage gleichwohl und antwortet der Zeuge, darf die Antwort nicht in das Protokoll der Gerichtsverhandlung aufgenommen werden. Auf den Zeugen darf nicht eingewirkt werden.[18] Zum anderen besteht ein vollständiges Verbot der Verwertung bereits im Rahmen der polizeilichen Vernehmung getätigten Angaben des Zeugen, wenn dieser (erst später in der Gerichtsverhandlung) von seinem Zeugnisverweigerungsrecht Gebrauch macht. Dieses umfassende, sogenannte Beweisverwertungsverbot folgt aus § 252 StPO. Die genannte Vorschrift verbietet rein vom Wortlaut des Gesetzes her also nur die Verlesung der früheren (polizeilichen) Vernehmung des Zeugen. Der Schutzzweck dieser Norm verbietet es aber, den Beweis auf andere Art und Weise (also bspw. durch Vernehmung der Vernehmungsperson) in die Gerichtsverhandlung einzubringen.[19] Auch Vorhalte der früheren Vernehmung an den Angeklagten oder an andere Zeugen sind nicht zulässig. Eine (nochmalige) Vernehmung des Zeugen ist gemäß § 244 StPO unzulässig. Damit ist im Falle der ausdrücklichen Wahrnehmung des

---

16 BeckOK StPO, § 52 Rn. 17.
17 BGH NJW 1960, 2156 mit Beispielen.
18 BeckOK StPO § 52 Rn. 19.
19 BGHSt 11, 338 (339); BeckOK StPO, § 252 Rn. 1 m. w. N.; gefestigte Rechtsprechung in einhelliger Meinung in der Literatur.

Zeugnisverweigerungsrechts kein Tatbeweis möglich. Das Verfahren ist mangels Nachweises gemäß § 170 Abs. 2 StPO durch die Staatsanwaltschaft einzustellen; eine Anklageerhebung (und damit Verschiebung des Beweisproblems auf das Gericht) ist unzulässig.
Dieses oftmals unbefriedigende Ergebnis hätte ggf. durch eine umfassende Aufklärung des Opfers oder eine frühzeitige richterliche (Video-)Vernehmung verhindert werden können.

II. Mangelnde Strafanträge

Oftmals werden Ermittlungsverfahren bereits durch die Staatsanwaltschaft eingestellt, weil es sich um sog. Strafantragsdelikte handelt und ein Strafantrag nicht gestellt oder später zurückgenommen worden ist und auch das besondere öffentliche Interesse an der Strafverfolgung nicht festgestellt wird.

1. Absolute Strafantragsdelikte

a) **Bedeutung „absolutes Strafantragsdelikt".** Handelt es sich bei dem zur Anzeige gebrachten Verhalten des Täters um ein absolutes Strafantragsdelikt, so ist der (wirksam gestellte) Strafantrag zwingend erforderlich. Liegt der Strafantrag nicht vor oder wird durch den Strafantragsberechtigten später wieder zurückgenommen, so besteht ein Verfahrenshindernis. Das Ermittlungsverfahren ist durch die Staatsanwaltschaft gemäß § 170 Abs. 2 StPO einzustellen. Die Frage des Vorliegens des besonderen öffentlichen Interesses an der Strafverfolgung ist hier nicht zu stellen. Das bestehende Verfolgungshindernis ist nicht auszuräumen. Ein absolutes Strafantragsdelikt ist als ein solches im Gesetz wie folgt eindeutig normiert: „Die Tat wird nur auf Antrag verfolgt".

Beispiele:[20]
Absolute Strafantragsdelikte sind bspw. die o. g. Beleidigungsdelikte (§§ 185, 186, 187 StGB). Auch bei dem Hausfriedensbruch gemäß § 123 StGB handelt es sich um ein solches: § 123 Abs. 2 StGB (Hausfriedensbruch): „Die Tat wird nur auf Antrag verfolgt." Wird bspw. ein Diebstahl (§§ 242, 243, 244, 244a StGB) oder eine Unterschlagung (§ 246 StGB) durch einen Angehörigen oder einen in häuslicher Gemeinschaft lebenden Täter begangen, so handelt es sich ebenfalls um ein absolutes Strafantragsdelikt (§ 247 StGB).

b) **Warum diese Privilegierung erfolgt.** Berührt eine Straftat die Allgemeinheit so wenig, dass „der Einsatz von Strafe nur erforderlich erscheint, wenn der Verletzte sein Interesse daran durch einen Antrag bekundet",[21] so ist ein Einschreiten von Amts wegen nicht geboten. Darüber hinaus gibt es Straftaten, die die Interessen der Allgemeinheit zwar berühren und bei denen ein Einschreiten von Amts wegen eigentlich geboten wäre. Steht diesem Interesse aber „das Interesse des Verletzten an der Geheimhaltung der Straftat oder am Ruhenlassen gewisser familiärer Vorgänge" entgegen, so führt das Gebot der Diskretion zu einem Antragserfordernis. Entsprechende Delikte sind bspw.: Persönlichkeits-/Vertraulich-

---
20 Die nachfolgend (rein beispielhafte) Aufzählung ist nicht abschließend.
21 Schönke/Schröder/Bosch StGB § 77 Rn. 5.

keitsdelikte der §§ 201 ff. StGB sowie Delikte des Haus- und Familiendiebstahls sowie des entsprechenden Betruges (§§ 247, 263 Abs. 4 StGB).

2. **Bedeutung „Relatives Strafantragsdelikt"**

228 Von den soeben genannten absoluten Antragsdelikten sind die relativen Antragsdelikte abzugrenzen. Bei einem relativen Antragsdelikt muss entweder ein Strafantrag des Geschädigten vorliegen oder das besondere öffentliche Interesse an der Strafverfolgung festgestellt werden.

229 **Beispiel:**
Gemäß § 230 Abs. 1 StGB werden die vorsätzliche Körperverletzung (§ 223 StGB) und die fahrlässige Körperverletzung (§ 229 StGB) nur auf Antrag verfolgt, es sei denn, dass die Strafverfolgungsbehörde wegen des besonderen öffentlichen Interesses an der Strafverfolgung ein Einschreiten von Amts wegen für geboten hält.

230 Die Einschränkung, dass Straftaten nur auf Antrag des Verletzten oder Feststellung des besonderen öffentlichen Interesses verfolgt werden dürfen, dient dazu, strafrechtliche Bagatellen im Interesse der Prozessökonomie von der Verfolgung auszunehmen, eine Versöhnung zwischen Antragsberechtigten und dem Täter zu ermöglichen oder Geheimhaltungsinteressen zu schützen.[22] Wenn kein Strafantrag gestellt wurde und die Staatsanwaltschaft das besondere öffentliche Interesse an der Strafverfolgung nicht bejaht, so liegt ein Strafverfolgungshindernis vor. Das Ermittlungsverfahren ist gemäß § 170 Abs. 2 StPO einzustellen. Teilweise wird argumentiert, dass „die Bejahung des besonderen öffentlichen Interesses an der Strafverfolgung in Fällen von häuslicher Gewalt, bei denen ein Strafantrag aus Scham, Angst oder übertriebener Loyalität ausbleibt", zunehmend wichtig erscheine.[23] Das mag grundsätzlich so sein. Bei derartigen Fallkonstellationen liegt die Schwierigkeit aber darin, dass die Feststellung des konkreten Sachverhalts kaum möglich ist. Stellt der Geschädigte keinen Strafantrag, hat dieser mithin kein gesteigertes Interesse an der Strafverfolgung, werden umfassende, den Tatvorwurf beschreibende Angaben kaum zu erlangen sein. Nur in den Fällen, in denen die konkreten Umstände der Tat durch weitere Beweise belegt werden können, kann die Feststellung des besonderen öffentlichen Interesses den fehlenden Strafantrag mithin ersetzen. Das besondere öffentliche Interesse an der Strafverfolgung kann sich aus spezialpräventiven Gründen ergeben, so u. a. bei einschlägigen Vorstrafen des Beschuldigten. Auch aus repressiven und generalpräventiven Gründen kann die Feststellung geboten sein, so bspw. bei:
– besonders rohen Handlungen,
– schweren Verletzungen des Opfers, der Schädigung einer Mehrzahl von Personen,
– besonders grober Fahrlässigkeit oder sonst schwerwiegender Schuld.[24]

---

22 BeckOK StGB, Eschelbach, StGB § 230 Rn. 1.
23 Ders.
24 BeckOK StGB, Eschelbach, StGB § 230 Rn. 25.

III. Strafverfolgungsverjährung

§ 78 StGB regelt die Länge der Verjährungsfrist. Ist die Tat verjährt, tritt ein Verfahrenshindernis ein; die Tat darf nicht mehr verfolgt werden. Die Staatsanwaltschaft hat das Ermittlungsverfahren dann gemäß § 170 Abs. 2 StPO einzustellen. Tritt Strafverfolgungsverjährung nach Anhängigkeit des Verfahrens bei Gericht ein, so stellt dieses das Verfahren gemäß § 206a StPO endgültig ein.

231

1. Die Frage nach dem „Warum"

Zu Sinn und Zweck der Strafverfolgungsverjährung ist viel diskutiert worden. Zusammenfassend lässt sich „die Verjährung als gesetzliche Konsequenz des mit Zeitablauf typischerweise nachlassenden Bedürfnisses nach „gerechtem Schuldausgleich" bzw. präventiver Einwirkung auf den Täter oder die Allgemeinheit betrachten."[25] Es soll irgendwann einmal „Rechtsfrieden herrschen".[26]

232

2. Verjährungsfristen

Die Länge der Verjährungszeit richtet sich nach der Schwere des jeweiligen Delikts (im abstrakten Strafmaß). Mord verjährt nie (§ 78 Abs. 2 StGB), und zwar auch, soweit die Tathandlung den Versuch, die Anstiftung oder die Beihilfe betrifft.[27] Gleiches gilt auch für die Verabredung zu einem Verbrechen (§ 30 StGB), soweit die Bezugstat ein Mord ist.[28] Bzgl. der weiteren Straftaten regelt § 78 Abs. 3 StGB eine stufenweise Verjährungszeit. Die Verjährungsfrist beträgt gemäß § 78 Abs. 3 StGB:
- dreißig Jahre bei Taten, die mit lebenslanger Freiheitsstrafe bedroht sind (Nr. 1),
- zwanzig Jahre bei Taten, die im Höchstmaß mit Freiheitsstrafen von mehr als zehn Jahren bedroht sind (Nr. 2),
- zehn Jahre bei Taten, die im Höchstmaß mit Freiheitsstrafen von mehr als fünf Jahren bis zu zehn Jahren bedroht sind (Nr. 3),
- fünf Jahre bei Taten, die im Höchstmaß mit Freiheitsstrafen von mehr als einem Jahr bis zu fünf Jahren bedroht sind (Nr. 4) und
- drei Jahre bei den übrigen Taten (Nr. 5).

Für die Berechnung der Dauer der Verjährung kommt es auf die Regelstrafandrohung und nicht auf die Strafe im Einzelfall an. Strafschärfungen und Strafmilderungen sind dabei nicht zu berücksichtigen (§ 78 Abs. 4 StGB), Privilegierungs- und Qualifikationstatbestände sind indes selbstständig zu bewerten. Für Jugendliche gelten gemäß § 4 JGG dieselben Regeln.

233

3. Berechnung der Verjährungsfrist

Die Fristberechnung gestaltet sich nicht immer ganz einfach. Der Beginn der Verjährung, evtl. Ruhen der Verjährung oder eine Verjährungsunterbrechung sind ebenso zu berücksichtigen wie Besonderheiten bei einer Wiederaufnahme des Verfahrens: Die Verjährung beginnt, sobald die Tat beendet ist. Tritt ein zum

234

---

25 BeckOK StGB, Dallmeyer, StGB § 78 Rn. 1 m. w. N.
26 Schmitt-Leonardy/Klarmann, in: JuS 2024, 713 ff. (716).
27 Rein bspw. LG Frankfurt, Beschluss vom 24.3.1988 – 1 Ws 277/87, NJW 1988, 2900.
28 BeckOK StGB, Dallmeyer, StGB § 78 Rn. 3 m. w. N.

Tatbestand gehörender Erfolg erst später ein, so beginnt die Verjährung mit diesem Zeitpunkt (§ 78a StGB). § 78b StGB normiert umfassende Ruhenstatbestände, so insbesondere für Opfer von Sexualstraftaten (§ 78b Abs. 1 Nr. 1 StGB), wobei der Beginn der Verjährung (§ 78a StGB), gerade bei Sexualstraftaten die sich im Kindesalter ereignet haben, mehrere Jahre zurückliegen kann. Zudem ist in diesen Fällen zu klären und ggf. bei der Fristberechnung zu berücksichtigen, ob die jeweilige Ruhensnorm damals schon Geltung hatte. Ruht die Verjährung, dann ist der Lauf der Verjährungsfrist gehemmt. Endet das Ruhen, so läuft die Verjährungsfrist weiter, anschließend an den bereits abgelaufenen Teil der Frist.[29] § 78c StGB normiert die Unterbrechung der Strafverfolgungsverjährung. In diesen Fällen beginnt jeweils mit der Unterbrechung eine neue Verjährungsfrist zu laufen. Die Verfolgung ist jedoch spätestens verjährt, wenn seit dem in § 78a bezeichneten Zeitpunkt das Doppelte der gesetzlichen Verjährungsfrist und, wenn die Verjährungsfrist nach besonderen Gesetzen kürzer ist als drei Jahre, mindestens drei Jahre verstrichen sind (§ 78 Abs. 3 Satz 2 StGB). Nicht zu vergessen sind spezielle Nebengesetze mit eigenen Verjährungsregelungen, auf die vorliegend – mangels Bezuges zu Delikten im Rahmen der Häuslichen Gewalt – nicht näher eingegangen wird.

---

29 BeckOK StGB, Dallmeyer, StGB § 78b Rn. 1.

Kapitel 5: Verfahrenseinstellungen aus Gründen der Opportunität

Als gesetzliche Grundlagen zur Einstellung des Verfahrens aus Gründen der Opportunität kommen die §§ 153, 153a StPO in Betracht. Bei Jugendlichen und Heranwachsenden sind zudem die §§ 45, 47, 1,3, 109 JGG zu beachten. **235**

I. Allgemeines

Gemäß § 152 Abs. 2 StPO ist die Staatsanwaltschaft verpflichtet, wegen aller verfolgbaren Straftaten einzuschreiten, sofern zureichende tatsächliche Anhaltspunkte vorliegen (Legalitätsprinzip). § 153 StPO durchbricht dieses Prinzip, die Verfolgungspflicht der Staatsanwaltschaft aus Gründen der Opportunität. Das heißt aber nicht, dass die Staatsanwaltschaft nach eigenem Belieben von der Verfolgung der Straftat absehen kann. Denn die genannte Vorschrift hat mehrere Voraussetzungen, die erfüllt sein müssen und in der Gesamtheit eine geringe Schuld des Täters feststellen lassen. **236**

Und um eine Gleichbehandlung aller in Betracht kommenden Fälle zu gewährleisten, muss sich die Staatsanwaltschaft *„in jedem Einzelfall um die zutreffende Anwendung von § 153 zu bemühen"*, denn *„die Berücksichtigung des Schuldprinzips in allen Fällen kommt der Einzelfallgerechtigkeit zugute."*[1]

II. Verhältnis der Vorschriften der StPO zum JGG

Ist der Täter Jugendlicher oder Heranwachsender (und kommt die Anwendung von Jugendstrafrecht in Betracht), so gilt § 45 JGG. Teilweise wird die Ansicht vertreten, dass § 45 JGG als Spezialregelung den § 153 StGB verdrängt.[2] Nach a. M. sollen die §§ 45 und 47 JGG die Anwendung der Opportunitätsvorschriften der StPO nicht grundsätzlich ausschließen. Die Anwendung der Vorschriften der StPO soll allerdings nur zulässig sein, soweit die Vorschriften des JGG nicht abschließend seien (was bei Privatklagedelikten im Verhältnis des § 376 StPO zu § 80 Abs. 1 JGG der Fall sei).[3] Wir vertreten mit der herrschenden Meinung einen eingeschränkten Vorrang der Vorschriften des JGG: Danach sollen die Vorschriften des JGG *„lediglich nach dem Grundsatz einer erzieherisch ausgerichteten Verfahrensgestaltung eingeschränkt"* sein. §§ 153 ff. StPO und das daraus folgende Opportunitätsprinzip ermöglicht die Einstellung des Verfahrens aufgrund der Geringfügigkeit des Tatvorwurfs und dem Fehlen des öffentlichen Interesses an der Strafverfolgung, wohingegen §§ 45, 47 JGG den spezialpräventiven Ansatz **237**

---

1 KK-StPO/Diemer, StPO § 153 Rn. 1.
2 Ders.
3 HK-JGG/Weik/Koranyi JGG § 45 Rn. 9.

beinhalten. Diese unterschiedliche Zweckrichtung spricht gegen einen Vorrang der Vorschriften des JGG.[4]

III. Voraussetzungen der Verfahrenseinstellung

1. Tatvorwurf eines Vergehens

238 Eine Einstellung des Verfahrens gemäß § 153 StPO oder § 153a StPO ist nur möglich, wenn es sich bei dem Tatvorwurf um ein Vergehen handelt. Um ein Vergehen handelt es sich gemäß § 12 Abs. 2 StGB also dann, wenn eine rechtswidrige Tat im Mindestmaß mit weniger als einem Jahr Freiheitsstrafe oder mit Geldstrafe bedroht ist (anders das Verbrechen mit einer Freiheitsstrafe ab einem Jahr).

239 Ein Beispiel dazu ist der Raub § 249 StGB
Abs. 1: „Wer mit Gewalt gegen eine Person oder unter Anwendung von Drohungen mit gegenwärtiger Gefahr für Leib oder Leben eine fremde bewegliche Sache einem anderen in der Absicht wegnimmt, die Sache sich oder einem Dritten rechtswidrig zuzueignen, wird mit Freiheitsstrafe nicht unter einem Jahr bestraft."
Abs. 2: „In minder schweren Fällen ist die Strafe Freiheitsstrafe von sechs Monaten bis zu fünf Jahren."
oder der sexuelle Missbrauch eines Kindes (§ 176 StGB)
Abs. 1: „Mit Freiheitsstrafe nicht unter einem Jahr wird bestraft, wer…".[5]

240 Aus der Formulierung „nicht unter einem Jahr" wird die Einordnung als Verbrechen mithin deutlich – und lässt im Umkehrschluss die Einordnung eines Vergehens zu. Ob es sich im Einzelfall (tatsächlich) um ein Verbrechen oder ein Vergehen handelt, kommt auf die dem Täter konkret zur Last gelegte Handlung an. Die Entscheidung über diese Qualifizierung obliegt der Staatsanwaltschaft. Beabsichtigt der Staatsanwalt, das Verfahren gemäß § 153 Abs. 1 StPO einzustellen, muss er die gesamte Tat (mithin den gesamten historischen Vorgang) als Vergehen werten.[6] Dass es sich bei bestimmten Tathandlungen „nur" um ein Vergehen handelt, ist für den juristischen Laien nicht immer ganz einfach zu verstehen.

241 Beispiel:[7]
Dem Täter T. wird von seiner Expartnerin E. vorgeworfen, gegen ihren mehrfach und ausdrücklich erklärten Willen („Nein – ich will das nicht!") den vaginalen Geschlechtsverkehr mit ihr vollzogen zu haben. Gewaltanwendungen, Drohungen oder weitere Tatvarianten soll es nicht gegeben haben. Die Handlungen wurden durch E. umfassend und konkret beschrieben. Das Verhalten des T. erfüllt (unabhängig von einer Beweiswürdigung und der Frage der Nachweisbar-

---

4 Eisenberg/Kölbel/Kölbel, JGG § 45 Rn. 7. Auf Einzelheiten zu diesem Streitstand wird vorliegend nicht eingegangen.
5 Der weitere Gesetzestext wurde aus Gründen des Umfangs nicht abgedruckt (siehe bereits oben).
6 Zum Begriff der prozessualen Tat vgl. § 264 StPO.
7 Unabhängig von den weiteren Voraussetzungen einer Verfahrenseinstellung gemäß § 153, § 153a StPO – es geht vorliegend nur um das Verständnis betr. § 12 StGB in der Gesamtheit.

keit) die Voraussetzungen einer Vergewaltigung gemäß § 177 Abs. 1, Abs. 6 Nr. 1 StGB.

§ 177 StGB (Sexueller Übergriff; sexuelle Nötigung; Vergewaltigung)[8] **242**
Abs. 1: Wer gegen den erkennbaren Willen einer anderen Person sexuelle Handlungen an dieser Person vornimmt oder von ihr vornehmen lässt oder diese Person zur Vornahme oder Duldung sexueller Handlungen an oder von einem Dritten bestimmt, wird mit Freiheitsstrafe von sechs Monaten bis zu fünf Jahren bestraft.
Abs. 2 bis Abs. 5: (…)
Abs. 6: In besonders schweren Fällen ist auf Freiheitsstrafe nicht unter zwei Jahren zu erkennen. Ein besonders schwerer Fall liegt in der Regel vor, wenn
1. **der Täter mit dem Opfer den Beischlaf vollzieht** oder vollziehen lässt oder ähnliche sexuelle Handlungen an dem Opfer vornimmt oder von ihm vornehmen lässt, die dieses besonders erniedrigen, insbesondere. wenn sie mit einem Eindringen in den Körper verbunden sind (Vergewaltigung), oder
2. die Tat von mehreren gemeinschaftlich begangen wird.

Abs. 7 bis 9: (…)

Denn T. hat gegen den erkennbaren Willen der E. sexuelle Handlungen an dieser **243**
vorgenommen (§ 177 Abs. 1 StGB) und dabei mit dem Opfer (der E.) den Beischlaf vollzogen (§ 177 Abs. 2 Nr. 1 StGB). Die Strafandrohung beträgt eine Freiheitsstrafe von mindestens 2 Jahren („nicht unter zwei Jahren"). Gleichwohl handelt es sich bei der Tat um ein Vergehen der Vergewaltigung gemäß § 177 Abs. 1, Abs. 6 Nr. 1 StGB. Warum?
Aus § 12 Abs. 3 StPO folgt: „Schärfungen oder Milderungen, die nach den Vorschriften des Allgemeinen Teils oder für besonders schwere oder minder schwere Fälle vorgesehen sind, bleiben für die Einteilung außer Betracht."
Das heißt, „dass für die Deliktseinteilung bedeutungslos ist, ob die bes. schweren Fälle unbenannt, also ohne Regelbeispiele oder ob sie durch Regelfälle oder zwingende Beispielsfälle benannt oder erläutert sind, und zwar im letzteren Fall auch dann, wenn ein zwingender Beispielsfall verwirklicht und der Richter an den höheren Strafrahmen gebunden ist".[9] Für die Einordnung als Verbrechen oder Vergehen kommt es weder auf die im konkreten Einzelfall erkannte Strafe noch auf die Berücksichtigung etwaiger Erschwerungs- oder Milderungsgründe an, sondern allein darauf, welche Mindeststrafe der fragliche Tatbestand vorsieht.[10]
Einfacher ausgedrückt: Es ist auf den Regelstrafrahmen (hier des § 177 Abs. 1 StGB) abzustellen. § 177 Abs. 1 StGB droht eine Freiheitsstrafe an, die im Mindestmaß unter einem Jahr liegt („…wird mit Freiheitsstrafe von sechs Monaten bis zu fünf Jahren bestraft.").
Im Ergebnis wird dem T. mithin ein Vergehen des besonders schweren Falls der Vergewaltigung gemäß § 177 Abs. 1, Abs. 6 Nr. 1 StGB zur Last gelegt. Bei dieser rechtlichen Würdigung hat er mit einer Mindeststrafe von zwei Jahren Freiheitsstrafe zu rechnen (gleichwohl: Vergehen!).

---

8 Auszugsweise.
9 HK-GS/Christiane Hölscher, StGB § 12 Rn. 7.
10 Ders. Rn. 4.

2. Geringe Schuld

244 Eine Verfahrenseinstellung gemäß § 153 StPO setzt zudem die Feststellung einer geringen Schuld des Täters voraus, („... wenn die Schuld des Täters als gering anzusehen wäre"). Die Staatsanwaltschaft entscheidet nach Aktenlage und gemäß Abs. 1 der genannten Vorschrift vor Erhebung der öffentlichen Klage. In dieser Verfahrenslage handelt es sich mithin um eine „hypothetische Schuldbeurteilung".[11] Voraussetzung ist mithin nicht, dass die Schuld des Täters tatsächlich feststeht („als gering anzusehen **wäre**"),[12] d. h. auch, dass eine Verurteilungswahrscheinlichkeit nicht gegeben sein muss;[13] anders bei der Anklageerhebung gemäß § 170 Abs. 1 StPO, bei welcher hinreichender Tatverdacht, mithin die Wahrscheinlichkeit einer Verurteilung, gegeben sein muss.

Die Schuld des Täters wird dann (noch) als gering angesehen, „wenn sie bei Vergleich mit Vergehen gleicher Art nicht unerheblich unter dem Durchschnitt liegt".[14] Das wird u. a. dann angenommen, wenn die zu erwartende Strafe im untersten Bereich des in Betracht kommenden Strafrahmens angemessen erscheint. Zu berücksichtigen sind dabei die Art der Tatausführung, die verschuldeten Auswirkungen der Tat, das Maß der Pflichtwidrigkeit.[15] Teilweise[16] wird empfohlen, auf die Maßstäbe des § 46 StGB zurückzugreifen.

Beispielhafte Erwägungen zur Annahme der geringen Schuld

a) Das Geständnis des Täters

245 Ein Geständnis wird grundsätzlich nicht gefordert, um die für eine Verfahrenseinstellung erforderliche „geringe Schuld" annehmen zu können.[17] Auch gilt, dass zulässiges Prozessverhalten, wie bspw. die Stellung vieler Beweisanträge nicht „per se" eine geringe Schuld entfallen ließe. Gleichwohl soll deutlich gemacht werden, dass ein Geständnis „den größten Strafmilderungsgrund" darstellt und bei einer „konfliktbereiten Verteidigung" und einem Bestreiten des Tatvorwurfs die Annahme der geringen Schuld nicht unbedingt naheliegt.[18] Dem stimmen wir uneingeschränkt zu! Dem einsichtigen Täter, der den Tatvorwurf einräumt und sich ggf. reuig zeigt, wird wohl eher eine geringe Schuld zugesprochen werden können als dem den Tatvorwurf bestreitenden Täter, der das Unrecht der Tat nicht einsieht.

b) Schadenswiedergutmachung

246 Über die obigen Erwägungen hinaus stellt der einsichtige und reuige Täter, „der ggf. bereits eine Schadenswiedergutmachung herbeigeführt hat und bei dem davon auszugehen ist, dass er allein durch das gegen ihn geführte Verfahren hinreichend beeindruckt ist", „den Idealtypus in der Praxis" dar[19] und bei dem eine Verfahrenseinstellung wegen geringer Schuld gemäß § 153 StPO naheliegt.

---

11 KK-StPO/Diemer, StPO § 153 Rn. 11.
12 Ders. mit Hinweis auf BT-Drs. 7/550 S. 298.
13 Ders. m. w. N.
14 Meyer-Goßner/Schmitt StPO § 153 Rn. 4.
15 Ders.
16 KK-StPO/Diemer, StPO § 153 Rn. 11.
17 MüKo-StPO, Peters, § 153 Rn. 24 m. w. N.
18 Ders.
19 Ders.

c) **Überlange Dauer des Verfahrens**
Auch eine überlange Verfahrensdauer soll bei der Beantwortung dieser Frage der geringen Schuld Berücksichtigung finden dürfen,[20] nicht aber eine zu erwartende lange Verfahrensdauer „weil die StA und das Gericht zur Beschleunigung des Verfahrens verpflichtet sind und sich diese Pflicht nicht durch eine Anwendung von § 153 erlassen können",[21] was uns überzeugt. Denn ein Verfahren wegen geringer Schuld gemäß § 153 StPO einzustellen, „nur" weil Beweisanträge, umfangreiche Zeugenvernehmungen oder weitere das Verfahren verzögernde Beweisaufnahmen in Aussicht gestellt werden, darf weder das Gericht noch die Staatsanwaltschaft zu einer voreiligen und die Schuld des Täters nicht mehr hinreichende Würdigung und damit einer angenehmeren Beendigung des Verfahrens veranlassen.

d) **Weitere positive Aspekte sind**
- fehlende Vorstrafen,
- eine geringe Schadenssumme bei Vermögensdelikten,
- vorangegangene Tatprovokation,[22]
- ein Bemühen durch den Beschuldigten um Schadenswiedergutmachung,
- überlange Verfahrensdauer,
- drohende absolute Verjährung, Handeln aus Not, eine missglückte/unwirksame steuerliche Selbstanzeige,
- eigene körperliche Schäden des Täters durch die Tat, hohe zivilrechtliche Folgen,
- u. U. drohende Entziehung der Fahrerlaubnis,
- sonstige unmittelbare Folgen für den Täter,
- Nähe zu anerkannten Rechtfertigungsgründen,
- eine untergeordnete Beteiligung, Grenze zum untauglichen Versuch,
- Nähe zu den Milderungsgründen des § 49 StGB, mögliche Milderung nach § 21 StGB, fahrlässiges berufliches Verhalten,
- freiwilliger u. dauerhafter Verzicht auf Fahrerlaubnis,
und – unseres Erachtens besonders hervorzuheben –:
- ein durchgeführter Täter-Opfer-Ausgleich sowie
- wechselseitig begangene Straftaten.[23]

Bei Würdigung der Schuld des Täters unter Berücksichtigung der bspw. dargelegten Maßstäbe gilt zudem: Auch Vergehen mit einer erhöhten Mindeststrafe sind nicht grundsätzlich von der Anwendung des § 153 ausgenommen.[24] Diese erhöhte Mindeststrafe mag nur dem ersten Anschein nach gegen die Annahme der geringen Schuld sprechen. Wird diese Indizwirkung aber durch andere Umstände wieder ausgeglichen und kann dies im Einzelfall besonders begründet werden, so steht der Einstellung des Verfahrens gemäß § 153 StPO gesetzlich

---

20 BGH, Beschluss vom 26.6.1996 – 3 StR 199/95 (LG Düsseldorf) zur Einstellung des Verfahrens bei überlanger Verfahrensdauer und Verletzung des Beschleunigungsgebots des Art. 6 I 1 EMRK.
21 KK-StPO/Diemer, StPO § 153 Rn. 12.
22 BGH, Urteil vom 18.11.1999 - 1 StR 221/99 (LG München I); NJW 2000, 1123 zur „Strafzumessungslösung" auch bei konventionswidrigem Lockspitzeleinsatz.
23 MüKo-StPO, Peters, § 153 Rn. 23 m. w. N.
24 Ders.

nichts im Wege. In diesen Fällen gilt aber gemäß § 153 Abs. 1 Satz 2 StPO das Erfordernis der Zustimmung durch das Gericht! Doch was meint „Vergehen mit einer erhöhten Mindeststrafe"?

250 **Beispiel:**
Nach der Trennung des Paares bricht der Beschuldigte B. mit einem Brecheisen die zuvor gemeinsam bewohnte Wohnung, die seither allein durch die insoweit Geschädigte G. genutzt wird, auf und nimmt diverse (auch) in ihrem (G's) stehende Gegenstände mit, um diese nunmehr für sich zu verwenden oder um durch den Besitz dieser Gegenstände langfristig Druck ausüben zu können. Es besteht Tatverdacht des Diebstahls in einem besonders schweren Fall gemäß § 243 Abs. 1 Nr. 1 StGB.[25]

251 **§ 243 StGB (Besonders schwerer Fall des Diebstahls)**[26]
Abs. 1: In besonders schweren Fällen wird der Diebstahl mit Freiheitsstrafe von drei Monaten bis zu zehn Jahren bestraft. Ein besonders schwerer Fall liegt in der Regel vor, wenn der Täter
1. zur Ausführung der Tat in ein Gebäude, einen Dienst- oder Geschäftsraum oder in einen anderen umschlossenen Raum einbricht, einsteigt, mit einem falschen Schlüssel oder einem anderen nicht zur ordnungsmäßigen Öffnung bestimmten Werkzeug eindringt oder sich in dem Raum verborgen hält,
2. bis 7. (…)
Abs. 2: In den Fällen des Absatzes 1 Satz 2 Nr. 1 bis 6 ist ein besonders schwerer Fall ausgeschlossen, wenn sich die Tat auf eine geringwertige Sache bezieht.[27]

252 Der B. ist mithin eines Vergehens des Diebstahls in einem besonders schweren Fall gemäß §§ 242 Abs. 1, 243 Abs. 1 Nr. 1 StGB verdächtig. Er hat mit einer Mindeststrafe von 3 Monaten zu rechnen. Insoweit handelt es sich um eine „erhöhte Mindeststrafe". Gleiches gilt bspw.

253 – für die gefährliche Körperverletzung gemäß §§ 223 Abs. 1, 224 Abs. 2 StGB:
§ 224 StGB (Gefährliche Körperverletzung)[28]
Abs. 1: Wer die Körperverletzung
1. durch Beibringung von Gift oder anderen gesundheitsschädlichen Stoffen,
2. mittels einer Waffe oder eines anderen gefährlichen Werkzeugs,
3. bis 5. (…)
begeht, wird mit Freiheitsstrafe von sechs Monaten bis zu zehn Jahren, in minder schweren Fällen mit Freiheitsstrafe von drei Monaten bis zu fünf Jahren bestraft.

---

25 Die Strafbarkeit soll hier nicht geprüft werden; Nachweisbarkeit und Tatbestandsmäßigkeit werden unterstellt; es geht hier lediglich um die Darlegung eines besonders schweren Falls des Diebstahls und die entsprechende Strafandrohung.
26 Auszugsweise.
27 Eine geringwertige Sache wird zur Präsentation dieses Beispiels nicht angenommen.
28 Auszugsweise.

– und für die sexuelle Nötigung gemäß § 177 Abs. 1 StGB: 254
§ 177 StGB (Sexueller Übergriff; sexuelle Nötigung; Vergewaltigung)[29]
Abs. 1: Wer gegen den erkennbaren Willen einer anderen Person sexuelle Handlungen an dieser Person vornimmt oder von ihr vornehmen lässt oder diese Person zur Vornahme oder Duldung sexueller Handlungen an oder von einem Dritten bestimmt, wird mit Freiheitsstrafe von sechs Monaten bis zu fünf Jahren bestraft.

Die (rein beispielhaft) genannten Vergehen mit einer erhöhten Mindeststrafe erfüllen mithin den Charakter eines Vergehens i. S. d. § 153 StPO und sind damit grundsätzlich einer Verfahrenseinstellung wegen geringer Schuld zugänglich. 255

3. Fehlendes öffentliches Interesse an der Strafverfolgung

Eine Verfahrenseinstellung erfordert zudem, dass kein öffentliches Interesse an der Strafverfolgung festzustellen ist. Das Fehlen des öffentlichen Interesses stellt den Ausnahmefall dar. So soll eine besonders geringe Schuld das öffentliche Interesse an der Strafverfolgung entfallen lassen.[30] Auch wird argumentiert, dass „bei an sich geringer Schuld und überlanger Verfahrensdauer" das öffentliche Interesse entfallen könne.[31] Der BGH hat in der entsprechenden Entscheidung zudem die Straferwartung (auch aufgrund der länger zurückliegenden Tatzeit), die zu erwartende weitere erhebliche Verfahrensdauer und die für den Angeklagten damit verbundenen Folgen berücksichtigt und zudem festgestellt, dass die Schuld bereits im jetzigen Zeitpunkt als gering anzusehen ist. Bei der Feststellung des Fehlens des öffentlichen Interesses an der Strafverfolgung handelt es sich also immer um eine Abwägung aller entsprechenden Umstände, ggf. auch solcher, die bereits zur Annahme der geringen Schuld geführt haben. 256

Für ein besseres Verständnis dieses doch recht unbestimmten Rechtsbegriffes: Nach herrschender Meinung soll sich das öffentliche Interesse aus spezialpräventiven und auch aus generalpräventiven Gründen ergeben können.[32] Es können Gründe aus der Person des Täters für ein öffentliches Interesse sprechen, so bspw. (einschlägige) Vorstrafen oder eine bereits einmal erfolgte Verfahrenseinstellung gemäß §§ 153, 153a StPO. Auch eine gesellschaftsfeindliche Gesinnung oder die Missachtung der staatlichen Autorität sind Umstände, die das öffentliche Interesse an der Strafverfolgung feststellen lassen.[33] Man stellt sich hier also die Frage, ob die Allgemeinheit (wir alle) ein Interesse an der Strafverfolgung des Täters haben. Dieses Interesse kann sich bspw. daraus ergeben, dass der Täter (auch) für die Allgemeinheit eine Gefahr darstellt. Gefährdet der Täter einer Häuslichen Gewalt (auch) Rechtsgüter der Allgemeinheit (oder einzelner Personen aus dieser Gesamtheit), so ist ein öffentliches Interesse an der Strafverfolgung i. d. R. festzustellen. Auch darf keine Wiederholungsgefahr bestehen. 257

---

29 Auszugsweise.
30 KK-StPO/Diemer, StPO § 153 Rn. 13.
31 BGH, Beschluss vom 16.1.2007 – 3 StR 444/06; BeckRS 2007, 2484.
32 Meyer-Goßner/Schmitt; Schmitt § 153 Rn. 7.
33 KK-StPO/Diemer, StPO § 153 Rn. 14.

258 **Beispiel:**
Der Beschuldigte B. und seine Lebensgefährtin L. haben zwei gemeinsame Kinder und sind (ggf. auch nur aufgrund von Belanglosigkeiten) in Streit geraten. Im Rahmen dieser verbalen Auseinandersetzung ergab „das eine Wort das andere", der Streit „kochte sich hoch", der B. schubste die L. (ggf. auch nur, um das Haus verlassen zu können), wodurch diese stürzte und sich Hämatome zuzog. Das Paar hat sich zwischenzeitlich wieder vertragen. Beide wollen die häusliche Gemeinschaft aufrechterhalten. Der Streit ist beigelegt. In diesem Fall ist davon auszugehen, dass es zu keiner Wiederholung entsprechend strafrechtlich relevanter Handlungen kommen wird.

259 Alternativ kann sich der Fall auch so darstellen, dass sich das Paar zwischenzeitlich getrennt hat, B. aus der gemeinsamen Wohnung ausgezogen ist (oder L – je nach Fallgestaltung) und beide Ex-Partner (aufgrund der Kinder) zu einer gemeinsamen Kommunikation gefunden haben. Auch in diesem Fall ließe sich sagen, dass es zu keiner Wiederholung entsprechender Körperverletzungs- (und/oder Beleidigungs-/Bedrohungs-) Taten kommen werde.
In jedem Fall darf eine Verfahrenseinstellung nicht als „Ermunterung des Täters" wirken.[34] Bei dem Täter darf durch die Einstellung des Verfahrens also nicht der Eindruck entstehen, dass „ja sowieso nichts passiert", denn dies könnte zu einer Verfestigung der Einstellung des Täters und der entsprechenden Verhaltensweisen, mithin einer Wiederholung führen. An den Beschuldigten gerichtete Einstellungsnachrichten enthalten in der Praxis den deutlichen Hinweis, dass in einem Wiederholungsfall mit einer erneuten Einstellung des Ermittlungsverfahrens nicht mehr zu rechnen ist. Ob und wie diese „Verwarnung" auf den Täter wirkt, ist fraglich und muss im Einzelfall entschieden werden. Konsequenzen der Strafverfolgungsbehörden müssen klar und deutlich sein. In einem Wiederholungsfall muss mithin mit anderen strafprozessualen Möglichkeiten geahndet werden.

260 Die Interessen der Allgemeinheit können sich aus weiteren, sehr unterschiedlichen Ansätzen ergeben. So ist dieses u. a. festgestellt worden, wenn
– außergewöhnliche Tatfolgen eingetreten sind,
– die Strafverfolgung zur Vermeidung weiterer Taten notwendig ist (vgl. oben zur Wiederholungsgefahr),
– ein kriminogener Hintergrund aufzuklären ist,
– Ungesetzlichkeiten im Sozialleben verhindert werden sollen,
– die Tat in der Öffentlichkeit bekannt geworden und dort auf ein besonderes Interesse gestoßen ist oder
– das öffentliche Interesse an der Aufklärung besonders groß ist.

261 In Einzel-/Ausnahmefällen kann auch ein Genugtuungsinteresse des Geschädigten ein öffentliches Interesse begründen, bspw. bei starker Beeinträchtigung des Verletzten.[35] Ein Genugtuungsinteresse des Geschädigten an der Strafverfolgung ist i. d. R. nicht geeignet, ein öffentliches Interesse zu begründen. Ausnahmefälle können unseres Erachtens die Fälle sein, in denen sich das Opfer – bspw. auf-

---

34 KK-StPO/Diemer, StPO § 153 Rn. 14.
35 KK-StPO/Diemer, StPO § 153 Rn. 15.

grund eigener, starker Beeinträchtigung – nicht selbst für die Rechte einsetzen kann, es bereits scheut, Strafanzeige zu erstatten oder eine umfangreiche Aussage zu tätigen. Das werden aber wohl die Fälle sein, in denen bereits aufgrund weiterer Umstände (schwere Tatfolgen, Wiederholungsgefahr u. a.) ein öffentliches Interesse an der Verfolgung festzustellen wäre.

Die Klärung von Rechtsfragen:
Oftmals gestalten sich Strafverfahren aus dem Grunde nicht einfach, weil ungeklärte Rechtsfragen zu entscheiden sind. Anderseits besteht oft auch ein großes Interesse daran, eben diese Rechtsfragen gerichtlich zu klären. Dass allein das Interesse an der Beantwortung einer Rechtsfrage nicht dazu führen darf, das öffentliche Interesse an der Strafverfolgung zu bejahen und (allein aufgrund dieses Interesses) Anklage gegen den Beschuldigten zu erheben, obgleich (viele) weitere Gründe eine Verfahrenseinstellung gemäß § 153 StPO rechtfertigen würden, scheint klar und wird von uns zweifellos bestätigt. Aber auch hier kann es Einzelfälle geben. So soll eine Entscheidung – auch aus Justizinteresse – dann geboten sein, wenn die Frage der „Größe der Schuld" davon abhängt oder wenn „die Entscheidung geboten erscheint, um zu verhindern, dass sich Ungesetzlichkeiten im Sozialleben einbürgern".[36] Im Ergebnis wird deutlich, dass allein ein Gesichtspunkt oftmals nicht ausreichend ist, um entweder die Frage der geringen Schuld oder die Frage des öffentlichen Interesses an der Strafverfolgung beantworten zu können. So kann auch bei einem Ersttäter das öffentliche Interesse an der Strafverfolgung bestehen (bei „Wiederholungsgefahr").[37]

IV. Verfahrenseinstellung gegen Auflagen und Weisungen (§ 153a StPO)

1. Beseitigung des öffentlichen Interesses

Wird das öffentliche Interesse an der Strafverfolgung festgestellt und scheidet die Anwendung des § 153 StPO daher aus, kommt u. U. gleichwohl eine Verfahrenseinstellung wegen geringer Schuld in Betracht. § 153a StPO ermöglicht insoweit, das öffentliche Interesse dadurch zu beseitigen, dass der Beschuldigte (freiwillig) Auflagen oder Weisungen erfüllt und dem öffentlichen Interesse so Genüge getan wird. Auf diese Weise soll die Verfahrenserledigung im Bereich der kleineren und mittleren Kriminalität vereinfacht werden. Auch durch eine Erledigung des Verfahrens gemäß § 153a StPO wird die Unschuldsvermutung des Beschuldigten nicht widerlegt. Ein Geständnis ist nicht erforderlich. Die Verfahrenseinstellung ist nur mit Zustimmung des jeweiligen Beschuldigten möglich („mit Zustimmung … und des Beschuldigten …"). Diese Zustimmung steht weder einem Geständnis gleich noch führt sie zu einem Schuldspruch. Es kann vielfältige Gründe geben, so bspw. den Wunsch des Beschuldigten, „den Belastungen eines Ermittlungsverfahrens schnellst möglich zu entrinnen".[38] Das

---

[36] Schmitt in Meyer-Goßner/Schmitt § 153 Rn. 7.
[37] Im Detail dazu auch: Schmitt in Meyer-Goßner/Schmitt Rn. 7: Spezialprävention.
[38] BeckOK StPO, Beukelmann, StPO § 153a Rn. 2. unter Hinweis auf die Ausführungen zu § 153 StPO: BeckOK StPO, Beukelmann, StPO § 153 Rn. 2.

hat auch der Berliner Verfassungsgerichtshof in einer Entscheidung vom 20.6.2024[39] nochmals betont: *"Auf die strafrechtliche Schuld darf eine Entscheidung nur gestützt werden, wenn das Verfahren durch einen förmlichen Schuldspruch beendet oder zumindest bis zur Schuldspruchreife durchgeführt wurde"* ... *"Bei einer Verfahrensbeendigung vor Schuldspruchreife dürfen allenfalls Erwägungen zum Tatverdacht angestellt werden, die lediglich eine Verdachtslage beschreiben und eindeutig nicht mit einer Zuweisung von Schuld verbunden sind. An eine solche Verdachtsbeschreibung dürfen zudem nur solche Rechtsfolgen geknüpft werden, die keinen sanktions- und strafähnlichen Charakter haben"*.

2. Keine entgegenstehende Schwere der Schuld

264 Anders als bei der Verfahrenseinstellung gemäß § 153 StPO (Voraussetzung: Feststellung der geringen Schuld) erfordert die Verfahrensweise gemäß § 153a StPO – neben dem Tatvorwurf „nur" eines Vergehens (s. o.) –, dass die Schwere der Schuld dem nicht entgegensteht. Was bedeutet das? Anders als bei der Formulierung „bei geringer Schuld das öffentliche Interesse beseitigen" lautet die Formulierung der Vorschrift „und die Schwere der Schuld nicht entgegensteht". Hier sollen nicht besonders schwerwiegende Eigentums- und Vermögensdelikte sowie leichte und mittelschwere Verkehrsstraftaten erfasst sein. In Betracht kommen auch Unterhaltspflichtverletzungen.[40]

265 **Ein Exkurs – die strafrechtlich relevante Unterhaltspflichtverletzung (§ 170 StGB)**[41]
Wer eine gesetzliche Unterhaltspflicht[42] zu erfüllen hat, diese aber nicht oder nur ungenügend erfüllt, macht sich strafbar, wenn aufgrund dieser Weigerung der Lebensbedarf des Unterhaltsberechtigten gefährdet ist oder ohne die Hilfe anderer gefährdet wäre. Zumindest Letzteres („ohne Hilfe anderer gefährdet wäre") dürfte in der Regel (wohl immer) der Fall sein, denn der Lebensbedarf muss finanziell gesichert sein (das Kind muss essen) und eine andere Person muss „diese Lücke schließen"; das ist oftmals auch der öffentliche Leistungsträger. Voraussetzung für eine Strafbarkeit gemäß § 170 StGB ist auch, dass der Unterhaltspflichtige selbst leistungsfähig ist, den Unterhalt also zahlen kann, „ohne seine eigene Existenz oder die Unterhaltsansprüche vorrangig Berechtigter zu gefährden."[43] Für die genaue Bestimmung der Vermögensverhältnisse, die Berechnung des Selbstbehalts, die letztlich Rückschluss auf die Leistungsfähigkeit des Unterhaltspflichtigen zulassen, kann der Strafrichter (und vorab der Staatsanwalt) sich entsprechender Unterhaltstabellen bedienen.[44]
Aber auch bei mangelnder Leistungsfähigkeit kann sich eine Strafbarkeit noch daraus ergeben, dass der Unterhaltspflichtige diese Leistungs-Unfähigkeit selbst

---

39 BerlVerfGH, Beschluss vom 20.6.2014 – VerfGH 128/12, NJW 2014, 3358.
40 Vgl. dazu § 153a Abs. 1 Nr. 4 (Auflage: Unterhaltspflichten nachzukommen).
41 Eine Kurzdarstellung!
42 Insbesondere gegenüber Kind/ern, Ehegatten u. a.; vgl. §§ 1360 ff., 1569 ff., 1615 a ff., 1751 Abs. 4 BGB.
43 HK-GS/Kjell Gasa, StGB § 170 Rn. 5.
44 Ausführlich zur Leistungsfähigkeit, die sich auch aus erzielbaren Einkünften ergeben kann, sowie den Anforderungen an die diesbezüglichen tatrichterlichen Feststellungen vgl. Schönke/Schröder/Bosch/Schittenhelm Rn. 20 ff.

herbeigeführt hat. So kann etwa die Aufgabe des Beschäftigungsverhältnisses oder eine Schenkung an Dritte Grund dafür sein.[45] Eine strafrechtlich relevante Unterhaltspflichtverletzung kann nur vorsätzlich begangen werden. Denn:
§ 15 StGB (Vorsätzliches und fahrlässiges Handeln)
„Strafbar ist nur vorsätzliches Handeln, wenn nicht das Gesetz fahrlässiges Handeln ausdrücklich mit Strafe bedroht."
Der Täter muss also sowohl von der Unterhaltspflicht wissen als auch davon, dass er den zu zahlenden Unterhalt (zurzeit) nicht zahlt. Irrt der Täter über die Unterhaltspflichtverletzung, so unterliegt er einem Tatbestandsirrtum.

Was bedeutet das? **266**

§ 16 StGB (Irrtum über Tatumstände):
Abs. 1: „Wer bei Begehung der Tat einen Umstand nicht kennt, der zum gesetzlichen Tatbestand gehört, handelt nicht vorsätzlich. Die Strafbarkeit wegen fahrlässiger Begehung bleibt unberührt."
Abs. 2: „Wer bei Begehung der Tat irrig Umstände annimmt, welche den Tatbestand eines milderen Gesetzes verwirklichen würden, kann wegen vorsätzlicher Begehung nur nach dem milderen Gesetz bestraft werden."
Strafrechtlich relevante Unterhaltspflichtverletzungen eignen sich nach unserer Auffassung sehr gut für eine Verfahrenseinstellung gemäß § 153a Abs. 1 Nr. 4 StPO, denn mit der Auflage, der gesetzlichen Unterhaltspflicht in einer bestimmten Höhe nachzukommen und der dann folgenden Erfüllung dieser Auflage wird man sowohl dem Strafverfolgungsinteresse als auch dem Individualinteresse des Geschädigten am besten gerecht.

a) Schwere der Schuld bei fahrlässiger Tötung. In Ausnahmefällen („besonders gelagerten Fällen") sollen auch Fälle der fahrlässigen Tötung für eine Verfahrenseinstellung gegen Auflage (oder Weisung) in Betracht kommen.[46] Welche Fälle der fahrlässigen Tötung für eine solche Verfahrenserledigung in Betracht kommen, erscheint zweifelhaft. Bei Verkehrsdelikten mit einer entsprechend schweren Folge (der Tod eines Menschen) liegt dem Tatvorwurf i. d. R. ein nicht unerheblicher Fahrfehler zugrunde. Bei Trunkenheitsdelikten und schweren Verstößen gegen Verkehrsregeln dürfte eine solche Verfahrensweise wohl immer ausscheiden. In absoluten Ausnahmefällen, die je nach Einzelfall begründet werden müssten, mag eine solche Verfahrenseinstellung tunlich erscheinen. **267**

b) Schwere der Schuld bei zu erwartender Freiheitsstrafe. Auch bei Taten, für die im Falle einer Verurteilung Freiheitsstrafe mit Bewährung bis zu einem Jahr zu verhängen wäre, soll eine Auflage oder Weisung gemäß § 153a StPO geeignet sein, das öffentliche Interesse zu beseitigen.[47] Unabhängig von den dargelegten Voraussetzungen sollte auch klar sein, dass der Tatverdacht bei einer Verfahrenseinstellung gegen Auflagen (oder Weisungen) einen höheren Ver- **268**

---

45 HK-GS/Kjell Gasa, StGB § 170 Rn. 7 m. w. N.
46 Meyer-Goßner/Schmitt § 153 Rn. 8 – allerdings ohne nähere Begründung und Fallbeispiel.
47 Vgl. Schäfer/Sander/van Gemmeren, Strafzumessung Rn. 43: Bewährungsstrafe bis zu neun Monaten.

dachtsgrad haben muss als bei der Verfahrenseinstellung gemäß § 153 StPO[48] (ohne Auflagen). Denn: Dem Beschuldigten kann die Übernahme entsprechender Pflichten nur dann zugemutet werden, wenn ansonsten Anklage erhoben werden würde (bzw. der Erlass eines Strafbefehls beantragt werden würde), mithin hinreichender Tatverdacht besteht (§ 170 Abs. 1 StPO). Besteht dieser Verdachtsgrad nicht, ist für eine Verfahrenseinstellung gemäß § 153a StPO kein Raum. Dem Verfahren wäre Fortgang zu geben (zwecks weiterer Ermittlungen zur Feststellung eines Tatverdachts) oder gemäß § 170 Abs. 2 StPO (mangels Tatverdacht) einzustellen.

3. Die Auflagen und Weisungen

269 Als Auflagen oder Weisungen kommen insbesondere in Betracht,
1. zur Wiedergutmachung des durch die Tat verursachten Schadens eine bestimmte Leistung zu erbringen,
2. einen Geldbetrag zugunsten einer gemeinnützigen Einrichtung oder der Staatskasse zu zahlen,
3. sonst gemeinnützige Leistungen zu erbringen,
4. Unterhaltspflichten in einer bestimmten Höhe nachzukommen,
5. sich ernsthaft zu bemühen, einen Ausgleich mit dem Verletzten zu erreichen (Täter-Opfer-Ausgleich) und dabei seine Tat ganz oder zum überwiegenden Teil wieder gut zu machen oder deren Wiedergutmachung zu erstreben,
6. an einem sozialen Trainingskurs teilzunehmen,
7. an einem Aufbauseminar nach § 2b Abs. 2 Satz 2 oder an einem Fahreignungsseminar nach § 4a des Straßenverkehrsgesetzes teilzunehmen oder
8. sich psychiatrisch, psycho- oder sozialtherapeutisch betreuen und behandeln zu lassen (Therapieweisung).

Auflagen gemäß § 153a Abs. 1 Nr. 1 bis 3 StPO sind besondere Auflagen (gemeinnützig, zur Schadenswiedergutmachung). Im Übrigen handelt es sich um Weisungen „spezialpräventiver Natur mit dem Ziel eine weitere Straffälligkeit des Beschuldigten zu vermeiden."[49]

270 An der Formulierung „als Auflagen oder Weisungen kommen insbesondere in Betracht", wird deutlich, dass die vorstehende Aufzählung an Auflagen und Weisungen nicht abschließend ist. Staatsanwalt bzw. Richter sind bei der Bestimmung der jeweiligen Auflage/Weisung also frei, soweit das Ziel erreicht werden kann, nämlich,
– das öffentliche Interesse an der Strafverfolgung zu beseitigen,
– dass sie an den Beschuldigten gerichtet sind,
– dass sie grundrechtskonform sind, keine Umgehung spezialgesetzlicher Normen beinhalten und
– die Grenze der Zumutbarkeit nicht überschreiten.[50]

271 Es wird auch empfohlen, bei der Bestimmung der Auflagen und Weisungen einen konkreten Bezug zur in Rede stehenden Tat herzustellen. Denn eine Scha-

---

48 Meyer-Goßner/Schmitt/Schmitt, Rn. 7; Pfeiffer Rn. 2.
49 MüKo-StPO, Peters, § 153a Rn. 6.
50 Weßlau/Deiters in SK-StPO Rn. 33.

denswiedergutmachung bspw. bei Diebstahl oder Betrug oder die Zahlung an eine Opferschutzeinrichtung sind besonders gut geeignet, das öffentliche Interesse an der Strafverfolgung zu beseitigen.[51] Dem stimmen wir uneingeschränkt zu. Und dies sollte auch die Praxis sein. So werden bestimmte gemeinnützige (Opferschutz-) Einrichtungen in die Lage versetzt, Opfern von (gleich gelagerten) Straftaten zu helfen, diesen mitunter wieder einen Start in die eigene (unabhängige) Existenz zu ermöglichen. Und genau das sollte bei einer entsprechenden Verfahrensweise (keine Verurteilung, kein Strafmakel) das oberste Ziel der Verfahrenseinstellung sein.

V. Ein Beispiel zur Anzahl der Verfahrenseinstellungen

Im Jahre 2023 wurden in Deutschland von insgesamt 5.503.431 erledigten Verfahren
- 5.327 Verfahren gemäß § 153a Abs. 1 Satz 2 Nr. 1 StPO („zur Wiedergutmachung des durch die Tat verursachten Schadens eine bestimmte Leistung zu erbringen"),
- 141.666 Verfahren gem. § 153a Abs. 1 Satz 2 Nr. 2 StPO („einen Geldbetrag zugunsten einer gemeinnützigen Einrichtung oder der Staatskasse zu zahlen") und
- 8.266 Verfahren gem. § 153a Abs. 1 Satz 2 Nr. 5 StPO („sich ernsthaft zu bemühen, einen Ausgleich mit dem Verletzten zu erreichen (Täter-Opfer-Ausgleich) und dabei seine Tat ganz oder zum überwiegenden Teil wieder gut zu machen oder deren Wiedergutmachung zu erstreben")

eingestellt.[52]

VI. Entscheidung, Ermessensausübung, Zustimmungserfordernis

Wer trifft die Entscheidung zur Verfahrenseinstellung? Bedarf die Verfahrenseinstellung der Zustimmung, falls ja, durch wen? Ist die Verfahrenseinstellung endgültig; tritt insoweit Strafklageverbrauch ein? Die entsprechenden Fragen werden überwiegend bereits durch den Wortlaut des Gesetzes beantwortet. Insoweit und darüber hinaus gilt Folgendes:

VII. Verfahrenseinstellung gemäß § 153 StPO

Die Einstellung des Verfahrens bereits im Ermittlungsverfahren (mithin vor der Anklageerhebung) erfolgt durch die Staatsanwaltschaft (§ 153 Abs. 1 Satz 1 StPO) und bedarf der Zustimmung durch das Gericht. Dieser Zustimmung ist jedoch dann nicht erforderlich, wenn es sich bei dem Tatvorwurf um ein Vergehen handelt, das nicht mit einer im Mindestmaß erhöhten Strafe bedroht ist und bei dem die durch die Tat verursachten Folgen gering sind (§ 153 Abs. 1

---

51 MüKo-StPO, Peters, § 153a Rn. 63.
52 BeckOK StPO, Beukelmann, StPO § 153a Rn. 4 mit Bezugnahme auf die Zahlen des Statistischen Bundesamts „Statistischer Bericht – Staatsanwaltschaften" (http://www.destatis.de).

Satz 2 StPO). Das Zustimmungserfordernis durch das Gericht dürfte insoweit Ausnahmefälle betreffen, weil bereits die Voraussetzungen der geringen Schuld und des Fehlens des öffentlichen Interesses an der Strafverfolgung eher die Fälle betreffen, in denen keine erhöhte Mindeststrafe angedroht ist und in denen auch die Folgen der Tat gering sind (geringe Schuld). Nach Anklageerhebung kann das Gericht das Verfahren unter denselben Voraussetzungen einstellen. Diese Verfahrenseinstellung bedarf in jedem Fall der Zustimmung der Staatsanwaltschaft und des Angeschuldigten/Angeklagten (§ 153 Abs. 2 Satz 1 StPO).[53]

VIII. Verfahrenseinstellung gemäß § 153a StPO

275 Die Verfahrenseinstellung gemäß § 153a StPO (gegen Auflagen oder Weisungen) im Ermittlungsverfahren (vor Anklageerhebung) obliegt der Staatsanwaltschaft. Der Wortlaut der Vorschrift lässt auch vermuten, dass die Verfahrenseinstellung durch die Staatsanwaltschaft in jedem Fall der Zustimmung durch das Gericht bedarf („Mit Zustimmung des für die Eröffnung des Hauptverfahrens zuständigen Gerichts..."). Im Satz 7 des § 153a Abs. 1 findet sich dann aber (sehr versteckt) der Verweis auf die Ausnahme aus § 153 Abs. 1 StPO, wonach es der Zustimmung dann nicht bedarf, wenn es sich um ein Vergehen handelt, das nicht mit einer im Mindestmaß erhöhten Strafe bedroht ist und bei dem die durch die Tat verursachten Folgen gering sind (dies gilt für die Auflagen der Nr. 1 bis 6): „§ 153 Abs. 1 Satz 2 gilt in den Fällen des Satzes 2 Nummer 1 bis 6 entsprechend."

IX. Verfahrenseinstellung bei komplexem Verfahrensstoff

1. Teileinstellung des Verfahrens wegen weiterer Tatvorwürfe (§ 154 StPO)

276 Die Einstellung eines Verfahrens (oder eines Verfahrensteils) gemäß § 154 Abs. 1 Nr. 1 StPO erfährt in der (staatsanwaltlichen und gerichtlichen) Praxis eine hohe Bedeutung. „Wenn die Strafe oder ..., zu der die Verfolgung führen kann, neben einer Strafe oder ..., die gegen den Beschuldigten wegen einer anderen Tat rechtskräftig verhängt worden ist oder die er wegen einer anderen Tat zu erwarten hat, nicht beträchtlich ins Gewicht fällt" wird im Volksmund gern als „Mengenrabatt" beschrieben bzw. so mit einfachen Worten erklärt. Läuft es tatsächlich darauf hinaus? Welchen Zweck verfolgt diese Vorschrift? Welche Voraussetzungen sind an diese (Teil-)Verfahrenseinstellung gebunden? Und gibt es den Ansatz eines „Mengenrabatts" in weiteren Fallkonstellationen der StPO? Zu diesen Fragen im Folgenden ein paar Antworten und Gedankenansätze:

277 **a) Zweck der Vorschrift.** Durch diesen Teilverzicht auf die Strafverfolgung soll eine Verfahrensbeschleunigung bewirkt werden. Komplizierte Sachverhalte können so entzerrt werden. Besondere, problematische Teilbereiche, geringfügige Taten, bspw. auch solche, die sich gegen besonders schutzwürdige Geschädigte

---

53 Satz 2 des § 153 Abs. 2 StPO: Der Zustimmung des Angeschuldigten bedarf es nicht, wenn die Hauptverhandlung aus den in § 205 angeführten Gründen nicht durchgeführt werden kann oder in den Fällen des § 231 Abs. 2 und der §§ 232 und 233 in seiner Abwesenheit durchgeführt wird.

richten, können so aus dem Verfahren ausgeklammert werden.[54] Auch hier fragt sich der Leser ggf. „Warum"? Gerade dieser Tatvorwurf bedarf doch einer gewissen Aufklärung und der Übernahme strafrechtlicher Verantwortung? Dazu ist aus der Praxis zu sagen, dass besonders schutzwürdige Geschädigte (wie bspw. „kranke, alte oder behinderte Personen"[55]) insoweit geschützt werden sollen, dass sie nicht (immer und immer wieder) in der gerichtlichen (zumeist öffentlichen[56]) Verhandlung zur Sache aussagen müssen.[57] Unsere Beispiele aus der Praxis betreffen in erster Linie Kinder oder Jugendliche, denen eine Aussage zu der Tat naturgemäß schwerfällt und zu einer besonderen psychischen Belastung führt. Bei geeigneten Fallkonstellationen (die zu erwartende Strafe wegen der einen Tat fällt neben der im Übrigen zu erwartenden Strafe nicht beträchtlich ins Gewicht), kommt der Teileinstellung gemäß § 154 StPO daher eine praktische Bedeutung (auch mit hoher Relevanz des Opferschutzes) zu.

Beispiel:
In einem Fall war dem Täter T. zur Last gelegt worden, seine Frau F. vergewaltigt (§ 177 Abs. 1 und 6 StGB) sowie in einer Mehrzahl von Fällen körperlich verletzt zu haben (§ 223 StGB). F. hatte die Taten bei der Polizei umfassend geschildert, so dass eine Konkretisierung zwecks Feststellung des hinreichenden Tatverdachts (§ 170 Abs. 1 StPO) möglich war. Zudem war dem T. zur Last gelegt worden, seine sieben und acht Jahre alten Kinder K. geschlagen und beleidigt zu haben (§§ 185, 223 StGB). Die Kinder hatten entsprechendes Verhalten bei der Polizei ansatzweise geschildert. Eine Konkretisierung einzelner Taten war teilweise nicht möglich. Beide Kinder hätten umfassend nachvernommen werden müssen. Zu diesem Zweck wäre zunächst ein Ergänzungspfleger zu bestellen gewesen. Die Kinder hätten unter Umständen auch in gerichtlichen Hauptverhandlungen (nochmals und „immer wieder") aussagen sollen. Dieser Umstand und die gesetzliche Möglichkeit führen dazu, dass das Verfahren gegen T. („nur") bzgl. des Tatvorwurfs zum Nachteil der Kinder teileingestellt wurde (§ 154 Abs. 1 StPO). Denn: Die Strafe, die der T. wegen der zum Nachteil der K. begangenen Straftaten zu erwarten hatte, fiel neben der Strafe, die im Übrigen (nämlich wegen der zum Nachteil der F. zu begangenen Straftaten) zu verhängen war, nicht besonders ins Gewicht. T. ist im weiteren Verfahren wegen der vorgenannten Taten zu einer mehrjährigen Freiheitsstrafe (ohne Strafaussetzung zu Bewährung) verurteilt worden. Wegen der zum Nachteil der Kinder verübten Taten wäre der T. wohl nur zu einer unwesentlich (wenige Monate) höheren Gesamtfreiheitsstrafe verurteilt worden. Dieser Annahme liegt zwar nur eine Prognose der Staatsanwaltschaft zugrunde. Diese ist aber auf Erfahrung und Anwendung des Gesetzes zurückzuführen und in der Gesamtbetrachtung der Umstände nachvollziehbar. Denn: Anderenfalls hätten die Kinder mehrfach vernommen werden müssen und wären so „immer und immer wieder" mit den Handlungen konfrontiert worden.

---

54 HK-GS/Thilo Pfordte, StPO § 154 Rn. 3.
55 HK-GS/Thilo Pfordte, StPO § 154 Rn. 3.
56 Der Ausschluss der Öffentlichkeit zum Schutz der Privatsphäre ist gemäß § 171b GVG nur unter engen Voraussetzungen möglich.
57 Zur Möglichkeit der „Konservierung" einer Aussage vgl. die Ausführungen betr. die rechtlichen Möglichkeiten einer audiovisuellen Vernehmung gemäß § 58a StPO.

Pfordte[58] nennt als weitere Gesichtspunkte einer solchen Verfahrensverschlankung evtl. Nebenfolgen der Tat, Maßregeln der Besserung und Sicherung, so insbesondere § 69 StGB[59] und berufsrechtliche Folgen, „die sich häufig nur an bestimmte Tatbestände oder Umstände der Tatbegehung knüpfen." Würden diese nur hinsichtlich eines Teils der Taten vorliegen, so könnte „durch das gezielte Hinarbeiten auf ein Ausscheiden dieser Taten die oft sehr unangenehmen Folgen vermieden werden". Diesem Umstand widersprechen wir ganz deutlich und es sollte in der Praxis tunlichst vermieden werden, Tatvorwürfe gemäß §§ 154, 154a StPO[60] einzustellen und damit eine Entscheidung zur Frage des Entzuges der Fahrerlaubnis zu verhindern. Entsprechende Entscheidungen sollten in jedem Fall einer (absoluten) Einzelfallentscheidung vorbehalten bleiben, wobei in einer geeigneten Fallkonstellation (eigentlich) der Tatvorwurf mangels hinreichenden Tatverdachts (§ 170 Abs. 2 StPO) einzustellen oder im Rahmen des Gerichtsverfahrens freizusprechen wäre. Denn für den Fall, dass aufgrund der Handlung eines Beschuldigten (oder Angeklagten) die Voraussetzungen des § 69 StPO zu bejahen wären, wäre die entsprechende Folge auch zwingend auszusprechen.

279 **b) Exkurs: Der „Mengenrabatt" in der StPO.** Wichtig zu wissen ist, dass jemand, der mehrere Straftaten begangen hat, für die er gleichzeitig verurteilt wird, eine sog. Gesamtstrafe erhält (§ 53 Abs. 1 StGB). Es gibt also nur eine Verurteilung. Das Gericht kann zwar eine Geldstrafe neben einer Freiheitsstrafe verhängen (§ 53 Abs. 2 Satz 1 StGB); gleichwohl handelt es sich dann nur um einen Urteilsspruch.
Wichtig zu wissen ist auch, wie eine derartige Gesamtstrafe[61] zustande kommt. § 54 StGB bestimmt dazu, dass
- bei einer Einzelstrafe einer lebenslangen Freiheitsstrafe,[62] bei der Gesamtstrafe auch auf lebenslange Freiheitsstrafe[63] erkannt wird (§ 54 Abs. 1 Satz 1 StGB),
- in allen übrigen Fällen die Gesamtstrafe durch „Erhöhung der verwirkten höchsten Strafe" gebildet wird (§ 54 Abs. 1 Satz 1 StGB).
- Das Gericht hat bei der Entscheidung, die höchste Einzelstrafe angemessen zu erhöhen, die Person des Täters und die einzelnen Straftaten zusammenfassend zu würdigen (§ 54 Abs. 1 Satz 2 StGB).
- Mathematik gilt insoweit also nicht!

280 **Beispiel:**
Hat der Täter für eine gefährliche Körperverletzung (§ 224 StGB) eine Freiheitsstrafe von 6 Monaten Freiheitsstrafe (das ist dann die erste Einzelstrafe) verwirkt und für eine weitere Tat der Körperverletzung (§ 223 StGB) eine solche von

---

58 HK-GS/Thilo Pfordte, StPO § 154 Rn. 4.
59 Die Entziehung der Fahrerlaubnis!
60 Zu der Unterscheidung zwischen § 154 StPO und § 154a StPO unten mehr.
61 Bspw. Freiheitsstrafe + Freiheitsstrafe = Gesamtfreiheitsstrafe oder Geldstrafe + Geldstrafe = Gesamtgeldstrafe.
62 Wie bspw. bei Mord.
63 Denn mehr als lebenslang gibt es im deutschen Strafrecht nicht.

3 Monaten (das ist dann die zweite Einzelstrafe), so setzt der Richter die höchste Einzelstrafe (hier 6 Monate Freiheitsstrafe) an und erhöht diese angemessen. Bei der Frage der „Angemessenheit" würdigt er zum einen die Person des Täters, die Tat und letztlich auch die für die zweite Tat verwirkte Einzelstrafe (hier drei Monate Freiheitsstrafe).

Die zu verhängende Gesamtstrafe darf nun die Summe der Einzelstrafen nicht erreichen (§ 53 Abs. 2 Satz 1 StGB), also keine Mathematik. Sie muss aber erhöht werden; es kann mithin auch nicht bei 6 Monaten Freiheitsstrafe (als Gesamtfreiheitsstrafe) verbleiben.

- Unter Wahrung dieser beiden Grenzen und ohne einen Einzelfall mit all seinen Details hier würdigen zu können, hätte der Täter aus dem o. g. Beispiel mit einer Gesamtfreiheitsstrafe von 7 bis 8 Monaten zu rechnen.[64]
- § 55 StGB bestimmt insoweit ergänzend, dass die Gesamtstrafe bei Vorliegen weiterer Voraussetzungen auch noch nachträglich zu bilden ist, weil es nicht vom Zufall abhängen darf, ob mehrere Straftaten in einem Verfahren mit einer Gesamtstrafe gemäß §§ 53, 54 StGB ausgeurteilt wurden (bzw. ausgeurteilt werden konnten, weil dem Tatrichter die Umstände bekannt waren oder eben nicht bekannt waren) oder diese Straftaten in verschiedenen Verfahren mit Einzelstrafen abgeurteilt wurden. „Damit der Beschuldigte, der durch ein Versäumnis der Strafjustiz in verschiedenen Verfahren abgeurteilt wurde, weder schlechter noch besser steht, als wenn alle Taten in einem Verfahren abgeurteilt worden wären, schreibt § 55 vor, dass bei getrennten Verfahren der Richter des späteren Verfahrens im Urteil eine Gesamtstrafe mit den in früheren Verfahren rechtskräftig verhängten, aber noch nicht erledigten Strafen nachträglich bilden muss."[65]

2. Beschränkung der Verfolgung wegen weiterer Teile einer Tat (§ 154a StPO)

§ 154a StPO regelt eine ähnliche Konstellation und beruht auf nahezu gleicher Zweckrichtung. Der Unterschied zwischen einer Teileinstellung gemäß § 154 StPO und der Beschränkung der Tatvorwürfe gemäß § 154a StPO liegt darin, dass § 154 StPO eine vollständige Tat im prozessualen Sinne erfasst, während § 154a das Ausscheiden einzelner Tatbestände ermöglicht. Hier muss es sich also um eine Tat im prozessualen Sinne (§ 264 StPO) handeln.

---

64 Dies führt im Volksmund gern zu der Annahme eines „Mengenrabatts".
65 BeckOK StGB, von Heintschel-Heinegg, StGB § 55 Rn. 1. u. a. mit Hinweis auf BGH, Urteil vom 12.8.1998 – 3 StR 537-97 (LG Dresden), NJW 1998, 3725: „Durch die nachträgliche Gesamtstrafenbildung soll ein Angekl., dessen mehrere Straftaten aus irgendwelchen Gründen in verschiedenen Verfahren abgeurteilt werden, nicht schlechter, aber auch nicht besser gestellt werden, als wenn alle Taten in einem, und zwar dem zuerst durchgeführten Verfahren abgeurteilt worden wären (BGHSt 32, 190 [193] = NJW 1984, 375; BGHSt 33, 367 [368] = NJW 1986, 440); dies gilt auch bei Bildung mehrerer Gesamtstrafen (BGHSt 43, 216 [217] = NJW 1996, 1220). Deshalb darf für die Gesamtstrafenbildung nicht die (zufällige) äußere Verfahrensgestaltung – mag sie auch fehlerhaft sein – ausschlaggebend sein. Vielmehr kommt es auf die materielle Rechtslage an (BGH, NStZ 1998, 35)."

282 **a) Ein Exkurs**
§ 264 StPO (Gegenstand des Urteils)
Abs. 1: Gegenstand der Urteilsfindung ist die in der Anklage bezeichnete Tat, wie sie sich nach dem Ergebnis der Verhandlung darstellt.
Abs. 2: Das Gericht ist an die Beurteilung der Tat, die dem Beschluss über die Eröffnung des Hauptverfahrens zugrunde liegt, nicht gebunden.

283 Der Wortlaut dieser Vorschrift erklärt die Bedeutung einer „prozessualen Tat" dem Laien nicht wirklich. Die Unterscheidung ist auch nicht immer ganz einfach. Handelt es sich um einzelne abtrennbare Teile einer Tat oder einzelne strafrechtliche Tatbestände, unter die eine Tat oder auch ein nicht ausgeschiedener Teil dieser Tat zu subsumieren wäre. Um eine Tat im prozessualen Sinne handelt es sich bspw. bei einem umgrenzten, geschichtlichen Lebensvorgang einschließlich aller damit zusammenhängenden oder darauf bezogenen Vorkommnisse und tatsächlichen Umstände, die geeignet sind, das in diesen Bereich fallende Tun der in der Anklage konkret bezeichneten Person unter irgendeinem rechtlichen Gesichtspunkt als strafbar erscheinen zu lassen.[66]
Einfach erklärt sagen wir immer: Kann das Handeln des Täters tatsächlich und rechtlich beurteilt werden, ohne das weitere Handeln dabei völlig außer Acht zu lassen? Kann bspw. ein unerlaubtes Entfernen vom Unfallort (§ 142 StGB) vom Sachverhalt erfasst und rechtlich bewertet werden, ohne das vorherige Tun des Täters (ein Unfall, u. U. unter Alkohol) dabei mit einzubeziehen? Muss man diese Frage mit „Nein" beantworten, so handelt es sich um einen untrennbaren Vorgang und damit um eine prozessuale Tat i. S. d. § 264 StPO.

284 **b) Ein Beispiel aus dem Bereich der Häuslichen Gewalt.** Der Täter T. soll die Geschädigte G. mehrfach getreten und geschlagen haben. Im Rahmen des verbalen und auch tätlichen Streits soll T. später mit der G. den Geschlechtsverkehr vollzogen haben, obwohl diese anfänglich noch (leise) „Nein, ich möchte das nicht" gesagt hat, den T. dann im Verlauf der Handlungen aber gewähren lassen hat, weil sie immer noch unter dem Eindruck der Körperverletzungshandlungen stand.
T. dürfte sich hier wegen Körperverletzung (§ 223 StGB) und Vergewaltigung (§ 177 Abs. 1 und 6 StGB oder je nach Würdigung des Sachverhalts mittels Gewalt § 177 Abs. 1, 5 und 6 StGB) schuldig gemacht haben. Die Vergewaltigung kann tatsächlich und rechtlich nicht bewertet werden, ohne die vorherigen Körperverletzungshandlungen in die Wertung mit einzubeziehen, denn (spätestens) für die Frage der Gewaltanwendung oder Drohung mit Gewalt sind die vorherigen Tritte und Schläge auch zu betrachten.

X. Verfahrenseinstellung bei Abwesenheit des Täters

1. Einstellung des Verfahrens durch die Staatsanwaltschaft (§ 154f StPO)

285 Nicht selten kann dem Verfahren kein Fortgang gegeben werden, weil der Täter unbekannten Aufenthalts ist, keine Wohn-, Aufenthalts- und/oder Zustellungsanschrift hat, behördliche Schreiben mithin ihm nicht zur Kenntnis gelangen.

---

[66] KK-StPO/Tiemann, StPO § 264 Rn. 5 m. w. N.

Liegen in diesen Fällen die Voraussetzungen eines Haftbefehls vor, so beantragt die Staatsanwaltschaft einen solchen, stellt das Verfahren sodann vorläufig ein (§ 154f StPO) und veranlasst eine entsprechende Festnahmeausschreibung. Die Fälle dieser vorläufigen Verfahrenseinstellungen sind mithin nicht die, die zu dem Eindruck „Verfahren aus dem Bereich der Häuslichen Gewalt werden immer eingestellt" bzw. „Warum tut denn hier niemand etwas" führen dürften. Seien Sie versichert: Die Strafverfolgungsbehörden (Staatsanwaltschaft und Polizei) fahnden in diesen Fällen mit allen gebotenen Möglichkeiten. Und nicht selten werden Täter auch noch nach Jahren der Abwesenheit inhaftiert und so einem Gerichtsverfahren zugeführt.

Beispiel: 286
Die Geschädigte G. erstattete im Jahre 2017 Strafanzeige gegen den Täter T. wegen mehrfacher Vergewaltigungen in besonders schweren Fällen (§ 177 Abs. 1, 5, 6 StGB) sowie damit einhergehender Körperverletzungsdelikte (§§ 223, 224 StGB). Bereits im Ermittlungsverfahren wurde dem T. ein Verteidiger beigeordnet (§§ 140, 141 StPO). Er selbst war sowohl in der Anfangszeit der Ermittlungen als auch später bei der richterlichen Videovernehmung der G. (§ 58a StPO) nicht greifbar. Polizeiliche Erkenntnisse ließen vermuten, dass T. zwischenzeitlich in sein Heimatland (Osteuropa) ausgereist war. Die richterliche Videovernehmung wurde dem T. mutmaßlich bekannt gegeben (es war eine E-Mail-Adresse vorhanden), amtliche Zustellungen konnten indes nicht erfolgen. T. war im Rahmen der richterlichen Vernehmung auch nicht vor Ort. Die richterliche Vernehmung führte zur Konkretisierung mehrerer schwerwiegender Taten. Durch Nachfragen an die geschädigte Zeugin sowie den Abgleich mit weiteren Beweisen der Ermittlungsakte war eine Würdigung der Zeugin und die Einschätzung zur Glaubhaftigkeit ihrer Angaben möglich. Dringender Tatverdacht wurde festgestellt. Der Ermittlungsrichter erließ Haftbefehl (§ 112 StPO). Die Staatsanwaltschaft veranlasste in der Folge eine internationale Fahndung. T. wurde im Januar 2025 bei der Einreise nach Deutschland verhaftet.

Ein weiteres Beispiel zeigt, dass auch das Verbleiben des Täters in seinem Heimatland nicht immer erfolgreich ist: Zwei geschädigte Schwestern (G1 und G2) hatten ihrem Stiefvater S. bereits im Jahre 1999/2000 zur Last gelegt, sie bereits seit ihrer frühesten Kindheit sexuell missbraucht zu haben. Die umfangreichen polizeilichen Vernehmungen beider Mädchen hatten ergeben, dass S. diese im Genitalbereich nicht unerheblich angefasst hatte. Aufgrund der Gesamtheit der Ermittlungserkenntnisse war auch davon auszugehen, dass S. sich durch diese Berührungen selbst sexuell erregen bzw. im weiteren Verlauf der Handlungen zur sexuellen Befriedigung kommen wollte. Das dem S. zur Last gelegte Verhalten war entsprechend als sexueller Missbrauch von Kindern gewertet worden (Verbrechen, strafbar gemäß § 176 StGB). Bereits im Ermittlungsverfahren wurde dem S. ein Verteidiger beigeordnet (§§ 140, 141 StPO). Er selbst war im Laufe des Ermittlungsverfahrens in sein Heimatland (Großbritannien) ausgereist und meldete sich bei den Strafverfolgungsbehörden gelegentlich per E-Mail. Amtliche Zustellungen waren nicht möglich. Aus diesem Grunde lehnte die zuständige Ermittlungsrichterin eine richterliche Videovernehmung (§ 58a StPO) der beiden zwischenzeitlich Jugendlichen ab, dies mit der nachvollziehbaren Be- 287 gründung, es könne nicht sichergestellt werden, dass der Beschuldigte S. Gelegenheit hat, an dieser Videovernehmung teilzunehmen. Um dem Verfahren Fortgang geben, über den Erlass eines Haftbefehls sowie eine anschließende Fahndung entscheiden zu können, wurden die Geschädigten richterlich vernommen, ohne dass diese Vernehmung in Bild und Ton (Video) verschriftet wurde, die „Konservierung der Aussage" erfolgte mithin nicht. Gleichwohl: Die Aussage der Mädchen führte zur Konkretisierung mehrerer Taten zum Nachteil jeder der Beiden, zur Überprüfbarkeit hinsichtlich Aussagekonstanz und Glaubwürdigkeit der Zeuginnen und schließlich zum Erlass eines Haftbefehls durch das örtliche Amtsgericht. Die Staatsanwaltschaft leitete die internationale Fahndung ein. Der Beschuldigte wurde Ende des Jahres 2023 in seinem Heimatland Großbritannien verhaftet und wenige Wochen später nach Deutschland überstellt. Das zuständige Gericht hat ihn zwischenzeitlich zu einer mehrjährigen Freiheitsstrafe verurteilt.

2. Einstellung des Verfahrens durch das Gericht (§ 205 StPO)

288 Nach Anklageerhebung erfolgt die Verfahrenseinstellung durch das mit der Sache befasste Gericht gemäß 205 StPO. Wichtig zu wissen ist, dass die entsprechende gerichtliche Verfahrenseinstellung sowie jede danach folgende Fahndungsverlängerung durch die Staatsanwaltschaft die Strafverfolgungsverjährung unterbrechen.

3. Einstellung des Verfahrens bei Auslieferung und Ausweisung des Täters (§ 154b StPO)

289 Durch diese Vorschrift erhält die Staatsanwaltschaft die Möglichkeit, das Verfahren einzustellen, sofern der Beschuldigte aus dem Bundesgebiet ausgeliefert wird. Entsprechendes ist auch im Vollstreckungsverfahren möglich, indem von der weiteren Vollstreckung abgesehen und der Verurteilte abgeschoben wird (§ 456a StPO). Sollte der Beschuldigte sich später wieder im Geltungsbereich der StPO aufhalten, kann dem Verfahren Fortgang gegeben werden. Bei einer gerichtlichen Einstellung (nach Anklageerhebung § 154b Abs. 4 Satz 1 StPO) ist die Wiederaufnahme nur binnen eines Jahres möglich (§ 154b Abs. 4 Satz 2 StPO).

XI. Verfahrenseinstellungen bei gegenseitigen Strafanzeigen

1. Absehen von der Verfolgung bei falscher Verdächtigung oder Beleidigung (§ 154e StPO)

290 Mit einer Verfahrenseinstellung gemäß § 154e StPO sollen widersprüchliche Entscheidungen über denselben Sachverhalt vermieden werden.

291 **Beispiel:**
Drei Mädchen hatten Strafanzeige gegen den Täter T. erstattet und angegeben, T. habe ihnen beim Tanzen (auf einem Dorffest) mit der Hand an Po und Brust gegriffen. Bezüglich des dem Beschuldigten zur Last gelegten Verhaltens bestand Tatverdacht der sexuellen Belästigung in drei Fällen (§ 184i StGB).

Im Rahmen der polizeilichen Vernehmung gab T. an, die Vorwürfe würden nicht stimmen, die Anzeigeerstatterinnen hätten sich diesen Sachverhalt ausgedacht. Er erstattete Strafanzeige gegen jedes der Mädchen, jeweils wegen falscher Verdächtigung (§ 164 StGB).

Das von der Polizei aufgrund der Strafanzeige des T. gegen die drei Mädchen eingeleitete Ermittlungsverfahren wurde durch die Staatsanwaltschaft vorläufig gemäß § 154e Abs. 1 StPO eingestellt. So bestand die Möglichkeit, zunächst das gegen T. geführte Strafverfahren abzuwarten und die dortige Entscheidung entsprechend zu werten. Wäre das gegen die Mädchen geführte Verfahren mangels hinreichenden Tatverdachts sogleich gemäß § 170 Abs. 2 StPO eingestellt worden, so wäre der (ggf. auch gerichtlichen) Entscheidung in dem gegen T. geführten Verfahren vorgegriffen worden. Um sicherzustellen, dass in beiden Verfahren keine gegensätzlichen Entscheidungen getroffen werden, ermöglicht § 154e StPO eine vorläufige Einstellung. Gemäß § 154e Abs. 3 StPO ruht die Strafverfolgungsverjährung für die falsche Verdächtigung so lange, bis das gegen T. geführte Verfahren wegen des Vorwurfs der sexuellen Belästigung rechtskräftig abgeschlossen ist.

2. Einstellung des Verfahrens bei einer zivil- oder verwaltungsrechtlichen Grundfrage (§ 154d StPO)

Diese Verfahrensvorschrift entlastet die Staatsanwaltschaft insoweit, als dass diese bei einer Strafanzeige, die eine zivil- oder verwaltungsrechtliche Streitfrage beinhaltet, nicht für die Parteien tätig werden zu müssen. Es soll nicht die Aufgabe der Strafverfolgungsbehörde sein, über komplizierte (zivil- oder verwaltungsrechtliche) Vorgänge ermitteln und Beweise erheben zu müssen. Denn: „Den Anzeigeerstattern geht es dabei häufig aber in erster Linie nicht so sehr um die Verfolgung des Angezeigten. Beabsichtigt ist vielmehr, die Ermittlungsbehörden als kostenlose Beweisbeschaffer auszunutzen, um die eigenen Risiken im Zivilrechtsstreit besser einschätzen zu können."[67]

Denkt man an die Vielzahl der zivilrechtlichen Streitigkeiten im Rahmen der Trennung eines Paares (die Partner streiten nicht selten um Hausrat, Auto oder Hund), kommt der vorgenannten Verfahrensweise durchaus eine praktische Bedeutung zu.

XII. Verweis auf den Privatklageweg (§§ 374, 375, 376 StPO)

1. Erwachsene Täter

Bei Privatklagedelikten (vgl. Katalog in § 374 StPO) erhebt die Staatsanwaltschaft nur dann Anklage, wenn dies im öffentlichen Interesse liegt. Besteht kein öffentliches Interesse an der Strafverfolgung verweist sie den Anzeigeerstatter auf den Privatklageweg (§§ 374, 376 StPO) und stellt das Verfahren gemäß § 170 Abs. 2 StPO ein. Die Entscheidung der Staatsanwaltschaft, ob öffentliches Interesse an der Strafverfolgung besteht oder nicht, ist eine Ermessensentscheidung. Das Klageerzwingungsverfahren ist unzulässig. Allein für den Fall einer willkürlichen Entscheidung der Staatsanwaltschaft könnte der Anzeigeerstatter im Rahmen

---

[67] HK-GS/Thilo Pfordte, StPO § 154d Rn. 1.

einer sachlichen Dienstaufsichtsbeschwerde Erfolg haben. Aber praktische Relevanz hat dieser Rechtsbehelf eher nicht.
Kriterien für die Annahme des öffentlichen Interesses sind mithin
- das Ausmaß der Rechtsverletzung,
- die Rohheit oder Gefährlichkeit der Tat,
- die rassistischen, fremdenfeindlichen, antisemitischen oder sonstigen menschenverachtenden Beweggründe des Beschuldigten,
- die besondere Schutzbedürftigkeit des Verletzten, dessen Stellung im öffentlichen Leben
- sowie relevante Voreintragungen des Beschuldigten in einem inländischen oder ausländischen Strafregister (Nr. 86 Abs. 2 RiStBV).

Das öffentliche Interesse ist bspw. angenommen worden bei Beleidigungen mit einer wesentlichen Ehrkränkung. Familienstreitigkeiten, „Hausklatsch" oder „Wirtshausstreitigkeiten" werden hingegen eher nicht zur Feststellung des öffentlichen Interesses führen.[68]

Bei Körperverletzungsdelikten wird das öffentliche Interesse dann festzustellen sein, wenn es sich um eine rohe Tat, eine erhebliche Misshandlung oder erhebliche Verletzung handelt (Nr. 233 Satz 1 RiStBV).

Kindesmisshandlungen dürften in der Regel nicht auf den Privatklageweg zu verweisen sein (Nr. 235 Abs. 2 Satz 2 RiStBV), es sei denn, dass bereits erfolgversprechende Maßnahmen sozialpädagogischer oder therapeutischer Art eingeleitet wurden (Nr. 235 Abs. 3 RiStBV).[69]

2. Jugendliche Täter

294 In Ermittlungsverfahren gegen Jugendliche[70] ist die Privatklage nicht zulässig. Die Staatsanwaltschaft verfolgt die durch Jugendliche begangenen Straftaten nur dann, wenn das öffentliche Interesse an der Strafverfolgung gegeben ist und Gründe der Erziehung oder ein berechtigtes Interesse des Verletzten, das dem Erziehungszweck nicht entgegensteht, dies erfordern (§ 80 Abs. 1 JGG).

3. Gründe der Erziehung

295 Bei der Frage, ob Gründe der Erziehung eine Strafverfolgung erfordern, sind das Alter des Täters sowie die Erziehungsverhältnisse zu berücksichtigen. Die Schwere und Häufigkeit der dem Täter zur Last gelegten Taten sollen weniger Berücksichtigung finden.[71] Das führt naturgemäß dazu, dass je nach elternbezogenen Gegebenheiten unterschiedliche Entscheidungen getroffen werden, ob Strafverfolgung durch die Staatsanwaltschaft betrieben wird oder nicht, obgleich die dem Täter zur Last gelegten Taten nicht unterschiedlich zu bewerten sind. Dieser Folge wird teilweise mit Bedenken entgegnet.[72] Gleichwohl: Dieser Ansatz entspricht dem Zweck des Gesetzes. Den Bedenken wird dadurch begegnet, dass immer dann, wenn eine Ahndung zur Einwirkung auf den Jugendlichen

---

68 BeckOK StPO, Valerius, § 376 Rn. 2.1.
69 BeckOK StPO, Valerius, § 376 Rn. 2.1.
70 § 1 Abs. 2 JGG: Jugendlicher ist, wer zur Zeit der Tat vierzehn, aber noch nicht achtzehn, Heranwachsender, wer zur Zeit der Tat achtzehn, aber noch nicht einundzwanzig Jahre alt ist.
71 Eisenberg/Kölbel/Kölbel, JGG § 80 Rn. 6.
72 Ders.

oder eine erzieherische Einwirkung erforderlich erscheint, um zukünftige Straftaten möglichst zu vermeiden, die Strafverfolgung durch die Staatsanwaltschaft betrieben wird.

Richtlinien zu § 80 JGG
1. Gründe der Erziehung können die Verfolgung eines Privatklagedeliktes namentlich dann erfordern, wenn Jugendliche wiederholt oder schwere Straftaten begangen haben und eine Ahndung zur Einwirkung auf sie geboten ist oder wenn Art und Ausführung der Tat oder die Persönlichkeit des Jugendlichen erzieherische Einwirkung erforderlich erscheinen lassen, um der künftigen Begehung von Straftaten entgegenzuwirken.
2. Ein berechtigtes, dem Erziehungszweck nicht entgegenstehendes Interesse des Verletzten an der Verfolgung ist in der Regel anzunehmen, wenn der Geschädigte erhebliche materielle oder immaterielle Schäden erlitten hat.
3. Für die Widerklage bleibt das mit der Privatklage befasste Gericht zuständig. Gegen den jugendlichen Widerbeklagten kann das für allgemeine Strafsachen zuständige Gericht nur Zuchtmittel (§ 13) selbst verhängen; hält es Erziehungsmaßregeln für erforderlich, so verfährt es nach § 104 Absatz 4 Satz 1.

Das Ziel der Strafverfolgung ist mithin allein die „zukünftige Legalbewährung des Jugendlichen". „Mag man dabei berücksichtigen dürfen, dass das Elternhaus auf bisherige Normverstöße des Jugendlichen erzieherisch nicht angemessen reagiert hat."[73] Sommerfeld[74] merkt insoweit an, dass eine bloß für falsch angesehene Erziehungsmethode nicht korrigiert werden dürfe, wenn diese keinen kriminogenen Charakter habe: „Das Ausbleiben einer privaten Repression verlangt nicht notwendigerweise den Einsatz der staatlichen Repression. Die Relativierung der Straftat durch die Eltern bedeutet noch keine Billigung, die zu einer Annahme von Gründen der Erziehung und regelmäßig zu einer Verfolgung eines Privatklagedelikts führen dürfte, sondern kann die Gesetzesverbindlichkeit ebenso deutlich machen. Die Gefahr, dass die Erziehungsmethoden, die in „Staatsanwaltskreisen" für richtig angesehen werden, mit dem Strafrecht durchgesetzt werden, gilt es zu sehen."
Dieses Vertrauen in die staatsanwaltliche Arbeit muss man natürlich haben!

4. Berechtigtes Interesse des Verletzten

Unter einem berechtigten Interesse des Verletzten ist „ein vernünftiger Anlass für den Wunsch nach Verfolgung und Ahndung der Tat (nicht also z. B. Vergeltung, zivilrechtliche Interessen, etc.)" zu sehen.[75] Der Schutz vor Wiederholung der Straftat kommt als ein solches Interesse durchaus in Betracht.[76] Auch der Wunsch nach einem ideellem Ausgleich, wie bspw. eine Entschuldigung oder materielle Wiedergutmachung sind als ein berechtigtes Interesse anzuerkennen[77] (vgl. insoweit auch die o. g. Richtlinie zu § 80 JGG Zf. 2.).

---
73 BeckOK JGG, Noak, JGG § 80 Rn. 7 mit Hinweis auf Ostendorf/Sommerfeld § 80 JGG, Rn. 8.
74 NK-JGG/Sommerfeld Rn. 8.
75 Eisenberg/Kölbel/Kölbel, JGG § 80 Rn. 7.
76 NK-JGG/Sommerfeld Rn. 10.
77 BeckOK JGG, Noak, JGG § 80 Rn. 9.

Aber auch hier (wie bereits bei der Verfahrenseinstellung gemäß § 154d StPO dargelegt) sollte die Staatsanwaltschaft darauf bedacht sein, sich „nicht zu einem Instrument zur Durchsetzung zivilrechtlicher Interessen" machen zu lassen.

Kapitel 6: Opferschutz – die aktuellen Regelungen

I. Nebenklage

299 Opfer bestimmter, nämlich der in § 395 Abs. 1 StPO genannten, Taten sind berechtigt, sich der öffentlichen Klage als Nebenkläger anzuschließen. Für diesen Anschluss bedarf es eines ausdrücklichen Antrages. Ein entsprechender Anschluss bedeutet die Wahrnehmung der eigenen Rechte, unabhängig von evtl. Stellungnahmen und Anträgen der Staatsanwaltschaft. Auch an Verhandlungen und Ziele der Staatsanwaltschaft ist der Nebenkläger nicht gebunden. Er kann ein Bestrafungs- und Genugtuungsinteresse oder auch andere Motive verfolgen. Der Nebenkläger hat im Rahmen einer gerichtlichen Hauptverhandlung ein Anwesenheitsrecht, kann Anträge stellen und ein Plädoyer aus seiner Sicht und mit eigener Interessenvertretung halten. Er kann ebenso Rechtsmittel einlegen und ist dabei nicht an evtl. Rechtmittel der Staatsanwaltschaft gebunden.

Zur Nebenklage berechtigt ist aber nur der Geschädigte bestimmter Straftaten; vgl. den Katalog des § 395 Abs. 1 StPO. Aufgezählt sind dort schwerwiegende Straftaten gegen höchstpersönliche Rechtsgüter, namentlich Leben, körperliche Integrität, sexuelle Selbstbestimmung, persönliche Freiheit, Freiheit der Willensentschließung und Willensbetätigung (Abs. 1 Nr. 1–4). Bei all diesen Straftaten soll dem Verletzten eine „gesicherte Rolle als Prozessbeteiligter" zugebilligt werden,[1] u. a. auch, um „Verantwortungszuweisungen durch den Angeklagten begegnen zu können".[2]

Der Nebenkläger muss prozessfähig sein. Das minderjährige Opfer muss sich mithin durch die gesetzlichen Vertreter vertreten lassen. Gleichwohl wird dann das verletzte Kind bzw. der verletzte Jugendliche als Nebenkläger („vertreten durch …") zugelassen.

II. Die Notwendigkeit eines Ergänzungspflegers

300 Richtet sich das Strafverfahren zum Nachteil eines Kindes gegen ein oder beide Elternteile (als gesetzliche Vertreter), so kann die Erklärung zum Anschluss als Nebenkläger nur durch einen Ergänzungspfleger abgegeben werden,[3] denn das Elternteil ist insoweit von der gesetzlichen Vertretung ausgeschlossen.

III. Voraussetzungen des Anschlusses zur Nebenklage

1. Verletzter

301 Wer Verletzter ist, ist in § 373b StPO definiert, mithin die durch die entsprechende Straftat unmittelbar beeinträchtigte Person. In den Fällen des § 395

---

1 RegE BT-Drs. 10/5303 S. 11.
2 KK-StPO/Allgayer, StPO § 395 Rn. 2.
3 KK-StPO/Allgayer, StPO § 395 Rn. 2 unter Hinweis auf OLG Stuttgart Justiz 1999, 348.

Abs. 1 Nr. 1 bis 4 StPO genügt es, dass der Täter die Straftat versucht hat. Auch eine Tatbeteiligung gemäß §§ 25 ff. StGB ist insoweit ausreichend.[4] Strafbare Vorbereitungshandlungen nach § 30 StGB sollen zum Anschluss aber nicht genügen.[5]

Die Befugnis zur Nebenklage steht mithin nur den Personen zu, die in § 395 StPO ausdrücklich benannt sind.[6] Absatz 2 des § 395 StPO gibt den Kindern, Eltern, Geschwistern, Ehegatten oder dem Lebenspartner eines durch eine rechtswidrige Tat Getöteten dieselbe Befugnis. Der Lebensgefährte, Großeltern und Enkel sowie evtl. Unterhaltsberechtigte (in § 395 StPO aber nicht benannte) sind also von der Nebenklage ausgeschlossen.[7] Denn anders als § 373b StPO den Verletzten definiert, wird dieser Personenkreis von § 395 Abs. 2 StPO nicht komplett erfasst.[8]

2. Die Katalogtat

302 § 395 Abs. 1 bis 3 StPO zählt die Straftaten, die zum Anschluss zur Nebenklage berechtigen, abschließend auf. Die meisten Sexualdelikte des StGB sind hier aufgeführt. Gerade in diesem Straftatenbereich besteht (ein unseres Erachtens besonders hohes) Interesse der Geschädigten. Das Aufklärungs-, Mitwirkungs- und Genugtuungsinteresse der Geschädigten kann gerade bei diesen Straftaten besonders ausgeprägt sein. Zudem kann die Ausübung der Nebenklagerechte hier „der Aufarbeitung des Erlebten zugutekommen".[9] Gleiches gilt für die in § 395 Abs. 1 Nr. 2 dargestellten Tötungsdelikte.

Auch Straftaten gegen die körperliche Unversehrtheit (§§ 223 ff. StGB) werden in § 395 Abs. 1 Nr. 3 StPO ausdrücklich genannt; in Nr. 4 Straftaten gegen die persönliche Freiheit und auch die Nachstellung (§ 238 StGB) ist explizit mit aufgeführt.

Strafbare Handlungen im Bereich der Häuslichen Gewalt sind nicht selten solche des Verstoßes gegen § 4 GewSchG (Annäherungsverstöße). Auch insoweit besteht die Möglichkeit der Nebenklage gemäß § 395 Abs. 1 Nr. 5 StPO. In diesen Fällen mag oft auch Tatverdacht wegen Nachstellung (§ 238 StGB) gegeben, mithin die Nebenklage bereits aus Nr. 3 eröffnet sein. Ob allein aufgrund eines (oder mehrerer) Verstöße gegen das Annäherungsverbot aber immer auch (zumindest hinreichender) Tatverdacht wegen Nachstellung greift, ist fraglich und bleibt der Entscheidung im Einzelfall vorbehalten. Die Nennung des Verstoßes gegen § 4 GewSchG in Nr. 5 des § 395 StPO ist daher positiv zu nennen.

3. Rechtswidrige Tat

303 Gemäß § 395 Abs. 1 Satz 1 StPO muss es sich um eine rechtswidrige Tat handeln, damit die Berechtigung zur Nebenklage besteht. Der Begriff der rechtswidrigen Tat ist in § 11 Abs. 1 Nr. 5 StGB definiert. Eine rechtswidrige Tat ist damit „nur eine solche, die den Tatbestand eines Strafgesetzes verwirklicht." Die Feststellung

---

4 *Schmitt*, in: Meyer-Goßner/Schmitt Rn. 3.
5 KK-StPO/Allgayer, StPO § 395 Rn. 3.
6 BT-Drs. 19/27654 S. 101.
7 KK-StPO/Allgayer, StPO § 395 Rn. 3a.
8 Ders.
9 Ders. Rn. 5.

(auch) einer schuldfähigen Straftat ist mithin nicht erforderlich, was dazu führt, dass der Anschluss zur Nebenklage auch im Sicherungsverfahren möglich ist.
„Ist Gegenstand des Verfahrens ein Vergehen des Vollrauschs nach § 323a StGB, ist Nebenklage zulässig, wenn eines der in Abs. 1 Nr. 1 oder Nr. 2 genannten Delikte die Rauschtat ist".[10]
Die Annahme einer rechtswidrigen Tat setzt hinreichenden Tatverdacht (§ 170 Abs. 1 StPO) voraus, wobei die Anschlusserklärung erst wirksam wird, wenn die Staatsanwaltschaft Anklage erhebt (§ 170 Abs. 1 StPO), also hinreichenden Tatverdacht feststellt. Wie ergibt dies Sinn?

Beispiel: 304
Die Staatsanwaltschaft erhebt Anklage wegen einer Straftat, die nicht im Katalog des § 395 StPO dargestellt ist, mithin einer nicht nebenklagefähigen Tat. Stellt das zum Nachteil eines Geschädigten begangene Nebenklagedelikt nun aber materiell-rechtlich mit der zur Anklage gebrachten Tat eine prozessuale Tat im Sinne des § 264 StPO dar, enthält das zur Anklage gebrachte, tatsächliche Geschehen also auch diesen nebenklagefähigen Lebenssachverhalt, so ist der Anschluss möglich. Wir haben Sie noch mehr verwirrt?

Beispiel: 305
Dem Täter T. wird zur Last gelegt, die Geschädigte G. in einer Vielzahl von Fällen beleidigt und bedroht zu haben, diese im Supermarkt angetroffen, geschubst zu haben (ohne, dass es zu Verletzungen gekommen ist) und sich häufig bei ihren Nachbarn aufgehalten zu haben, um sie ggf. beim nach Hause kommen ansprechen zu können. Die Staatsanwaltschaft hat den vorgenannten Sachverhalt umfassend dargestellt und als Beleidigungen (§ 185 StGB) sowie Bedrohungen (§ 241 StGB) zur Anklage gebracht. Soweit auch eine Nachstellung (§ 238 StGB) in Betracht zu ziehen war, hat die Staatsanwaltschaft (ggf. aufgrund noch vorzunehmender Ermittlungen oder einer nicht einfachen rechtlichen Würdigung) das Verfahren gemäß § 154a Abs. 1 StPO beschränkt. Bei § 238 StGB handelt es sich um ein nebenklagefähiges Delikt und der Lebenssachverhalt wurde zur Anklage gebracht; insoweit wurde also hinreichender Tatverdacht festgestellt.

§ 395 Abs. 5 StPO: „Wird die Verfolgung nach §154a beschränkt, so berührt dies nicht das Recht, sich der erhobenen öffentlichen Klage als Nebenkläger anzuschließen. Wird der Nebenkläger zum Verfahren zugelassen, entfällt eine Beschränkung nach § 154a Absatz 1 oder 2, soweit sie die Nebenklage betrifft." 306

4. Das Sicherungsverfahren

Wie unter Ziff. 6.1.3.2.3 301#. bereits dargelegt, ist der Anschluss zur Nebenklage auch im Sicherungsverfahren möglich. § 395 Abs. 1 Satz 1 StPO lautet: „Der erhobenen öffentlichen Klage oder dem Antrag im Sicherungsverfahren kann sich mit der Nebenklage anschließen, wer verletzt ist durch eine rechtswidrige Tat nach …". 307

---

10 KK-StPO/Allgayer, StPO § 395 Rn. 6 und insb. auch BGH, Beschluss vom 5.2.1998 – 4 StR 10/98 (LG Schwerin), NStZ-RR 1998, 305.

Durch Art. 11 des OpferRRG vom 24.6.2004[11] wurde die Vorschrift des § 395 StPO entsprechend ergänzt und seither die Nebenklage auch im Sicherungsverfahren nach §§ 413 ff. StPO ausdrücklich für zulässig erklärt. „Der Gesetzgeber ist damit der Rechtsprechung gefolgt (BGHSt 47, 202)".[12]

5. Verfahren gegen Jugendliche und Heranwachsende

308 Noch vor einigen paar Jahren war die Nebenklage gegen einen Jugendlichen unzulässig. Durch das Justizmodernisierungsgesetz vom 22.12.2006[13] wurde die Nebenklage auch gegen Jugendliche – allerdings erheblich eingeschränkt – für zulässig erklärt. Als Nebenkläger in einem Strafverfahren gegen Jugendliche kann sich nunmehr anschließen, wer „durch ein Verbrechen gegen das Leben, die körperliche Unversehrtheit oder die sexuelle Selbstbestimmung, nach § 239 Abs. 3, § 239a oder § 239b StGB, durch welches das Opfer seelisch oder körperlich schwer geschädigt oder einer solchen Gefahr ausgesetzt worden ist, oder durch ein Verbrechen nach § 251 StGB, auch in Verbindung mit § 252 oder § 255 StGB, verletzt worden ist." Bei besonderen Beeinträchtigungen des Verletzten und gesteigerten Opferschutzinteressen ist der Anschluss zur Nebenklage mithin auch bei einem Jugendlichen möglich.

Mit der Änderung des § 80 Abs. 3 JGG „will der Gesetzgeber den durch die aufgeführten Straftaten Verletzen ermöglichen, über ihre Zeugenaussage hinaus durch eigenes Recht auf Fragen und zur Abgabe von Erklärungen bis hin zu einem Beweisantragsrecht und zur Rechtsmittelbefugnis ihre Sicht der Tat und der erlittenen Verletzungen einzubringen und ihre Interessen aktiv zu vertreten."[14] Neben den sicher berechtigten Opferinteressen ist auch der Erziehungsgedanke im Strafverfahren gegen einen Jugendlichen im Blick zu behalten. Hervorzuheben ist aber auch, dass „die Konfrontation mit dem Geschädigten bei dem jugendlichen Täter das Verantwortungsbewusstsein und damit zugleich den Erziehungsgedanken fördern kann".[15] Dem stimmen wir uneingeschränkt zu.

309 Beispiel (gepaart mit einem kleinen Exkurs):
Dem 16-jährigen und mithin jugendlichen Täter J. wird zur Last gelegt, mit der 13 Jahre alten, insoweit Geschädigten G. (deren Alter ihm bekannt war) den einverständlichen Geschlechtsverkehr vollzogen zu haben.
§ 176 StGB (Sexueller Missbrauch von Kindern) lautet:
Abs. 1: Mit Freiheitsstrafe nicht unter einem Jahr wird bestraft, wer
    1. sexuelle Handlungen an einer Person unter vierzehn Jahren (Kind) vornimmt oder an sich von dem Kind vornehmen lässt (…)
Gemäß § 176 StGB ist der sexuelle Kontakt mit Kindern unter Strafe gestellt. Auch der einvernehmliche Geschlechtsverkehr zwischen einem Kind und einem Jugendlichen ist mithin strafbar. Die Strafandrohung lautet „nicht unter einem Jahr"; es handelt sich hier mithin um ein Verbrechen. Gemäß § 80 Abs. 3 JGG

---

11 BGBl. I 1354.
12 KK-StPO/Allgayer, StPO § 395 Rn. 8.
13 BGBl. I 3416.
14 BT-Drs. 16/3640.
15 KK-StPO/Allgayer, StPO § 395 Rn. 9.

ist die Nebenklage bei einem Verbrechen gegen die sexuelle Selbstbestimmung uneingeschränkt möglich.

Ein weiteres Beispiel:
Dem 16-jährigen und mithin jugendlichen Täter J. wird zur Last gelegt, mit der 14 Jahre alten, insoweit Geschädigten G. den Geschlechtsverkehr vollzogen zu haben, obwohl G. mehrmals deutlich gesagt hatte, keinen Geschlechtsverkehr haben zu wollen.
Nach der sog. „Nein-heißt-Nein" Lösung macht derjenige, dem der entgegenstehende Wille der Geschädigten deutlich geworden ist, sich gemäß § 177 Abs. 1 StGB strafbar – und in vorliegendem Fall aufgrund des vollzogenen Geschlechtsverkehrs der Vergewaltigung – gemäß § 177 Abs. 1, Abs. 6 Nr. 1 StGB. Gemäß § 80 Abs. 3 Nr. 2 JGG ist die Nebenklage zulässig bei einer Verletzung durch einen besonders schweren Fall eines Vergehens nach § 177 Abs. 6 des Strafgesetzbuches, durch welches das Opfer seelisch oder körperlich schwer geschädigt oder einer solchen Gefahr ausgesetzt worden ist. Die Aufnahme dieser Alternative in § 80 Abs. 3 JGG soll Wertungswidersprüche zu § 397a Abs. 1 Nr. 1a StPO vermeiden.[16] Denn § 397a Abs. 1 Nr. 1a StPO ermöglicht die Nebenklagevertretung in einem Verfahren gegen Erwachsene bei einem besonders schweren Fall eines Vergehens nach § 177 Abs. 6 des Strafgesetzbuches.
In einem Strafverfahren gegen einen Jugendlichen ist die Nebenklagebefugnis also noch insoweit eingeschränkt, als dass verlangt wird, dass das Opfer durch die Tat „seelisch oder körperlich schwer geschädigt oder einer solchen Gefahr ausgesetzt worden ist". Muss das Opfer eines schweren Kindesmissbrauchs oder einer Vergewaltigung es nicht als Zumutung empfinden, wenn noch gesondert geprüft werden muss, ob es (das Opfer) durch die Tat schwer geschädigt oder einer entsprechenden Gefahr ausgesetzt worden ist?[17] Das mag kritisch betrachtet werden. Im Gegensatz zu §§ 395, 397a StPO hat sich der Gesetzgeber aber für diese Einschränkung entschieden. Auch hier soll nochmals betont werden, dass in einem Jugendstrafverfahren immer auch der Erziehungsgedanke zu berücksichtigen ist.
„Gefahr" in diesem Sinne meint die konkrete Möglichkeit des Schadenseintritts, „denn angesichts der von den Strafvorschriften erfassten Tatsituationen hätte man auf die Einschränkung sonst verzichten können".[18] Bloße Vermutungen oder auch Anhaltspunkte genügen daher nicht. Es muss eine erhebliche Wahrscheinlichkeit für die Realisierung der Gefahr bestehen.[19] Insoweit ist also eine Einzelfallbetrachtung erforderlich. Es sind die Umstände der einzelnen vorgeworfenen Tat zu würdigen und aus diesen muss sich die benannte Gefahr ergeben.[20]
Für evtl. Geschädigte gilt insoweit, dass seelische oder körperliche (schwere) Schädigungen oder Anhaltspunkte dafür, dass diese Gefahr besteht, konkret vor-

---

16 BT-Drs. 19/15161 S. 12.
17 Eingehender dazu: Noak, ZRP 2009, 15 (16).
18 Eisenberg/Kölbel, § 80 Rn. 18a.
19 Eisenberg/Kölbel/Kölbel, § 80 Rn. 18a.
20 Ders.

getragen werden und möglichst durch ärztliches Attest nachgewiesen werden sollten.

6. Nebenklage in Verfahren gegen Heranwachsende (§§ 80, 109 JGG)

311 Im Strafverfahren gegen Heranwachsende besteht keine Anschlussbeschränkung, denn die Vorschrift des § 80 JGG ist in der Vorschrift des § 109 JGG nicht benannt. Sind Verfahren gegen Jugendliche und Heranwachsende (oder Erwachsene) miteinander verbunden, so ist die Nebenklage gegen den heranwachsenden oder erwachsenen Täter zulässig. Die Rechte des Jugendlichen dürften jedoch nicht beeinträchtigt werden; die erzieherischen Belange sind stets im Blick zu behalten. Werden dem Jugendlichen in einem (nur) gegen ihn gerichteten Verfahren sowohl Straftaten zur Last gelegt, die dieser als Jugendlicher begangen hat als auch solche, die er als Heranwachsender begangen hat, so wird die Nebenklage gemäß § 80 Abs. 3 JGG gleichwohl als zulässig erachtet, dies sogar, soweit sich das Verfahren auf die als Jugendlicher begangenen Tat bezieht.[21] Das wird indes sehr streitig diskutiert. Es müsse sich eine Einwirkung der Nebenklage auf die Verhandlung der Jugenddelikte ausschließen lassen, was das OLG Oldenburg jedenfalls in einem zu entscheidenden Fall (sogar) offenließ, weil „alle angeklagten Taten hinsichtlich Täter, Tatopfer und Tathintergrund in einem sehr engen Zusammenhang" standen. Es sei deshalb ausgeschlossen, „hinsichtlich der prozessualen Befugnisse der Antragstellerinnen, etwa in Bezug auf ihr Frage- oder Antragsrecht, nach einzelnen Tatvorwürfen zu differenzieren."[22] Auch hier gilt also wieder: Es ist eine Frage des Einzelfalls.

7. Antragsdelikte

312 Bei Antragsdelikten handelt es sich unzweifelhaft um rechtswidrige Taten. Gleichwohl sollte der Geschädigte den Strafantrag rechtzeitig stellen.[23] Denn der Strafantrag ist Prozessvoraussetzung. Bei relativen Strafantragsdelikten genügt zwar auch die Feststellung des besonderen öffentlichen Interesses durch die Staatsanwaltschaft (§ 230 StGB).[24] Gleichwohl ist ein rechtzeitig gestellter Strafantrag empfehlenswert, denn die Staatsanwaltschaft könnte das zunächst festgestellte öffentliche Interesse im weiteren Verlauf des Strafverfahrens doch noch ablehnen, wodurch die Prozessvoraussetzung und damit auch die Möglichkeit der Nebenklage entfiele.

8. Nahe Angehörige

313 Gemäß § 395a Abs. 2 Nr. 1 StPO haben die dort genannten, nahen Angehörigen eines Getöteten die Möglichkeit zum Anschluss als Nebenkläger. Diese Anschlussbefugnis gilt sowohl für die Tötungsdelikte der §§ 211 ff. StGB als auch für durch Tötungserfolg qualifizierte Delikte.

Angehörigen eines Getöteten steht die Anschlussbefugnis (Abs. 2 Nr. 1) nicht nur bei den Straftaten gegen das Leben (§§ 211 ff. StGB) sondern auch bei den

---

21 KK-StPO/Allgayer, StPO § 395 Rn. 10.
Schmitt, in: Meyer-Goßner/Schmitt, Vor § 395 Rn. 6 m. w. N.
22 OLG Oldenburg, Urteil vom 12.7.2005 – 1 Ws 351/05; NStZ 2006, 521.
23 Vgl. insoweit die Ausführungen zu absoluten und relativen Strafantragsdelikten sowie der Frist.
24 KK-StPO/Allgayer, StPO § 395 Rn. 11 m. w. N. zur Rechtsprechung.

Kapitel 6: Opferschutz – die aktuellen Regelungen   **313**

durch den Tötungserfolg qualifizierten Delikten zu. Diese Anschlussberechtigung setzt jedoch voraus, dass der nahe Angehörige tatsächlich verstorben ist. Der Versuch des entsprechenden Tötungsdeliktes ist insoweit nicht ausreichend, weil dann der überlebende Verletzte bereits nach § 395 Abs. 1 Nr. 2 StPO die Nebenklage bewirken kann.
Die Aufzählung der zur Nebenklage Berechtigten in § 395 Abs. 2 Nr. 1 StPO ist abschließend. Halbgeschwister sind Geschwister im Sinne dieser Vorschrift.[25] Das dürfte selbstverständlich sein, denn Halbgeschwister stammen von einem selben Elternteil ab. Auch der Lebenspartner des Getöteten hat eine Nebenklageberechtigung.[26] Unter Lebenspartnern sind Personen einer (gleichgeschlechtlichen) eingetragenen Lebenspartnerschaft zu verstehen, nicht Partner einer hetero- oder homosexuellen nichtehelichen Lebensgemeinschaft. Diesen Lebensgefährten steht die Anschlussberechtigung mithin nicht zu. Auch die Großeltern des Getöteten, die Enkel, der geschiedene Ehegatte, der ehemalige Lebenspartner nach Auflösung der Partnerschaft, der Partner einer nach Sinti-Art geschlossenen Ehe, Onkel und Tante sowie Stiefkinder des Getöteten sind nicht zum Anschluss berechtigt.[27] Teilweise wird die Auffassung vertreten, dass auch Stiefeltern als Eltern im Sinne des § 395 Abs. 2 Nr. StPO gelten müssen, weil dies unter Beachtung von Art. 6 Abs. 2 Satz 1 GG dem Schutzzweck der Nebenklage entspreche.[28] Das lässt sich gut hören, weil der Schutz des Art. 6 GG die (gesamte) Familie unter einen besonderen Schutz stellt und dabei auch die unehelichen Kinder den ehelichen Kindern gleichstellt. Stiefvater bzw. Stiefmütter nehmen in der heutigen Zeit sicher eine ebenso wichtige und fürsorgende Rolle ein wie leibliche Eltern.
Weiner argumentiert unseres Erachtens gut nachvollziehbar, dass bei Anwendung eines strengen Maßstabes – und damit nicht in allen Fällen – Stiefeltern (und damit bei Vergleichbarkeit auch ähnliche persönliche Verhältnisse) von dem Recht der Nebenklage erfasst werden sollen, und zwar dann, wenn „die soziale und personale Verbundenheit mit dem Kind denen von leiblichen Eltern entspricht, und die leiblichen Eltern oder einer dieser Elternteile zu dem leiblichen Kind in keinerlei persönlicher oder sozialer Verbindung mehr stehen".[29] Auch Großeltern, die eine Elternfunktion ausgeübt haben, spricht er eine entsprechende Anschlussberechtigung zu. Dieses weite Verständnis entspreche, so Weiner, „nicht nur der gesellschaftlichen Realität vieler sogen „Patchwork-Familien"" sondern „auch Sinn und Zweck der Nebenklage", die das faktisch soziale Elternsein über den Tod hinaus verlängere. Gegen eine solche (weite) Auslegung spricht aber der eindeutige Wortlaut der Vorschrift (§ 395 Abs. 2 Nr. 1 StPO), die als Berechtige die „Eltern" nennt.
Gegen eine solche weite Auslegung spricht jedoch der Wortlaut des Gesetzes, der eine entsprechende Auslegung nicht ermöglicht (und sei diese auch noch so nachvollziehbar). Das bringt auch Allgayer ganz deutlich auf den Punkt: „Den Kreis der Nebenklagebefugten zu erweitern, ist Sache des Gesetzgebers, der sich jüngst mit dem Gesetz zur Fortentwicklung der Strafprozessordnung und zur

---

25 LG Düsseldorf, Beschluss vom 19.9.1957 – (2) Ws 19/57, NJW 1958, 394.
26 Zu nahen Angehörigen vgl. § 1 StGB (der Lebenspartner ist dem Ehegatten gleichgestellt).
27 KK-StPO/Allgayer, StPO § 395 Rn. 12 jeweils m. w. N. zur Rechtsprechung.
28 BeckOK StPO, Weiner, StPO § 395 Rn. 25.
29 Ders.

Änderung weiterer Vorschriften, das am 1. Juli 2021 in Kraft getreten ist (BGBl. 2021 I 2099), ausdrücklich gegen eine Erweiterung ausgesprochen hat (BT-Drs. 19/27654, 101). Eine wortlautübersteigende Auslegung scheidet deshalb aus".[30]

9. Antragsteller im Klageerzwingungsverfahren

314 Hat ein Anzeigeerstatter nach Einstellung des Verfahrens durch die Staatsanwaltschaft mangels hinreichenden Tatverdachts (§ 170 Abs. 2 StPO) erfolgreich das Klageerzwingungsverfahren (§ 172 StPO) betrieben, so steht ihm ein selbständiges Recht zum Anschluss als Nebenkläger zu. Dieses Recht besteht auch dann, wenn dem Verfahren keine gegen höchstpersönliche Rechtsgüter gerichtete Straftat zugrunde liegt. Die Anschlussbefugnis ist also entsprechend erweitert. Dieses Recht entspringt dem Gedanken, „dass dem Verletzten, der die öffentliche Klage durch einen Antrag auf gerichtliche Entscheidung erzwingen musste, im Nachgang nicht zugemutet werden soll, auf die nachhaltige Geltendmachung seiner Rechte durch die Staatsanwaltschaft vertrauen zu müssen".[31] Dieses Misstrauen in die Arbeit der Staatsanwaltschaft irritiert.

Allgayer geht sogar noch einen Schritt weiter und bejaht die Frage, ob die Befugnis auch dann gegeben sei, wenn auf die Beschwerde die Generalstaatsanwaltschaft Anklage erhebt bzw. dazu anweist, bevor das OLG entschieden hat.[32]

Das OLG Frankfurt weist ebenfalls daraufhin, dass die Vorschrift des § 395 Abs. 2 Nr. 2 StPO bei einem erfolgreichen Klageerzwingungsverfahren der Gefahr entgegenwirken soll, dass die Staatsanwaltschaft das gegen ihren Willen zustande gekommene Verfahren nachlässig weiter betreibe. Es stellt aber klar, dass dies nur dann anzunehmen sei, „wenn der Antragsberechtigte im Klageerzwingungsverfahren durch eine Sachentscheidung des Gerichts die Erhebung der öffentlichen Klage herbeigeführt hat". Ein bloßer Ursachenzusammenhang zwischen Klagezwingungsantrag und folgender Anklageerhebung sei nicht ausreichend.[33]

Nichts anderes kann bereits nach dem Wortlaut des § 395 Abs. 2 Nr. 2 StPO gelten: „…die durch einen Antrag auf gerichtliche Entscheidung (§ 172) die Erhebung der öffentlichen Klage herbeigeführt haben". Ein Antrag auf gerichtliche Entscheidung kann aber solange nicht gestellt werden, bis die Generalstaatsanwaltschaft über die Beschwerde des Verletzten gegen die Verfahrenseinstellung durch die Staatsanwaltschaft tatsächlich entschieden hat.

10. Weitere Anschlussberechtigte (§ 395 Abs. 3 StPO)

315 Mit § 395 Abs. 3 StPO hat der Gesetzgeber eine sog. Generalklausel eingeführt, um die Interessen von Opfern von weiteren (Nichtkatalog-)Straftaten zu wahren. Auch bei Beleidigungstaten (§ 185 StGB), Wohnungseinbruchsdiebstahl (§ 243 Abs. 3 und 4 StGB), Raub und Erpressung (§§ 249 bis 255 StGB) und räuberischen Angriffs auf Kraftfahrer (§ 316a StGB) soll der Anschluss zur Nebenklage bei Vorliegen der weiteren besonderen Gründen möglich sein. Die Aufzählung

---

30 KK-StPO/Allgayer, StPO § 395 Rn. 12.
31 KK-StPO/Allgayer, StPO § 395 Rn. 14.
32 Die Formulierung „bevor das OLG entschieden hat" ist ebenfalls missverständlich, weil das OLG zu einer Entscheidung gar nicht mehr berufen ist, wenn die Staatsanwaltschaft (ggf. auch auf Entscheidung der Generalstaatsanwaltschaft) Anklage erhebt.
33 OLG Frankfurt, Beschluss vom 9.11.1978 – 3 Ws 758/78, NJW 1979, 994.

Kapitel 6: Opferschutz – die aktuellen Regelungen 315

der Straftaten ist nicht abschließend („insbesondere"); die Vorschrift nimmt mithin auch Opfer von Straftaten, die im Einzelfall als besonders schwerwiegende Delikte einzuordnen sein können, mit in den Blick.
Insoweit soll auf die Schwere der Tatfolgen für das Opfer abzustellen sein. Kritisiert wird, warum in der entsprechenden Vorschrift auch die Beleidigungsdelikte mit aufgezählt sind. Denn die Schwere der Rechtsgutverletzung dürfte einen die Nebenklagebefugnis rechtfertigenden Grad kaum erreichen.[34]
Gülsen Celebi stellt in ihrer kritischen Würdigung des Opferschutzgesetzes heraus, dass die Frage, ob eine besondere Schwere bestehe in jedem Einzelfall von der Entscheidung des jeweiligen Gerichts abhänge: „Für den Tatbestand der Beleidigung (§ 185 StGB) wird das Recht auf Nebenklage ganz abgeschafft. In der Beratung von Opfern rechter, rassistischer und antisemitischer Gewalt hat man vielfach mit Fällen zu tun, in denen eine einfache Körperverletzung – häufig im Zusammenhang mit einer Beleidigung – angeklagt wird. Auch ohne schwere körperliche Schäden können Angriffe, die durch rechtsextreme Einstellungen motiviert sind, erhebliche Auswirkungen auf die Opfer haben. Für diese Opfer wird es keine Sicherheit mehr geben, ob sie als Nebenklägerin bzw. Nebenkläger zugelassen werden. Es ist nach der Reform kaum zu erwarten, dass Folgen rechter, rassistischer und antisemitischer Gewalt bei der Entscheidung über die Zulassung der Nebenklage Berücksichtigung finden werden. Zudem wird den Opfern auferlegt, schon vor Beginn des Gerichtsverfahrens darzustellen, worin die Schwere der Tatfolgen besteht – für viele eine unüberwindbare Hürde. Eine „Kann-Bestimmung" wird außerdem zu verschiedenartigen Entscheidungen in vergleichbaren Fällen führen und so Rechtsunsicherheit schaffen".
Dass es gerade auch bei Beleidigungsdelikten schwere Tatfolgen geben kann, bei denen die Nebenklage zur Interessenwahrnehmung erforderlich ist, wird durch diese Ausführungen deutlich. Systemwidrig finden wir die Aufnahme der Beleidigungsdelikte in diese Aufzählung daher gerade nicht. Dass aber bei Beleidigungsdelikten oder weiteren Straftaten, bei denen naturgemäß die schweren Folgen nicht in jedem Fall gegeben sind, weitere Feststellungen zu eben dieser schweren Folge geboten erscheinen, ist nachvollziehbar.
Ob diese besonderen Gründe vorliegen, entscheidet das jeweils mit der Sache befasste Gericht nach pflichtgemäßem Ermessen. Die Entscheidung ist nach § 396 Abs. 2 Satz 2 unanfechtbar.[35]
Schwere Tatfolgen sind in der Regel dann gegeben, wenn „beim Verletzten körperliche oder seelische Schäden (z. B. Gesundheitsschäden, Traumatisierungen, erhebliche Schockerlebnisse) mit einem gewissen Grad an Erheblichkeit bereits eingetreten oder zu erwarten sind".[36] Nach dem Willen des Gesetzgebers soll der Schweregrad die Schwelle schwerer körperlicher oder seelischer Schäden nicht erreichen müssen. Eine abstrakte Betrachtung des Tatunrechts ohne Würdigung der konkreten Umstände des Einzelfalls reiche aber nicht aus.[37]

---

[34] KK-StPO/Allgayer, StPO § 395 Rn. 15.
[35] BGH NStZ 2012, 466 Rn. 11.
[36] KK-StPO/Allgayer, StPO § 395 Rn. 16.
[37] BT-Drs. 16/12098.

IV. Der Verfahrensbeistand

1. Verfahrensbeistand im Gerichtsverfahren (§§ 397a, 397b StPO)

316 Handelt es sich um ein nebenklagefähiges Delikt (§ 395 StPO), kann dem Nebenkläger unter den weiteren Voraussetzungen des § 397a StPO auf seinen Antrag ein Rechtsanwalt als Beistand bestellt werden. Dem rechtunkundigen Nebenkläger wird die Wahrnehmung seiner Rechte so erleichtert und insbesondere auch, die eigenen Beteiligungsrechte umfassend wahrzunehmen.[38] Bei bestimmten Nebenklagedelikten (§ 397a Abs. 1 StPO) ist dem Nebenkläger auf Antrag ein anwaltlicher Beistand (Opferanwalt) zu bestellen. Liegen die Voraussetzungen für eine Beiordnung des Opferanwalts gemäß § 397a Abs. 1 StPO nicht vor, ist bei Vorliegen der Voraussetzungen des Abs. 2 ggf. die Bewilligung von Prozesskostenhilfe möglich. Die Beiordnung eines Opferanwalts (Absatz 1) bzw. die Bewilligung von Prozesskostenhilfe (Absatz 2) ist nach Anklageerhebung und im Sicherungsverfahren möglich. Für das Adhäsionsverfahren ist Abs. 1 indes nicht anwendbar; es kann aber (für jede Instanz gesondert) Prozesskostenhilfe gewährt werden.[39]

2. Die Beiordnung eines Verfahrensbeistandes (§ 397a Abs. 1 StPO)

317 Bei besonders schwerwiegenden Straftaten kann dem Opfer (auf Antrag) ein Opferanwalt (Rechtsanwalt als sog. Verfahrensbeistand) beigeordnet werden. Das bedeutet, dass in diesen Fällen für das Opfer keine Kosten anfallen, weil der Staat einkommensunabhängig die Kosten des Rechtsanwalts übernimmt. Die Beiordnung eines Zeugenbeistandes (§ 68b StPO) ist nicht erforderlich; die Vorschrift des § 397a Abs. 1 StPO stellt insoweit eine Spezialvorschrift dar.[40]

3. Kein Kostenrisiko

318 Opfer bestimmter Straftaten wird somit (unabhängig von ihrer jeweiligen wirtschaftlichen Situation) „das Kostenrisiko der Nebenklagebeteiligung abgenommen". Das Kostenrisiko übernimmt in diesen Fällen der Staat.[41] Der dem Geschädigten beigeordnete Opferanwalt erhält in diesen Fällen einen eigenen Gebührenanspruch gegen die Staatskasse.[42] Der Geschädigte selbst darf von seinem Rechtsanwalt mithin für die Kosten nicht in Anspruch genommen werden.[43] Das Opfer erhält keine Rechnung. Ausnahme: Die Beiordnung eines Rechtsanwalts erstreckt sich nicht auf die Kosten eines unbegründeten oder zurückgenommenen Rechtsmittels. Zu beachte ist: Der Nebenkläger ist selbstverständlich berechtigt, Rechtsmittel einzulegen (§ 395 Abs. 4 Satz 2, § 401 Abs. 1 Satz 1 StPO), soweit er in seiner Stellung als Nebenkläger beschwert ist (soweit der Angeklagte wegen eines angeklagten Nebenklagedelikts freigesprochen wurde).[44]

---

38 MüKo-StPO, Valerius, § 397a Rn. 1.
39 MüKo-StPO, Valerius, § 397a Rn. 2.
40 BeckOK StPO, Weiner, StPO § 397a Rn. 1.
41 Ders. Rn. 2.
42 § 15 RVG, §§ 45 RVG ff., § 53 RVG, §§ 52 RVG i. V. m. VV Vorb. 4 RVG (Rechtsanwaltsvergütungsgesetz).
43 BeckOK StPO, Weiner, StPO § 397a Rn. 37.
44 BeckOK StPO, Weiner, StPO § 397a Rn. 1.

§ 395 Abs. 4 StPO (Befugnis zum Anschluss als Nebenkläger) lautet: „Der Anschluss ist in jeder Lage des Verfahrens zulässig. Er kann nach ergangenem Urteil auch zur Einlegung von Rechtsmitteln geschehen."

V. Die Voraussetzungen der privilegierten Beiordnung (§ 397a Abs. 1 StPO)

Die Beiordnung eines kostenlosen Verfahrensbeistandes gemäß § 397a Abs. 1 StPO erfolgt nur bei bestimmten, besonders schwerwiegenden Straftaten, die im Katalog des Abs. 1 abschließend aufgezählt sind.

1. Sexual- und versuchte sowie vollendete Tötungsdelikte

Bei den in § 397a Abs. 1 Nr. 1, Nr. 1a und Nr. 2 dargestellten Straftaten geht der Gesetzgeber von einer generellen Schutzbedürftigkeit des Opfers aus. Weitere Voraussetzungen für die einkommensunabhängige Beiordnung sind daher nicht normiert. Diese „privilegierte Beiordnung" betrifft Opfer von Verbrechen
– der sexuellen Nötigung, des sexuellen Übergriffs sowie der Vergewaltigung (§ 177 StGB),
– des Menschenhandels (§ 232 StGB), der Zwangsprostitution (§ 232a StGB) und der Zwangsarbeit (§ 232b StGB),
– der Ausbeutung und Ausnutzung einer Freiheitsberaubung (§ 233a StGB) sowie
– eines besonders schweren Falls eines Vergehens der Vergewaltigung (§ 177 Abs. 6 StGB).

Bei allen vorgenannten Straftaten ist zu beachten, dass es sich um die jeweilige Verbrechensvariante der jeweiligen Vorschrift handeln muss; bei § 177 StGB ist auch der besonders schwere Fall eines Vergehens der Vergewaltigung (§ 177 Abs. 6 StGB) mit aufgeführt. Bei den dargestellten Straftaten gegen die sexuelle Selbstbestimmung ist der Gesetzgeber von einem besonderen Schutzbedürfnis des Opfers ausgegangen und hat das gesteigerte Bedürfnis festgestellt, dass ihnen auf Antrag ein Rechtsanwalt zur Seite gestellt wird. Entsprechendes wurde für Opfer des Menschenhandels und hier insbesondere derjenigen eines Menschenhandels zum Zweck der sexuellen Ausbeutung erkannt.[45] Die Aufnahme von § 177 Abs. 6 StGB soll die berechtigten Interessen der Opfer jeder Form von Vergewaltigung wahren, weil diese „vergleichbaren Belastungen" wie in den Verbrechenstatbeständen des § 177 StGB ausgesetzt sind.[46] Besonders schutzbedürftig sind auch die Verletzten von versuchten Tötungsdelikten (§§ 211, 212 StGB) sowie die Hinterbliebenen vollendeter Tötungsdelikte.[47]

2. Straftaten gegen die körperliche Unversehrtheit

Bei Opfern der in § 397a Abs. 1 Nr. 3 StPO dargestellten Verbrechen
– der schweren Körperverletzung (§ 226 StGB),
– der Verstümmelung weiblicher Genitalien (§ 226a StGB),

---

45 Vgl. BT-Drs. 16/12098 S. 52.
46 BT-Drs. 19/14747 S. 37.
47 BeckOK StPO, Weiner, StPO § 397a Rn. 8.

- des Menschenraubes (§ 234 StGB), der Verschleppung (§ 234a StGB) und des Verschwindenlassens von Personen (§ 234b StGB),
- der Entziehung Minderjähriger (§ 235 StGB),
- der Nachstellung (§ 238 StGB),
- der Freiheitsberaubung (§ 239 StGB), des erpresserischen Menschenraubes (§ 239a StGB) und der Geiselnahme (§ 239b StGB),
- des Raubes (§ 249 StGB), schweren Raubes (§ 250 StGB), des räuberischen Diebstahls (§ 252 StGB), der räuberischen Erpressung (§ 255 StGB) und des räuberischen Angriffs auf Kraftfahrer (§ 316a StGB)

ist die (kostenlose) Beiordnung eines Verfahrensbeistandes an die weitere Voraussetzung gebunden, dass die Tat bei dem Opfer zu schweren körperlichen oder seelische Schäden geführt hat oder voraussichtlich führen wird. Dieser Beiordnungstatbestand knüpft damit an eine besondere und nachzuweisende Schutzbedürftigkeit an. Der Gesetzgeber rechtfertigt die in diesem Fall kostenlose Beiordnung eines Opferanwalts durch die schweren Schäden.[48] „Verbrechen der schweren Freiheitsberaubung, des erpresserischen Menschenraubs und der Geiselnahme lösen typischerweise bei den dadurch Verletzten ein erhöhtes Schutzbedürfnis aus, da diese unter den Folgen der Taten oftmals lange zu leiden haben; entsprechendes gilt für die schwerwiegenden Aggressionsdelikte der §§ 249, 250, 252, 255 und 316a StGB.[49] Die Frage, des Schweregrads der körperlichen oder seelischen Folgen kann mit denen des § 226 verglichen werden. In körperlicher Hinsicht muss also eine schwere und dauerhafte Gesundheitsschädigung eingetreten oder zu erwarten sein. In psychischer Hinsicht ist eine erhebliche Schädigung ebenso zu betrachten.[50] Der Begriff der schweren Gesundheitsschädigung im Sinne des § 239 Abs. 3 Nr. 2 StGB soll über denjenigen des § 226 StGB noch hinausgehen. Also immer dann, wenn eine schwere Folge im Sinne des § 226 StGB eingetreten ist, ist auch eine schwere Gesundheitsschädigung im Sinne des § 239 Abs. 3 Nr. 2 StGB anzunehmen.[51] Schroth präzisiert diesen Begriff noch dahingehend, dass eine schwere Gesundheitsschädigung bereits dann anzunehmen sei, wenn die Gesundheit des Betroffenen ernstlich oder einschneidend oder nachhaltig beeinträchtigt ist:[52]

- „Man sollte den Begriff der schweren Gesundheitsschädigung von den Folgen der Verletzung der körperlichen Integrität bestimmen. Schwerwiegende Beeinträchtigungen bei spezifischen Delikten sollen mit diesem Qualifikationsmerkmal besonders geahndet werden können. Man wird wohl davon ausgehen müssen, dass (sic.) immer dann, wenn intensivmedizinische Maßnahmen zur Lebensrettung notwendig sind, eine schwere Gesundheitsschädigung gegeben ist. In diesen Fällen ist das Opfer ernstlich beeinträchtigt. Es liegt dann eine Gesundheitsschädigung vor, die intensivst in die körperliche Integrität des Opfers eingegriffen hat."[53]

und

---

48 BT-Drs. 16/12098 S. 52.
49 BeckOK StPO, Weiner, StPO § 397a Rn. 14. unter Hinweis auf BT-Drs. 16/12098 S. 52 f.
50 BT-Drs. 16/12098 S. 53.
51 BeckOK StPO, Weiner, StPO § 397a Rn. 14. m.w.N zur Rechtsprechung.
52 Schroth, NJW 1998, 2861 (2865).
53 Ders.

– „In solchen Fällen liegt eine schwere körperliche oder seelische Folge i. S. v. § 397a Abs. 1 Nr. 3 vor, da der Verletzte dann in seinen Möglichkeiten zur Lebensführung und Selbstverwirklichung erheblich eingeschränkt ist".[54]

Auch bei der Beantwortung dieser Frage gilt (wie so häufig), dass es auf die Einzelfallbewertung ankommt, die nach dem Willen des Gesetzgebers aus einer Gesamtschau der Schwere des Delikts in Verbindung mit den schweren körperlichen oder seelischen Schäden vorzunehmen ist.[55] Dabei ist wichtig, die geforderte Annäherung an die schweren Folgen des § 226 StGB[56] zu erreichen. Eine nur kurzfristige und vorübergehende Gesundheitsstörung wird dabei wohl unberücksichtigt bleiben müssen. Weiner regt an, sich insoweit am Opferentschädigungsgesetz (§ 1 Abs. 1 OEG) zu orientieren, weil diese Vorschrift einen dem Strafrecht weitgehend angenäherten Tatbestand des „vorsätzlichen, rechtswidrigen tätlichen Angriffs" enthalte.[57] Das soziale Entschädigungsrecht biete, so Weiner, hinsichtlich des erforderlichen Zeitraums einer „langwierigen Krankheit" Orientierung. In Anlehnung an das soziale Entschädigungsrecht seien Gesundheitsstörungen dann vorübergehend, wenn diese nicht länger als sechs Monate andauern würden. Letztlich komme es bei der Beurteilung jedoch immer auf eine Einzelfallbewertung an, die insgesamt aus einer Gesamtschau der Schwere des Delikts in Verbindung mit den schweren körperlichen oder seelischen Schäden vorzunehmen sei.[58]

Zusammenfassend kann wohl gesagt werden, dass dem Nebenkläger, der besonders schutzbedürftig ist, ein kostenloser Rechtsanwalt beigeordnet werden soll.[59] Und „das Gesetz hat dabei primär Verletzte im Blick, die sich in einem Zwei-Personen-Verhältnis einem gegen sie gerichteten Aggressionsdelikt ausgesetzt sahen."[60]

3. Geschädigte im besonderen Schutzalter

Gemäß § 397a Abs. 1 Nr. 4 StPO erhalten Opfer bestimmter Straftaten einen kostenlosen Rechtsanwalt, sofern sie zur Tatzeit das 18. Lebensjahr noch nicht vollendet hatten oder ihre Interessen selbst nicht ausreichend wahrnehmen können.

Der Gesetzgeber nennt hier die Straftaten
– des sexuellen Missbrauchs von Schutzbefohlenen (§ 174 StGB),
– des sexuellen Missbrauchs von Gefangenen, behördlich Verwahrten oder Kranken und Hilfsbedürftigen in Einrichtungen (§ 174a StGB),
– des sexuellen Missbrauchs unter Ausnutzung einer Amtsstellung (§ 174b StGB),
– des sexuellen Missbrauchs unter Ausnutzung eines Beratungs-, Behandlungs- oder Betreuungsverhältnisses (§ 174c StGB),
– des sexuellen Missbrauchs von Kindern (§ 176 StGB),

---
54 Ders.
55 Vgl. BT-Drs. 16/12098 S. 53.
56 Ders.
57 BeckOK StPO,Weiner, StPO § 397a Rn. 14.
58 Ders. unter Hinweis auf BT-Drs. 16/12098 S. 53.
59 Ders.
60 BGH, Beschl. v. 7.6.2018 – 3 StR 149/18 (OLG Stuttgart), NStZ-RR 2018, 256.

- des sexuellen Missbrauchs von Kindern ohne Körperkontakt mit dem Kind (§ 176a StGB),
- der Vorbereitung des sexuellen Missbrauchs von Kindern (§ 176b StGB),
- des schweren sexuellen Missbrauchs von Kindern (§ 176c StGB),
- des sexuellen Missbrauchs von Kindern mit Todesfolge (§ 176d StGB),
- der Verbreitung und des Besitzes von Anleitungen zu sexuellem Missbrauch von Kindern (§ 176e StGB),
- des sexuellen Übergriffs, der sexuellen Nötigung und der Vergewaltigung (§ 177 StGB),
- des sexuellen Übergriffs, der sexuellen Nötigung und der Vergewaltigung mit Todesfolge (§ 178 StGB),
- der Förderung sexueller Handlungen Minderjähriger (§ 180 StGB),
- der Ausbeutung von Prostituierten (§ 180a StGB),
- der Zuhälterei (§ 181a StGB),
- des sexuellen Missbrauchs von Jugendlichen (§ 182 StGB),
- der sexuellen Belästigung (§ 184i StGB),
- der Straftaten aus Gruppen (§ 184j StGB),
- der Verletzung des Intimbereichs durch Bildaufnahmen (§ 184k StGB) und
- der Misshandlung von Schutzbefohlenen (§ 225 StGB).

Dieser recht umfangreiche Straftatenkatalog zeigt, dass der Gesetzgeber einem bestimmten (besonders schutzwürdigen) Personenkreis weit umfangreiche Rechte zubilligen wollte. Die Bestellung eines Rechtsanwalts als Verfahrensbeistand gemäß § 397a Abs. 1 Nr. 4 StPO setzt über eine der vorgenannten Taten hinaus voraus, dass der Nebenkläger entweder zur Zeit der Tat noch minderjährig (keine 18 Jahre alt) war oder seine Interessen selbst nicht ausreichend wahrnehmen kann.

324 Alternative a): Noch keine 18 Jahre alt

Es kommt – so der eindeutige Wortlaut des Gesetzes – auf das Alter zur Tatzeit an. Auch wenn die Tat schon längere Zeit zurückliegt und der Verletzte zwischenzeitlich volljährig ist, so besteht dennoch ein besonderes Interesse des Verletzten an der Beiordnung eines Opferanwalts. Denn insbesondere Personen, die als Minderjährige Opfer eines sexuellen Missbrauchs geworden sind, leiden im Rahmen eines Macht- oder Abhängigkeitsverhältnisses unter den psychischen Folgen der Tat und werden so von einer frühzeitigen Strafanzeige abgehalten. In diesen Fällen ist anwaltlicher Beistand ganz besonders geboten.[61] Die Entscheidung, ob ein Opferanwalt gemäß § 397a Abs. 1 Nr. 4 StPO zu bestellen ist, hängt mithin an den Voraussetzungen der Straftat (Katalogtat) und des Alters des Geschädigten zur Tatzeit. Insoweit bestehen folglich keine besonderen Probleme bzw. kein Auslegungs- oder Erklärungsbedarf.

325 Alternative b): Unfähigkeit zur eigenen Interessenwahrnehmung

Auch die Personen, die ihre persönlichen Interessen (aus unterschiedlichen Gründen) nicht selbst wahrnehmen können, werden als besonders schutzwürdig angesehen.[62] Auch hier gilt, dass die Umstände des Einzelfalls zu betrachten und

---

61 MüKo-StPO, Valerius, § 397a Rn. 18.
62 BT-Drs. 15/1311 S. 25.

zu bewerten sind. So kann unter Umständen bereits die Schwierigkeit der Sach- und Rechtslage dazu führen, dass der Nebenkläger sich nicht selbst ausreichend vertreten kann.[63] Erforderlich ist, dass die besonderen Schwierigkeiten aus Rechtsfragen herrühren, welche die spezielle Interessenlage, vornehmlich die Schutzbedürftigkeit des Nebenklägers betreffen. Das mag bspw. bei einer Aussage-gegen-Aussage Konstellation der Fall sein, bspw. dann, wenn der Angeklagte sich auf Notwehr beruft.[64] Wichtig ist daher, dass der Nebenkläger die entsprechenden Umstände vorträgt und ggf. belegt.

4. Besondere Schutzbedürftigkeit oder Unfähigkeit eigener Interessenwahrnehmung

Gemäß § 397a Abs. 1 Nr. 5 StPO kann ein Opferanwalt beigeordnet werden, wenn der Nebenkläger Verletzter einer der nachfolgenden (rechtswidrigen) Straftaten[65] ist:
- der Aussetzung (§ 221 StGB),
- der schweren Körperverletzung (§ 226 StGB),
- der Verstümmelung weiblicher Genitalien (§ 226a StGB),
- des Menschenhandels (§ 232 StGB),
- der Zwangsprostitution (§ 232a StGB),
- der Zwangsarbeit (§ 232b StGB),
- der Ausbeutung der Arbeitskraft (§ 233 StGB),
- der Ausbeutung unter Ausnutzung einer Freiheitsberaubung (§ 233a StGB),
- des Menschenraubes (§ 234 StGB),
- der Verschleppung (§ 234a StGB),
- des Verschwindenlassens von Personen (§ 234b StGB),
- der Entziehung Minderjähriger (§ 235 StGB),
- der Zwangsheirat (§ 237 StGB),
- der Nachstellung (§ 238 nur Abs. 2 und 3 StGB),
- des erpresserischen Menschenraubes (§ 239a StGB),
- der Geiselnahme (§ 239b StGB),
- der Nötigung in einem besonders schweren Fall (§ 240 Abs. 4 StGB),
- des Raubes und des schweren Raubes (§§ 249, 250 StGB),
- des räuberischen Diebstahls und der räuberischen Erpressung (§§ 252, 255 StGB) und
- des räuberischen Angriffs auf Kraftfahrer (§ 316a StGB)

und der Nebenkläger entweder bei der Antragstellung noch minderjährig ist („keine 18 Jahre alt") oder seine Interessen selbst nicht ausreichend wahrnehmen kann. Anders als bei Nr. 4 wird gefordert, dass der Nebenkläger zum Zeitpunkt der Antragstellung (auf Beiordnung eines Opferanwalts) noch keine 18 Jahre alt ist.

---

63 MüKo-StPO, Valerius, § 397a Rn. 28 unter Hinweis auf BT-Drs. 16/12098 S. 34.
64 MüKo-StPO, Valerius, § 397a Rn. 28 unter Hinweis auf OLG Schleswig (I. Strafsenat), Beschluss vom 8.3.2022 – 1 Ws 42/22, BeckRS 2022, 6036.
65 Anders als bei Nr. 3 muss es sich hier nicht um ein Verbrechen handeln!

5. Verbrechen nach dem Völkerstrafgesetzbuch

327 Verbrechen nach dem Völkerstrafgesetzbuch (VStGB) erfahren im Bereich der Häuslichen Gewalt keine Bedeutung.[66] Gleichwohl wollen wird diese Alternative der Beiordnung eines Verfahrensbeistandes hier auch (kurz) darstellen. Wurde jemand durch ein Verbrechen nach dem Völkerstrafgesetzbuch gemäß § 6 (Völkermord), § 7 (Verbrechen gegen die Menschlichkeit), § 8 (Kriegsverbrechen gegen Personen), § 10 (Kriegsverbrechen gegen humanitäre Operationen und Embleme), § 11 (Kriegsverbrechen des Einsatzes verbotener Methoden der Kriegsführung) oder § 12 VStGB (Kriegsverbrechen des Einsatzes verbotener Mittel der Kriegsführung) verletzt, welches ihn gemäß § 395 Abs. Nr. 4a StPO zur Nebenklage berechtigt, so wird ihm auf Antrag gemäß § 397a Abs. 1 Nr. 6 StPO ein Opferanwalt beigeordnet. Der Gesetzgeber hat in Anlehnung an Nr. 4 und 5 einen Opferanwalt nur dann vorgesehen, wenn der Nebenkläger nicht in der Lage ist, die eigenen Interessen selbst ausreichend wahrzunehmen.[67]

6. Prozesskostenhilfe (§ 397a Abs. 2 StPO)

328 Immer (und nur) dann, wenn die besonderen Voraussetzungen der kostenlosen Beiordnung eines Opferanwalts gemäß § 397a Abs. 1 StPO nicht vorliegen (die Voraussetzungen der Nebenklage gemäß § 395 StPO aber vorliegen!), kommt u. U., nämlich bei Vorliegen weiterer (anderer/milderer) Voraussetzungen die Finanzierung des Opferanwalts über die Prozesskostenhilfe in Betracht. Die Voraussetzungen des § 397a Abs. 2 StPO sind eigener Art, mit der Prozesskostenhilfe des Zivilprozesses (§ 114 Abs. 1 ZPO) mithin nicht vergleichbar. Anhand der Formulierung „oder" ist erkennbar, dass (nur) eine der beiden Voraussetzungen gegeben sein muss:
– wenn er seine Interessen selbst nicht ausreichend wahrnehmen kann oder
– ihm dies nicht zuzumuten ist.

Es kommt damit allein auf die persönliche Situation des Verletzten an. Sofern „der Gedanke des Opferschutzes dies erfordert", dürfte das Anspruchsmerkmal der Schwierigkeit der Sach- und Rechtslage jedoch Geltung haben.[68] Denn „bei schwieriger Sach- und Rechtslage wird in aller Regel ein Anspruch des Nebenklägers auf Gewährung von Prozesskostenhilfe zu gewähren sein, weil er in diesen Fällen seine Interessen ohne anwaltlichen Beistand zumeist nicht selbst ausreichend wahrnehmen können wird".[69]

Rössner empfiehlt beide Alternativen an die allgemeinen Gründe der Pflichtverteidigung (§ 140 Abs. 2 StPO) anzulehnen und die dort entwickelten Auslegungsgrundsätze heranzuziehen.[70] Diese Auslegungsgrundsätze sollen dann nach verletzten- bzw. opferspezifischen Gesichtspunkten ausgelegt werden.[71] Auf die Erfolgsaussicht im Verfahren, also auf die Verurteilung des Angeklagten, kommt es daher nicht an. Denn dies ist mit dem Wesen der Nebenklage nicht

---

66 Praktische Beispiele gibt es jedenfalls keine.
67 MüKo-StPO, Valerius, § 397a Rn. 21a unter Hinweis auf BT-Drs. 20/9471 S. 40.
68 BeckOK StPO, Weiner, StPO § 397a Rn. 21.
69 Ders. unter Hinweis auf BT-Drs. 16/12098 S. 54.
70 HK-GS/Dieter Rössner, StPO § 397a Rn. 6.
71 BeckOK StPO, Weiner, StPO § 397a Rn. 21.

vereinbar: „Es ist mit dem Wesen der Nebenklage nicht zu vereinbaren, die Entscheidung des Nebenklägers und des ihm beigeordneten Rechtsanwalts zur Ausübung des Anwesenheitsrechts über die Form der Prozesskostenhilfebewilligung zu steuern und ihn kostenrechtlich davon abzuhalten, das Anwesenheitsrecht auszuüben".[72] Das OLG Naumburg hat hier klargestellt, „dass § 397a Abs. 2 StPO keine Grundlage für eine solche Beschränkung bietet und dass die Erfolgsaussicht der Nebenklage für die Bewilligungsentscheidung keine Rolle spielt. Auch die Beurlaubung von Mitangeklagten nach § 231c StPO ändert nichts an den Rechten des Nebenklägers".[73]

7. Unfähigkeit der eigenen Interessenwahrnehmung

Die Bestellung eines Verfahrensbeistandes erfordert auch hier (wie bei § 397a Abs. 1 Nr. 4 und 5 StPO), dass der Verletzte aufgrund seiner psychischen oder physischen Situation ersichtlich nicht in der Lage ist, seine Interessen ausreichend selbst wahrzunehmen. Wie bereits dargelegt, orientiert sich die Beantwortung der Frage, ob der Verletzte seine Interessen selbst nicht ausreichend wahrnehmen kann, an der Auslegung des § 140 Abs. 2 StPO.[74] Nimmt man diesen Vergleich vor, so ist die Beiordnung eines Verfahrensbeistandes (Opferanwalt) möglich, wenn das Opfer besondere persönliche Defizite bei der Wahrnehmung seiner Interessen hat, wie bspw. eingeschränkte geistige Kräfte und/oder des psychischen Gesundheitszustands. Das mögen auch (oder im Wesentlichen) Folgen der Tat sein.[75] Die Unfähigkeit der eigenen Interessenvertretung bestimmt sich also nach den opferspezifischen Gesichtspunkten, was Sinn und Zweck der Vorschriften der Nebenklage (§§ 395 ff. StPO) ist. Auch Opfer von Zwangsverheiratungen werden als Verletzte im Sinne dieser Vorschriften erfasst.[76] In Anbetracht des Vergleichs mit Fällen der notwendigen Verteidigung dürfte ein Fall der Unfähigkeit zur eigenen Interessenwahrnehmung auch bei Opfern von Straftaten vorliegen, wenn diese an einer Lese- oder Rechtschreibschwäche leiden.[77] Zusammenfassend stellen wir fest, dass eine Beiordnung auch in den Fällen in Betracht kommt, „in denen das Opfer aufgrund seiner persönlichen Lebens- und Beziehungssituation durch ein Handeln in eigener Sache überfordert oder zusätzlich über das Tatgeschehen hinaus besonders belastet würde."[78]

8. Die Unzumutbarkeit der eigenen Interessenwahrnehmung

Auch bei vorhandenen Fähigkeiten, die eigenen Interessen ausreichend wahrzunehmen, kann dies dem Opfer ggf. nicht zumutbar sein. Die Unterstützung durch einen Opferanwalt kann insbesondere bei der psychischen Betroffenheit

---

[72] OLG Naumburg (1. Große Strafkammer), Beschluss vom 16.3.2021 – 1 Ws (s) 60/21; BeckRS 2021, 9628.
[73] KI-Generierte Zusammenfassung des vorgenannten Urteils; BeckRS 2021, 9628.
[74] Also der Generalklausel der notwendigen Verteidigung für den Beschuldigten (Angeklagten).
[75] BeckOK StPO, Weiner, StPO § 397a Rn. 18 unter Bezugnahme auf HK-StrafR/Rössner Rn. 7; § 140 Rn. 22; § 140 Rn. 23.
[76] BT-Drs. 16/12098 S. 53.
[77] So jedenfalls für den Fall der Pflichtverteidigung entschieden durch das LG Hildesheim, Beschluss vom 9.11.2007 – 12 Qs 57/07, NJW 2008, 454.
[78] BeckOK StPO, Weiner, StPO § 397a Rn. 18.

des Nebenklägers durch die Tat und die Tatfolgen notwendig werden.[79] „Bei Anzeichen von Hilflosigkeit, Schwäche und Isolation infolge der Tat ist es für den Nebenkläger häufig unzumutbar, ohne Rechtsanwalt dem Täter und dem Gericht im Verfahren gegenüberzutreten; sekundärer Viktimisierung soll so entgegengewirkt werden."[80] Dies wird u.a. in Fällen des schweren Stalkings für gegeben erachtet.[81] Insoweit sei, so Mosbacher, im Sinne des besonders wichtigen Opferschutzes eine wohlwollende Auslegung des § 397a Abs. 2 Satz 1 StPO veranlasst.[82] Auch bei Sexualdelikten wird grundsätzlich so argumentiert.[83] Dem stimmen wir uneingeschränkt zu. Denn gerade bei Delikten, die den persönlichen Umgang zwischen Täter und Opfer betreffen, wird es für das Opfer eine besonders schwerwiegende Belastung darstellen, dem Täter (auch im Gerichtssaal) wieder nahe zu sein und die damit oftmals einhergehende Demütigung zu ertragen. Erforderlich ist mithin, „dass das Opfer aufgrund seiner persönlichen Lebens- und Beziehungssituation durch ein Handeln in eigener Sache überfordert oder über das mit einem Strafverfahren gewöhnlich einhergehende Maß belastet würde."[84]

9. Die schwierige Sach- oder Rechtslage

331 Anders als nach der alten Fassung des § 397a Abs. 2 StPO soll es zwar nicht mehr darauf ankommen, ob die Sach- und Rechtslage schwierig ist. Auf diese Voraussetzung hat der Gesetzgeber bewusst verzichtet, weil es auch in einfach gelagerten Fällen so sein kann, dass das Opfer nicht in der Lage ist, seine Interessen allein ausreichend wahrzunehmen (bspw. bei schweren Tatfolgen).[85] Eine schwierige Sach- und Rechtslage besteht dann, „wenn aus der vernünftigen Sicht des Nebenklägers der Sachverhalt verwickelt ist, Spezialkenntnisse erfordert oder komplizierte bzw. umstrittene Rechtsfragen auftauchen oder Beweisanträge durch den Nebenkläger gestellt werden müssen."[86]
Bei Fragen, die nur die Täter- (also) die Angeklagtenposition betreffen, wie bspw. bei der Bestellung eines Pflichtverteidigers oder der Erhebung persönlichkeitsbezogener Sanktionstatsachen soll der Rechtskreis des Opfers aber nicht betroffen sein. Diese Fälle stellen mithin (allein für sich genommen) keinen Fall für einen Opferanwalt (§ 397a Abs. 2 StPO) dar. Auch zivilrechtliche Interessen (Ansprüche im Adhäsionsverfahren) werden nicht als strafrechtliche Belange erfasst, so der Bundesgerichtshof im Jahre 2001: *"Wird dem Nebenkläger gem. § 397a I StPO ein Rechtsanwalt als Beistand bestellt, so erstreckt sich die Beiordnung nicht auch auf das Adhäsionsverfahren. Der Rechtsanwalt ist daher nicht befugt, für den Nebenkläger vermögensrechtliche Ansprüche gegen den Angeklagten im Adhäsionsverfahren einzuklagen und seine diesbezüglichen Gebühren gegen die Staatskasse geltend zu machen, es sei denn, er wurde dem Nebenkläger im Rahmen der Gewährung von*

---

79 Meyer-Goßner/Schmitt/Meyer-Goßner § 397a StPO Rn. 9.
80 HK-StrafR/Rössner Rn. 7.
81 BeckOK StPO, Weiner, StPO § 397a Rn. 23 unter Bezugnahme auf Mosbacher, NStZ 2007, 665 ff. (671).
82 Mosbacher, NStZ 2007, 665 ff. (671).
83 KK-StPO/Allgayer, StPO § 397a Rn. 15.
84 Ders.
85 BT-Drs. 16/12098 S. 34.
86 Ders.

Prozesskostenhilfe gem. § 404 V 2 StPO, § 121 II ZPO gesondert für das Adhäsionsverfahren beigeordnet."[87]

10. Der Aspekt der Waffengleichheit

§ 397a StPO (Bestellung eines Beistands, Prozesskostenhilfe)[88]
„§ 397a Abs. 2 Satz 2 StPO: „§ 114 Absatz 1 Satz 1 zweiter Halbsatz sowie Absatz 2 und § 121 Absatz 1 bis 3 der Zivilprozessordnung sind nicht anzuwenden."

§ 121 ZPO (Beiordnung eines Rechtsanwalts)[89]
Abs. 2: Ist eine Vertretung durch Anwälte nicht vorgeschrieben, wird der Partei auf ihren Antrag ein zur Vertretung bereiter Rechtsanwalt ihrer Wahl beigeordnet, wenn die Vertretung durch einen Rechtsanwalt erforderlich erscheint oder der Gegner durch einen Rechtsanwalt vertreten ist.

Dadurch, dass § 397a Abs. 2 Satz 2 StPO die Anwendung des § 121 Abs. 2 ZPO ausschließt, wird deutlich, dass der Grundsatz der Waffengleichheit hier keine Anwendung findet. Dem Opfer ist Prozesskostenhilfe für einen Opferanwalt also nicht allein aufgrund der Tatsache beizuordnen, dass auch der Täter anwaltlich vertreten ist.
Zugunsten des Angeklagten findet sich der Grundsatz der Waffengleichheit in § 140 StPO. So bestimmt § 140 Abs. 1 Nr. 9 StPO den Fall einer notwendigen Verteidigung dann, wenn dem Verletzten nach den §§ 397a und 406h Abs. 3 und 4 ein Rechtsanwalt beigeordnet worden ist. Eine Analogie zugunsten des Nebenklägers wird „wegen der unterschiedlichen Rolle von Angeklagtem und Nebenkläger" aber für nicht zulässig gehalten[90] und lässt sich mit Blick auf den klaren Wortlaut des Gesetzes auch nicht vertreten. Das Bundesverfassungsgericht hat bzgl. einer ähnlichen Fragestellung einmal ausgeführt: „*... Im Gegensatz zum Strafverfahren beherrschen die Parteien den Zivilprozess (sic.!) und das arbeitsgerichtliche Verfahren. In jenen Verfahren mag es dem Grundsatz der prozessualen "Waffengleichheit" besser entsprechen, einer Partei auf Antrag allein schon deshalb einen Rechtsanwalt beizuordnen, weil die Gegenseite fachkundig vertreten ist ...*".[91]
Aber: Beide Alternativen des § 397a Abs. 2 Satz 1 StPO sind im Einzelfall zu prüfen,[92] insbes. die Unzumutbarkeit.[93]

11. Bedürftigkeit des Antragstellers und Ratenzahlungen

Gemäß § 397a Abs. 2 Satz 1 StPO, § 114 Satz 1 ZPO und § 115 ZPO ist eine Bedürftigkeit gegeben, wenn der Nebenkläger die Kosten für einen Rechtsanwalt nicht, zum Teil oder in Raten aufbringen kann. Der Tabelle zu § 115 Abs. 1 Satz 5 ZPO kann die Belastungsgrenze für Ratenzahlungen entnommen werden. Evtl. Ratenzahlungen werden durch das Gericht durch Beschluss festgesetzt (§ 120 Abs. 1 ZPO) und erst dann bewilligt, wenn sich der Gesamtbetrag auf

---

[87] BGH, Beschluss vom 30.3.2001 - 3 StR 25/01 (LG Lübeck), NJW 2001, 2486.
[88] Auszugsweise – nur Abs. 2 Satz 2.
[89] Auszugsweise – nur Abs. 2.
[90] HK-StrafR/Rössner Rn. 9; BeckOK StPO, Weiner, StPO § 397a Rn. 26.
[91] BVerfG, Beschluss vom 12.4.1983 - 2 BvR 1304/80, 432/81, NJW 1983, 1599.
[92] BeckOK StPO, Weiner, StPO § 397a Rn. 26.
[93] HK-StrafR/Rössner Rn. 9.

mindestens fünf Raten beläuft (§ 115 Abs. 4 ZPO). Der Nebenkläger muss auf sein Vermögen zurückgreifen, soweit ihm das zumutbar ist (§ 115 Abs. 3 Satz 1 ZPO). Neben der ausgefüllten Erklärung sind entsprechende Belege beizufügen (§ 117 Abs. 2 u. Abs. 4 ZPO), weil das Gericht den Antrag sonst ablehnen würde.[94]

12. Verfahrensrechtliche Hinweise

336 Der Nebenkläger muss einen entsprechenden Antrag stellen. Eine Beiordnung von Amts wegen findet nicht statt (§ 397a Abs. 3 StPO). Mehrere Nebenkläger können sich auch durch denselben Opferanwalt vertreten lassen. § 397b StPO wurde zum 13.12.2019 (neu) geschaffen. Das Gericht hat nunmehr ein Ermessen, „mehreren Nebenklägern bei gleich gelagerter Interessenlage einen Rechtsanwalt als Beistand (Mehrfachvertreter) beizuordnen oder zu bestellen."[95] Zuständig für die Entscheidung ist das mit der Sache befasste Gericht, mithin das Gericht, bei dem die Staatsanwaltschaft Anklage erhoben hat; das Berufungs- oder Revisionsgericht nach Eingang der Akten dort.[96] Nach § 397a Abs. 3 Satz 1 StPO kann der Antrag nach Abs. 1 und Abs. 2 schon vor der Erklärung über den Anschluss gestellt werden.

337 Praxistipp:
In der Praxis ist jedoch festzustellen, dass Nebenkläger und/oder deren Rechtsanwälte den Antrag auf Nebenklage (§ 395 StPO) und Beiordnung eines Verfahrensbeistandes (Opferanwalt § 397a StPO) bereits vor Erhebung der öffentlichen Klage stellen, was – wie soeben dargelegt – zulässig ist. Vor Erhebung der öffentlichen Klage wird über diesen Antrag aber noch nicht (jedenfalls nicht positiv) entschieden werden, weil die Nebenklage (nebst Verfahrensbeistand) erst mit Anklageerhebung wirksam werden kann. Den weiteren erforderlichen Antrag auf Beiordnung eines Verfahrensbeistandes (Opferanwalt) bereits vor Erhebung der Anklage (also im Ermittlungsverfahren) vergessen die meisten Rechtsanwälte aber zu stellen; vgl. dazu die folgenden Ausführungen zu § 406h StPO. Daher: Den Antrag auf Beiordnung eines Verfahrensbeistandes bereits im Ermittlungsverfahren gemäß § 406h StPO bitte nie vergessen.

13. Umfang und zeitliche Wirkung der Beiordnung

338 Gleichwohl sollte der Antrag auf Beiordnung eines Opferanwalts (§ 397a Abs. 1 oder Abs. 2 StPO) bereits frühzeitig gestellt werden. Denn eine rückwirkende Bestellung eines anwaltlichen Beistands für den Nebenkläger ist unzulässig. Nach Abschluss des Verfahrens liegt nämlich keine Beschwer des Nebenklägers vor. Und die Vorschrift dient auch nicht dem Vergütungsinteresse des Anwaltes,[97] weshalb der Nebenkläger dann auf den Kosten seines Rechtsanwalts „sitzen bleiben" würde. Anders liegt der Fall nur dann, wenn der Nebenkläger bzw. der Rechtsanwalt den entsprechenden Antrag bereits rechtzeitig gestellt hat, dieser

---

94 BeckOK StPO, Weiner, StPO § 397a Rn. 27 unter Bezugnahme auf BGH (2. Strafsenat), Beschluss vom 27.4.2016 - 2 StR 49/16, BeckRS 2016, 10893.
95 BeckOK StPO, Weiner, StPO § 397a Rn. 29.
96 BeckOK StPO, Weiner, StPO § 397a Rn. 30 unter Hinweis auf BGH NJW 1999, 2380.
97 BeckOK StPO, Weiner, StPO § 397a Rn. 33 u. a. unter Hinweis auf KG (4. Strafsenat), Beschluss vom 6.8.2009 – 1 AR 1189/09 – 4 Ws 86/09, BeckRS 2009, 25758.

aber noch nicht beschieden wurde, bspw., weil die Ermittlungen noch nicht abgeschlossen waren, noch keine Entscheidung über die Erhebung der Anklage getroffen wurde oder die Akten versandt waren. In diesem Fall wäre über den (frühzeitig gestellten) Antrag noch zu entscheiden und diese Entscheidung hätte dann auch eine „rückwirkende Kraft". OLG Celle, (2. Strafsenat), Beschluss vom 4.8.2015 – 2 Ws 111/15: „Nach rechtskräftigem Abschluss des Strafverfahrens kommt eine rückwirkende Bewilligung von Prozesskostenhilfe für die Hinzuziehung eines Rechtsanwalts nach § 397 a Abs. 2 Satz 1 StPO ausnahmsweise nur dann in Betracht, wenn der entscheidungsreife Antrag rechtzeitig gestellt, aber nicht rechtzeitig beschieden wurde." (amtlicher Leitsatz).[98]

Unser weiterer Praxistipp: 339
Der Prozesskostenhilfeantrag muss vollständig und zutreffend ausgefüllt sein, weil anderenfalls eine rückwirkende Bewilligung nicht möglich ist. Eine rückwirkende Beiordnung kann zwar auch noch in der Beschwerdeinstanz erfolgen, also für den Fall, dass gegen eine falsche Entscheidung des Tatgerichts Beschwerde eingelegt worden ist. Aber für den Fall, dass das Tatgericht eine Beiordnung gemäß § 397a Abs. 2 StPO beschlossen hat (mit Prozesskostenhilfe) und dagegen kein Rechtsmittel (Beschwerde) eingelegt wurde, dann ist eine nachträgliche Beiordnung gemäß § 397a Abs. 1 StPO (kostenfrei ohne Prozesskostenhilfe) nicht mehr möglich.[99]

Auch hier also der Praxistipp: 340
Lassen Sie sich umfassend anwaltlich beraten und stellen Sie bei Vorliegen der Voraussetzungen einen Antrag gemäß Abs. 1 der vorgenannten Vorschrift.

14. (K)ein Kostenrisiko für den Nebenkläger

Der beigeordnete Opferanwalt erhält einen Gebührenanspruch gegen die Staatskasse; der Nebenkläger hat gem. § 53 Abs. 2 RVG kein Kostenrisiko. Ein Anspruch seines Verfahrensbeistandes unmittelbar gegen ihn besteht nicht. Zahlungen auf Vergütungsvereinbarungen zwischen Opferanwalt und Nebenkläger sind nur nach Maßgabe von § 53 Abs. 3 RVG zulässig.   341

Beachte aber:
Die Beiordnung des Beistands erstreckt sich nicht auf die Kosten eines unbegründeten oder zurückgenommenen Rechtsmittels.
Der Nebenkläger sollte auch dieses Kostenrisiko immer im Blick haben! Er muss immer, insbesondere in den Fällen einer für ihn kostenfreien Beiordnung eines Nebenklägervertreters nach § 397a StPO, beachten, „dass er nach dem kostenrechtlichen Verursacherprinzip im Falle eines erfolgreichen Rechtsmittels, Zurückverweisung und erfolgloser erneuter Hauptverhandlung als Rechtsmittelführer die notwendigen Auslagen des Angeklagten auferlegt bekommen kann."[100]

---

98 BeckRS 2015, 16902.
99 OLG Karlsruhe, Beschluss vom 9.10.2015 – 2 Ws 291/15, NStZ-RR 2015, 381.
100 BeckOK StPO, Weiner, StPO § 400 Rn. 1 unter Bezugnahme auf das Urteil des Landgerichts Düsseldorf (17. Große Strafkammer – Schwurgericht), Urteil vom 19.12.2012 – 17 Ks 18/12, BeckRS 2014, 4836.

Merke daher:
„Bei Erfolglosigkeit eines Rechtsmittels kommt immer eine Verpflichtung zur Zahlung von Gerichtskosten und den notwendigen Auslagen des Angeklagten in Betracht."[101] Denn § 48 Abs. 6 S. 1 RVG findet hier keine Anwendung. Ein Anspruch auf Gebühren- u. Auslagenerstattung besteht daher erst ab dem Zeitpunkt des Prozesskostenhilfeantrags.[102]

VI. Verfahrensbeistand (bereits) im Ermittlungs- und Strafverfahren (§ 406h StPO)

342 Gemäß § 406h StPO ermöglicht die Beiordnung eines Verfahrensbeistandes (als Opferanwalt) bereits im Ermittlungsverfahren (Abs. 1). Im Strafverfahren gegen Jugendliche ist der § 406h StPO nur unter den Voraussetzungen des § 80 Abs. 3 JGG anwendbar.

1. Die Rechte des nebenklagefähigen Verletzten

343 a) **Antragstellung und Verdachtsgrad.** Der nebenklageberechtigte Verletzte kann sich bereits vor Erhebung der Anklage eines Rechtsanwaltes als Beistand bedienen, auch ohne seinen Anschluss als Nebenkläger zu erklären. Das muss er beantragen!

Über die Beiordnung eines Opferanwalts bereits im Ermittlungsverfahren entscheidet der Ermittlungsrichter am Sitz der Staatsanwaltschaft (§ 162 StPO), der mithin auch das Vorliegen der entsprechenden Voraussetzungen prüft. Insoweit ist streitig, ob ein sog. Anfangsverdacht eines entsprechenden Nebenklagedelikts ausreicht oder ob ein jeweils am Verfahrensstadium orientierter Verdachtsgrad erforderlich ist, der die Möglichkeit bestehen lässt, dass der für die Anklageerhebung notwendige hinreichende Tatverdacht noch begründet werden kann.[103]

Das Landgericht Baden-Baden hat in einem gegen einen Unbekannten gerichteten Verfahrens entschieden: *„Der Bestellung eines Rechtsanwalts als Beistand der Verletzten zur Wahrung ihrer Rechte im Ermittlungsverfahren steht nicht entgegen, dass der Täter bislang nicht ermittelt werden konnte. Maßgeblich ist vielmehr, ob nach dem Stand der Ermittlungen im Zeitpunkt der Entscheidung der Anfangsverdacht der Begehung einer der Katalogtaten des § 395 besteht."*[104] Maßgeblich sei, so das Landgericht, „ob nach dem Stand der Ermittlungen im Zeitpunkt der Entscheidung eine Anschlussberechtigung in Betracht kommen kann",[105] also, ob ein Anfangsverdacht besteht (§ 152 Abs. 2 StPO). Es werden zureichende tatsächliche Anhaltspunkte für ein strafrechtlich relevantes Verhalten gefordert.

Die dargelegten Gründe sind überzeugend. Denn der Anfangsverdacht einer Straftat im Sinne des § 152 Abs. 2 StPO setzt gerade nicht voraus, dass ein Täter hinreichend sicher identifiziert werden konnte. Entsprechend des Legalitätsprin-

---

101 BeckOK StPO, Weiner, StPO § 397a Rn. 37.
102 Ders. unter Hinweis auf OLG Celle (2. Strafsenat), Beschluss vom 13.11.2018 - 2 Ws 426/18, BeckRS 2018, 30895.
103 HK-GS/Sabine Ferber, StPO § 406h Rn. 2.
104 LG Baden-Baden, Beschluss vom 19.5.1999 - 1 Qs 80/99, NStZ-RR 2000, 52.
105 Ders. Rn. 53.

Kapitel 6: Opferschutz – die aktuellen Regelungen

zips (§ 152 Abs. 2 StPO) ermittelt die Staatsanwaltschaft gerade auch bei unbekannten Tätern, und zwar sowohl im Hinblick auf deren entsprechende Identifizierung als auch im Hinblick auf den Sachverhalt. Und das Landgericht Baden-Baden weist zutreffend daraufhin, dass die gegenteilige Ansicht im Wortlaut des Gesetzes „keine Stütze" finde. Der mutmaßlich Verletzte muss bereits im Ermittlungsverfahren seine Interessen ausreichend wahrnehmen können. Dazu gehört auch, auf die Ermittlungen Einfluss zu nehmen, daran mitzuwirken. Das kann gerade nicht davon abhängen, ob der Täter bereits ermittelt wurde oder nicht. Zur Wahrnehmung dieser Rechte muss sich der nebenklageberechtigte Verletzte auch eines anwaltlichen Beistandes bedienen dürfen, weil (bei Vorliegen der Voraussetzungen!) so eine „optimale Erhebung und Sicherung der Beweise unter tunlicher Schonung des Verletzten"[106] möglich ist.

Teilweise wird auch gefordert, dass für die Beiordnung eines Verfahrensbeistandes im Ermittlungsverfahren ein jeweils am Verfahrensstadium orientierter „**Verdachtsgrad**" erforderlich ist, der „die Möglichkeit bestehen lässt, dass der für die Anklageerhebung notwendige hinreichende Tatverdacht noch begründet werden kann."[107] Das OLG Hamburg argumentiert hier mit der Entstehungsgeschichte dieser Opferschutznorm und, dass auch der gesetzgeberische Wille einer dynamischen Betrachtungsweise für die Bestimmung des erforderlichen Verdachtsgrades im Verfahren der Beistandsbestellung ohne Anschlusserklärung als Nebenkläger nicht entgegenstehe.[108]

Und teilweise wird damit argumentiert, dass eine Nebenklage gem. § 80 Abs. 3 JGG unzulässig sei und in einem solchen Fall ein Recht auf anwaltlichen Beistand ausgeschlossen wäre, wenn als Täter ein Jugendlicher ermittelt würde.[109] Diesem Einwand begegnet das Landgericht Baden-Baden aber mit der zutreffenden Erwägung, dass allein die theoretische Möglichkeit, dass es sich bei dem Täter um einen Jugendlichen handelt, nicht dazu zwinge, *„vor der Entscheidung über die Bestellung eines anwaltlichen Beistands eines Verletzten die Ermittlung des Täters abzuwarten"*. Denn, ob ein Verletzter zum Anschluss als Nebenkläger befugt sei, sei nach der Lage des jeweiligen Einzelfalles, insbesondere nach dem jeweiligen Verfahrensstand zu beurteilen.[110]

Und: Die Entscheidung über die Nebenklagebefugnis, die in einem bestimmten Verfahrensstadium aufgrund der dort vorliegenden Erkenntnisse getroffen worden sei, habe weder Bindungswirkung für die spätere Zulassung als Nebenkläger noch für sonstige spätere Entscheidungen, die mit dieser Frage zusammenhängen würden. Hinzu kommt, dass nach der seit dem 13.12.2018 geltenden Vorschrift des § 80 Abs. 3 JGG die Nebenklage unter bestimmten (engen) Voraussetzungen möglich geworden ist. Ob diese Voraussetzungen vorliegen oder nicht, wird sich oftmals erst im Laufe des Ermittlungsverfahrens, nach umfassender

---

106 Ders unter Hinweis auf Hilger, in: Löwe/Rosenberg, Vorb. § 406 Rn. 4.
107 Meyer-Goßner/Schmitt § 406h StPO Rn. 6 und OLG Hamburg, Beschluss vom 10.5.2005 - 2 Ws 28/05, BeckRS 2005, 7419.
108 OLG Hamburg a. a. O.
109 LG Baden-Baden, Beschluss vom 19.5.1999 - 1 Qs 80/99, NStZ-RR 2000, 52 unter Hinweis auf: *Hilger*, in: *Löwe/Rosenberg*, § 406g Rn. 13.
110 LG Baden-Baden, Beschluss vom 19.5.1999 - 1 Qs 80/99, NStZ-RR 2000, 52 (kritisch zu *Hilger*, in: *Löwe/Rosenberg*, § 406g Rn. 13.

Zeugenvernehmung und weiteren evtl. Beweisermittlungen klären können, so dass zu Beginn der Ermittlungen jedenfalls ein konkreter Anfangsverdacht ausreichend sein muss.
Mit der Formulierung des § 152 Abs. 2 StPO „zureichende tatsächliche Anhaltspunkte" wird deutlich, dass ein konkreter Tatvorwurf (was ist wann und wo passiert?) bereits möglich sein muss, aber weitergehende Feststellung der Tat (wer? Nachweisbarkeit?) indes noch nicht. Allein die Fälle, in denen zum Zeitpunkt der Anzeigeerstattung keine konkreten Anhaltspunkte für den angezeigten Sachverhalt vorliegen, die Tat möglicherweise fraglich scheint, darf eine Bestellung eines Opferanwalts noch nicht möglich sein.

344 b) **Die weiteren Rechte des Nebenklageberechtigten.** Der Nebenklagebefugte hat ein Recht zur Anwesenheit während der gesamten Hauptverhandlung. Eigentlich ist es so, dass Zeugen in Abwesenheit der später zu hörenden Zeugen zu vernehmen sind.
Das sich aus § 406h Abs. 1 Satz 2 StPO ergebende Anwesenheitsrecht des Nebenklägers geht den Regelungen aus § 58 Abs. 1 Satz 2 StPO und § 243 Abs. 2 Satz 1 StPO aber vor.

2. Die Rechte des Verfahrensbeistands

345 § 406h Abs. 2 StPO regelt die Rechte des Verfahrensbeistandes (Opferanwalts). Dieser hat das Recht, in der gesamten Hauptverhandlung anwesend zu sein, auch, soweit diese nicht öffentlich stattfinden sollte. Ein evtl. Haftprüfungstermin ist aber kein Teil der Hauptverhandlung. Dieser Termin findet ohne Anwesenheit des Nebenklägers und des Nebenklagevertreters statt.
Auch wenn das Recht des Verfahrensbeistandes, im Rahmen der Verhandlung eigene Fragen zu stellen, nicht geregelt ist, wird der Vorsitzende des Gerichts diese Fragen im Rahmen seiner Sachleistungsbefugnis in der Regel zulassen.[111]
Aus der Praxis sind uns jedenfalls keine gegenteiligen Fälle bekannt. Der Bundesgerichtshof hat zu dieser Frage ausgeführt: *„Auch wenn der Verletztenbeistand kein eigenes Fragerecht hat, kann ihm der Vorsitzende – wie offensichtlich hier im Rahmen seiner Sachleitungsbefugnis gestatten – einzelne Fragen zu stellen ...".*[112]
Gemäß § 406h Abs. 2 Satz 2 StPO ist der Verletztenbeistand vom Termin der Hauptverhandlung zu benachrichtigen. Denn anderenfalls kann er sein Anwesenheitsrecht nicht wahrnehmen. Das setzt voraus, dass die Vertretung des Verletzten dem Gericht angezeigt wurde oder der Rechtsanwalt als Beistand bereits bestellt wurde (Satz 2, 2. Halbsatz). § 406h Abs. 2 Satz 4 bis 6 StPO regeln das Recht des Nebenklagevertreters, nach richterlichen Vernehmungen eine eigene Erklärung abzugeben oder Fragen an die vernommene Person zu stellen. Kosten, die dem Nebenklageberechtigten für die Heranziehung des Verfahrensbeistands (Opferanwalt) entstehen, werden gem. § 472 Abs. 3 StPO wie Auslagen des Nebenklägers behandelt, werden also in der Regel dem verurteilten Angeklagten auferlegt. Gemäß § 406h Abs. 3 Satz 1 Nr. 2 StPO gilt die Vorschrift des § 397a Abs. 2 StPO entsprechend (vgl. daher dazu die Ausführungen zur Frage der Bewilligung von Prozesskostenhilfe). Die Bestellung gilt für das gesamte weitere

---

111   HK-GS/Sabine Ferber, StPO § 406h Rn. 4.
112   BGH, Beschluss vom 11.11.2004 - 1 StR 424/04 (LG Mosbach), NJW 2005, 377.

Ermittlungsverfahren, mithin auch für ein mögliches Klageerzwingungsverfahren.[113]

3. Der vorläufige Verletztenbeistand (§ 406h Abs. 4 StPO)

Die Vorschrift des § 406h Abs. 4 StPO hat kaum (bis gar keine) praktische Relevanz. Ein einstweiliger Beistand soll in den Fällen möglich sein, in denen der Verletzte nicht Opfer einer der in § 397a Abs. 1 StPO dargelegten Taten geworden ist, die Notwendigkeit eines Verletztenbeistandes aber gesehen wird, bspw. aufgrund einer besonderen Schutz- oder Beistandsbedürftigkeit. Hauptanwendungsfälle sollen Vernehmungen oder Inaugenscheinsnahmen sein, die am Anfang der Ermittlungen oder kurzfristig vor Beginn der Hauptverhandlung anstehen und aus denen sich dann besondere Gründe für eine Beiordnung ergeben. Praktische Fälle sind uns keine bekannt!

VII. Zeugenbeistand (§ 68b StPO)

Das Recht auf ein faires Verfahren gibt dem Zeugen die Möglichkeit, sich eines Rechtsbeistandes zu bedienen und soll ihn davor bewahren, „*als bloßes Objekt (Beweismittel) des Verfahrens behandelt zu werden.*" Unter bestimmten Voraussetzungen (Absatz 2) kann auch eine Beiordnung des Rechtsanwalts als Zeugenbeistand erfolgen.

1. Die Rechte des Zeugen und seines Beistandes (§ 68b Abs. 1 StPO)

Jeder Zeuge kann sich eines anwaltlichen Beistandes bedienen (§ 68b Abs. 1 Satz 2 StPO).[114] Der von dem Zeugen beigezogene Rechtsanwalt hat grundsätzlich das Recht der Anwesenheit bei der Vernehmung des Zeugen (§ 68b Abs. 1 Satz 2 StPO). Der Rechtsanwalt hat zwar keinen Anspruch auf eine Terminladung. Als Beistand des Zeugen dürfte dies aber kein Problem darstellen, weil der Zeuge die entsprechende Information jederzeit weitergeben kann. Der Zeuge muss die Beiziehung eines Rechtsanwalts nicht näher begründen. Hält der Zeuge die Mitwirkung eines Rechtsanwalts als Beistand für erforderlich, um seine prozessualen Rechte wahrzunehmen, so kann er diesen beiziehen.[115] Gleichgültig ist auch, welche Vernehmung bei dem Zeugen ansteht. Es ist ihm möglich, den Rechtsanwalt sowohl zu einer richterlichen, staatsanwaltlichen (§ 161a Abs. 1 Satz 2 StPO) als auch einer polizeilichen Vernehmung (§ 163 Abs. 3 Satz 1 StPO) mitzubringen. Der Zeugenbeistand darf den Zeugen beraten und auf die jeweilige Vernehmungssituation vorbereiten. Durch seine Anwesenheit während der (gesamten) Vernehmung) kann der Beistand dem Zeugen evtl. Unsicherheiten nehmen und ggf. allein durch die Anwesenheit beistehen. Der Zeugenbeistand hat das Recht, Anträge für den Zeugen zu stellen, Erklärungen für ihn abzugeben. Es ist allerdings insoweit Vorsicht geboten, dass diese Erklärungen nicht die Aussage des Zeugen ersetzen können. Aussagen kann der Rechtanwalt für den Zeugen nicht! Bei evtl. Missverständnissen und Unklarheiten

---

113 HK-GS/Sabine Ferber, StPO § 406h Rn. 6.
114 Allenfalls: Vorsicht „Kostenfalle"!
115 HK-GS/Jörg Habetha, StPO § 68b Rn. 2.

kann der Zeugenbeistand gegenwirken und bei Bedarf auf eine entsprechende Protokollierung hinwirken. Einen Anspruch auf Aushändigung einer Kopie des Vernehmungsprotokolls haben der Zeuge und der Zeugenbeistand allerdings nicht.

2. Der Ausschluss des Zeugenbeistandes (§ 68b Abs. 1 StPO)

349 Gemäß § 68b Abs. 1 Satz 2 bis 4 StPO ist der Ausschluss des Zeugenbeistandes bei der Vernehmung des Zeugen möglich, wenn dies zur Aufrechterhaltung einer funktionsfähigen und wirksamen Rechtspflege erforderlich ist, namentlich wenn bestimmte Tatsachen die Annahme rechtfertigen, dass seine Anwesenheit die geordnete Beweiserhebung nicht nur unwesentlich beeinträchtigen würde (Abs. 1 Satz 3). Aus der Formulierung „…bestimmte Tatsachen die Annahme *rechtfertigen…*" wird deutlich, dass der Ausschluss nur dann möglich ist, wenn es konkrete Fakten für eine Gefahr einer Beeinträchtigung der Rechtsordnung gibt. Mit dem Erfordernis der *„nicht unwesentlichen Beeinträchtigung"* ist eine Formulierung gesetzlich festgeschrieben worden, die die verfassungsgerichtlichen Vorgaben der „Erschwerung" oder „Verhinderung" der Beweiserhebung deutlich herabsetzt. Klar ist, dass eine Beeinträchtigung der effektiven Strafverfolgung nicht schon dann vorliegt, wenn der Zeuge keine Angaben zur Erforderlichkeit der Mitwirkung des Beistands macht. Auch diejenigen Verhaltensweisen, die der Wahrung der Rechte des Zeugen dienen, können grundsätzlich nicht als Ausschlussgrund gewertet werden, weil es widersprüchlich wäre, „die Wahrnehmung gesetzlich garantierter Rechte als wesentliche Beeinträchtigung der Beweiserhebung zu verstehen."[116] Bloße Spekulationen oder nur vage Verdachtsmomente genügen mithin nicht. Die Voraussetzungen für einen Anschluss liegen auch dann noch nicht vor, wenn durch das Tätigwerden des Zeugenbeistands die Rechte des Zeugen wahrgenommen werden, etwa „durch die Beanstandung von Fragen". Dies fördert eine rechtmäßige Beweisaufnahme und „stört" diese nicht. Der Gesetzgeber fordert vielmehr, dass „das Aussageverhalten des Zeugen von Faktoren beeinträchtigt zu werden droht, die außerhalb der dem Rechtsanwalt obliegenden Beistandsleistung angesiedelt sind".[117]

350 Mögliche Ausschlussgründe nach dem Willen des Gesetzgebers sind:

351 **(1) Beteiligung des Rechtsanwalts (§ 68b Abs. 1 S. 4 Nr. 1 StPO).** Gemäß § 68b Abs. 1 S. 4 Nr. 1 StPO kann der Beistand von der Vernehmung ausgeschlossen werden, wenn aufgrund bestimmter Tatsachen anzunehmen ist, dass dieser an der zu untersuchende Tat oder an einer mit ihr im Zusammenhang stehenden Begünstigung, Strafvereitelung oder Hehlerei beteiligt ist.
In verfassungskonformer Auslegung wird jedoch der dringende, wenigstens hinreichende Verdacht der Beteiligung gefordert;[118] Aufgrund der in weiten Teilen uferlos unbestimmten Regelung -der Ausschlussgründe und der vielerorts verbreiteten Skepsis gegenüber dem Zeugenbeistand sei sonst zu befürchten, dass zukünftig zahlreiche Zeugenbeistände unter Verstoß gegen Verfassungsrecht aus

---

116 Klengel/Müller, NJW 2011, 23 (25).
117 HK-GS/Jörg Habetha, StPO § 68b Rn. 3 unter Bezugnahme auf BT-Drs. 16/12098 S. 16.
118 HK-GS/Jörg Habetha, StPO § 68b Rn. 3; Matt/Dierlamm/Schmidt StV 09, 715 (717).

dem Verfahren gedrängt würden. Weiter sei zu befürchten, dass – unter Hinweis auf die Neuregelung – dem Zeugenbeistand keinerlei Gelegenheit gegeben werde, vor Fortführung der Vernehmung gerichtliche (Eil-)Entscheidungen einzuholen, d. h. durch Fortführung der Vernehmung Fakten geschaffen würden.[119] Diese einschränkende Anwendung der entsprechenden Ausschlussnorm lässt sich unseres Erachtens gut vertreten.

Zur Erinnerung: 352
Anfangsverdacht strafrechtlichen Verhaltens (und der entsprechenden Beteiligung) liegt bereits vor, wenn konkrete Anhaltspunkte den Verdacht ergeben (§ 152 Abs. 2 StPO). Der mindestens geforderte hinreichende Tatverdacht liegt vor, wenn eine Verurteilung wahrscheinlich scheint – oder anders formuliert, wenn die belastenden Anhaltspunkte die entlastenden Anhaltspunkte wozu auch die Unschuldsvermutung zählen darf) überwiegen (§ 170 Abs. 1 StPO). Dringender Tatverdacht ist gegeben, wenn eine große Verurteilungswahrscheinlichkeit besteht – die belastenden Anhaltspunkte die entlastenden Anhaltspunkte bei weitem überwiegen.]

(2) Beeinflussung des Aussageverhaltens des Zeugen. Gemäß § 68b Abs. 1 S. 4 353
Nr. 2 StPO kann der Zeugenbeistand ausgeschlossen werden, wenn das Aussageverhalten des Zeugen dadurch beeinflusst wird, dass der Beistand nicht nur den Interessen des Zeugen verpflichtet erscheint.
Mit dieser Vorschrift soll sichergestellt werden, dass der Zeugenbeistand allein die Interessen des Zeugen wahrnimmt.[120] Vertritt der Rechtsanwalt in dem betreffenden Verfahren bspw. auch weitere Personen, so u. a. den Beschuldigten, der ein ganz anderes Interesse am Verlauf des Verfahrens (so. u. a. dem prozessualen Verhalten oder der Aussage des Zeugen) hat, dürfte dies den Interessen des Zeugen und damit dem Sinn und Zweck des Zeugenbeistands widersprechen. Allein der Umstand, dass ein anderer Rechtsanwalt aus derselben Sozietät den Angeklagten verteidigt, soll aber dagegen nicht ausreichen.[121] Auch die Tatsache, dass ein Rechtsanwalt in demselben Verfahren mehrere Zeugen vertritt, soll nicht der Regelfall für einen Ausschluss sein.[122]
Für den Fall, dass dem Zeugen ein Beistand von einem Dritten organisiert wird, muss die Entscheidung aber gut durchdacht sein. Steht der Zeuge zu dem Dritten in einem (unmittelbaren oder mittelbaren) Abhängigkeitsverhältnis und hat der Dritte selbst ein Interesse am Ausgang des Verfahrens, muss diese Konstellation besonders kritisch betrachtet werden.[123] Dann dürfte ein Interessenkonflikt wohl auf der Hand liegen. Entsprechendes soll im Rotlichtmilieu, bei Ermittlungen gegen Angehörige organisierter Kriminalität oder rechtsextremer, gewaltbereiter Gruppen gelten, wenn dem Betroffenen durch die „Organisation" ein anwaltlicher Beistand „engagiert" wurde.[124]

---

119 Matt/Dierlamm/Schmidt, StV 09, 715 (717).
120 HK-GS/Jörg Habetha, StPO § 68b Rn. 5.
121 Ders. m. w. N. und a. A.
122 Ders unter Hinweis auf BT-Drs. 16/12098 S. 17.
123 Ders.
124 BT-Drs. 16/12098 S. 17.

Habetha[125] weist aber zutreffend daraufhin, dass **allein** der Umstand, dass der anwaltliche Beistand durch einen Dritten finanziert werde, nicht, dass dieser seine Tätigkeit nicht am Interesse des Zeugen ausrichte. Denn es gibt eine Vielzahl weiterer Gründe für die Organisation und auch Finanzierung des Rechtsanwalts durch diesen Dritten (nur bspw. Fürsorgepflicht und familiäre Bindungen). Und auch hier gilt, dass eine restriktive Auslegung und Anwendung geboten ist, um den erforderlichen Verdachtsgrad zu wahren und, um Spekulationen oder Mutmaßungen vorzubeugen. Die Gefahr entsprechender Mutmaßungen bestehe aber, weil der Vernehmungsperson ein zur Beurteilung dieser Frage ausreichender Einblick in das Mandatsverhältnis zwischen Zeugen und seinem Beistand und den beteiligten Interessen fehle.[126]

Die praktische Relevanz dieses Ausschlussgrundes lässt sich schwer beurteilen. Den Vernehmenden und in den gerichtlichen Hauptverhandlungen anwesenden, weiteren Verfahrensbeteiligten (so insbesondere auch der Staatsanwaltschaft) fehlt nicht selten der Einblick in das Mandatsverhältnis zwischen Zeuge und Rechtsanwalt, des Zustandekommens dieses Auftrags sowie der Frage, wer konkret den Auftrag erteilt hat. Fällt aber auf, dass der Anwalt „seine **Tätigkeit tatsächlich und in erheblichem Umfang an (möglicherweise gegenläufigen) Interessen eines Dritten ausrichtet**", etwa, wenn der Dritte zuvor den Austausch des vom Zeugen zunächst gewählten Zeugenbeistands betrieben hat und der aktuelle Zeugenbeistand dem (auskunftswilligen) Zeugen die Beantwortung von Fragen „regelrecht verwehrt"; wird der Ausschluss des Beistandes nichts entgegenstehen, jedenfalls dann nicht, wenn zwischen dem Zeugen und dem Dritten ein Abhängigkeitsverhältnis besteht.[127]

354 (3) **Verdunkelungshandlungen durch den Zeugenbeistand.** Gemäß § 68b Abs. 1 Satz 4 Nr. 3 StPO kann der Zeugenbeistand ausgeschlossen werden, wenn der Beistand die bei der Vernehmung erlangten Erkenntnisse für Verdunkelungshandlungen im Sinne des § 112 Abs. 2 Nr. 3 StPO nutzt oder in einer den Untersuchungszweck gefährdenden Weise weitergibt. Auch insoweit werden bestimmte Tatsachen gefordert, die diese Annahme rechtfertigen. Grundsätzlich kann von einem Rechtsanwalt als Organ der Rechtspflege erwartet werden, „dass dieser nicht in unlauterer Weise auf das Verfahren einwirkt oder Verdunkelungshandlungen i. S. v. § 112 Abs. 2 Nr. 3 vornimmt".[128] Eine reine Vermutung oder bloße Behauptung reicht also auch nicht aus, um die entsprechende Gefahr darzustellen. Und auch insoweit gilt daher, dass ein entsprechender Verdacht in der Praxis kaum greifbar sein wird. Besteht tatsächlich ein entsprechender Anhaltspunkt, so dürfte auch über den Tatverdacht der Strafvereitelung auch ein Ausschluss über § 68b Abs. 1 Satz 4 Nr. 1 StPO greifen. Entsprechend wird dem Regelbeispiel der Nr. 3 auch kaum praktische Relevanz beigemessen.

---

125 HK-GS/Jörg Habetha, StPO § 68b Rn. 5.
126 Ders.
127 Ders. mit Hinweis auf LG Hanau vom 12.8.2015 – 5 KLs 4424 Js 11790/12 – StV 2016, 153 (154).
128 HK-GS/Jörg Habetha, StPO § 68b Rn. 6; Matt/Dierlamm/Schmidt, StV 2009, 715 (717).

Praxistipp: 355
Nebenklageberechtigte Geschädigte sollten einen evtl. Zeugenbeistand (sollte nicht ohnehin schon ein Verfahrensbeistand gemäß § 397a Abs. 1 oder Abs. 2 StPO in Betracht kommen) beauftragen, den sie selbst ausgewählt und zu dem sie (bestenfalls) ein hohes Vertrauen haben.

3. Der kostenlose Zeugenbeistand (§ 68b Abs. 2 StPO)

Unter den Voraussetzungen des § 68 Abs. 2 StPO ist die Beiordnung des Zeugenbeistandes möglich, so dass dieser auf Staatskosten tätig wird. Eine entsprechende Beiordnung erfolgt nur in Ausnahmefällen. Grundsätzlich wird davon ausgegangen, dass ein Zeuge in der Lage ist, seine Interessen selbst ausreichend wahrzunehmen. Auch die Fürsorgepflicht der Vernehmungsperson, darauf zu achten, dass die Zeugenrechte gewahrt werden und gleichwohl die erforderliche Beweissicherung erfolgt, führt dazu, dass ein (kostenloser) Rechtsbeistand in der Regel nicht erforderlich sein wird. Liegen aber besondere Umstände vor, aus denen zu schließen ist, dass der Zeuge seine Rechte allein nicht ausreichend wahrnehmen kann, so ist ihm für die Dauer seiner Vernehmung ein Zeugenbeistand zu bestellen. Die Beiordnung ist zwingend und betrifft ebenfalls polizeiliche Zeugenvernehmungen. Erforderlich ist, dass „besondere Umstände" vorliegen, aus denen sich die Unfähigkeit des Zeugen zu eigener Interessenwahrnehmung ergibt. Die Vorschrift gilt insbesondere für 356
– minderjährige (Opfer)zeugen,
– in der Aussagebereitschaft oder – Fähigkeit beeinträchtigte Personen,
– gefährdete Zeugen
und unabhängig vom Lebensalter bzw. der Opferrolle, „wenn der Zeuge wegen tatsächlicher oder rechtlicher Schwierigkeiten mit der Wahrnehmung prozessualer Rechte überfordert wäre".[129]
Die Rechte des Zeugen, die es wahrzunehmen gilt und deren Wahrung nicht immer ganz einfach ist, sind:
– das Zeugnis- und Auskunftsverweigerungsrecht (§§ 52, 53, 53a, 55 StPO),
– das Recht Fragen zu beanstanden, also nicht beantworten zu müssen (§§ 68a, 238 Abs. 2 StPO),
– der Ausschluss der Öffentlichkeit (§§ 171b, 174 GVG)

Praxistipp: 357
Bestehen Anhaltspunkte dafür, dass der Zeuge
– mit der Vernehmungssituation überfordert ist,
– die Gründe der Zeugenladung nicht versteht,
– unsicher ist, ob er aussagen muss oder nicht,
– die Folgen einer wahrheitsgemäßen Aussage für sich oder nahe Angehörige nicht durchdringen kann oder Gefahr läuft, sich aufgrund der Aussage selbst strafbar zu machen,
sollte die Beiordnung eines Zeugenbeistands gemäß § 68b Abs. 2 StPO beantragt und die Entscheidung der Vernehmungsperson abgewartet werden.[130]

---

129 HK-GS/Jörg Habetha, StPO § 68b Rn. 9.
130 Denn: mehr als abgelehnt werden kann der Antrag schließlich nicht.

VIII. Die Psychosoziale Prozessbegleitung (§ 406g StPO)

358 Eine psychosoziale Prozessbegleitung bedeutet für den Verletzten eine Unterstützung nicht rechtlicher Art. Diese Form der Unterstützung soll die rechtliche Vertretung von Nebenklägern ergänzen. Nach § 2 Abs. 1 PsychPBG ist diese Art der Begleitung als „eine besondere Form der nicht rechtlichen Begleitung im Strafverfahren für besonders schutzbedürftige Verletzte vor, während und nach der Hauptverhandlung" definiert. Die besondere (persönliche) Belastung des Verletzten soll so reduziert und eine Sekundärviktimisierung möglichst vermieden werden. Diese Prozessbegleitung ist auf eine Vermittlung von Information und eine qualifizierte Betreuung und Unterstützung im Strafverfahren ausgelegt. Die Neutralität gegenüber dem Strafverfahren soll gewahrt bleiben; die Begleitung und Betreuung haben daher getrennt von rechtlichen Aspekten zu erfolgen. Sie umfasst „weder die rechtliche Beratung noch die Aufklärung des Sachverhalts und darf nicht zu einer Beeinflussung des Zeugen oder der Zeugenaussage führen".[131] Erfolgt die Beiordnung eines psychosozialen Prozessbegleiters gemäß § 397a Abs. 1 StPO, so ist dies für den Verletzten kostenfrei (§ 397a Abs. 1 Satz 3 StPO).

1. Voraussetzungen der Beiordnung gemäß § 406g Abs. 3 S. 1 StPO

359 Gemäß § 406g Abs. 3 Satz 1 StPO ist dem Verletzten auf seinen Antrag ein psychosozialer Prozessbegleiter beizuordnen, sofern die Voraussetzungen des § 397a Abs. 1 Nr. 4 bis 6 StPO vorliegen. Aus der Formulierung „ist beizuordnen" folgt, dass der Verletzte (bei Vorliegen der Voraussetzungen; vgl. dazu unsere Ausführungen zu § 397a StPO) einen Rechtsanspruch auf Beiordnung des psychosozialen Prozessbegleiters hat.[132]

2. Voraussetzungen der Beiordnung gemäß § 406g Abs. 3 S. 2 StPO

360 Gemäß § 406 Abs. 3 Satz 2 StPO kann dem Verletzten ein psychosozialer Prozessbegleiter beigeordnet werden, sofern die Voraussetzungen des § 397a Abs. 1 Nr. 1 bis 3 StPO vorliegen und die besondere Schutzbedürftigkeit des Verletzten diese Beiordnung erfordert. Die Formulierung „kann beigeordnet werden" verdeutlicht hier einen Ermessensspielraum des Gerichts. Das Gericht hat die besondere Schutzbedürftigkeit des Verletzten zu würdigen. Der Gesetzgeber verweist auf Personen „mit einer Behinderung oder psychischen Beeinträchtigung, Betroffene von Sexualstraftaten, Betroffene von Gewaltstraftaten mit schweren psychischen, psychischen oder finanziellen Folgen oder längerem Tatzeitraum, Betroffene von vorurteilsmotivierter Gewalt oder sonstige Hasskriminalität sowie Betroffene von Menschenhandel."[133]

§ 406g Abs. 2 StPO nimmt hinsichtlich der Grundsätze, der Anforderungen an die Qualifikation und der Vergütung auf das „Gesetz über die psychosoziale Prozessbegleitung im Strafverfahren" (PsychPbG) Bezug. Aus § 406g Abs. 1 StPO folgt der Anspruch für jeden Verletzten, sich des Beistandes eines psychosozialen Prozessbegleiters zu bedienen. Abs. 1 regelt zudem das Anwesenheitsrecht des

---

131 BeckOK StPO, Weiner, StPO § 406g Rn. 3.
132 BeckOK StPO, Weiner, StPO § 406g Rn. 10.
133 BeckOK StPO, Weiner, StPO § 406g Rn. 12. BR-Drs. 56/15 S. 32.

psychosozialen Prozessbegleiters bei Vernehmungen des Verletzten und in der Hauptverhandlung.

Beachte: 361
Gemäß § 406g Abs. 4 StPO kann einem nicht beigeordneten psychosozialen Prozessbegleiter die Anwesenheit bei einer Vernehmung des Verletzten untersagt werden, wenn dies den Untersuchungszweck gefährden könnte.

IX. Der Verletztenbeistand (§ 406f StPO)

Gemäß § 406f StPO kann sich jeder Verletzte eines anwaltlichen Verletztenbeistands bedienen. Gemäß § 138 Abs. 3 StPO können auch andere Personen als ein Rechtsanwalt als Beistand gewählt werden (Rechtslehrer an deutschen Hochschulen im Sinne des Hochschulrahmengesetzes mit Befähigung zum Richteramt (§ 138 Abs. 1 StPO); andere Personen können nur mit Genehmigung des Gerichts gewählt werden § 138 Abs. 2 StPO). Gemäß § 406f Abs. 2 StPO kann sich der Verletzte bei Vernehmungen (ausschließlich oder zusätzlich zu einem Rechtsanwalt) von einer Person seines Vertrauens begleiten lassen. Die Kosten eines anwaltlichen Beistands trägt der Verletzte grundsätzlich selbst;[134] dem Verurteilten können diese Kosten nicht auferlegt werden.[135] 362

X. Die richterliche Videovernehmung der Geschädigten

Gemäß § 58a StPO ist es möglich, eine richterliche Vernehmung durchzuführen und diese in Bild und Ton aufzuzeichnen (Videovernehmung). Sinn und Zweck dieser Vorschrift ist es, die Angaben des Zeugen so zu sichern, dass diese möglichst nicht noch einmal (auch nicht in der Hauptverhandlung) vernommen werden müssen. Mehrfachvernehmungen sollen vermieden werden, um besonders schutzwürdige Zeugen zu schonen. Die Videovernehmung kann bei Vorliegen der Voraussetzungen in der Hauptverhandlung abgespielt werden. So bleiben dem besonders schutzwürdigen Zeugen Versuche der Einschüchterung erspart; der Zeuge wird bestenfalls auch vor Repressalien geschützt.[136] Wir sprechen daher gern von einer „Konservierung" der Aussage. Als besonders schutzwürdige Zeugen werden neben Kindern und Jugendlichen auch alte, kranke oder gebrechliche Personen erfasst. Opfer von Gewalt und/oder Sexualstraftaten sind ebenfalls der von dieser Vorschrift erfasste Personenkreis, ebenso wie besonders gefährdete Zeugen oder solche, deren Ausreise ins Ausland bevorsteht.[137] Neben dem Zeugenschutz ist Ziel dieser Vorschrift die Beweissicherung.[138] Richterlichen Vernehmungen kommt insbesondere dann eine besondere Bedeutung zu, wenn den betreffenden Zeugen ein Zeugnisverweigerungsrecht (§ 52 StPO) zur Seite steht, diese zur Zeit der Aussage aussagebereit sind, zu einem späteren 363

---

134 BeckOK StPO, Weiner, StPO § 406f Rn. 1 ff. m.w.N und a. A.
135 BeckOK StPO, Weiner, StPO § 406f Rn. 1 ff. m. w. N.
136 BeckOK StPO, Huber, StPO § 58a Rn. 1.
137 Ders. Rn. 2.
138 „Konserve" (Aussage „konservieren" – also sichern).

Zeitpunkt aber ggf. nicht mehr. Denn in diesen Fällen kann der vernehmende Richter als Zeuge vom Hörensagen vernommen werden. Nachfolgend werden die Alternativen der Vorschrift nebst den tatbestandlichen Voraussetzungen dargestellt.

1. Die „Kann-Vorschrift" (§ 58a Abs. 1 Satz 1 StPO)

364 Gemäß § 58a Abs. 1 Satz 1 StPO kann jede Vernehmung eines Zeugen aufgezeichnet werden. Von dieser Möglichkeit soll aber zurückhaltend Gebrauch gemacht werden (und wird in der Praxis kaum Gebrauch gemacht). Grund dafür ist der erhebliche Eingriff in das Persönlichkeitsrecht des Zeugen (alles wird auf Video aufgezeichnet) sowie der im Strafverfahren geltende Unmittelbarkeitsgrundsatz, der hier durchbrochen wird.[139] Diese „Durchbrechung" muss sich lohnen. Es sollte sich daher um eine umfangreiche und auch entscheidungserhebliche Aussage oder auch eine besonders schwierige handeln.[140]

2. Die Alternativen der „Soll-Vorschrift" (§ 58a Abs. 1 Satz 2 StPO)

365 § 58a Abs. 1 Satz 2 StPO normiert in den dort genannten beiden Ziffern zwei Alternativen, in denen eine richterliche Vernehmung aufgezeichnet werden **soll**. Nach Nr. 1 der genannten Vorschrift sollen alle Vernehmungen von Personen aufgezeichnet werden,
– die durch eine Straftat verletzt worden sind und zum Zeitpunkt der Vernehmung noch keine 18 Jahre alt sind **oder**
– die als Kinder oder Jugendliche durch eine in § 255a Abs. 2 StPO genannte Straftat verletzt worden sind
und deren schutzwürdigen Interessen durch diese Art der Vernehmung besser gewahrt werden können. Dies betrifft in der Regel Zeugen, die unmittelbar durch die Straftat betroffen sind, bei der es sich nicht um einen Fall der Alltagskriminalität handeln sollte. Insbesondere Kinder, die Opfer schwerwiegender Sexualstraftaten geworden sind, sollen von dieser Vorschrift erfasst werden.
Der Bundesgerichtshof hat diese Verpflichtung („Soll") der Ermittlungsbehörden ausdrücklich betont: „Wird wegen des Verdachts ermittelt, eine noch nicht 16 Jahre alte Jugendliche sei Opfer schwerwiegender Sexualverbrechen geworden, so begründet § 58a I 2 StPO eine grundsätzliche Verpflichtung der Ermittlungsbehörden, die Aussagen der Jugendlichen aufzuzeichnen."[141]
Gemäß § 255a Abs. 2 Satz 1 StPO ist es möglich, die Aufzeichnung in der späteren Hauptverhandlung vorzuführen und dem Zeugen so eine erneute Aussage zu ersparen. Insofern ist es wichtig, dass der Zeuge Opfer einer der dort genannten Straftaten geworden ist, um eben diese Ersetzungsfunktion zu gewährleisten.
Gemäß Nr. 2 der vorgenannten Vorschrift soll die Aufzeichnung der richterlichen Vernehmung erfolgen, „wenn aufgrund bestimmter Anhaltspunkte oder auch nur kriminalistischer Erfahrung die Prognose gerechtfertigt ist, dass der Zeuge in der Hauptverhandlung nicht vernommen werden kann."[142] Durch diese Voraussetzung (der Zeuge kann nicht vernommen werden) wird deutlich,

---

139 BeckOK StPO, Huber, StPO § 58a Rn. 5 und 6.
140 Ders.
141 BGH, Beschluss vom 3.8.2004 - 1 StR 288/04 (LG Würzburg), NStZ-RR 2004, 336.
142 BeckOK StPO, Huber, StPO § 58a Rn. 9.

dass der Zweck dieser Verfahrensweise in der Beweissicherung liegt. Die Vorschrift erfasst insbesondere lebensgefährlich erkrankte, gebrechliche oder gefährdete Zeugen (auch Zeugen, die in ein Zeugenschutzprogramm aufgenommen werden sollen). Auch ausländische Zeugen sind hier erfasst; ebenso kindliche oder jugendliche Zeugen, bei denen zu erwarten ist, dass die Erziehungsberechtigten aus berechtigter Sorge um deren Wohl die Teilnahme in der Hauptverhandlung nicht gestatten werden. Die Vorschrift soll ebenso anwendbar sein, wenn dem Zeugen ein Auskunftsverweigerungsrecht zustehen würde[143] (§ 55 StPO).

3. Die „Muss-Vorschrift (§ 58a Abs. 1 S. 3 StPO)

366 Bei Geschädigten der in § 58a Abs. 1 Satz 3 StPO genannten Sexualstraftaten (§§ 174 bis 184j StGB)[144] muss die Vernehmung als richterliche Vernehmung durchgeführt und in Bild und Ton aufgezeichnet werden (Videovernehmung), wenn
- damit die schutzwürdigen Interessen der Zeugen besser gewahrt werden können[145] und
- der Zeuge der Bild-Ton-Aufzeichnung vor der Vernehmung zugestimmt hat.

Der zu vernehmende Zeuge muss dieser Verfahrensweise also zwingend zustimmen! Stimmt der Zeuge der Videovernehmung nicht zu, führt dies dazu, dass er in der Regel auf Ladung des Gerichts in der gerichtlichen Hauptverhandlung aussagen muss.[146] Diese Alternative erfährt in der Praxis die größte Bedeutung.

4. Weiteres Wissenswertes

367 a) **Duldungspflicht und Zustimmungserfordernis des Zeugen.** In den Fällen des § 58a Abs. 1 Satz 3 StPO („Muss-Vorschrift") ist, wie soeben dargelegt, die Zustimmung des zu vernehmenden Zeugen erforderlich. In den übrigen Fällen (Kann- und Soll-Vorschrift) besteht grundsätzlich eine Pflicht des Zeugen die Videovernehmung zu dulden. In der Praxis wird diese Verfahrensweise aber nur dann funktionieren, wenn der Vernehmende und der Zeuge „kooperieren", da anderenfalls eine brauchbare Aussage kaum zu erlangen sein wird.[147] Sofern ein zeugnisverweigerungsberechtigter Zeuge (§§ 52, 53, 53a StPO) die Aussage (erst) in der Hauptverhandlung verweigert, darf die Videovernehmung nicht vorgeführt werden (§§ 252, 255a Abs. 1 StPO). Der geschädigte Zeuge einer Sexualstraftat hat die Möglichkeit, der Vorführung der Auszeichnung zu widersprechen. Dieser Widerspruch ist noch bis zum Ende der entsprechenden Videovernehmung möglich (§ 255a Abs. 2 Satz 1 StPO).

368 b) **Verwendungsbeschränkung der Aufzeichnung.** Die Verwendung der Videoaufzeichnung ist auf das Strafverfahren beschränkt, um der Schutzwürdigkeit des Zeugen zu entsprechen. Die Verwendung des Videos ist aber nicht auf das

---

143 Ders.
144 Ausgenommen sind nur die eher nicht so schwerwiegenden Taten der sexuellen Belästigung (§ 184i StGB).
145 Was aufgrund der ersparten Mehrfachvernehmungen immer der Fall sein dürfte.
146 Vgl. dazu die Ausführungen zu einem evtl. Zeugnis- oder Aussageverweigerungsrecht.
147 BeckOK StPO, Huber, StPO § 58a Rn. 13.

ursprüngliche Strafverfahren beschränkt. Das Video darf vielmehr für jedes Strafverfahren (ggf. auch ein späteres Falschaussageverfahren) verwendet werden. In weiteren Verfahren (bspw. Familiengericht oder Zivilgericht zur Geltendmachung von Schadensersatzansprüchen) ist eine Verwendung allerdings nur mit Zustimmung des Zeugen möglich.[148] Für die (spätere) Vernichtung der Aufzeichnung gilt gemäß § 58a Abs. 2 Satz 2 StPO § 101 Abs. 8 StPO.

369 **c) Akteneinsicht.** Das Video ist Teil der strafprozessualen Ermittlungsakte. Das Akteneinsichtsrecht des Verteidigers ergibt sich aus § 147 StPO. Gemäß Abs. 7 der vorgenannten Vorschrift ist es auch möglich, dass der Angeklagte selbst Abschriften erhält. Das Akteneinsichtsrecht des Nebenklagevertreters oder Verfahrensbevollmächtigen ist in § 406e StPO, das des Privatklagevertreters in § 385 Abs. 3 StPO geregelt. Widerspricht der Zeuge der Überlassung des Videos (oder einer Kopie des Videos), dann beschränkt sich das Einsichtsrecht auf die Besichtigung der Aufzeichnung bei der Staatsanwaltschaft (§ 58a Abs. 3 Satz 2 StPO) oder auf ein zu errichtendes und den Berechtigten zu überlassendes Protokoll, das nicht vernichtet werden muss. Über diese Möglichkeit ist der Zeuge zu belehren (§ 58a Abs. 3 Satz 3 StPO). Der Verteidiger darf keine Kopie der Aufzeichnung an seinen Mandanten (den Beschuldigten) weitergeben (§ 59a Abs. 2 Satz 4 StPO). Auch die Weitergabe von Kopien an andere Personen, die grundsätzlich ein Akteneinsichtsrecht haben (§ 474 StPO), bedarf der Zustimmung des Zeugen (§ 58a Abs. 2 Satz 6 StPO).

370 **Praxistipp:** Geschädigte schwerwiegender Sexualstraftaten bzw. deren Opferanwälte sollten unseres Erachtens dringend auf eine richterliche Videovernehmung drängen. Den Zeugen werden so in der Regel weitere Vernehmungen vor Gericht (mitunter auch in mehreren Instanzen bzw. nach Zurückverweisung des Verfahrens nochmals in derselben Instanz) erspart.

XI. Prozessuale Möglichkeiten des Opferschutzes

1. Getrennte Vernehmung (§ 168e StPO)

371 § 168e StPO gilt dem besonderen Schutz der betreffenden Zeugen und ermöglicht, dass die Vernehmung getrennt von den weiteren Verfahrensbeteiligten (Beschuldigter, Verteidiger, Staatsanwaltschaft) durchgeführt wird. Diese weiteren Verfahrensbeteiligten können der Vernehmung dann aus einem anderen Raum, in den die Videovernehmung zeitgleich übertragen wird, folgen. Insbesondere Kinder und Geschädigte von Sexualdelikten sollen „vor der Konfrontation mit dem Beschuldigten und belastenden Mehrfachvernehmungen geschützt werden".[149] Die getrennt von den weiteren Verfahrensbeteiligten durchzuführende Vernehmung setzt voraus, dass die Gefahr eines schwerwiegenden Nachteils für das Wohl des Zeugen besteht. Davon ist bspw. auszugehen, „wenn die Anwesenheit des Beschuldigten und/oder des Verteidigers mit hoher Wahrscheinlichkeit beim Zeugen zumindest vorübergehend zu einer schweren psychischen oder anderen vergleichbar schwerwiegenden Beeinträchtigung führen würde". Weiter

---

148   BeckOK StPO, Huber, StPO § 58a Rn. 18.
149   HK-GS/Kai Ambos, StPO § 168e Rn. 1.

wird vorausgesetzt, dass diese Gefahr auf andere Weise nicht abwendbar ist. „Andere Wege können bspw. die Vernehmung in Anwesenheit einer Vertrauensperson des Zeugen, allein durch den Richter (§ 241 a) oder die Ausschließung des Beschuldigten nach § 168 c Abs. 3 sein."[150] In der Praxis stellt die Videovernehmung, bei welcher sich der Zeuge allein mit der richterlichen Vernehmungsperson in einem Raum befindet und diese Vernehmung zeitgleich von den weiteren Beteiligten aus einem anderen Raum verfolgt werden kann, bei Kindern und Jugendlichen, die Opfer (schwerwiegender) Sexualstraftaten geworden sind, den Regelfall dar. Nachdem der Zeuge im Zusammenhang geschildert hat und durch den Richter ergänzend befragt worden ist, wird den weiteren Anwesenden (Beschuldigter, Verteidiger, Staatsanwaltschaft, Opferanwalt) Gelegenheit gegeben, ergänzende Fragen zu stellen.

2. Ausschluss des Beschuldigten (§ 168c StPO)

Gemäß § 168c Abs. 3 StPO ist es möglich, den Beschuldigten von der richterlichen Vernehmung auszuschließen, wenn dessen Anwesenheit den Untersuchungszweck gefährden würde. Davon ist u.a. auszugehen, sofern die Gefahr besteht, dass der Zeuge sonst nicht die Wahrheit sagt. Auch in diesem Fall müssen den weiteren Verfahrensbeteiligten deren Mitwirkungsrechte ermöglicht werden.

XII. Weitere Opferrechte

1. Beschränkung des Fragerechts aus Gründen des Persönlichkeitsschutzes

Der Zeuge hat ein Recht auf besonderen Schutz betreffend seiner Persönlichkeit. Das Fragerecht der Verfahrensbeteiligten kann daher insoweit beschränkt werden, als dieses die Ehre des Zeugen verletzt oder seinen persönlichen Lebensbereich betrifft (§ 68a StPO). Den persönlichen Lebensbereich eines Zeugen können Informationen über private Neigungen, Eigenschaften, den Gesundheitszustand des Zeugen oder auch religiöse oder politische Einstellungen betreffen. Das Familienleben und die Intimsphäre des Zeugen müssen ebenso geschützt sein. Gerade bei Sexualstraftaten erfährt der Persönlichkeitsschutz eine besondere Bedeutung. Denn Opferzeugen (insbesondere diejenigen von Sexualstraftaten) sollen nicht umfassend zu ihrem Sexualleben befragt werden dürfen. Es kann/muss sicherlich Ausnahmen geben können bzw. es müssen bestimmte Fragen zulässig sein. Dies gilt aber nur dann, wenn die Wahrheit sonst nicht aufgeklärt werden könnte, die entsprechende Frage also unerlässlich ist. Anderenfalls muss diese Frage als unzulässig zurückgewiesen werden (§ 241 Abs. 2 StPO).

2. Recht auf Auskünfte

a) Auskunft über den Stand des Verfahrens (§ 406d StPO). § 406d Abs. 1 StPO gibt dem Verletzten Informationsansprüche über:

---

150 HK-GS/Kai Ambos, StPO § 168e Rn. 3.

- die Einstellung des Verfahrens (Nr. 1),[151]
- Zeit und Ort der Hauptverhandlung[152] sowie die gegen den Angeklagten erhobenen Beschuldigungen (Nr. 2),[153]
- den Ausgang des gerichtlichen Verfahrens (Nr. 3)[154].

Gemäß § 406d Abs. 2 StPO sind dem Verletzten auf Antrag mitzuteilen, ob
- dem Verurteilten die Weisung erteilt worden ist, zu dem Verletzten keinen Kontakt aufzunehmen oder mit ihm nicht zu verkehren (Nr. 1),
- freiheitsentziehende Maßnahmen gegen den Beschuldigten oder den Verurteilten angeordnet oder beendet oder ob erstmalig Vollzugslockerungen oder Urlaub gewährt werden, wenn er ein berechtigtes Interesse darlegt und kein überwiegendes schutzwürdiges Interesse der betroffenen Person am Ausschluss der Mitteilung vorliegt; in den in § 395 Abs. 1 Nr. 1 bis 5 genannten Fällen sowie in den Fällen des § 395 Abs. 3, in denen der Verletzte zur Nebenklage zugelassen wurde, bedarf es der Darlegung eines berechtigten Interesses nicht (Nr. 2),
- der Beschuldigte oder Verurteilte sich einer freiheitsentziehenden Maßnahme durch Flucht entzogen hat und welche Maßnahmen zum Schutz des Verletzten deswegen gegebenenfalls getroffen worden sind (Nr. 3),
- dem Verurteilten erneut Vollzugslockerung oder Urlaub gewährt wird, wenn dafür ein berechtigtes Interesse dargelegt oder ersichtlich ist und kein überwiegendes schutzwürdiges Interesse des Verurteilten am Ausschluss der Mitteilung vorliegt (Nr. 4).

375 **Praxistipp:** Weil die entsprechenden Informationen nur auf Antrag erteilt werden, sollte der Verletzte diesen Antrag unbedingt (gleich zu Beginn des Verfahrens) stellen.

376 **b) Das Recht zur Einsichtnahme der Verfahrensakten (§ 406e StPO).** Gemäß § 406e StPO erhält der Verletzte, Nebenklagebefugte und Nebenkläger **auf Antrag** Einsichtnahme in die Verfahrensakten. Die zur Nebenklage befugten Antragsteller (§ 395 StPO) brauchen das ansonsten für Verletzte erforderliche „berechtigte Interesse" nicht gesondert darzulegen (§ 406e Abs. 1 Satz 2 StPO). Überwiegen die schutzwürdigen Interessen des Beschuldigten oder anderer schützenswerter Personen, so wird die Akteneinsicht nicht gewährt (§ 406e Abs. 2 StPO). Akteneinsicht kann auch versagt werden, sofern der Untersuchungszweck des Verfahrens dadurch gefährdet wäre (§ 406e Abs. 2 Satz 2 StPO) oder die Gefahr besteht, dass das Verfahren erheblich verzögert würde (§ 406e Abs. 2 Satz 3 StPO).

377 **c) Auskunft über die Befugnisse im Strafverfahren (§ 406i StPO).** Auf seine Rechte ist der Verletzte gemäß § 406i StPO möglichst frühzeitig, regelmäßig schriftlich und soweit möglich in einer für ihn verständlichen Sprache hinzuwei-

---

151 Dies betrifft sowohl die Verfahrenseinstellung gemäß § 170 Abs. 2 als auch gemäß §§ 153 ff. StPO.
152 In einer dem Verletzten verständlichen Sprache (in Umsetzung v. Art. 7 Abs. 4 der Opferschutzrichtlinie der EU).
153 Also die angeklagten Taten.
154 Nach Rechtskraft.

sen. Dies wird regelmäßig bereits bei Gelegenheit der Anzeigeerstattung durch die Polizei erfolgen, entsprechende Merk- und Aufklärungsblätter haben die Bundesländer ausgearbeitet. Aber auch die Staatsanwaltschaft sollte den Verletzten auf diese Möglichkeiten nochmals hinweisen, zumal die Rechte entsprechend des jeweiligen Tatverdachts variieren.

d) Auskunft über die Befugnisse außerhalb des Strafverfahrens. Gemäß § 406j StPO sind Verletzte auf die Befugnisse möglichst frühzeitig über die Befugnisse außerhalb des Strafverfahrens hinzuweisen. Dazu gehören **u. a.** **378**
- die Möglichkeiten, vermögensrechtliche Ansprüche auf dem Zivilrechtsweg geltend zu machen,
- dass für die Hinzuziehung eines anwaltlichen Beistandes Prozesskostenhilfe beantragt werden kann,
- die Anordnungsmöglichkeiten nach dem Gewaltschutzgesetz sowie auf evtl. Ansprüche nach dem SGB XIV, auf untergesetzliche Entschädigungsmöglichkeiten aus Verwaltungsvorschriften
- sowie auf Beratung und Hilfe durch Opferhilfeeinrichtungen (bspw. durch Bereitstellung oder Vermittlung einer Unterkunft in einer Schutzeinrichtung oder durch Vermittlung von therapeutischen Angeboten wie medizinischer oder psychologischer Hilfe oder weiteren verfügbaren Unterstützungsangeboten im psychosozialen Bereich).

e) Auskunft zu weiteren Informationen. Gemäß § 406k StPO sollen die Informationen (aus §§ 406i und 406j StPO) jeweils Angaben dazu enthalten, **379**
- an welche Stellen sich die Verletzten wenden können, um die beschriebenen Möglichkeiten wahrzunehmen, und
- wer die beschriebenen Angebote gegebenenfalls erbringt.

Die Unterrichtung soll nur dann unterbleiben, wenn die Voraussetzungen einer bestimmten Befugnis im Einzelfall offensichtlich nicht vorliegen.

3. Weitere Befugnisse der Angehörigen und Erben

Gemäß § 406l StPO gelten die §§ 406i Abs. 1, 406j und 406k StPO auch für Angehörige und Erben von Verletzten, soweit ihnen die entsprechenden Befugnisse zustehen. **380**

Kapitel 7: Rechte der Beschuldigten

381 Ein Beschuldigter hat rechtstaatlich garantierte Rechte, die im Nachfolgenden dargestellt werden. Der Status des Beschuldigten beginnt, sobald staatliche Stellen ihn wegen einer möglichen Straftat verfolgen. Dies ist dann der Fall, wenn gegen eine Person förmlich ein Ermittlungsverfahren eingeleitet wird, wobei die förmliche Einleitung nicht zwingend nötig ist. So kann einer Person auch konkludent die Rolle eines Beschuldigten zugewiesen werden,[1] etwa dadurch, dass ein Polizeibeamter die Person durchsucht. Zeigt ein Geschädigter eine Person an und wirft ihm eine konkrete Straftat vor, ist diese Person mit der Anzeige als Beschuldigte/Beschuldigter zu behandeln. Kinder unter 14 Jahren und somit strafunmündige Personen dürfen niemals als Beschuldigte vernommen werden.[2]

I. Recht auf rechtliches Gehör

382 Dem Beschuldigten ist sogenanntes rechtliches Gehör zu gewähren, bevor ein Ermittlungsverfahren durch Anklage oder Strafbefehlsantrag abgeschlossen wird. Dies ist ein Kern des Gebots des fairen Verfahrens. Der Beschuldigte soll Gelegenheit haben, den Tatverdacht gegen ihn auszuräumen oder aber anderweitig dazu Stellung zu nehmen und sich bereits in diesem Verfahrensstadium anwaltlich beraten zu lassen.

II. Recht auf ordnungsgemäße Belehrung

383 Der Beschuldigte ist gemäß § 136 StPO vor Beginn der Vernehmung ordnungsgemäß zu belehren. Die Belehrung umfasst folgende Punkte:
- Welche Tat wird ihm vorgeworfen? Dabei ist der Sachverhalt so zu schildern, dass der Beschuldigte weiß, um welches Geschehen es geht.
- Grundsätzlich sind ihm dabei die Strafvorschriften zu nennen.[3]
- Der Beschuldigte hat ein Schweigerecht.
- Er hat aber auch das Recht, sich zum Tatvorwurf zu äußern.
- Er kann jederzeit einen Wahlverteidiger zuziehen
- und diesen bereits vor der Vernehmung kontaktieren, wobei ihm die Vernehmungsperson bei Bedarf dabei behilflich sein muss, etwa durch Bereitstellung eines Telefons oder der Rufnummer des anwaltlichen Notdienstes.
- Er hat das Recht Beweiserhebungen zu beantragen und
- einen Antrag auf Beiordnung eines Pflichtverteidigers zu stellen.
- Im Einzelfall ist er über die Möglichkeit des Täter-Opfer-Ausgleichs zu informieren.

---

1 Vgl. dazu BGH 2 StR 439/13.
2 Gercke/Temming/Zöller, Strafprozessordnung, § 136 Rn. 8.
3 Streitig, ob dies auch für Polizeibeamte gilt, vgl. dazu Marquardt/Oelfke, Basiswissen Strafprozess für Polizeibeamte S. 114.

– Er ist aufzuklären über die möglichen Kostenfolgen von beantragten Beweiserhebungen oder der Beiordnung eines Pflichtverteidigers.

Der Beschuldigte ist somit so umfassend zu belehren, dass es in der Praxis regelmäßig zu fehlerhaften oder nicht vollständigen Belehrungen kommt. Gerade in Stresssituationen oder konfliktbehafteten Lagen am Tatort passiert es immer wieder, dass einzelne Punkte der Belehrung vergessen werden. Die Belehrung hat vor jeder Vernehmung zu erfolgen und somit auch vor etwaigen Vorgesprächen, die bereits Teil der Vernehmung sind.[4] Es gehört zum fairen Verfahren, dem Beschuldigten zu erklären, weshalb der genannte Tatverdacht gegen ihn besteht, also die zureichenden, tatsächlichen Anhaltspunkte, welche zur Annahme des Anfangsverdachts gemäß § 152 Abs. 2 StPO führen (Zeugenaussagen, Blutspuren an seiner Kleidung u. a.). Die Mitteilung der sogenannten Verdachtsgründe hat bei jeder Vernehmung zu erfolgen unabhängig von der Art oder Schwere der Tat. Der Beschuldigte soll so in die Lage versetzt werden, die Verdachtsgründe zu beseitigen. Auch wenn der Beschuldigte erklärt, nicht zur Sache aussagen zu wollen, sind ihm die Verdachtsgründe zu erläutern,[5] denn gegebenenfalls entschließt er sich später zu einer Aussage.

III. Aussageverweigerungsrecht, Schweigerecht

384 Einem Beschuldigten steht es grundsätzlich völlig frei, Angaben zu dem Sachverhalt zu machen, der ihm zu Last gelegt wird. Dieses Grundprinzip des Rechtsstaats und des fairen Verfahrens[6] ist vor jeder Vernehmung unmissverständlich klarzustellen. Belehrungen wie „Sie sind verpflichtet Angaben zur machen." sind schlicht falsch und führen grundsätzlich dazu, dass die danach erfolgten Angaben eines Tatverdächtigen nicht verwertbar sind, auf diese kann und darf somit keine Verurteilung gestützt werden. Schweigt ein Beschuldigter, so dürfen daraus keine nachteiligen Schlüsse gezogen werden.[7] Ein Vernehmender darf aber den Beschuldigten darauf hinweisen, dass eine frühzeitige Aussage Vorteile haben kann, sei es, dass ein frühes Geständnis später durch den Richter strafmildernd berücksichtigt werden kann, aber auch, dass im Falle einer Einlassung sehr zeitnah ein etwaiges Alibi überprüft wird.[8]

385 **Beispiel:**
Also falsch und unzulässig wäre es somit, wenn der Staatsanwalt im Ermittlungsverfahren oder der Richter später in der Hauptverhandlung zu dem Ergebnis gelangen würde, dass das Schweigen des Beschuldigten bzw. Angeklagten zu den Tatvorwürfen ein Indiz dafür sei, dass er die Tat tatsächlich begangen hat, weil er sich sonst gegen den Vorwurf verteidigt und ggfs. auch ein Alibi benannt

---

4 Dazu: Meyer-Goßner StPO 65. Aufl., 2022, § 136 Rn. 8 und ausführlich dazu auch: Marquardt/Oelfke, Basiswissen Strafprozess für Polizeibeamte S. #.
5 MüKo-StPO, Schuhr, § 136 Rn. 45 m. w. N.
6 Vgl. auch EMRK Art. 6, BGHSt 14, 358.
7 BGH 5 StR 52/23: „Weder aus einer durchgängigen noch aus einer anfänglichen Aussageverweigerung eines Angeklagten und damit auch aus dem Zeitpunkt, in dem er sich erstmalig einlässt, dürfen keine nachteiligen Schlüsse gezogen werden".
8 Gercke/Temming/Zöller Strafprozessordnung, § 136 Rn. 21

hätte. Der Beschuldigte bzw. Angeklagte muss nicht mitwirken, er darf schweigen, wenn er dies für die geeignete Verteidigungsstrategie hält. Streitig ist, ob teilweises Schweigen gewürdigt werden darf.[9]

IV. Anspruch auf rechtsstaatliche Vernehmungsmethoden (§ 136a StPO)

386 Ein Beschuldigter darf nur dann vernommen werden, wenn er in der Lage ist, frei über die Wahrnehmung seiner Rechte, insbesondere seines Schweigerechts zu entscheiden. Ihm darf weder gedroht werden noch sind Täuschungen zulässig. Kurzum: Jeder Beschuldigte ist fair zu behandeln. Dazu gehört auch, dass ein erklärtes Aussageverweigerungsrecht nicht durch Tricksereien unterlaufen werden darf, etwa dadurch, dass die Polizei einen anderen Untersuchungsgefangenen auf den Beschuldigten ansetzt, um ihn auszufragen.[10] Ihm dürfen keine Vergünstigungen im Falle einer Aussage oder gar eines Geständnisses zugesagt werden, die nicht eingehalten werden können. So entscheiden weder Polizei noch Staatsanwalt, ob im Falle eines Geständnisses das Gericht bei einer Verurteilung die Strafe mildern wird.[11] Auch der Einsatz eines sog. Lügendetektors gegen den Willen eines Beschuldigten ist in Deutschland untersagt und selbst bei Einwilligung kein geeignetes Beweismittel.[12] Wird gegen das Gebot des fairen Verfahrens im Sinne des § 136a StPO verstoßen, sind die Angaben des Beschuldigten nicht verwertbar, auch hierauf kann und darf eine Verurteilung nicht gestützt werden.[13]

V. Recht auf Stellung von Beweisanträgen

387 Der Beschuldigte kann jederzeit Beweisanträge stellen, etwa darum bitten ein Alibi zu prüfen.[14]

VI. Recht auf einen Verteidiger seiner Wahl

388 Ein Beschuldigter darf zu jeder Zeit des Verfahrens und somit auch vor einer Vernehmung einen Verteidiger konsultieren. Wenn der Beschuldigte diesen Wunsch äußert, ist von der Vernehmung zunächst Abstand zu nehmen und dem Beschuldigten die Möglichkeit zu eröffnen, den Anwalt anzurufen. Auch dieses Recht ist wesentliches Kernstück eines fairen Verfahrens.[15]

---

9 Löwe-Rosenberg/Gless StPO, 28. Aufl. 2025, § 136 Rn. 28.
10 BGHSt 44, 129.
11 Meyer-Goßner StPO, § 136a Rn. 23.
12 Meyer-Goßner StPO, § 136a Rn. 24.
13 KK-StPO/Diemer, § 136a Rn. 38.
14 Esser/Rübestahl/Saliger/Tsambikakis, Wirtschaftsstrafrecht, § 136 Rn. 22.
15 Gercke/Temming/Zöller, Strafprozessordnung, § 136 Rn. 19.

VII. Antragsrecht auf Beiordnung eines Pflichtverteidigers (§§ 136, 140, 141 StPO)

Grundsätzlich hat jeder Beschuldigte das Recht die Beiordnung eines Pflichtverteidigers zu beantragen, der Antrag wird durch das Gericht geprüft und ein Pflichtverteidiger beigeordnet, wenn die obigen Voraussetzungen einer notwendigen Verteidigung vorliegen. Im Gegensatz zum Wahlverteidiger werden die Kosten für den Pflichtverteidiger zunächst vom Staat übernommen, lediglich im Falle einer Verurteilung hat der Verurteilte damit zu rechnen, dass er dann auch die Kosten zu tragen hat. **Sichere** Fälle notwendiger Verteidigung sind zweifelsfrei **Verbrechen** (Freiheitsstrafe von mindestens einem Jahr, § 12 StGB). Gem. § 140 StPO liegt aber auch ein Fall notwendiger Verteidigung u. a. vor, wenn

– Anklage vor dem Schöffengericht, Landgericht oder Oberlandesgericht erhoben wird,
– das Verfahren zu einem Berufsverbot führen kann (was in der Regel der Polizist am Anfang eines Verfahrens noch nicht abschätzen kann),
– wegen der Schwere der Tat (etwa wenn eine Freiheitsstrafe von einem Jahr und mehr oder eine Jugendstrafe ohne Bewährung zu erwarten ist oder Bewährungswiderruf droht oder Entziehung der Fahrerlaubnis bei einem Berufskraftfahrer) oder wegen der Schwierigkeit der Sach- und Rechtslage die Mitwirkung eines Verteidigers geboten erscheint (etwa weil die Schuldfähigkeit des Beschuldigten zu prüfen ist oder unterschiedliche Ansichten zur Sach- und Rechtslage vertretbar sind oder zu einer sachgerechten Verteidigung umfassende Akteneinsicht gehört und die Verteidigung sonst nicht möglich erscheint),
– der Beschuldigte sich nicht selbst verteidigen kann (etwa Verständigungsschwierigkeiten, niedriger Bildungsgrad).

Die wenigen vorgenannten Beispiele notwendiger Verteidigung machen deutlich, dass die Bewertung, ob ein Fall notwendiger Verteidigung vorliegt, alles andere als einfach ist und sehr oft in der Anfangsphase eines Ermittlungsverfahrens gar nicht beurteilt werden kann. Weiß die Polizei tatsächlich bei dem ersten Angriff oder in der ersten Vernehmung, welche Vorstrafen der Beschuldigte hat, ob er unter Bewährung steht?

Ist tatsächlich bekannt, ob seit der letzten Vorstrafe im Bundeszentralregisterauszug eine weitere Verurteilung erfolgte, die noch nicht rechtskräftig ist (und deshalb auch noch nicht im Bundeszentralregisterauszug steht), mit der aber gegebenenfalls später eine Gesamtstrafe wegen der aktuellen neuen Tat gebildet werden muss? Weil all das in der Regel zu Beginn der Ermittlungen noch nicht bekannt ist, ist es zwangsläufig erforderlich, dass grundsätzlich jeder Beschuldigte über dieses Antragsrecht belehrt wird, also auch derjenige, der ohne Fahrerlaubnis fährt oder der im Supermarkt beim Stehlen erwischt wird. Vor der Beiordnung des Pflichtverteidigers erhält der Beschuldigte rechtliches Gehör zur Frage, wessen Beiordnung er wünscht.

VIII. Das Anwesenheitsrecht des Verteidigers

1. Anwesenheitsrecht in der polizeilichen/staatsanwaltschaftlichen Vernehmung

390 Der Verteidiger hat das Recht während der Vernehmung anwesend zu sein und sich zwischendurch oder vor der Vernehmung mit dem Beschuldigten zu beraten – dies in Abwesenheit des Vernehmenden.[16]

2. Anwesenheitsrecht bei richterlichen Vernehmungen

391 Gem. § 168c Abs. 5 StPO dürfen Verteidiger an richterlichen Vernehmungen im Ermittlungsverfahren teilnehmen.

IX. Recht auf schriftliche Äußerung

392 In geeigneten Fällen ist der Beschuldigte darüber zu belehren, dass er sich zum Tatvorwurf auch schriftlich einlassen kann.[17]

X. Fragerecht

393 In der Hauptverhandlung hat der Verteidiger nach Gericht und Staatsanwaltschaft das Fragerecht und somit Gelegenheit, das Ergebnis der Beweisaufnahme zu beeinflussen. Auch der Angeklagte hat ein Recht, Fragen an Zeugen und Sachverständige zu stellen. Beide dürfen ihre Fragen grundsätzlich unmittelbar an Zeugen/Sachverständigen richten.

XI. Recht auf eine qualifizierte Belehrung

394 Ist ein Beschuldigter zunächst fälschlicherweise als Zeuge belehrt und vernommen worden oder wurde er nicht vollständig oder fehlerhaft (§ 136 StPO) als Beschuldigter belehrt, so hat er das Recht, dass man ihn vor einer weiteren Vernehmung hierüber belehrt – gemeint ist die sog. qualifizierte Belehrung. Der Vernehmende muss nunmehr dem Beschuldigten erklären, dass er bereits vor der ersten Vernehmung als Beschuldigter zu belehren gewesen wäre bzw. vor der ersten Vernehmung nicht korrekt belehrt wurde und deshalb ein Gericht auf seine Angaben keine Verurteilung stützen kann, seine Aussagen unverwertbar sind und er nunmehr vor der zweiten Vernehmung das Recht hat, sich neu zu entscheiden, ob er Angaben machen möchte oder nicht. Hintergrund ist, dass der Beschuldigte nicht in dem Irrtum gelassen werden soll, dass er ohnehin bereits Angaben gegenüber den Ermittlungsbehörden gemacht hat und deshalb nun auch weitere Angaben machen kann.[18] Es soll also verhindert werden, dass sich der bisherige Fehler fortwirkt.

---

[16] Löwe-Rosenberg/Gless, StPO, 28. Aufl. 2025, § 136 Rn. 43, 45.
[17] Gercke/Temming/Zöller, Strafprozessordnung, § 136 Rn. 32.
[18] Gercke/Temming/Zöller, Strafprozessordnung, § 136 Rn. 23; BGHSt 53, 112.

XII. Beiordnung eines Pflichtverteidigers von Amts wegen

Grundsätzlich wird ein Pflichtverteidiger nur auf ausdrücklichen Antrag des Beschuldigten und dann, wenn tatsächlich ein Fall notwendiger Verteidigung gegeben ist, beigeordnet. Es gibt aber Ausnahmen, in denen von Amts wegen und damit ohne Antrag des Beschuldigten eine Beiordnung zu erfolgen hat. Dies gilt jedoch nur, wenn der Beschuldigte noch keinen Verteidiger (Wahlverteidiger) hat.[19]

Von Amts wegen ist beispielsweise beizuordnen (§ 141 Abs. 2 StPO)
- wenn sich der Beschuldigte infolge einer schweren psychischen Erkrankung nicht selbst verteidigen kann,
- wenn der Beschuldigte bereits aufgrund einer richterlichen Anordnung oder mit richterlicher Genehmigung in einer Anstalt ist (Untersuchungshaft, Strafhaft, Abschiebehaft, Unterbringung nach dem PsychKG, Unterbringung zur Drogen-/Alkoholtherapie),
- wenn Zeugen richterlich vernommen werden sollen.

Dann wird durch die richterliche Vernehmung der Zeugen ein Teil der Beweisaufnahme der späteren Hauptverhandlung sozusagen vorweggenommen, weshalb durch die Bereitstellung eines Verteidigers zu garantieren ist, dass der Beschuldigte auch in dieser Phase des Verfahrens sich sachgerecht verteidigen (lassen) kann.

Es gibt aber noch weitere Fälle der Beiordnung von Amts wegen, nämlich:
- wenn ein vorläufig festgenommener Beschuldigter dem Haftrichter vorgeführt werden soll,
- wenn ein Beschuldigter aufgrund eines Untersuchungshaftbefehls festgenommen wurde,
- wenn ein Jugendlicher/Heranwachsender wegen eines Verbrechens als Beschuldigter vernommen werden soll.

In der Praxis führt die Verpflichtung, von Amts wegen einen Pflichtverteidiger zuziehen und beiordnen zu lassen, regelmäßig dazu, dass Beschuldigte keine Angaben gegenüber Polizei oder Staatsanwaltschaft machen. Dies erschwert de facto die Wahrheitsfindung insbesondere in Bezug auf Tatmotive, aber auch auf relevante Tatumstände, die ohne Einlassung nicht selten nicht oder nur schwer feststellbar sind.

Bis zur Änderung der Strafprozessordnung 2019 durften Beschuldigte in den zuletzt genannten drei Fällen auch noch nach Festnahme und damit einer Phase, in der sie häufig hohen Redebedarf haben, ohne Beiordnung eines Anwalts vernommen werden.

Beispiel:
- Seit Einführung der Verpflichtung, dass auch Heranwachsenden bei Verdacht eines Verbrechens von Amts wegen ein Pflichtverteidiger zu bestellen ist, war in 2 Fällen im Bezirk der Staatsanwaltschaft Verden nicht hinreichend

---
19 Meyer-Goßner/Schmitt, StPO § 141 Rn. 10.

sicher feststellbar, ob das von der jeweiligen Beschuldigten geborene Kind (Tatverdacht: Kindstötung direkt nach der Geburt) gelebt hat, sodass beide Verfahren eingestellt werden mussten.
- Vor der Gesetzesänderung machten Beschuldigte häufig unter dem Eindruck der Festnahme Angaben zur Tat und der Motivlage, auch wurden nicht selten von den Beschuldigten belastende Umstände eingeräumt, etwa, dass das Opfer zum Zeitpunkt des Angriffs geschlafen habe, was ohne diese Aussage möglicherweise nie hinreichend sicher feststellbar gewesen wäre.

401 Auch in dieser Phase von dem Beschuldigten benannte Umstände, die ihn entlasten, sind in ihrem Beweiswert anders zu beurteilen, als wenn sie erst nach Akteneinsicht vorgetragen werden. Denn: In dieser Situation hat noch niemand einem Beschuldigten erklärt, dass – um ein Beispiel anzuführen – es sich bei dem Strafmaß günstige auswirken könnte, wenn das Opfer ihn besonders heftig beleidigt und provoziert und er deshalb mit dem Messer zugestochen hat, weil ihm deshalb die Nerven durchgingen, was dann möglicherweise lediglich zu einer Verurteilung wegen Totschlags im minderschweren Fall führen kann.

Daher bestand gerade in dieser Phase die Chance, den Sachverhalt vollständig aufzuklären, die prozessuale Wahrheit (das, was das Gericht am Ende eines Prozesses feststellen kann) zumindest dem tatsächlichen Sachverhalt weitestgehend anzunähern. Ferner war es den Ermittlern möglich, einen (unverfälschten) Eindruck von der psychischen Verfassung des Beschuldigten zu gewinnen.

402 Heute sieht die Praxis anders aus. Nach dem Erstkontakt zum Pflichtverteidiger erfolgen keine Angaben (mehr). Eine Einlassung ist in der Regel erst nach Akteneinsicht zu erwarten. Die Gefahr, dass eine Einlassung an die Beweislage angepasst wird, ist real. Insoweit zeigt die Praxis nicht selten sehr deutlich auf, dass in bestimmten Fällen das Interesse eines Beschuldigten an einem fairen Verfahren und das Interesse der Geschädigten an der Wahrheitsfindung im Widerstreit stehen können.

403 Grundsätzlich muss sich eine Gesellschaft die Frage stellen, ob ein Heranwachsender etwa, der an Wahlen teilnehmen und ein Fahrzeug im Straßenverkehr führen darf, tatsächlich generell nicht in der Lage sein soll, sich selber gegen den Vorwurf eines Verbrechens zu verteidigen und abzuwägen, ob er bei der Wahrheitsfindung helfen und vielleicht zeitnah auch aus Gewissensgründen ein Geständnis ablegen und Angaben zu den Tatmotiven machen möchte oder sich zuvor erst mit einem Rechtsanwalt beraten will (Wahlverteidiger) oder einen Antrag auf Beiordnung eines Pflichtverteidigers stellen will, der ihm im Falle einer Antragstellung in diesen Fällen zwingend beizuordnen wäre. Stattdessen wird quasi vermutet, dass ein Jugendlicher oder Heranwachsender grundsätzlich nicht in der Lage ist, diese Entscheidung selbst zu treffen.

404 Dasselbe unterstellt der Gesetzgeber allen (erwachsenen) Beschuldigten, die bereits aufgrund einer richterlichen Anordnung in Haft sind oder mit Untersuchungshaftbefehl festgenommen werden oder dem Haftrichter nach vorläufiger Festnahme vorgeführt werden sollen.

XIII. Recht darauf, dass die Vernehmung in bestimmten Fällen aufgezeichnet wird

Seit 1.1.2020 ist es **Pflicht**, Vernehmungen in den Fällen des § **136 Abs. 4 StPO** audio-visuell aufzuzeichnen.
§ **136 Absatz 4 StPO (Erste Vernehmung)**
Die Vernehmung des Beschuldigten kann in Bild und Ton aufgezeichnet werden. Sie **ist** aufzuzeichen, wenn
1. dem Verfahren **ein vorsätzlich begangenes Tötungsdelikt** zugrunde liegt und der Aufzeichnung weder die äußeren Umstände noch die besondere Dringlichkeit der Vernehmung entgegenstehen oder
2. die schutzwürdigen Interessen von Beschuldigten, die erkennbar unter eingeschränkten geistigen Fähigkeiten oder schwerwiegenden seelischen Störungen leiden, durch die Aufzeichnung besser gewahrt werden können.

Erfasst sind **auch sogenannte erfolgsqualifizierte Delikte**, also die Delikte, bei denen der Vorsatz möglicherweise auch auf den Eintritt der schweren Folge gerichtet war,[20] etwa: sexueller Missbrauch von Kindern mit Todesfolge, Körperverletzung mit Todesfolge, erpresserischer Menschenraub mit Todesfolge, Raub mit Todesfolge, Brandstiftung mit Todesfolge.

XIV. Pflicht zur unverzüglichen Vorführung

Der Beschuldigte ist nach der vorläufigen Festnahme unverzüglich dem Haftrichter vorzuführen, wobei es sachdienlich und zulässig sein kann, den Vorführungstermin innerhalb der Frist des § 128 Abs. 1 Satz 1 StPO zur Durchführung einer Nachvernehmung hinauszuschieben.

---

20 Löwe-Rosenberg/Gleß, StPO, § 136 Rn. 75b.

Kapitel 8: Sexualdelikte aus forensisch-psychiatrischer Perspektive

I. Aufgaben und Herangehensweisen von Sachverständigen

407 An psychiatrische und psychologische Sachverständige im Strafrecht werden in Bezug auf die Begutachtung von Straftätern vor allem zwei Fragestellungen adressiert:
Zunächst im erkennenden Verfahren die Frage, ob eine Täter-Person zum Zeitpunkt der Begehung der Tat wegen einer schwerwiegenden psychischen Störung und ihrer daraus folgenden Psychopathologie in Bezug auf **Einsichtsfähigkeit** oder **Steuerungsfähigkeit** beeinträchtigt gewesen sein könnte. Dabei besteht die Aufgabe des Sachverständigen darin, zu überprüfen, ob bei der Täter-Person eine schwerwiegende psychische Störung vorliegt, die sich in eine der vier Eingangsmerkmale des § 20 StGB einordnen lässt. Dies ist der erste Schritt des zweistufigen Verfahrens zur psychiatrischen Prüfung der Voraussetzungen für eine eventuelle Einschränkung der Schuldfähigkeit.
Erst wenn eine psychische Störung eines bestimmten Ausmaßes zur Tatzeit vorgelegen hat, ist der zweite Schritt der Prüfung vorzunehmen und die Unfähigkeit zur Einsicht in das Unrecht einer Tat zu beurteilen bzw. die Steuerungsfähigkeit zu beschreiben.

408 Liegt eine Einsichtsunfähigkeit vor, besteht Schuldunfähigkeit. Die Steuerungsfähigkeit ist dann nicht mehr zu prüfen. Mehrheitlich ist aber auch bei schweren psychischen Störungen die Fähigkeit zur Einsicht in das Unrecht der Straftat nicht aufgehoben, so dass dann die Steuerungsfähigkeit entlang der zur Tatzeit vorherrschenden Psychopathologie diskutiert werden muss. Eine erhebliche Beeinträchtigung der Steuerungsfähigkeit liegt dann vor, wenn die Desaktualisierung normwidriger Handlungsintentionen zur Tatzeit nicht mehr gelungen ist. „Willensschwäche", „Haltlosigkeit" oder „Geltungssucht" sind keine relevanten Kriterien.

409 Auch reicht die reine Feststellung einer psychischen Störung gem. der geltenden Klassifikationssysteme nicht aus, um fachlich eine Verminderung der Schuldfähigkeit zu begründen. Dazu Nedopil und Müller:[1] *„Die Feststellung einer in ICD-10 oder DSM IV beschriebenen Störung bedeutet nicht zwangsläufig, dass diese Diagnose auch forensische Relevanz hat. (...) Die Frage bleibt somit weiterhin offen, auf welchem Krankheitskonzept forensisch-psychiatrische Schlussfolgerungen basieren sollen, wenn die herkömmlichen Konzepte wissenschaftlich nicht belegbar sind, die neuen Klassifikationssysteme aber für gutachterliche Fragestellungen in vielen Bereichen unbefriedigend bleiben."*
Während psychische Erkrankungen im engeren Sinne, wie schizophrene oder affektive Psychosen oder organische Störungen des Gehirns nicht selten die

---

1 Nedopil, N. u. Müller J.L., Forensische Psychiatrie, Begutachtung und Behandlung zw. Psychiatrie und Recht, S. 127 ff.

Schuldfähigkeit beeinträchtigen, gilt dies für andere schwere psychische Störungen gem. des 4. Eingangsmerkmals des § 20 StGB nur dann, wenn die psychosoziale Funktionseinbußen vom Ausmaß her mit Defiziten infolge krankhafter seelischer Störungen vergleichbar sind. Eine forensische Relevanz von Persönlichkeitsstörungen oder sexuell paraphilen Störungen wird nur dann angenommen, wenn „*delinquentes Verhalten mit massiven strukturellen Einbußen unter Deformierung bzw. Primitivierung des Ich-Gefüges einhergeht*".[2]
Ob eine fachwissenschaftlich diagnostizierte Störung vom Schweregrad der beschriebenen Funktionseinbuße her dann den normativen Anforderungen des Strafrechtes genügt, um daraus eine Schuldfähigkeitsminderung (selten Schuldunfähigkeit) abzuleiten, bleibt Aufgabe der Justiz. Diese Würdigung und Entscheidung fällt ausdrücklich nicht in den Bereich des psychiatrischen oder psychologischen Sachverständigen.

Ein zweites großes Gebiet der sachverständig zu bearbeitenden Fragestellungen ist das Rückfall-Risiko **für schwere Gewalt- und Sexualstraftaten im Rahmen sog. Risiko-Profil-Gutachten.** Dabei geht es um die Beurteilung kriminaltherapeutischer Verläufe und der Veränderung deliktrelevanter psychischer Störungen bei Straftätern aus dem psychiatrischen Maßregelvollzug, der Sicherungsverwahrung, sozialtherapeutischen Anstalten oder auch allgemeiner Strafhaft. Für die korrekte Beurteilung des Rückfallrisikos ist vor allem auch die Erarbeitung der richtigen Delikthypothese entscheidend. Es geht darum, die in der Persönlichkeit beschreibbaren deliktrelevanten Risiko-Eigenschaften zu erkennen und zielgerichtet zu behandeln, die für die Begehung von Straftaten bei dieser konkreten Täter-Person bedeutsam sind.[3]
Urbaniok unterscheidet dabei den Persönlichkeitstäter, der sich seine Situationen zur Begehung von Delikten selbst aktiv schafft, vom Situationstäter, der in eine Tatsituation mehr „hineinrutscht" und ohne eine solche Deliktförderliche Situation kaum zum Täter geworden wäre. Zu den Risiko-relevanten Eigenschaften von Persönlichkeitstätern gehören u. a. eine dissoziale Persönlichkeit, Dominanz, paraphile Interessen, eine Delinquenz fördernde Weltanschauung, Narzissmus, Impulsivität, emotionale Instabilität und eine allgemeine chronifizierte Gewaltbereitschaft. Urbaniok weist ausdrücklich darauf hin, dass bei Persönlichkeitstätern die ausschließliche Vorbereitung eines guten sozialen Empfangsraums mit Wohnung, Arbeit und sozialer Sicherung nach einer Haftentlassung eben nicht ausreicht, um die Legalprognose entscheidend zu verbessern, da bei Persönlichkeitstätern spezifische Eigenschaften in ihrer Persönlichkeit dazu drängen, wieder Tatsituationen zu konstellieren, sofern diese nicht intensiv kriminaltherapeutisch bearbeitet werden konnten.
Bei Risiko-Profil-Gutachten sind dann die individuelle Delikthypothese, die zeitlich stabilen und die situativen, also dynamischen Bedingungen der Tat(en) herauszuarbeiten, spezielle Merkmale der Tathandlungen zu untersuchen, vor allem in Bezug auf Hinweise über besondere Persönlichkeitsmerkmale wie Sadismus oder auch andere paraphile Interessen. Im Vollzugsverlauf sind deliktanaloge Verhaltensweisen, sog. „offence paralleling behavior" zu bewerten, die

---

2 Janzarik, Grundlagen der Schuldfähigkeitsprüfung, Enke, Stuttgart 1995.
3 Urbaniok, Diagnostik, Risikobeurteilung und Risikomanagement bei Straftätern.

individuellen Risiko-Potentiale und deliktpräventiven Ressourcen darzustellen, der aktuelle Querschnitt der Risiko- und Schutzfaktoren sowie der aktuelle kriminaltherapeutische Entwicklungsstand darzustellen und sodann das Rückfallrisiko entlang Risiko steigernder und Risiko mindernder Faktoren zu beschreiben und mittels aktuarischer Instrumente in einen gruppenstatistischen Vergleich einzuordnen.

Besondere Fragestellungen können dann die Voraussetzung für die Gewährung gestufter Lockerungen betreffen und sich auf eine Empfehlung zu einem geeigneten, deliktpräventiven Entlassungs- und Rehabilitationsumfeld beziehen. Bei den aktuarischen Prognoseinstrumenten handelt es sich um Checklisten mit empirisch gesicherten Items, die mit sexueller Rückfalldelinquenz im Zusammenhang stehen. Die bei einer Individualperson ermittelten Risiko-Werte können dann einer entsprechenden Referenzgruppe zugeordnet und so ein gruppenstatistisches Wiederholungsrisiko zu bestimmten time-at-risk Intervallen benannt werden. Für die Bewertung des Gesamtergebnisses gibt es empirisch ermittelte und statistisch berechnete Rückfallraten sowie die Angaben von Perzentilen und Prozenträngen. Für die Beurteilung von hoch betagten Gewalttätern gibt es allerdings keine aussagekräftigen Instrumente dieser Art und die Fragestellungen nehmen mit der Fortdauer der Sicherungsverwahrung bei Sexualstraftätern durchaus zu, während faktisch die Begehung von sexuellen Gewaltstraftaten im hohen Lebensalter zu den kriminologischen Raritäten gehören. Lediglich bei Kernpädophilie bleibt auch im hohen Lebensalter ein relevantes Rückfallrisiko bestehen.

411 Ganz praktisch basiert die Erstellung von Gutachten auf der Kenntnis der Ermittlungsakten, im Falle früherer Strafverfahren auch jenen, denen frühere Urteile zugrunde lagen sowie im Falle von Prognosegutachten auch den Vollzugsakten aus Straf- und bzw. oder Maßregelvollzug. Zur Aktenkenntnis gehört auch die Kenntnis der vormals bereits über den Probanden erstellten psychiatrischen und psychologischen Gutachten sowie ggf. betreuungsrechtliche Akten und andere Quellen, die über die Entwicklung der Persönlichkeit oder den Verlauf einer psychischen Störung aussagekräftige Informationen beinhalten. Ferner basiert ein Gutachten optimaler Weise immer auf der eigenen Exploration des Gutachtenprobanden. Allerdings ist für den Probanden das Gespräch stets freiwillig und er kann einer Exploration zustimmen oder diese auch ablehnen oder ggf. vorzeitig abbrechen und beenden. Der bestellte Sachverständige hingegen ist zur Gutachtenerstattung verpflichtet und hat ohne eigene Exploration dann die anspruchsvolle Aufgabe, ein möglichst präzises Bild vom Probanden ausschließlich auf Basis der Akten-Auswertung darzustellen. Alle von ihm getroffenen Aussagen sind fachwissenschaftlich entlang der geltenden Literatur zu belegen.

412 Es empfiehlt sich – auch aus haftungsrechtlichen Aspekten – in solchen Gutachten immer wieder darauf hinzuweisen, dass alle getroffenen Aussagen immer nur insoweit unvollständig sind, da die wichtige Erkenntnisquelle der eigenen Exploration fehlt.

In jedem Gutachten sind Biographie, Persönlichkeitsentwicklung, Sozialisation, Suchtmittelanamnese, Bildungs- und Berufsbiographie, ökonomische Faktoren und bei Sexualstraftaten eben auch ganz besonders die Sexual- und Partnerschaftsanamnese zu erheben. Hinzu kommen ggf. die strafrechtliche Vorgeschichte, frühere Maßregelvollzugsbehandlungen, psychiatrische Aufenthalte, Gründe für früheres Bewährungsversagen etc.

Es gehört auch zu den sachverständigen Pflichten, den Probanden adressatengerecht darüber aufzuklären, dass das Gespräch für den Probanden selbst freiwillig ist und der Sachverständige, anders als ein behandelnder Arzt oder Therapeut, nicht der Schweigepflicht den Justizbehörden gegenüber unterliegt und ihm keine „Geheimnisse" anvertraut werden dürfen. Umgekehrt hat der Sachverständige auch die professionelle Pflicht, sich keinesfalls in die Position eines heimlichen Geheimnisträgers zu begeben.

Im Ergebnis hat ein Sachverständiger neutral und unabhängig zu sein und darf sein Gutachten nicht an einem zuvor gefassten „Ziel" intentional ausrichten. Seine Haltung muss stets ergebnisoffen bleiben.

Eine besondere Fragestellung betrifft die sog. Hangtäterschaft im Sinne des § 66 StGB. Der „Hang" im Sinne des § 66 StGB ist ein Rechtsbegriff und damit ein normatives Merkmal und entspricht keiner psychopathologischen Begriffsbildung. Habermeyer und Saß[4] haben allerdings für die Sachverständigen eine Art Kriterien geleitete Handreichung formuliert, um bei einer Täter-Person individuell Hinweise auf die „eingewurzelte Neigung" zur Begehung von Straftaten beschreiben zu können. Dazu zählen
- ich-syntone Haltung zur Delinquenz
- Schuldzuweisung an Opfer, Außenstehende oder Umwelteinflüsse
- Keine psychosozialen Auslösefaktoren oder Konflikte
- Phasen der Delinquenz überwiegen gegenüber delinquenzfreien Phasen
- Progrediente Rückfallneigung
- Missachtung von Auflagen
- Aktive Gestaltung der Tat(umstände)
- Spezialisierung auf eine bestimmte Delinquenzform
- Kriminelle Subkultur
- Psychopathy (Hare)
- Reizhunger, augenblicksgebundene Lebensführung
- Antisozialer Denkstil

Die Rolle eines Sachverständigen ist eine grundlegend andere als die eines Therapeuten. Der Therapeut verfolgt ein Ziel und Anliegen im Sinne seines Probanden. Der Sachverständige hat einen bestimmten Sachverhalt entlang seiner fachwissenschaftlichen Sicht in der Schnittmenge zwischen Delinquenz und Psychiatrie einzuordnen und keinerlei eigene Absichten für oder gegen den Probanden zu verfolgen. Das verlangt vom Sachverständigen dieselbe unparteiische Grundhaltung, wie sie auch das Gericht haben muss. Sachverständige, die erkennen lassen, dass sie persönliche „normative" Ziele verfolgen und in ihr Gutachten einfließen lassen, setzen sich begründeterweise dem Vorwurf der Befangenheit aus. Auch ist es nicht Aufgabe von Sachverständigen, die Funktion eines Ermittlers einzunehmen und die Täterschaft eines Probanden zu beweisen bzw. den Probanden seiner Täterschaft zu überführen.

---

4 Habermeyer/Saß, Die Maßregel der Sicherungsverwahrung nach § 66 StGB, 1061-1067.

Sowohl für die Begutachtung der Schuldfähigkeit als auch für die Erstellung von Risiko-Profil-Gutachten („Prognose-Gutachten") sind von einer interdisziplinären Arbeitsgruppe von forensisch-psychiatrischen und sexualmedizinischen Lehrstuhlinhabern und BGH-Richtern Mindestanforderungen publiziert worden.[5]

416 Bei der Begutachtung von Sexualstraftätern kommt der Sexualanamnese besondere Bedeutung zu. Menschliche Sexualität kann – ganz losgelöst von kriminologischen Aspekten – eine ganze Reihe von unterschiedlichen Funktionen haben, die die meisten Menschen in unterschiedlicher Weise und Gewichtung, je nach Persönlichkeit und Entwicklungsstand, auch selbst kennen. Diese Funktionen reichen von Selbstbelohnung, Selbstwertstabilisierung über den Abbau von Langeweile, Reduktion von Spannung und Frustration, Kanalisierung von Wut und Aggression bis hin zum Gelderwerb, zur Methode, soziale Dominanz zu demonstrieren oder natürlich auch zur Signalisierung inniger psychischer Verbundenheit und an eine Person gekoppeltes erotisches Begehren.
Zur Beschreibung menschlicher Sexualität wird auf das Drei-Achsen-Modell der Sexualpräferenz zurückgegriffen. Die sexuelle Präferenz eines Menschen wird beschrieben durch dessen sexuelle Orientierung, die sexuelle Ausrichtung in Bezug auf das körperliche Reifestadium einer Person (Kind, Jugendlich, Erwachsener, Greis) und die sexuelle Neigung in Bezug auf Praktiken. Immer fließen neben biologischen Faktoren soziale Faktoren, Persönlichkeit einschließlich Intelligenz, Beziehungsfähigkeit und kulturell-edukative Aspekte in die Sexualität eines Menschen ein.
Für die Erhebung einer ausführlichen und diagnostisch aussagekräftigen Sexualanamnese ist eine gute Gesprächsatmosphäre und eine von Empathie getragene Neutralität des Untersuchers notwendig. Auch bei hoch devianten Inhalten, die offenbart werden, erfordert dies die Fähigkeit, sich jeglicher persönlichen moralischen Bewertung zu enthalten. Auch muss der Untersucher in der Lage sein, präzise Nachfragen zu stellen und muss sich ggf. auch auf das Sprachniveau des Gegenübers einlassen. Dabei erfordert das Gespräch eine sehr sichere und klare Nähe-Distanz-Regulation.

II. Psychische Störungen und Sexualdelinquenz

417 Sexuelle Gesundheit wurde durch die WHO 2002 wie folgt definiert: „Sexuelle Gesundheit ist der Zustand körperlichen, emotionalen, geistigen und sozialen Wohlbefindens bezogen auf die Sexualität. Sie ist nicht primär das nicht Vorhandensein einer Krankheit, Dysfunktion oder Behinderung. Sexuelle Gesundheit erfordert sowohl eine positive, respektvolle Herangehensweise an Sexualität und sexuelle Beziehungen als auch die Möglichkeit für lustvolle und sichere sexuelle Erfahrungen frei von Unterdrückung, Diskriminierung und Gewalt. Um sexuelle Gesundheit zu erreichen und aufrechtzuerhalten müssen die sexuellen Rechte

---

5 Boetticher et. al., Mindestanforderungen für Prognosegutachten, NStZ 2006, Heft 10, 537 ff., Boetticher et al., Mindestanforderungen für Schuldfähigkeitsgutachten. Forens Psychiatr Psychol Kriminol 1 3- 9 (2007).

aller Personen respektiert, bewahrt und erfüllt werden."[6] Diese Definition ist indes nicht Grundlage für die forensisch-psychiatrische Beurteilung von Sexualstraftätern hinsichtlich einer juristisch relevanten Diagnose. Anders als im medizinischen Zusammenhang spielt für juristische Fragestellungen ausschließlich der Ausprägungsgrad einer diagnostizierten Störung eine Rolle.

Bei der Begutachtung im Zusammenhang mit Sexualstraftaten sind die klassischen psychischen Erkrankungen wie Psychosen, die unter das erste Eingangsmerkmal der „krankhaften seelischen Störung" fallen, weitaus seltener anzutreffen als Diagnosen aus dem Bereich des vierten Eingangsmerkmals der schweren anderen seelischen Störung. Internationalen Studien zufolge machen Menschen mit Schizophrenie bis zu 5 % der Sexualdelinquenten aus. Das erscheint nicht viel, aber die Wahrscheinlichkeit, eine Sexualstraftat zu begehen, erhöht sich gleichwohl durch eine schizophrene Psychose um den Faktor 4,5 und entspricht damit der Erhöhung des Risikos für allgemeine Gewalttätigkeit.[7] Dennoch liegt dieser Faktor deutlich unterhalb der Werte, die sich für Tötungsdelikte infolge einer schizophrenen Psychose ergeben (Faktor 10,1 bei Psychosen ohne Comorbidität und Faktor 28,8 bei Psychosen mit comorbidem Substanzkonsum). Schizophrene Sexualstraftäter unterscheiden sich hinsichtlich ihrer sozialen Daten etwas von der Gruppe der nicht sexuell gewalttätigen Schizophrenen. Die sexuell übergriffigen Personen wiesen im Durchschnitt höhere soziale Funktionsniveaus auf (Verheiratung, angestelltes Arbeitsverhältnis, weniger Comorbidität, weniger gravierende Psychopathologie).[8]

Drake und Pathé[9] unterscheiden in dieser Tätergruppe Personen mit Psychosen und unabhängig davon bestehender paraphiler Störung, Personen mit Psychosen und Dissozialität sowie Personen mit Psychosen, deren Übergriffe sich unmittelbar aus der Psychopathologie der Erkrankung oder aus dem Zusammenwirken mit Enthemmung infolge von Substanzkonsum ergeben. Bei manischer Psychopathologie spielen sexuelle Enthemmungsphänomene eine größere Rolle.

Im Hinblick auf das Sexualverhalten von Menschen mit Intelligenzminderung und entsprechender Reifungsverzögerung führt Häßler[10] aus, dass abhängig „von dem Grad der Behinderung, von komorbiden somatischen und psychischen Störungen sowie von dem aktuellen sozialen Umfeld ist die Integration von sexueller Lust und von reproduktiven Impulsen innerhalb einer auf Sicherheit, Akzeptanz, Vertrauen und Nähe bis hin zur Intimität basierenden Beziehung eine extrem schwierige Aufgabe, deren Lösung häufig subjektiv nicht zufriedenstellend gelingt und deshalb nicht selten problematische Verhaltensweisen nach sich zieht." Während die psychosexuelle Entwicklung verzögert ist, verläuft aber die körperliche Reifung oftmals ungestört bis akzeleriert. Sexuell paraphile Störungen sind aber

---

6 WHO 2002, Übersetzung in Richter-Appelt, Liebe ohne Sexualität: Sexualität ohne Liebe, in: Borderline Störungen und Sexualität. Ätiologie, Störungsbild, Therapie. Schattauer Stuttgart 2009.
7 Lau, Schizophrenie und Sexualdelinquenz, in: Saimeh/Briken/Müller, Sexualstraftäter. Diagnostik, Begutachtung, Risk Assessment, Therapie, MWV 2021.
8 Ders.
9 Drake/Pathé, Understanding sexual offending in schizophrenia 204, 108-120.
10 Häßler/Bienstein/Hoffmann, Intelligenzminderung, S 2k- Leitlinie, MWV 2016.

bei Menschen mit Intelligenzminderung nicht häufiger anzutreffen als bei Menschen mit ungestörter Intelligenz.

421 Bei der Begutachtung von Sexualstraftätern ist vor allem die Frage, ob eine **Persönlichkeitsstörung und/oder sexuell paraphile Störung** vorliegt. In Bezug auf die Schuldfähigkeitsbegutachtung muss diese dann vom klinischen Schweregrad her eingeordnet werden. Die finale normative Beurteilung des Schweregrades einer solchen Störung obliegt der Justiz, da nur sie festlegen kann, ob das vom Sachverständigen beschriebene Ausmaß der psychischen Funktionsabweichungen für eine Schuldfähigkeitsminderung relevant ist.

422 Im Hinblick auf zu diagnostizierende **Persönlichkeitsstörungen** spielen vor allem die Cluster-B-Störungen eine Rolle, also die antisoziale, die narzisstische, die Borderline- und die histrionische Persönlichkeitsstörung. Zusätzlich ist das Vorliegen psychopathischer Eigenschaften zu untersuchen. Bei Menschen mit Borderline-Persönlichkeitsstörung findet sich eher eine anhedonistisch-multivariante Sexualität.[11] Die der Störung zentral zugrunde liegenden Emotionen von Angst und Wut werden gelegentlich durch Varianten extremer Sexualität oder auch sexuelle Aggressivität dysfunktional reguliert.

423 Eine andere relevante Diagnose-Gruppe sind die paraphilen Störungen. Der Begriff der Paraphilie bezieht sich auf jedes intensive und anhaltende sexuelle Interesse, das kein sexuelles Interesse an genitaler Stimulation oder Vorspiel für sexuelle Handlungen mit phänotypisch normalen, körperlich erwachsenen, einwilligungsfähigen menschlichen Partner ist. Paraphilien sind nicht forensisch relevant. Erst wenn es im Zusammenhang mit der Paraphilie zu einer Beeinträchtigung Anderer und/oder der betroffenen Person selbst kommt, spricht man von einer paraphilen *Störung*. Paraphilien als solche sind keinesfalls mit der Begehung von Sexualstraftaten gleichzusetzen. Vielmehr stellen paraphile Störungen weit weniger häufig die Ursache für die Begehung sexueller Übergriffe dar.

424 In DSM 5 aufgenommen wurden die Voyeuristische Störung, die Exhibitionistische Störung, die Frotteuristische Störung, die Sexuell Masochistische Störung, die Sexuell Sadistische Störung, die Fetischistische Störung und die Transvestitische Störung. Diese paraphilen Störungen sind vergleichsweise häufig. Grundsätzlich unterscheidet man paraphile Störungen bezogen auf ungewöhnliche Objekte (z. B. Kinder, Leichen, Fetische) und ungewöhnliche Praktiken (Störung des Werbeverhaltens wie z. B. Exhibitionismus oder algolagnische Störungen wie z. B. Sadistische Störung).

III. Dissoziales Sexualverhalten versus paraphil motivierte Delinquenz

425 Viele Faktoren wirken an der Entstehung gewalttätigen Verhaltens mit, so z. B. antisoziale Persönlichkeitsstörung oder andere Persönlichkeitsstörungen, vor al-

---

11 Dulz/Schneider, Borderline Störungen, 1996.

lem aus dem Cluster-B gem. DSM 5, Stress, eigene Gewalterfahrung, Substanzmissbrauch, soziale Zerrüttung, neurobiologische Faktoren wie Sensation seeking und besondere Angstfreiheit, sexuell paraphile Störungen und soziokulturelle Einflüsse mit der Pflege deliktrelevanter Überzeugungen.

Grundsätzlich muss man bei Sexualstraftaten dissoziales Sexualverhalten unterscheiden von paraphil motivierten Straftaten, bei denen die Begehung der Straftat selbst aus einem genuin abweichenden, feindseligen sexuellen Lust-Erleben resultiert. Auch muss man sexuelle Übergriffe je nach Alter der Täter und der geschädigten Personen unterscheiden. Sind die Geschädigten Säuglinge bzw. Kleinkinder, Kinder, peri-pubertäre Kinder an der Schwelle zum Jugendlichen oder richten sich die Taten gegen erwachsene Opfer? Handelt es sich um Zufallsopfer oder besteht eine spezifische Täter-Opfer-Beziehung? Finden sich innerhalb einer Deliktbiographie unterschiedliche Opfer vom Geschlecht und Alter sowie vom Bekanntheitsgrad her? Handelt der Täter immer unter dem Einfluss von Rauschmitteln oder begeht er auch nüchtern Übergriffe? Nimmt er manipulativ oder raptus-artig impulsiv Kontakt zu Opfern auf? Welches Ausmaß an Gewalt haben die Übergriffe? Lässt der Täter vom Opfer ab, wenn dieses sich wehrt oder weint? Disponiert der Täter um, wenn das Opfer versucht, mit ihm in irgendeiner Weise über das geforderte Tatgeschehen zu „verhandeln"? Spielt ein besonderes Quälen, eine besonders exzessive Gewaltanwendung eine Rolle? Behält der Täter das Opfer über das Tatgeschehen hinaus in seiner Gewalt? Erfolgen die Taten mehrzeitig? Werden sie unterbrochen, oder kommentiert? Erfolgt eine besonders erniedrigende Reihenfolge sexueller Praktiken (also z. B. erst erzwungener Analverkehr und dann Oralverkehr)?

Grundsätzlich muss man darüber Klarheit gewinnen, welche Begriffe korrekt zu verwenden sind. Unter dissozialer Sexualität bzw. Dissexualität versteht man ein „sich im Sexuellen ausdrückendes Sozialversagen", also eine Verfehlung der zeitgebundenen und soziokulturell „erwartbaren Partnerinteressen"[12]. Der Begriff der Devianz bezeichnet ganz allgemein ein abweichendes Verhalten. Der Begriff der Delinquenz bezieht sich auf die strafrechtliche Einordnung, also die normative Bewertung des Verhaltens.

Auch haben nicht alle Sexualstraftaten das gleiche Viktimisierungspotential. Eine geringe Schädigung ist bei Hands-off-Delikten wie Exhibitionismus zu erwarten, bei sexueller Nötigung oder gar Vergewaltigung als schweres Hands-on-Delikt ist das Viktimisierungspotential beträchtlich und bei sexuell motivierten oder sexuell assoziierten Tötungsdelikten evidenterweise gravierend.

Dissoziales Sexualverhalten zeichnet sich dadurch aus, dass die dem allgemeinen dissozialen Verhalten eigene Rücksichtslosigkeit und egozentrische Bedürfnisbefriedigung unter Ausnutzung der faktischen körperlichen und situativen Überlegenheit übertragen wird auf eine sexuell ausnutzbare Situation. Das bedeutet, dass die Täter-Person unmittelbar eine Situation so wahrnimmt, dass sie für eigene sexuelle Zwecke ausnutzbar ist. Es handelt sich um eine Tat begünstigende Gelegenheit wie z. B. eine einsame Situation, eine fehlende soziale Außen-

---

12 Beier et al., Sexualmedizin. Grundlagen und Praxis, 2005.

kontrolle, ein körperlich oder auch altersmäßig und entwicklungsmäßig unterlegenes Opfer. Die Tat wird begangen, weil sie gerade möglich ist und der Täter die Situation als Gelegenheit für sich mit sexuellem Motiv wahrnimmt. Aufgrund des Mangels an Empathie mit dem Gegenüber und dem dickfelligen Unbeteiligtsein gegenüber den Interessen und Gefühlen Anderer setzt der dissoziale Täter seine unmittelbar in der Situation aufkommenden sexuellen Lustgefühle in entsprechende grenzüberschreitende Handlungen um. Bei dissozialen Personen spielt dabei auch die grundsätzliche Missachtung von Normen eine Rolle. Sexuelle Gewaltstraftaten, gerade auch im häuslichen Nahbereich können auch mit der geringen Frustrationstoleranz und der allgemein erniedrigten Schwelle für gewalttätiges Verhalten zusammenhängen. Ein Nein des Gegenübers wird nicht akzeptiert, sondern führt zu einer unmittelbaren Kränkung, die gewalttätig pariert werden muss.

Die in den dissozial motivierten Gewalttaten gezeigte Sexualität ist von den Praktiken und auch von den grundlegenden Sexualphantasien des Täters her häufig konventioneller und nicht zwingend mit Hinweisen auf paraphile Interessen verbunden. Es geht gewissermaßen um das „Stehlen", das „Sich-Nehmen" von Sexualität der anderen Person gegen deren Willen. Nicht selten liegen solchen Übergriffen narzisstisch gestörte Umgangsweisen mit Zurückweisung und Ablehnung zugrunde oder auch verzerrte Überzeugungen in Bezug auf Männlichkeit und männliche Sexualität und komplementär dazu Grundannahmen über die sexuelle Verfügbarkeit von Frauen.

Die Kombination von dissozialer bzw. antisozialer Persönlichkeit, ggf. mit deutlich ausgeprägter Psychopathy und paraphiler Störung ist risikoprognostisch problematisch.

430 Bei **paraphil motivierten sexuellen Übergriffen** steht der Übergriff als solcher im Zusammenhang mit spezifischen Objekten und/oder Praktiken des sexuellen Lusterlebens des Täters. Die Straftat als solche ist also ein genuiner Bestandteil des sexuellen Wollens. Die paraphilen Interessen beziehen sich dabei entweder auf nicht-menschliche Objekte (Zoophilie, Fetischismus), nicht einvernehmliche Kontakte (Exhibitionismus, Frotteurismus, Voyeurismus, Sadismus) oder sexuell nicht einwilligungsfähige Personen (z. B. Pädophilie).

Grundsätzlich gibt es eine Vielzahl abweichender sexueller Präferenzen, die Delikt-Relevanz bekommen können, aber nicht bekommen müssen. Dazu zählen u. a. auch Exkrementen-Paraphilien wie die Urophilie, die Koprophilie oder Vomitophilie, auch körperliche Besonderheiten wie die Amputophilie oder Besonderheiten der Interaktion wie die Telefonskatologie.

Unterschieden wird dabei in paraphilen Störungen vom ausschließlichen und nicht-ausschließlichen Typus bzw. in die sog. Hauptströmung und Nebenströmung. Menschen mit einer paraphilen Hauptströmung können ihre Sexualität nur in paraphiler Weise ausleben. Menschen mit einer paraphilen Störung vom nicht-ausschließlichen Typ können in ihrer Sexualität auch Alternativen ausleben und damit potentiell sehr wohl legalkonform bleiben.

Für Menschen mit sexuell paraphilen Störungen vom ausschließlichen Typ kommt im Grunde dann nur der Verzicht auf gelebte Sexualität in Betracht, da andernfalls immer Dritte geschädigt werden und strafrechtlich relevante Sanktionen die Folge sind.

Die bekanntesten paraphilen Störungen sind die Chronophilien, allen voran die Pädophilie.
Bei der sexuellen Ausrichtung in Bezug auf unterschiedliche körperliche Reifestadien unterscheidet man die Pädophilie, die sich auf das nicht geschlechtsreife Kind vor der Pubertät bzw. bis zu den frühen Pubertätsstadien (Tanner I + II) bezieht, von der Hebephilie (Tanner-Stadium III + IV) und der Teleiophilie, die sich auf eine körperlich sexuell matur entwickelte Person bezieht (Erwachsener oder Teenager ab Tanner-Stadium V). Bezogen auf das Geschlecht des jeweiligen Erwachsenen lautet die Unterscheidung „androphil" (in Bezug auf Männer) und „gynäphil" (in Bezug auf Frauen).

Sexuelle Missbrauchstäter werden in unterschiedliche Tätertypen eingeteilt:[13]
- Der *interpersonelle Typ* hat einen langen und engen Kontakt zu Kindern, bis es zum Missbrauch kommt. Selten sind exhibitionistische Handlungen Teil der Interaktion.
- Der *narzisstische Typ* nutzt das Kind zur eigenen raschen sexuellen Befriedigung. Die Planung ist gering, die Rücksichtnahme auch, der Kontakt bedarf keiner langen Voranbahnung. Schnell kommt es zu Oralverkehr und Masturbationshandlungen.
- Der *ausnutzende Typ* wendet strategische Gewalt an. Die Aggression ist nicht per sexuell bedeutsam sondern antisozial.
- Der *unterschwellig sadistische Typ* fällt durch das Einführen von Gegenständen auf.[14]
- Der *nicht aggressiv-sadistische Typ* ist sozial wenig kompetent und begeht sexuelle Übergriffe auf ihm unbekannte Kinder durch plumpe Überrumpelung. Bei den Taten kann es gewalttätige Elemente geben, die aber keine sexuelle Bedeutung haben, sondern dann der situativen Wut entspringen.
- Der *sadistische Typ* ist selten, aber es geht hier um die Angst und Qual des Opfers.

Weitere Täter-Einteilungen finden sich u. a. bei Schorsch, Simkins et al. und bei Knight und Prentky.[15]
Schorsch unterteilte Kindesmissbraucher in
- kontaktarme, retardierte Jugendliche
- Sozial randständige Jugendliche
- Sozial desintegrierte Täter im mittleren Lebensalter
- Beziehungstäter mit „erotisierter pädagogischer Beziehung"
- Alterspädophile

Simkins et al. (1990)[16] unterschieden den fixierten Täter-Typus vom regressiven Typ und dem soziopathischen Typ. Beim fixierten Täter-Typ handelt es sich um

---

13 Iffland/Briken, Pädosexuelle Delikte, 2021.
14 Vgl. Hr. Brackmann.
15 Schorsch, Sexuelle Deviationen: Ideologie, Klinik und Kritik, in: Sigusch, Volkmar, Therapie sexueller Störungen. Thieme Verlag Stuttgart 1975, S. 48-92, Knight at al. 1990, Classifying Sexual Offenders: The Development and Corroboration of Taxonomic Models, in: Handbook of Sexual Assault.
16 L. Simkins, W. Ward, S. Bowman, C. M. Rinck, E. De Souza: Predicting treatment outcome for child sexual abusers. Annals of Sex Research, 3(1), 21–57.

Personen mit kaum vorhandenen sexuellen Beziehungen zur altersentsprechenden Gruppe, unreifen sozialen Fertigkeiten, wenig Suchtmittelkonsum, Opferwahl im kindlichen Alter und explizit sexuellen Phantasien in Bezug auf Kinder, oftmals beginnend in der Adoleszenz. Auch in Beruf und Freizeit verbringen die Personen viel Zeit mit Kindern, vor allem mit Jungen.
Der regressive Täter hat üblicherweise reife sexuelle Erfahrungen mit altersadäquaten Personen in der Vorgeschichte, die Opfer sind eher Mädchen, der Missbrauch ist Folge mangelhafter Coping-Strategien bei Lebenskrisen. Der soziopathische Täter nimmt sich Opfer entlang ihrer „Verfügbarkeit". Oftmals bestehen auch andere Vorstrafen im nicht-sexuellen Bereich. Die Praktiken sind gewalttätig, brutal. Irgendeine Art von emotionaler Verbindung zum Opfer fehlt weitgehend.

434 Knight & Prentky[17] unterscheiden bei Tätern auf der 1. Achse die Fixiertheit auf Kinder und die soziale Kompetenz der Täter und auf der 2. Achse die Intensität und Länge des Kontaktes und den Verletzungsgrad. Sie beschreiben einen interpersonellen Typ, der eher gewaltarm vorgeht, einen narzisstischen Typ mit penetrativen Handlungen und der Fokussierung auf die eigene sexuelle Befriedigung, den ausnutzenden Typ mit einer strategischen Gewaltanwendung und den unterschwellig sadistischen Typu mit devianten Phantasien und gewalttätigen Praktiken. Ferner beschreiben sie den nicht-sadistischen, aggressiven Typus mit impulsivem Vorgehen und den explizit sadistischen Missbraucher.
Briken[18] unterscheiden den ausschließlich pädophil fixierten Täter von der nicht ausschließlichen Form (regressiver Täter, Nebenströmung, Jugendliche, sexuell unerfahrene Täter, intelligenzgeminderte Täter, Personen mit erotisierter pädagogischer Beziehung und Alterspädophile) sowie den dissozialen bzw. soziopathischen Täter.

435 Einer Einteilung von Beauregard und Proulx[19] zufolge, gibt es drei verschiedene Typologien der außerfamiliären Missbrauchstaten:
– Die *deviante, nicht-gewaltsame* Tatbegehung entspricht den sexuell devianten Phantasien. Es geht um eher männliche Opfer und Täter, die den Kontakt zum Kind herstellen und den Übergriff planen. Sie verwenden Grooming-Strategien und beginnen erst mal mit Hands-off-Delikten (Masturbieren, Pornos schauen) und gehen dann zum Übergriff über.
– Die *gewaltsame deviante* Tatbegehung ist gekennzeichnet durch familiäre Beziehungen zu Mädchen mit penetrativen Handlungen. Die Übergriffe haben ein geringes Maß an Planung und sind eher dysphorisch-impulsiv.
– Die *gewaltsame nicht-deviante* Tatbegehung betrifft den egozentrisch aggressiv-psychopathischen Typ, der seine Opfer aus der eigenen Laune heraus wählt und sich kognitiver Verzerrungen bedient wie jene, dass das Opfer es auch wollte.

---

17 Knight R.A., Prentky R.A., Classifying Sexual Offenders, 1990.
18 Briken et al. 2017, 243-262.
19 Beauregard und Proulx, 2017, zit. n. Iffland et al. 2021.

Bei **Inzest-Delikten** handelt es sich um „eine artifiziell isolierte Sonderform familiärer Sexualdelinquenz"[20] und daher genuin eine Deliktform, die auf einem strukturellen Abhängigkeitsverhältnis basiert. Inzestuöse Sexualkontakte sind in verschiedenen Ländern verboten, allerdings z. B. in Frankreich und den Benelux-Ländern nicht strafrechtlich sanktioniert.

Bei inzestuösen Familien gibt es soziale Besonderheiten. Oftmals gibt es eine Brüchigkeit in der Nähe-Distanzregulation und eine besonders sexualisierte Atmosphäre in der innerfamiliären Interaktion sowie eine weitgehende Abschirmung der Familie nach außen. Schamgrenzen der Kinder werden von den Eltern ignoriert oder auch moralisch negativ bewertet. Häufig findet sich auch ein distanziertes Verhältnis zwischen der Mutter und ihren Kindern oder eine geschwächte innerfamiliäre Position der Mutter z. B. durch eine chronische körperliche oder psychische Erkrankung. Gelegentlich agieren die Mütter auch als „silent partners" und dulden bzw. verleugnen die eigentlich offenkundigen sexuellen Übergriffe ihres Partners gegenüber den Kindern.[21] Auch findet man bei den männlichen Tätern gelegentlich die Delikt legitimierende Begründung, die gelebte Sexualität solle in der Familie bleiben und der Partner der Frau wolle diese nicht „betrügen" und „nicht fremdgehen".

Der gesellschaftlich am wenigsten pathologisierte Inzest ist der Geschwister-Inzest, bei dem häufig die Suche nach innerfamiliärer Geborgenheit bei einem bindungsgestörten Milieu eine Rolle spielt. Der prozentuale Anteil, in dem beim Geschwister-Inzest von Zwang berichtet wird, schwankt je nach Studie beträchtlich zwischen 25 und 70 %.[22] Mutter-Kind-Inzest ist sehr selten, allerdings dürfte hier bei der nunmehr intensiveren Beforschung weiblicher Missbrauchstäterinnen die Zahl nach oben korrigiert werden.

Beim Vater-Kind-Inzest beginnen die sexuellen Handlungen zumeist bereits vor dem 12. Lebensjahr und nehmen mit der Pubertät an Intensität zu, bis hin zum Geschlechtsverkehr. Dabei übernimmt die missbrauchte Tochter oder Stieftochter zunehmend die Rolle der Ehefrau und wird ggf. sogar von der Ehefrau als sexuelle Konkurrentin angesehen und bei Offenbarwerden der Delikte gar als eigentliche Täterin oder Mittäterin betrachtet.

Folgende Unterteilung in drei Gruppen von Inzest-Tätern ist bis heute etabliert:[23]
– Der *Konstellationstäter* ist innerfamiliär gut integriert, der Inzest ist gewaltarm, beginnt schleichend und erstreckt sich über einen langen Zeitraum.
– Der *promiske Täter* ist häufig beruflich gut integriert, hat ein gutes extrafamiliäres Netzwerk, Frauen werden als gefügige Objekte angesehen.
– Der *pädophil motivierte Täter* hat ein genuines sexuelles Interesse am Kind und nutzt die Familien-Situation faktisch wegen der Verfügbarkeit von Kin-

---

20 Titze et al., Sexualstraftaten im Alter, in: Saimeh/Briken/Müller, Sexualstraftäter. Diagnostik, Begutachtung, Risk Assessment, Therapie MWV Berlin 2021.
21 Ders.
22 Ders.
23 Beier et al., Sexualmedizin. Grundlagen und Praxis, 2005, Titze et al., Sexualstraftaten im Alter, in: Saimeh/Briken/Müller, Sexualstraftäter. Diagnostik, Begutachtung, Risk Assessment, Therapie MWV Berlin 2021.

dern aus. Zur Kindsmutter wird unterschiedlich intensiv sexueller Kontakt gehalten oder auch in einer späteren Phase weitgehend vermieden.

438 Diese Einteilung in Täter-Typologien ist nicht redundant, sondern dient zur Ermittlung spezifischer Rückfallrisiken und vor allem zur Zentrierung kriminaltherapeutischer Interventionen auf die wirklich Rückfall relevanten Eigenschaften der Täter.
Eine besondere Variante der sog. Chronophilien, also der Präferenz für ein ganz spezielles körperliches Erscheinungsalter ist die Gerontophilie, die sich auf den hochbetagten, sehr alten Körper eines Menschen bezieht. Präferiert werden das spezifische körperliche Erscheinungsbild des Hochbetagten, also die schlaffe, faltige Haut, das faltige Gesicht, die erschlaffte Muskulatur, die spezifische Veränderung der Körpersilhouette des postklimakterischen Körpers und die weißen Haare. Sexuelle Kontakte zwischen Erwachsenen im Nicht-Greisen-Alter und Greisenalter sind – sofern diese einvernehmlich erfolgen – natürlich Gegenstand forensischer Betrachtungen. Dabei sind beziehungsbezogene sexuelle Verbindungen zwischen Menschen großen Altersunterschiedes auch nicht paraphil motiviert, sondern der andere Mensch wird als Persönlichkeit begehrt und zwar unabhängig vom Alter. Bei der paraphilen Störung steht aber ein bestimmtes Merkmalsbild im Vordergrund, die eben bis zur Übertretung von Grenzen der Einvernehmlichkeit führen kann. Hier geht es dann um sexuelle Nötigung oder Vergewaltigung hoch betagter Personen oder aber beim sexuellen Missbrauch Widerstandsunfähiger in Pflege- und Betreuungsverhältnissen. Insgesamt stellt ein hohes Lebensalter eher einen Schutz vor Viktimisierung dar, da für gewöhnlich die eigene Lebensweise im Alter wenig riskant, der Aktionsradius beschränkt und die Wohnsituation häufig sozial betreut ist. Nur 3 % aller Vergewaltigungsopfer in Deutschland betreffen Frauen über 50 Jahren. Bei über 60 Jahre alten Frauen liegt die Quote bei 1,6 Vergewaltigungen auf 100.000 Frauen. Bei jüngeren Frauen ist die Zahl 17 Mal so hoch.[24]

439 Was nun die **Altersverteilung der Sexualstraftäter** angeht, liegt ein erster Altersgipfel mit über 13 % in der Gruppe der minderjährigen Jugendlichen. Mit Beginn des 40. Lebensjahres sinkt der Anteil der Sexualstraftäter. Nur 4,86 % aller Sexualstraftäter sind 60 bis 69 Jahre alt und damit bezogen auf ihren Anteil in der Bevölkerung deutlich unterrepräsentiert.[25] Im Jahr 2023 waren in Deutschland 22,4 % der Bevölkerung 65 Jahre oder älter. Dabei ist das Risiko ist für Vergewaltigungsdelikte im Alter noch einmal geringer als für pädosexuelle Delikte, die -vor allem bei homopädophiler Kernpädophilie – nicht absinkt. Sexuelle Gewaltdelikte an Frauen von Tätern ab 70 Jahre sind absolute Einzelfälle und spielen statisch keine Rolle mehr. Dennoch kann man bei Gutachten zum Rückfallrisiko des älteren inhaftierten Straftäters hier nicht pauschal von einer günstigen Prognose ausgehen. Entscheidend ist im Einzelfall immer das biologische Alter, die Persönlichkeit mit ggf. hohem Macht- und Dominanzanspruch, Psychopathy, Manipulativität und auch eine weiter bestehende ausgeprägte Be-

---

24 Saimeh N., Graophilie und sexueller Sadismus, 2012.
25 Lutz et. al., Sexualstraftaten im Alter, in: Saimeh/Briken/Müller, Sexualstraftäter. Diagnostik, Begutachtung, Risk Assessment, Therapie MWV Berlin 2021.

schäftigung mit sexuellen Themen sowie die Art und Weise, in der Delikte in der zurückliegenden Zeit begangen wurden. Auch muss man ggf. das Risiko abschätzen, ob im Alter im Rahmen einer regressiven Opferwahl jenseits persönlicher sexueller Vorlieben schlichtweg vom erwachsenen auf ein kindliches Opfer gewechselt wird, weil dieses leichter zu manipulieren und zu kontrollieren ist.

Eine seltene Paraphile, die durchaus mit Delinquenz assoziiert sein kann, ist die Somnophilie.[26] Bei der **Somnophilie** besteht das Verlangen, sexuelle Handlungen mit einer schlafenden Person (entweder einem einwilligenden Partner oder ggf. auch einer nicht einwilligenden Opferperson) vorzunehmen. Gelegentlich findet man zusätzlich zur Somnophilie noch andere paraphile Interessen. Dabei ist zur Befriedigung somnophiler Interessen nicht zwingend der physiologische Schlaf notwendig, sondern auch die künstliche Sedierung von Opfern einschließlich einer Schläfrigkeit durch Alkohol oder Drogen steht im Einklang mit Somnophilie. Insgesamt sind Sexualstraftaten in diesem Zusammenhang selten, aber es gibt auch wenig Forschungsdaten dazu.[27]

Für die somnophile Präferenz spielt die völlige Hilflosigkeit der Opfer eine Rolle, die dem Täter sehr leicht völlige Macht und Kontrolle über die Situation ermöglicht. Es geht um Kontrolle über das Opfer ohne die Gefahr der Zurückweisung. Außerdem bedeutet Sex mit einer schlafenden Person, sich in der „Interaktion" nicht mit den Wünschen und Bedürfnissen des Gegenübers auseinandersetzen zu müssen. Gelegentlich wird auch eine unterschwellig bestehende Feindseligkeit angenommen.

Eine der forensisch bedeutsamsten sexuell paraphilen Störungen ist der sexuelle Sadismus.
Die Kombination von antisozialer Persönlichkeit bzw. Psychopathy und sexuell sadistischer Störung gilt als Hoch-Risiko-Kombination in Bezug auf eine einschlägige Rückfallgefahr mit schweren gewalttätigen Sexualstraftaten. Von daher hat sich die Frage, ob bei einem Täter sexueller Sadismus vorliegt, zu einer Art „forensischen Gretchenfrage" entwickelt.
Als Sexueller Sadismus (DSM 5) wird eine über einen Zeitraum von mindestens sechs Monaten wiederkehrende, intensive sexuell erregende Phantasie, sexuell dranghafte Vorstellung oder Verhaltensweise verstanden, die reale Handlungen beinhaltet, bei denen das psychische oder körperliche Leiden des Opfers für die Person sexuell erregend ist. Die Person hat aufgrund dieser dranghaften Vorstellungen gegen eine nicht einwilligende Person gehandelt oder die Vorstellungen und Phantasien verursachen bereits zwischenmenschliche Probleme oder Leiden.

Etabliert zur Abprüfung des sexuellen Sadismus ist die Severe Sexual Sadism Scale von Nitschke.[28]

---

26 Peck, Somnophilia. A Paraphilia Sleeping in Social Science Research. In: E. Hickey: Sex crimes and paraphilia, 2006.
27 Peck, Somnophilia, 2006; Knafo, Fort he Love of Death, 2015.
28 Nitschke et al., A cumultive scale of severe sexual sadism. Sexual Abuse: A Journal of Research and Treatmment, 2009.

1. Täter wendet mehr Gewalt an, als für den Taterfolg notwendig wäre oder verletzt das Opfer
2. Täter übt Macht/Kontrolle/Dominanz aus
3. Täter erniedrigt/degradiert das Opfer
4. Täter wird *durch* die Tat sexuell erregt
5. Täter foltert Opfer oder ergeht sich in besonderer Grausamkeit
6. Evidenz, dass die Tat einem Ritual folgt
7. Opfer wird entführt oder eingesperrt
8. Einführen von Gegenständen in Körperöffnungen
9. Täter verstümmelt Geschlechtsmerkmale
10. Täter verstümmelt andere Körperteile
11. Täter behält Dinge oder Körperteile des Opfers als Trophäe oder hat Bild- oder Tonaufzeichnungen gefertigt.

443 Mögliche Hinweise auf sexuellen Sadismus können sexuelle Praktiken mit Schlagen, Einsatz von Kot und Urin, Einführen von Gegenständen oder auch Analverkehr vor gefordertem Oralverkehr sein.

Psychodynamisch gesehen vermeidet der sexuelle Sadist Intimität, weil diese in ihm Ängste und Bedrohlichkeit auslösen. Die totale Kontrolle über das Opfer erzeugt beim Sadisten Sicherheit. Die Zufügung von Schmerzen und Qualen ist dabei nicht der Kernpunkt sexueller Befriedigung, sondern lediglich das notwendige Werkzeug, um über das Opfer totale Macht und Kontrolle zu erlangen. Der sexuelle Sadist erfährt Befriedigung in der totalen Beherrschung des Sexualobjektes. Durch Erniedrigung und Folter soll der Wille des Objektes gebrochen, eine totale Gefügigkeit und Abhängigkeit erzeugt werden. Durch diese absolute Asymmetrie im Machtverhältnis gelangt der Sadist in Bezug auf das Opfer in eine Gott- gleiche Position. Die Gottgleichheit wird durch die totale Macht über Leben und Sterben und die Art des Sterbens erzeugt. Intimität wird durch Macht und Kontrolle ersetzt.

In der sachverständigen Exploration gibt es Probanden, die ausgesprochen begeistert und plastisch von besonders grausamen Details erzählen, nicht zuletzt auch, um auszutesten, ob sie ihr zuhörendes Gegenüber mit detaillierten Geschichten erschrecken, ängstigen bzw. in Unbehagen versetzen können.

444 Neben dem expliziten sexuellen Sadismus gibt es auch noch charaktersadistische Eigenschaften in einer Persönlichkeit. Der nicht-sexuelle Sadist neigt dazu, seine Umwelt zu schikanieren und fordert vor allem Gehorsamkeit ein. Dieser Charaktersadismus, der in DSM III-R seinerzeit noch als sadistische Persönlichkeitsstörung beschrieben wurde, zeigt sich in der Neigung, andere Leute in Gegenwart Dritter zu beschämen, zu erniedrigen, sich über Leiden anderer zu amüsieren oder auch intrigant gegen Dritte vorzugehen, um diesen unrechtmäßig Schaden zuzufügen. Auch sind drakonische Strafen und relevante Freiheitseinschränkungen innerhalb von Beziehungen Teil des Verhaltensmusters.

Kein Gegenstand forensischer Betrachtungen ist der einvernehmlich praktizierte Sado-Masochismus als sexuelle Spiel-Variante. Daher wird hier auch darauf hingewiesen, dass der forensisch relevante sexuelle Sadismus nicht mit der BDSM Szene verwechselt werden darf. Vielmehr wird davon ausgegangen, dass es nur wenig Überschneidungen zwischen der SM-Szene und forensisch relevanter Delinquenz gibt.

IV. Sexuelle Gewaltdelikte und Substanzkonsum

Für Alkoholkonsum als Risikofaktor für sexuelle Gewalt gibt es eine gute wissenschaftliche Datenlage. Für den Zusammenhang von sexuellen Übergriffen und anderen Rauschmitteln ist dies weniger gut belegt, wobei gerade Kokain eine Droge ist, die im Zusammenhang mit sexuellen Partys auch bewusst als Aphrodisiakum eingesetzt wird und deren Konsumenten die Intensivierung sexuellen Erlebens schildern. In einer Untersuchung von Eher[29] zur Verbreitung von Substanzkonsum bei Sexualstraftätern fanden die Autoren in 17 % der Fälle eine Alkoholabhängigkeit und in 17 % der Fälle eine Abhängigkeit bzw. einen Missbrauch von Drogen. Nach der Diagnose von Persönlichkeitsstörungen (54 %) sind Substanzkonsum-Diagnosen die zweithäufigste Störung bei Sexualstraftätern. Dabei spielt Alkoholkonsum vor allem bei Vergewaltigungen eine Rolle, bei Kindesmissbrauchsdelikten jedoch nur untergeordnet.[30] Der enge Zusammenhang zwischen Alkoholkonsum und sexueller Übergriffigkeit wird dadurch erklärt, dass Alkohol disinhibitorisch-anxiolytisch wirkt und zu einer kognitiven Einengung führt, die ein angemessenes Reagieren auf erregende und hemmende Reize vermindert. Ferner scheint auch die Erwartung sexueller Enthemmung und Freizügigkeit unter Alkoholeinfluss in entsprechenden Placebo-Versuchen eine Rolle zu spielen.

In der Untersuchung von 340 Vergewaltigungen in einer Studie des LKA NRW[31] standen 96,4 % der Einzeltäter bei der Tat unter Einfluss von Alkohol und 47,9 % unter Einfluss von Drogen. Dabei spielte der Substanzkonsum vor allem bei schwerer Gewaltanwendung eine Rolle. Die Autoren wiesen aber auch auf die deutlich geringe toxikologisch gesicherte Datenlage in den Ermittlungen hin.

Dem forensisch-psychiatrischen Sachverständigen sind vor allem auch Sexualdelikte unter Kokain-Einfluss bekannt, aber es ist hier unklar, ob das Kokain an sich die Übergriffigkeit steigert, oder nicht vielmehr Persönlichkeitseigenschaften von Kokain-Konsumenten zu einem erhöhten Risiko sexueller Grenzverletzungen beitragen.[32] Amphetamine und ihre Derivate wirken über die Freisetzung von Dopamin, Noradrenalin und Serotonin und führen zu einer stark euphorisierenden Wirkung, so dass dadurch auch sexuell-erotische Kontaktbedürfnisse befördert werden können.

Beim Konsum von verschiedenen Substanzen führt deren psychotrope Wirkung zu unberechenbaren Folgen. Der gleichzeitige Konsum von Alkohol und Kokain, bei dem der Konsument subjektiv eine beträchtliche Reduktion von Trunkenheitssymptomen spürt, führt mitunter zu einer bis zu 30 % gesteigerten Kokain-Konzentration im Blut.[33]

---

29 Eher et al. 2019.
30 Graf, Rauschdrogen und Sexualdelinquenz, MWV Berlin 2021.
31 Schwarz/Meyer 2024, LKA NRW.
32 Graf, Rauschdrogen und Sexualdelinquenz, in: Saimeh/Briken/Müller, Sexualstraftäter. Diagnostik, Begutachtung, Risk Assessment, Therapie MWV Berlin 2021.
33 Graf, Rauschdrogen und Sexualdelinquenz, in: Saimeh/Briken/Müller, Sexualstraftäter. Diagnostik, Begutachtung, Risk Assessment, Therapie MWV Berlin 2021.

V. Sexuelle Gewalt gegen Frauen: Vergewaltigungen

447 Grundsätzlich muss man bei Sexualdelikten unterscheiden zwischen agierenden Einzeltätern und Tätern in einer Gruppe. Das gilt auch für Vergewaltigungen.
Vor allem **Gruppenvergewaltigungen** haben in den zurückliegenden Jahren in Deutschland deutlich zugenommen. Laut Polizeilichen Kriminalstatistik (PKS) 2022 wurden laut 789 Gruppenvergewaltigungen zur Anzeige gebracht versus 677 im Jahr 2021. Im Jahr 2019 wurden 710 Fälle angezeigt, ein Jahr zuvor 659.
Aus dem Umstand, dass zwischen 46 und 70 % der Tatverdächtigen nichtdeutsche waren, wird deutlich, dass komplexe ungelöste Wirkfaktoren, die mit Migrationsprozessen im Zusammenhang zu stehen scheinen, sexuelle Gewalt befördern bzw. sich in sexualisierter Gewalt entladen.[34]
Besonderheiten in der gutachterlichen Untersuchung und Beurteilung von Sexualstraftätern mit Migrationshintergrund finden sich bei Saimeh.[35]
Laut Statista[36] liegt die Quote schwerer sexueller Übergriffe auf 100.000 Einwohner in Deutschland für das Jahr 2024 bei 16,1 polizeilich erfassten Fällen und 2023 bei 14,4 erfassten Delikten. Zum Vergleich: 2014 wurde die Zahl mit 9,1 auf 100.000 Einwohner angegeben, wobei natürlich auch ein verändertes Anzeigeverhalten im Zuge des steigenden Unrechtsbewusstseins in Bezug auf sexuelle Gewalt eine Rolle spielen kann.
Einer Studie des LKA NRW aus dem Jahr 2024[37] zufolge agieren rund 84 % der Täter allein und 16 % der Vergewaltigungen entfallen auf Taten in der Gruppe. Die **Altersspanne der Täter** in den untersuchten Fällen reichte von 14 bis 85 Jahren. Das Durchschnittsalter lag etwas über 32 Jahre. Hinsichtlich der **psychiatrisch relevanten Störungen** fanden die Autoren in 33,3 % der Fälle psychotische und wahnhafte Störungen, in 23,5 % der Fälle Persönlichkeitsstörungen und Verhaltensstörungen, und in rund 13,7 % der Fälle Intelligenzminderungen. Weitere Auffälligkeiten waren Entwicklungsstörungen oder neurotische und Belastungsstörungen. Im Vergleich zu Kindesmissbrauchs-Tätern unterscheiden sich Vergewaltiger durch die insgesamt deutlich höhere Rate an Persönlichkeitsstörungen und eine höhere Rate sexuell sadistischer Interessen. Auch Substanzkonsum ist bei Vergewaltigern häufiger als bei Kindesmissbrauchern.

448 In Bezug auf die **Persönlichkeitsstörungen** dominieren bei Vergewaltigern die Cluster-B-Störungen, hier vor allem die antisoziale, die narzisstische und die Borderline-Störung. Ein Großteil der Täter hat biographische Vorbelastungen durch broken home-Familien, Heimaufenthalte, eigene (sexuelle) Gewalterfahrungen und emotionaler Vernachlässigung. Innerfamiliäre Gewalterfahrung kann als Risikofaktor für spätere sexuelle Gewalttätigkeit angesehen werden. In der Studie von Schwarz und Meyer[38] waren mehr als die Hälfte der Täter mit schwerwiegender sexueller Gewalt bereits vor dem Indexdelikt strafrechtlich in Erscheinung getreten.

---

34 https://www.bundestag.de/presse/hib/kurzmeldungen-951476.
35 Saimeh, Transkulturelle Aspekte bei muslimischen Sexualstraftätern in: Saimeh/Briken/Müller, Sexualstraftäter. Diagnostik, Begutachtung, Risk Assessment, Therapie. MWV Berlin 2021.
36 https://de.statista.com/statistik/daten/studie/1587/umfrage/vergewaltigung-und-sexuelle-noetigung/
37 Schwarz/Meyer 2024, LKA NRW.
38 Schwarz/Meyer, 2024, LKA NRW.

Rehder[39] untersuchte 226 Sexualstraftäter, davon 143 Vergewaltiger und kam zu einer Unterscheidung zwischen dem durchsetzungsschwachen, leicht irritierbaren Täter mit eher dependenter und depressiver Persönlichkeit und fremder Opferwahl, dem sozial desintegrierten Täter mit aggressiver Impulsivität und Neigung zu Alkoholkonsum, dem explosiven, sexuell aggressiven Täter mit maligner, von Wut bestimmter Aggression im Delikt, dem egozentrisch-rücksichtslosen Täter, dem schizoiden Täter mit aggressiv-feindseligen Phantasien und dem beruflich integrierten, eher aggressionsgehemmten Täter, dessen Sexualdelikte im deutlichen Kontrast zu dessen bürgerlicher Lebensform stehen.

Holmstrom und Burgess[40] betonen, dass Vergewaltigungen häufig von dem Bedürfnis nach Macht und Kontrolle getrieben sind, aber auch Ausdruck von Ärger und Hass sein können. Urbaniok[41] verweist mit dem Begriff der "Vergewaltigungsdisposition" auf ein genuines sexuelles Interesse am Vergewaltigungssetting hin, so dass das Verhalten in ein Spektrum sadistischer Interessen eingeordnet werden kann. In der Untersuchung des LKA NRW[42] verwiesen die Autoren ebenfalls auf Macht- und Dominanzstreben, narzisstische Kränkungsabwehr bei Ablehnung oder Frustration einer anderen Erwartungshaltung an Kontakte mit dem späteren Opfer. Hypersexualität bzw. zwanghaftes Sexualverhalten wurde als deutlich untergeordnetes Motiv beschrieben.

Bei gemeinschaftlicher Tatbegehung werden neben der enthemmenden Wirkung von Alkohol und Drogen soziale Rahmenbedingungen und gruppendynamische Faktoren, die sich situativ ergeben, angenommen. Dafür spricht auch, dass bei Gruppenvergewaltigungen die Entscheidung zur Tat eher spontan erfolgt.

In Bezug auf Entstehungshypothesen für Vergewaltigungen unterscheidet man 5 Kontextfaktoren bzw. Motive:
- Enthemmungshypothese: Tat durch Störung der Impulskontrolle, Rauschmittel, Impulskontrollstörung als Teil der Persönlichkeitsstörung
- Bewältigungshypothese: sexueller Übergriff zur Überwindung von unerträglichen emotionalen Zuständen als Sehnsucht nach Nähe, aus Eifersucht, Borderline-typische Angst vor Verlassenwerden, Selbstwertkrise
- Kontexthypothese: soziale Isolation, Mangel an Sexualpartnern, konfliktreiche zwischenmenschliche Beziehungen, soziale Belastungen, konflikthafte Partnerschaft mit gegenseitiger Eifersucht, Arbeitslosigkeit, Obdachlosigkeit
- Entwicklungshypothese: biographische Faktoren, subkulturelle Einflüsse, beobachtete sexuelle Gewalt
- Ausgestaltungshypothese: Paraphile Motive, Sadismus

Die einschlägige **Rückfallrate** für Vergewaltigungen nach einem einschlägigen Vordelikt wird gegenwärtig nach 6 Jahren mit 3 % und nach 9 Jahren ebenfalls

---
39 Rehder, Klassifizierung inhaftierter Sexualdelinquenten, Monatsschrift für Kriminologie und Strafrechtsreform 5, S. 291-304.
40 Holmston L.L. & Burgess A.W. Sexual behavior of assailants during reportes rapes, 1980, 427-439.
41 Urbaniok, FOTRES, Diagnostik, Risikobeurteilung und Risikomanagement bei Straftätern, MWV 3, Aufl. 2016.
42 Schwarz/Meyer 2024, LKA NRW.

mit 3 % angegeben. Die Rückfallrate für allgemeine Gewaltdelikte liegt nach 9 Jahren bei 9 % und für allgemeine Delinquenz bei 47 %.[43] Die Basisrate ist also relativ niedrig, was in Bezug auf die spezifische Erstellung von Risiko-Profil-Gutachten besonders bedeutsam ist, da hier im Einzelfall stets akribisch vor dem Hintergrund der profunde erarbeiteten, störungsspezifischen Delikthypothese geprüft werden muss, welche Rückfall-Risiko befördernden Eigenschaften noch in einem wirksamen Ausmaß vorhanden sind und bislang kriminaltherapeutisch nicht hinreichend adressiert werden konnten.

VI. Sexuell motivierte und sexuell assoziierte Tötungsdelikte

454 Femizide finden gegenwärtig in der öffentlichen Diskussion zunehmend mehr Beachtung. Der Fokus liegt dabei vor allem auf tödlicher häuslicher Gewalt im Rahmen hoch gewalttätiger und unterdrückender Partnerschaften. Täter sind überwiegend Partner, Ex-Partner, oder von einer Familie beauftragte Mitglieder, die zur Wiederherstellung einer definierten Form von Ehre eine Tötung in Auftrag geben.

Sexuell motivierte und sexuell assoziierte Tötungsdelikte hingegen stellen eine spezielle Form der Sexualdelinquenz dar. Sie sind für die Wahrnehmung der öffentlichen Sicherheit und Ordnung von besonderer Bedeutung und werden in ihrer Häufigkeit bei Laien massiv fehleingeschätzt. So wies das Kriminologische Forschungsinstitut Niedersachsen bereits vor rund 20 Jahren[44] darauf hin, dass Laien 2005 von 35 Sexualmorden im Jahr ausgingen (statt 14) und der Rückgang dieser Taten auf mittlerweile 4 bis 9 im Jahr blieb weitgehend in der Öffentlichkeit unerwähnt. Vor 30 Jahren lag die Quote dieser schwersten Verbrechen noch bei über 40 Taten jährlich.[45] Dabei stellen Sexualmorde für Sachverständige wegen der differentialdiagnostischen Ausarbeitung einer zutreffenden Delikthypothese eine besondere Herausforderung dar. Falsche Delikthypothesen können zu dramatischen Fehlprognosen führen.

455 Die Motive bzw. Hintergründe für Tötungshandlungen im Verlauf eines Sexualdelikts sind vielfältig:
- Tötung aus primär sexuellen Motiven heraus (sexueller Sadismus)
- Tötung als unglückhafte Folge einer potentiell lebensbedrohlichen sexuellen Praktik
- Tötung aus Verdeckungsmotiven heraus, planvoll
- Tötung aus Verdeckungsmotiven heraus wegen Eskalation der Tatdynamik (Schreien unterbinden, Risiko der Fremd-Aufmerksamkeit unterbinden)
- Tötung aus der Eskalation einer primär nicht auf Tötung abzielenden sexuellen Gewalttat heraus (Kränkung)

---

43 Nedopil et al., Prognose: Risikoeinschätzung in forensischer Psychiatrie und Psychologie. Ein Handbuch für die Praxis. Pabst Verlag 2021.

44 Windzio et al., Kriminalitätswahrnehmung und Punitivität in der Bevölkerung – Welche Rolle spielen die Massenmedien? Ergebnisse der Befragungen zu Kriminalitätswahrnehmung und Strafeinstellungen 2004 und 2006.

45 Saimeh, Transkulturelle Aspekte bei muslimischen Sexualstraftätern in: Saimeh/Briken/Müller, Sexualstraftäter. Diagnostik, Begutachtung, Risk Assessment, Therapie. MWV Berlin 2021

- Tötung im Zusammenhang mit einem bereits durch die Sexualstraftat erhöhten Arrousal ohne genuine sexuelle Bedeutung der Tötungshandlung
- Tötung ohne sexuelle Handlungen im engeren Sinne als sexuell sadistische Substitutions-Handlung (Tötung anstelle von Sex)

Eine im Einzelfall zwar nicht einfach festzustellende, aber sinnvolle Unterscheidung, die auch – je nach Persönlichkeitsentwicklung im psychotherapeutischen Kontext – zu einem bedeutsamen Faktor für die Beurteilung des Rückfallrisikos werden kann, ist die Unterscheidung zwischen einem sexuell *motivierten* und einer sexuell *assoziierten* Tat.[46]

Beim **sexuell motivierten Tötungsdelikt** findet man eher Persönlichkeitsstörungen mit ausgeprägten psychopathisch-narzisstischen Eigenschaften oder auch ausgeprägter Schizoidie und sexuellem Sadismus oder eine Kombination von paraphilen Störungen wie Transvestitismus, Fetischismus und Sadismus.

Bei sexuell assoziierten Tötungsdelikten sind die Täter eher narzisstisch und pflegen sexuelle Grandiositätsphantasien, sind aber zugleich auch oftmals sehr selbstunsicher und benutzen erzwungenen Sex als dysfunktionale Copingstrategie. Die Tötung ist Resultat einer impulsiven Eskalation der Tatsituation. Die therapeutische Ansprechbarkeit dieser Täter dürfte langfristig günstiger sein als bei einem strategisch kühlen Verdeckungsmord. Bei sexuell assoziierten Tötungsdelikten ist das kriminaltherapeutische Ziel, die Risikofaktoren für den gewalttätigen sexuellen Übergriff an sich zu behandeln. Bei der sexuell motivierten Tötung muss man davon ausgehen, dass die Tötung an sich libidinöses Ziel in der Sexualität darstellt und daher dem Tötungsdelikt genuin eine ganz andere Dynamik zugrunde liegt. Ausschließlich kriminaltherapeutische Verfahren dürften hier kritisch zu betrachten sein.

In konkreten Einzelfällen kann bei Mehrfachtötungen auch eine Kombination unterschiedlicher Motive vorliegen, so z. B. eine Kombination sexuell sadistischer Tötungen und eines Verdeckungsmordes, wobei dann typischer Weise eben an dem weiteren weiblichen Opfer keinerlei sexuell motivierte Veränderungen bzw. Handlungen vorgenommen werden, sondern diese Tötung vom Täter aus rein pragmatischen Gesichtspunkten vorgenommen wird.

VII. Sexuelle Gewalt und kulturelle Einflüsse

Sexuelle Gewalt wird durch eine **Vielzahl von Faktoren** begünstigt, so z. B. durch feindselige bzw. sexuelle Gewalt legitimierende Einstellungen, durch eine hohe Anspruchshaltung in einem Ungleich-Verhältnis der Geschlechter, durch individuelles Vorhandensein dysfunktionaler, sexualisierender Coping-Strategien, durch Intimitätsdefizite, sexuelle Verwahrlosung und subkulturelle Spezifika im Umgang mit Frauen und im Hinblick auf Vorstellungen von Männlichkeit. Hinzu kommen noch kulturelle Spezifika. Dass es nach wie vor matrilineare Gesellschaften wie z. B. bei den *Imajeghen* im Niger, *Imuhagh* in Algerien und Libyen und *Imushagh* in Mali (im Deutschen besser geläufig als „Tuareg") oder auf Indonesien

---

46 Ders.

gibt, ist weniger bekannt.[47] Insgesamt geht man von über 160 der 1300 existierenden ethnischen Gesellschaften aus, die matrilinear strukturiert sind.[48] Umgekehrt wird daraus auch ersichtlich, dass das in 87 % der Gesellschaften nicht der Fall ist.

459 Neben gesellschaftlichen, sozialen, kulturellen und politischen Aspekten der Geschlechterverhältnisse beeinflusst auch das grundsätzliche Konzept von Sexualität die Haltung in Bezug auf gewalttätige Übergriffe und das Bewusstsein dafür, wer Täter und wer Opfer ist. Wird z. B. Männern eine dranghafte, impulsive, kaum zu zügelnde Sexualität zugeschrieben, sofern sich nur ein erotisch passender Reiz offenbart, ergibt sich daraus im Grunde zwangsläufig, dass das „sittsame" Erscheinungsbild der Frau als eine Grundvoraussetzung für die sexuelle Steuerungsfähigkeit des Mannes angenommen wird. Ratschläge zur Verhinderung einer eigenen Viktimisierung beziehen sich vor allem auf Reduktion des Risikos sexueller Übergriffe durch bedachtsamen Umgang mit erotischer Selbstinszenierung von Frauen.

460 Gewalt gegen Frauen ist in Gesellschaften mit hoher Geschlechter-Ungleichwertigkeit höher. Und Gewalt gegen Frauen wird in patriarchalen Gesellschaften dazu eingesetzt, *dem Mann zu schaden*, weil durch den Übergriff signalisiert wird, dass der Mann als eigentlicher Beschützer der Familie und Frauen nicht mehr in der Lage ist, das Unheil abzuwehren. Weibliche Opfer werden hier zusätzlich zu ihrer genuinen Schädigung auch noch instrumentalisiert. Es geht gar nicht um sie, sondern sie sind Mittel zur Beschämung eines männlichen Gegners. Sexuelle Gewaltverbrechen in Kriegen haben genau diese Funktion.

461 Andere Narrative dienen zur **Beschädigung des gesellschaftlichen Wertes kinderloser Frauen**, z. B. durch die Bezeichnung als „childless cat ladys". So nutzte J.D. Vance im Wahlkampf um Donald Trump damals diese Bezeichnung, um die Präsidentschaftskandidatin Kamala Harris als kinderlose Karrierefrau ins kritische Licht zu rücken. Damit verbunden ist die dichotome Aufteilung von Frauen in gesellschaftlich *wertvolle* Mütter und gesellschaftlich *wertlose* Frauen, die – aus welchen Gründen auch immer – sich ihrer reproduktiven „Aufgabe" entzogen und sich damit auch der reproduktiven Ansprüche von Männern „verweigert" haben.
Heute sind die gesellschaftlichen Verhaltensregeln, wer wem vorgestellt wird, in dieser Detailliertheit verschwunden, aber ehemals wurde strikt nach der gesellschaftlichen Rangordnung die im niedrigeren Rang stehende Person der höherstehenden vorgestellt, so also die unverheiratete Frau der verheirateten und die kinderlose jener mit Kindern.[49] Unverheiratete Frauen mit Kindern waren nicht gesellschaftsfähig. Folge dieser Zustände waren weitaus häufigere Neonatizide.

462 In gynäkologischen Anamnesen wird weniger nach sexualisierter Gewalterfahrung gefragt und auch seltener davon berichtet.[50] Ein deutscher Schlager aus

---

47 vgl. https://de.wikipedia.org/wiki/Tuareg.
48 https://de.wikipedia.org/wiki/Matrilinearit%C3%A4t.
49 Asserate, Manieren, Aufbau Verlag 2016.
50 Brosi 2004.

dem Jahr 2000 gerät mit dem Refrain „Nein heißt ja" zum Ohrwurm. In dem Text von G.G. Anderson findet sich in dem Zusammenhang die Zeile: *Nein heißt ja, wenn man lächelt so wie Du.* Misogyne Texte finden sich regelhaft in Rock- und Popmusik.[51]

Das Frauenbild schwankt zwischen der sexuell leicht verfügbaren, aber damit auch liderlichen Frau und der nach außen spröden, aber innerlich sehnsüchtig nach sexueller Inbesitznahme strebenden Frau. Kognitive Verzerrungen und situative Überinterpretationen sind daher auch notwendiger Bestandteil der Tätertherapie, weil es darum geht, kulturell implizite Vorstellungen von sexueller Verfügbarkeit zu korrigieren.

Ein anderer Aspekt von Gewalt legitimierenden Überzeugungen sind sog. Vergewaltigungsmythen. Assoziiert mit diesem Begriff ist auch der Begriff des entstandenen (Sach-)Schadens, der sich entweder auf die Zerstörung der Jungfräulichkeit bezieht oder aber auf die sexuelle Beleidigung des Ehemannes.

Zu den klassischen, von Bohner[52] publizierten Vergewaltigungsmythen gehören, hier in exemplarischer Auswahl, folgende Aussagen:
- Die meisten Frauen, die behaupten, sie seien von einem Bekannten vergewaltigt worden, haben vermutlich zunächst eingewilligt und es sich nachher anders überlegt
- Frauen werden durch die traditionellen Geschlechtsrollen in unserer Gesellschaft zu Vergewaltigungsopfern gemacht
- Wenn ein Beischlaf durch finanzielle Drohungen erzwungen wird (z. B. wenn eine Angestellte mit dem Verlust ihres Arbeitsplatzes bedroht wird, falls sie sich weigert, mit ihrem Chef zu schlafen), sollte das rechtlich wie die Androhung körperlicher Gewalt behandelt werden
- Die meisten Anzeigen wegen Vergewaltigung sind unbegründet
- Im Allgemeinen sind die Opfer einer Vergewaltigung durch ihr provokatives Verhalten eher dafür verantwortlich, was mit ihnen geschieht, als die Opfer anderer Verbrechen
- In einer Ehe kann es keine Vergewaltigung durch den Ehemann geben, da die Einwilligung zum Beischlaf ein ständiger Bestandteil des Eheversprechens ist und nicht zurückgenommen werden kann
- Die meisten Vergewaltiger haben einen ausgeprägten Sexualtrieb
- Eigentlich wünschen sich viele Frauen, vergewaltigt zu werden
- Keine gesunde erwachsene Frau, die sich energisch zur Wehr setzt, kann von einem unbewaffneten Mann vergewaltigt werden
- Oft fordern Frauen eine Vergewaltigung durch ihre äußere Erscheinung oder ihr Verhalten heraus
- In einer Gerichtsverhandlung wegen Vergewaltigung sollte es der Verteidigung nicht erlaubt sein, das sexuelle Vorleben des mutmaßlichen Opfers zur Sprache zu bringen

---

51 https://www.dw.com/de/wie-sexistisch-sind-deutsche-schlagertexte-noch-heute/a-54483847.
52 Bohner, Vergewaltigungsmythen. Sozialpsychologische Untersuchungen über täterentlastende und opferfeindliche Überzeugungen im Bereich sexueller Gewalt. Verlag Empirische Pädagogik, Landau 1998, 2002.

- Wenn eine Anzeige wegen Vergewaltigung erst zwei Tage nach der Tat erfolgt, handelt es sich vermutlich nicht um eine Vergewaltigung

Wenn man mit Laien über deren Vorstellungen in Bezug auf Vergewaltigungen spricht, gehen diese zumeist vom fremden Täter aus, der nachts draußen Frauen attackiert. Auch wird eher erwartet, dass Frauen deutliche Verletzungszeichen aufweisen. Vergewaltigungsmythen werden sowohl von Männern als auch von Frauen vertreten.

Ein anderes kulturelles Phänomen der Bagatellisierung sexueller Übergriffe ist der zotige Witz. Auch hier geht es u. a. um die sexuelle Verfügbarkeit der Frau, die Frau als Prostituierte, die Lächerlichkeit der Frau, sofern sie sich als selbstwirksam und emanzipiert präsentiert und die Verfehlung ihrer eigentlich schmückenden Funktion infolge ihrer Hässlichkeit. Besonders feindselig sind Witze, die darauf abzielen, dass der Mann sich seiner Frau zu entledigen versucht, wie man einen abgenutzten Gegenstand wegwirft oder aus einem sozialen Gefängnis zu entrinnen versucht. Bemerkenswert ist auch, dass in der Istanbul-Konvention zur Verhütung und Bekämpfung von Gewalt gegen Frauen, die am 1.7.2018 ratifiziert wurde, das Thema „Gewalt gegen Prostituierte" fehlt.

Die Beweggründe für die mittlerweile **zunehmende** sprachliche Infantilisierung von Frauen im Diskurs über Vergewaltigungen, die nunmehr häufig als „sexueller Missbrauch" etikettiert werden, mögen vielfältig sein. Auf jeden Fall wird so mit einem sprachlichen Kniff die mature, selbstbestimmte Sexualität von Frauen auf den immaturen Stand eines vorpubertären Mädchens heruntergezogen. Sprachlich hat sich nichts daran geändert, dass Begriffe, die Bezug auf eine offensive weibliche Sexualität nehmen, gängige Schimpfwörter sind („Hure", „Nutte", „Schlampe").

Eckes und Six-Materna[53] weisen auf die veränderte Erscheinungsform von Sexismus über die Jahrzehnte hin, wenngleich unterschwellig eben immer noch traditionelle Einstellungen gegenüber Frauen vorhanden sind, sie aber weniger öffentlich geäußert werden. Swim[54] verweisen auf verschiedene Erscheinungs-Typen von Sexismus. Es gibt den offenen, den verdeckten und den subtilen Sexismus.[55] Offener Sexismus meint die offensichtliche ungleiche Behandlung von Frauen, beim verdeckten Sexismus wird mitunter anti-sexistisch kommuniziert, aber auf der Verhaltensebene sexistisch agiert. Subtiler Sexismus wird als solcher nicht erkannt und nicht verstanden, ist aber existent. Eine häufige Form ist der benevolente Sexismus, bei dem Frauen, egal, zu welcher banalen Tätigkeit sie in der Lage sind, mit überschwänglichem Lob bedacht werden. Man dankt ihnen für Vorträge und erwähnt geradezu reflexhaft deren charmante Art oder die vermeintliche Schönheit, der jeder Referentin automatisch – weil weiblich – zugeschrieben wird.

Auch der Femizid ist explizit Thema des misogynen Witzes. Einer der hintersinnigeren Varianten ist der folgende: „Ein Franzose richtet eine Feier zu seiner Silberhochzeit aus und lädt alle Freunde ein. Er selbst sitzt allerdings trübsinnig

---

53 Eckes/Sex-Materna, Hostilität und Benevolenz, 211-228.
54 Swim et al. 1995, 1997.
55 Swim 1997.

alleine vor seinem Cognac in der Bibliothek und starrt in das Kaminfeuer. Da kommt ein Freund zu ihm und fragt, warum er dort so traurig und allein herumsitzt, er möge doch zu den Feiernden kommen. Da sagt er: *Weißt Du, Michel, als ich fünf Jahre verheiratet war, wollte ich meine Frau töten. Ich ging zu meinem Anwalt und verriet ihm meinen Plan. Er sagte, wenn ich das tue, müsste ich 20 Jahre in Haft. Aber heute Nacht, Michel, heute Nacht wäre ich ein freier Mann.*"

Warum in diesem Witz das Setting nach Frankreich verlegt wird, wobei es auch in jedem anderen Land stattfinden könnte, sei dahingestellt. Vielleicht spielt der Witz im Deutschen mit dem Bild bourgeoiser Stil-Sicherheit mit Kaminzimmer und Cognac und dem Ambiente des melancholischen Connaisseurs.

Wer sich mit dem misogynen Witz befasst, stößt allerdings auf weitaus gewalttätigere, hoch maligne Pointen, die letztlich ein Abbild real vorkommender schwerster Gewalttaten gegen Frauen sind. Dazu mögen zwei knappe Beispiele erwähnt werden, die verdeutlichen, wie tief misogyne Denkmuster in der Gesellschaft verankert sind und welche Ambiguität daher gesellschaftspolitische Veränderungen auszulösen im Stande sind.[56]

Beispiel 1: „Was hilft gegen die Emanzipation von Frauen? BHs verbrennen. Habe ich bei meiner Frau auch gemacht. Mensch, war die sauer, die war noch drin."

Beispiel 2: „Was macht ein Mann, wenn seine Frau im Garten zick-zack läuft? Nachladen und weiterschießen."

Es spricht für sich, wenn hochgradig gewalttätige Motive hier als „Witz" präsentiert werden. Gegenwärtig nimmt die Gewalt gegen Mädchen und Frauen in Deutschland entlang der Datenlage des Bundeskriminalamtes deutlich zu. Dieser Lagebericht ist auch in der Politik angekommen, wie die Pressemitteilung des BMFSFJ vom 18.11.2024 deutlich macht.[57]

Benannt werden hier sowohl Femizide, Sexualstraftaten, häusliche Gewalt, Menschenhandel und Prostitution, aber auch ideologisch motivierte Gewalt gegen Frauen. Gerade in Bezug auf politisch motivierte Gewalt gegen Frauen ist ein besonderer Anstieg mit über 56 % im Zeitraum von 2022 bis 2023 zu verzeichnen gewesen.

Das lässt den Rückschluss zu, dass sich gegenwärtig das gesellschaftliche Klima und der gesellschaftliche Konsens über geschlechterbezogene Partizipation an der Gesellschaft und dem öffentlichen Leben insgesamt in einer bedeutsamen Weise verschiebt. Zugleich aber steigt auch das Unrechts- und Problembewusstsein, das wiederum den öffentlichen Diskurs mehr bestimmt und Problemfelder der Gesellschaft überhaupt erst ins öffentliche Bewusstsein rückt. Zugleich gibt es Hinweise darauf, dass die Möglichkeit, gänzlich anonym in social media Hass-Botschaften mit großer Reichweite zu lancieren und in einschlägigen Filterblasen auf sich aufmerksam zu machen, diesen Trend befördert.

Insofern rücken **misogyne Diskurse** im politischen Kontext in die Nähe anderer extremistischer Bewegungen in Politik und Gesellschaft, so dass die Herausforde-

---

56 Vgl. Weigel, Der frauenfeindliche Männerwitz, 2006.
57 https://www.bmi.bund.de/SharedDocs/pressemitteilungen/DE/2024/11/lagebild-geschlechtsspezifische-gewalt.html.

rung darin bestehen wird, die hinter diesem Trend liegenden verunsicherten und irritierten Bedürfnisse in Teilen der Bevölkerung ernst zu nehmen und darauf wirksame Antworten zu finden. Wenn man sich beruflich mit Sexualstraftätern befasst, stößt man letztlich hinter den vordergründigen Motiven von Dominanz- und Machtanspruch immer wieder auf eine eher fragile männliche Identität. Es bleibt nicht zuletzt der soziologischen Forschung vorbehalten, der Frage nachzugehen, ob Gesellschaften, deren Männlichkeitskonzept stark mit emotionaler Reife verbunden ist, längerfristig weniger misogyn sind.

Kapitel 9: Psychologische und gesellschaftliche Mechanismen, die Gewalt befördern

Gewalttätiges Verhalten von Menschen untereinander im sozialen Nahraum, oder z. B. als unerwünschte Nebenwirkung bei etablierten Volksfesten, Gewalt als allgemeines Problem, welches in unterschiedlichen Funktionsbereichen gehäuft auftritt (z. B. Schule, Gesundheitsdienst, allgemeine Dienstleistungen, öffentliche Freizeit-Einrichtungen) bis hin zu ideologisch begründeter Gewalt in Form von Anschlägen und Terror oder gar zwischen Nationen in Form von Kriegen ist im Hinblick auf soziale, soziologische, pädagogische, kulturelle, ökonomische, historische, kulturgeschichtliche und politische Einflussfaktoren und Bedingungen und ihre Erscheinungsformen sowie Ziele – sei es gegen Sachen, Personen, Institutionen, staatliche Strukturen – so vielfältig, dass jeglicher Versuch einer inhaltlich stimmigen Verdichtung, zumal aus dem Blickwinkel des Rand-Gebiets der Forensischen Psychiatrie, welches sich stets mit dem Individuum befasst, scheitern muss.

Der **Gewalt-Begriff** als solcher entzieht sich einer einheitlichen Definition, von der Legitimationsgrundlage gestufter Gewaltanwendung in gesellschaftlichen und politischen Zusammenhängen, jeweils zu unterschiedlichen Zeiten, ganz zu schweigen. Allein schon der bekannte Slogan der Polit-Rockband Ton-Steine-Scherben aus den 70er Jahren des letzten Jahrhunderts „Macht kaputt, was euch kaputt macht", illustriert, dass es zudem immer wieder Zeiten gegeben hat und Zeiten gibt, in denen bestimmte gesellschaftliche Milieus sehr offensiv die Anwendung von Gewalt gegen eine (oder mehrere) durch sie definierte „Feind-Gruppe" legitimieren. Man darf ein „Kaputt-machen" durchaus als einen gewalttätigen Akt verstehen – gegen was oder gegen wen auch immer er sich richten mag.

Hier wird der Fokus auf die Frage gelegt, welche **individuellen psychologischen Mechanismen** und welche **gesellschaftlichen Faktoren** das Phänomen von (physischer bzw. psychischer) Gewalt gegen Frauen in der deutschen Gegenwartsgesellschaft nach der Jahrtausend-Wende eine Rolle spielen. Streng genommen ist auch diese Frage einen Herausgeberband mit Autoren aus den Rechtswissenschaften, Politikwissenschaften, Wirtschaftswissenschaften, Gender-Studies, Erziehungswissenschaften, Kulturwissenschaften, der Sozial-Psychologie und – eher am Rande – der klinischen Psychologie wert. Die Frage muss also hier nochmals massiv heruntergebrochen werden auf einige wenige Aspekte, die zumindest aus der Berufserfahrung der Forensischen Psychiatrie eine Rolle spielen beim Blick auf die individuell ausgeübte Gewalt eines Täters oder einer Täterin gegen eine weibliche Person und die ihren Ursprung hier nicht in einer Diagnose, einem Störungsbild als solches haben, sondern in übergeordneten Problembereichen von Menschen in der Gestaltung ihres sozialen Miteinanders.

Das Problembewusstsein als solches für Gewalt in unterschiedlichen Erscheinungsformen, die sich wiederum selbst auch mit den technischen Möglichkeiten wandeln und weiter entwickeln (z. B. online-hate), in unterschiedlichen Bereichen der Gesellschaft ist soziologischen und historischen Entwicklungen und Schwankungen immer schon unterworfen gewesen. Man denke an das eheliche Züchtigungsrecht des Mannes über seine Ehefrau, das elterliche Züchtigungsrecht über die Kinder, das Züchtigungsrecht des Lehrkörpers gegenüber den Schülern. Erst 1980 trat das Verbot entwürdigender Erziehungsmaßnahmen in Deutschland in Kraft. Erst am 15.5.1997 entschied sich der Deutsche Bundestag nach sehr kontroverser Debatte dazu, die Vergewaltigung in der Ehe als Verbrechen einzustufen. So ist bei der Frage nach gesellschaftlichen und psychologischen Faktoren von Gewalt immer erst einmal grundsätzlich die Frage zu stellen, von welcher Gewalt hier die Rede sein soll. Es lohnt daher der Blick auf „menschlich-allzu menschliche" Faktoren, die eben an das Mensch-Sein an sich gebunden sind und daher zeitlichen Schwankungen in dem Zeitraum, den wir überhaupt zu überblicken im Stande sind, im Grunde als Konstante annehmen dürfen.

472 Der Neuropsychologe Klaus Grawe spricht von vier zentralen Grundbedürfnissen des Menschen.[1] Wir haben als Menschen das Bedürfnis nach Kontrolle und Orientierung in Bezug auf den Sozialraum, in dem wir leben. Wir haben das Bedürfnis nach Selbstbestätigung, nach Selbstwirksamkeit, nach Sicherheit und Leidvermeidung. Um uns in der Welt und in dem Milieu, in dem wir leben und das uns über unsere Annahmen von Welt prägt, zurecht zu finden, müssen wir in der Lage sein, unseren eigenen Selbstwert, unsere eigene Selbstwirksamkeitserfahrung und unsere Sicherheit ständig mit der Realität abgleichen, an der wir uns orientieren, die uns Rückmeldung gibt und die uns begrenzt. Zugleich streben wir als Menschen ein konsistentes Bild von uns selbst an. Wir benötigen ein Gefühl von Stabilität uns selbst gegenüber in Bezug auf unsere Wünsche, Werte, Ziele und die Vorstellung davon, wer wir selbst sind.

473 Zugleich entwickeln wir auch Vorstellungen, Überzeugungen, Erwartungen davon, wer und wie die Anderen sind. Hier entsteht eine erste bedeutsame Verzerrung. Wer und wie der oder die Andere ist, entsteht in unserer Vorstellung und ist nie exakt in Einklang zu bringen mit dem, wie der Andere „wirklich" ist. Dieser „Andere" ist für jedes Gegenüber immer (mindestens ein klein wenig) anders. Wir schreiben anderen Menschen ihr So-Sein auch immer zu. Implizit damit verknüpft sind Normen, Werte, Erwartungen, die wir an konkrete andere Personen haben. Durch Generalisierung eigener Erfahrungen sowie der Übernahme von Vorurteilen und gesellschaftlich impliziten Grundüberzeugungen entwickeln wir Verhaltensmuster anderen Personen gegenüber und zugleich auch Legitimationsgrundlagen für eigenes (Fehl-)Verhalten. Je nach eigenem Bindungsstil, je nachdem, ob wir überhaupt sichere Bindungen aufbauen und Ambiguitäten ertragen können, je nachdem, ob wir den Anderen als einen in sich autonomen Anderen erkennen können, entwickeln sich Erwartungen im sozialen Nahfeld z. B. in Bezug auf Partnerschaften und Familie und im öffentlichen Raum in Bezug auf eine definierte Toleranz gegenüber anderen Lebenswelten und Milieus. Das soll hier ausdrücklich losgelöst vom Verweis auf multi-

---

[1] K. Grawe, Neuropsychotherapie, 2004.

kulturelle Gesellschaften erfolgen. Alle Zuschreibungen, Normen und die persönlichen emotionalen Muster und Legitimationsstrategien in Bezug auf die Anwendung psychischer oder/und physischer Gewalt gegenüber weiblichen Mitgliedern der Gesellschaft tragen dazu bei, ob jemand sich individuell gewalttätig gegen Frauen verhält bzw. ob eine Gesellschaft ein Problem mit Gewalt gegen Frauen hat.

Je mehr es einer Gesellschaft insgesamt gelingt, ein gemeinsames Grundverständnis über menschliche Grundbedürfnisse zu erlangen und sie in gesellschaftliche und politische Konzepte zu überführen, desto friedfertiger dürfte sie sein. Insbesondere in Kriegen wird Gewalt gegen Frauen dazu eingesetzt, *dem Mann* zu schaden, in dem er dadurch depotenziert wird, dass er seine weiblichen Familienmitglieder nicht schützen kann. Zur sexuellen und sexualisierten Gewalt gegen Frauen sind schon Ausführungen gemacht worden und es wurde bereits auf sogenannte Vergewaltigungsmythen hingewiesen als in einer Gesellschaft verankerte kognitive Verzerrungen in Bezug auf Annahmen zur sexuellen Gewalt. **474**

Eine Gesellschaft, in der Frauen selbstverständlich die komplette Entscheidungsbefugnis und Gestaltungsbefugnis über ihre Sexualität zuerkannt wird (und zwar in der gleichen Weise, wie es Männern zuerkannt wird), wird eine Gesellschaft mit wenig sexualisierter Gewalt gegen Frauen sein. Das liegt daran, dass in einer solchen Gesellschaft sowohl die gesellschaftlich praktizierten Narrative über das Zusammenleben und Zusammenspiel von Geschlechtern auf Augenhöhe so verankert sind, dass alle Kinder in diesem Geiste erzogen werden und davon abweichende Überzeugungen, wie z. B. jene, dass Frauen die Verantwortung dafür hätten, durch die Kontrolle ihrer äußeren Reize die Impulskontrolle der Männer zu unterstützen, als bizarr und befremdlich bewertet werden. **475**

Je mehr **Geschlechter-*Gleichwertigkeit*** in einer Gesellschaft herrscht, desto weniger präsent sind patriarchal-dominante Überzeugungen, die darauf abzielen, Leben, Tun und Treiben „der Frau" zu kontrollieren, zu unterwerfen und einzugrenzen. Zugleich führt die Stärkung des Gedankens der Geschlechter-*Gleichwertigkeit* zu einer deutlich geringeren Verunsicherung in Bezug auf das eigene Selbstverständnis als ein Mann oder eine Frau oder eine Person anderer Geschlechtsidentität. Patriarchale Männlichkeitskonzepte betonen oftmals maskuline Stärke und Dominanz in einer Art *negativer Abgrenzung* vom Weiblichen. Das Verständnis von sich selbst als einem Menschen, der stets – in unterschiedlichem Mischungsverhältnis – sowohl „männliche" als auch „weibliche" Anteile enthält, ist immer eines, das letztlich auf ein rudimentäres, „teil-amputiertes" Verständnis seiner selbst hinausläuft. In diesem Zusammenhang finden sich vor allem auch männlich geprägte Diskurse darüber, zu welchem wahren Frau-Sein sich „die Frau", also eine „richtige" Frau (Ehefrau, Mutter, Hüterin der privaten Welt) hingezogen fühlen wird, während abweichende Lebensentwürfe als unvereinbar mit einer reifen weiblichen Identität gelten müssen. Misogyne Stereotype zielen immer auf Aspekte der freien, selbstbestimmten Art der Lebensführung, also die Frage, wer man in diesem Leben *als Mensch* (und nicht „als Frau") sein will. Die „childless cat women" ist so ein Stereotyp der Entwertung von Frauen ohne Identitäts-Anteil durch Mutterschaft. Bemerkenswert ist, dass in den westli- **476** chen Demokratien zur Zeit eine Art Rückwärtsbewegung zum klassischen, traditionellen Rollenbild von Frauen stattfindet und damit z. B. auch die Diskussion um die rechtlichen Grundlagen für Schwangerschaftsabbrüche neu entflammt. Wo das Mensch-Sein reduziert wird auf das „Geschlecht-Sein", tragen freilich „beide" Geschlechter (denn der Diskurs benutzt in seinem Totalitätsanspruch naturgemäß die Definitionsmacht, das es nur zwei gebe) die Kosten. Die Frauen werden gleichermaßen fremd-definiert wie die Männer, die sich geflissentlich in die Rolle des dominanten, omnipotenten, allwissenden Machers, Checkers und Entscheiders dreinzufügen haben und Erziehung früh darauf hinausläuft, den Zugang zu (insbesondere weichen) Emotionen zu kappen.

477 In Paarbeziehungen oder in jenen, die vom Täter imaginiert, aber in der sozialen Realität gar nicht existent sind, geht es um das tief verankerte Bedürfnis nach Liebe und Zuwendung. Beides ist faktisch aber weder erwerbbar noch kontrollierbar, sondern die Erfüllung dieses zutiefst menschliche Bedürfnis erweist sich immer als ein existentielles Geschenk, also als etwas Unkontrollierbares. Menschen mit Ich-Schwäche bauen daher auf Kontrolle. Sie misstrauen der Zuwendung des Gegenübers (da sie sich im Grunde selbst nicht für liebenswert halten) und sie zwingen den Anderen bzw. die Andere in den Kontakt durch die Anwendung von körperlicher oder psychischer Gewalt. Die Verhaltensweisen reichen von der Kontrolle des Mobil-Telefons über den Inhalt der Handtasche bis zu Stalking-Verhalten mit Durchsuchen der fremden Wohnung und Recherche von „Hinweisen" auf das anderweitig ausgerichtete Intimleben der gestalkten Person.

478 Als Intimizid wird die Tötung des Intimpartners bezeichnet, wobei die Art und die Dauer der sexuellen Beziehung nicht relevant ist, die Voraussetzung jedoch ist, dass die Intimbegegnungen grundsätzlich freiwillige Entscheidungen beider Personen waren.[2] Für nicht verheiratete Frauen ist das Intimizid-Risiko hoch, für langjährige, relativ alte Frauen am niedrigsten, aber in Bezug auf Menschen in einer Ehe ist das Intimizid-Risiko für Frauen mehr als dreimal höher als für Männer. Marneros[3] unterscheidet dabei verschiedene Formen von Intimizid nach den intrapsychischen und dynamischen Motiven des Täters und der Konsolidierung der Beziehung. So unterscheidet er u. a. den Intimizid durch den asthenischen Partner, den narzisstisch gekränkten Partner, den lebensbankrotten Partner oder auch den malignen Narzissten und jenem, der in seiner persönlichen Lebensordnung bedroht ist, wenn der/die zu dieser Lebensordnung „gehörende" Partner/in eigene Wege geht.
Bei Frauen als Täterinnen ist der Intimizid als „Befreiungsversuch" bzw. als „Hindernis-Elimination" häufiger. Es geht bei Frauen, die ihren Partner töten, motivisch in der Regel darum, ihn durch die Tötung loszuwerden und sich persönlich durch die Tat in irgendeiner Weise zu „befreien".
Bei Männern ist das Motiv eher die Abstrafung einer abtrünnigen Frau, der völlige Zusammenbruch des eigenen Lebenskonzepts, wenn die Frau sich trennen will oder aber geradezu pseudo-altruistisch entschieden wird, die Frau um-

---

2 Marneros, Intimizid – Die Tötung des Intimpartners, 2007.
3 Marneros, Intimizid – Die Tötung des Intimpartners, 2007.

zubringen, weil der Mann antizipatorisch beschließt, dass sie z. B. den drohenden Verlust von Haus und Hof durch Bankrott oder Kündigung nicht ertragen könnte.
Rote Flaggen, also Warnhinweise auf mögliche tödliche Gewalteskalation im unmittelbaren Nahfeld sind z. B. frühere Tätlichkeiten gegen Frau und Kinder, sexuelle Gewalt in der Partnerschaft, starke verbale Gewalt und Einschüchterung, konkrete Todes-Drohungen, Ankündigung von Suizid, Missachtung polizeilicher Weisungen, Stalking, Zugang zu Waffen, Suchtmittelkonsum, ausgeprägt narzisstische Persönlichkeitseigenschaften sowie hoher Kontrollanspruch bei gleichzeitig faktisch geringer Kontroll-Potenz.

479 Femizide ohne Kopplung an faktische oder auch im Rahmen von Erotomanie eingebildeten Beziehungen im Sinne von stellvertretende **Tötung von Frauen als Repräsentantinnen „der Frau"** als einem Wesen von Übel resultieren aus profunde misogyner Grundhaltung bei Tätern, die in der Regel dann schwere persönlichkeitsstrukturelle Auffälligkeiten aufweisen. Ihre fragile männliche Identität wird schon durch die bloße Existenz „der Frau an sich" bedroht, so dass ihr Gewalt angetan werden muss, um sich seiner selbst in seiner männlichen Identität zu vergewissern. Die Opfer sind dann in der Regel völlig fremd, wahllos, zufällig bzw. im Vorfeld wahllos kontaktiert worden.

480 Die Frage, was eine Gesellschaft präventiv unternehmen kann, um Gewalt gegen Frauen zu vermindern, hängt mit mehreren Faktoren zusammen:
Zum einen muss sie sich einerseits kritisch befragen zu frauenfeindlichen Denkmustern, die in der Gesellschaft unterschwellig weiterhin vorhanden sind. Schimpfwörter wie „Hure" oder „Schlampe" weisen auf einen unausgesprochenen Konsens hin, Frauen in Verbindung mit offensiver Sexualität zu entwerten. Eine andere Variante von Misogynie ist eine Art „fürsorgliche" Frauenfeindlichkeit. Sie wird z. B. sichtbar in dem Trend, überall sexuelle Beleidigung zu wittern, vor der Frauen vorsorglich geschützt werden müssen. Insbesondere ist die sprachliche Ausweitung des Begriffs des sexuellen „Missbrauchs" auf erwachsene, sexuell mature und grundsätzlich entscheidungsfähige Frauen, die faktisch aber vergewaltigt oder genötigt wurden, so eine fürsorgliche Variante von Frauenfeindlichkeit, denn mit einem einzigen Wort wird der Frau an sich ihre sexuelle (Entscheidungs- und Erlebnis-)Reife aberkannt und sie auf das Niveau eines vorpubertären Mädchens heruntergestuft.
In Zeiten der grenzenlosen Möglichkeiten öffentlicher Denunziation durch social media und mittlerweile auch durch die AI gestützte Erzeugung perfekt gefakter Videos mit sexuell bloßstellenden Inhalten erscheint der Hinweis angebracht, dass sexuelle und soziale Gewalt gegen Frauen so lange funktioniert, solange Nachrichten mit realem oder auch gefaktem sexuellem Inhalt überhaupt als „geeignet" angesehen werden, einer Person zu schaden. Da Sexualität als solche zum Menschen genauso dazu gehört wie viele andere physiologische Funktionen und Bedürfnisse, macht es wenig Sinn, diese nun ausgerechnet als „Denunziations-Thema" instrumentalisierbar zu machen. Dass das aber funktioniert, entlarvt schlichtweg, dass wir als Gesellschaft nach wie vor automatisch die Verwendung sexueller Inhalte (jenseits relevanter strafwürdiger Praktiken) als beschämungs-würdig bewerten.

Die Ausgestaltung und Ausdeutung von Begriffen wie „Männlichkeit" und „Weiblichkeit" müssen als polare Seins-Formen, als Wesensprinzipien des Mensch-Seins begriffen und nicht in Opposition gebracht werden, um zugleich damit die individuellen persönlichen Erlebens- und Gestaltungsspielräume des Lebens zu beschneiden.

In einer Gesellschaft, in der die edukativen Standards immer weiter auseinanderdriften, kommt Schulen eine ganz besondere Aufgabe der Werte-Vermittlung zu. Parallel dazu muss im öffentlichen Diskurs und womöglich auch durch konsequente Werbekampagnen Bewusstsein geschaffen werden für die Wahrnehmung von Gewalt, gewalt-bejahenden Narrativen und Vorbildern.

Eine besondere Herausforderung ist die sozio-sexuelle Edukation von Kindern und Jugendlichen in Zeiten ubiquitär verfügbarer (und auch leicht zugänglicher hoch devianter) Pornographie, die das Bild von Sexualität gerade da prägt, wo im Elternhaus die edukative und erklärende, einordnete Betreuung von Kindern fehlt.

Eine Gesellschaft muss auch den Diskurs führen, welche Werte und Normen für alle in der Gesellschaft lebenden Kulturen unverbrüchlich Bestand haben müssen. Auf den Diskurs der Universalität von Menschenrechten kann hier nicht eingegangen werden, aber eine Gesellschaft, die sich diesem Begriff verpflichtet fühlt, wird bestimmte Grenzen individueller, religiös oder kulturell begründeter Alternativ-Vorstellungen des Zusammenlebens klar aufzeigen müssen.

Kapitel 10: Verhinderung häuslicher Gewalt – wirksame Schutzmaßnahmen

I. Istanbul Konvention

Am 1.2.2018 trat in Deutschland das Übereinkommen des Europarats zur Verhütung und Bekämpfung von Gewalt gegen Frauen und häusliche Gewalt – die sogenannte Istanbul-Konvention – in Kraft (ein völkerrechtlicher Vertrag). Das Werk befasst sich mit Opferschutz, Prävention sowie Strafverfolgung und der rechtlichen Gleichstellung der Geschlechter in den Rechtssystemen der Länder. Die Konvention wurde u. a. von den EU-Ländern unterzeichnet. **481**

Die Staaten verpflichten sich zu **482**
- Gewaltprävention durch Bewusstseinsschaffung und Sensibilisierung der Öffentlichkeit.
- Unterstützung und Schutz durch Hilfsdienste, Einsatz ausgebildeter Fachkräfte, Einrichtung von Frauenhäusern.
- Wirksame strafrechtliche Normen und Verfahren zur Aufklärung und Sanktionierung von Gewalttaten.
- Sofortschutz durch Kontakt- und Näherungsverbote.
- Ausdehnung der Maßnahmen auch in Asylverfahren, eigenständige Aufenthaltstitel für Gewaltopfer.
- Einer Abwägung der Interessen Opferschutz/Freiheitsrechte gewalttätiger Beschuldigter

Umzusetzen sind folgende Punkte: **483**
- eine staatliche Koordinierungsstelle mit ausreichenden finanziellen und personellen Ressourcen, die ressortübergreifend und eng mit der Zivilgesellschaft zusammenarbeitet;
- die Konzeption und Umsetzung einer nationalen ressortübergreifenden Strategie mit intersektionaler Perspektive;
- ein Rechtsanspruch auf Schutz und Hilfe für von Gewalt betroffene Frauen;
- der flächendeckende und bedarfsgerechte Ausbau des Hilfesystems für alle von Gewalt betroffenen Frauen und Kinder;
- die Anpassung der nationalen Gesetzgebung zum Aufenthaltsrecht wegen des Wegfalls der Vorbehalte;
- flächendeckende Angebote für Fortbildungen und Trainings für alle Berufsgruppen, die in Kontakt mit Opfern oder Tätern von Gewalt kommen, etwa Justiz und Polizei.

II. Gewalthilfegesetz

Am 31.1.2025 hat der Bundestag den Entwurf des Gewalthilfegesetzes in 2./3. Lesung beschlossen. Dieses Gesetz soll erstmals bundesweit sicherstellen, dass gewaltbetroffene Frauen einen kostenfreien Rechtsanspruch auf Schutz und Be- **484** ratung haben. Die Verabschiedung durch den Bundesrat erfolgte im Februar 2025.

485 Das Gewalthilfegesetz sieht vor:
- Sicherung des Zugangs zu Schutz und Beratung geschlechtsspezifischer und häuslicher Gewalt durch Bereitstellung entsprechender Angebote und einen Anspruch auf Schutz-, Beratungs- und Unterstützungsangebote, unabhängig von Wohnort und finanzieller Situation,
- Prävention und Öffentlichkeitsarbeit,
- Vernetzungsarbeit,

wobei Details dazu nicht ausgeführt werden.

III. Blick in das europäische Ausland – Spanien

486 European Date Journalism Network hat in einer Veröffentlichung zur Thematik „Frauenmord in Europa: Ein Vergleich zwischen unterschiedlichen Ländern" im November 2017 die in den jeweiligen Ländern Europas erhobenen Zahlen zu Femiziden verglichen und auf einer Karte dargestellt.

Die Größe des jeweiligen Kreises steht für die Häufigkeit der festgestellten Femizide in den jeweiligen Ländern. Es wurden ferner die erhobenen Zahlen aus dem Jahr 2015 in den Kontext zur Bevölkerungszahl gesetzt.

Kapitel 10: Verhinderung häuslicher Gewalt **486**

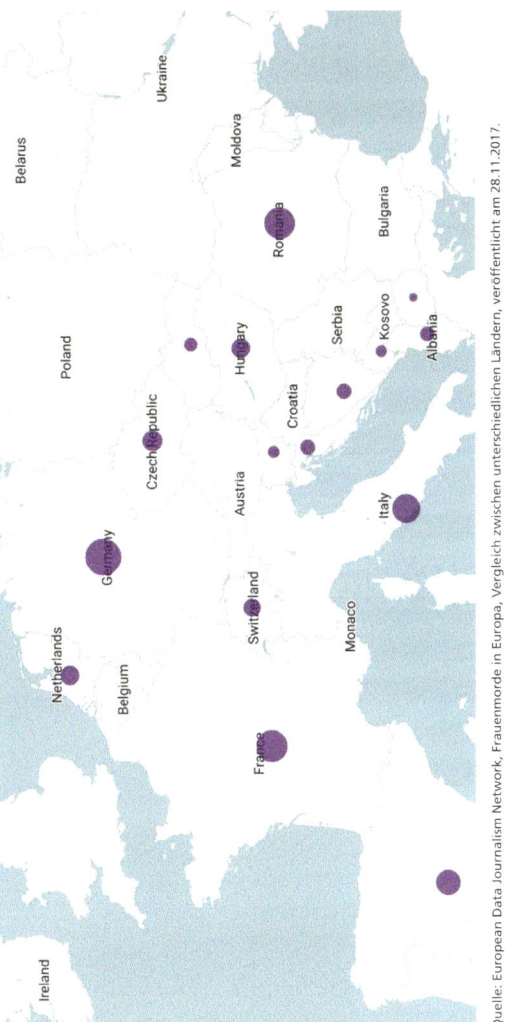

Quelle: European Data Journalism Network, Frauenmorde in Europa, Vergleich zwischen unterschiedlichen Ländern, veröffentlicht am 28.11.2017.

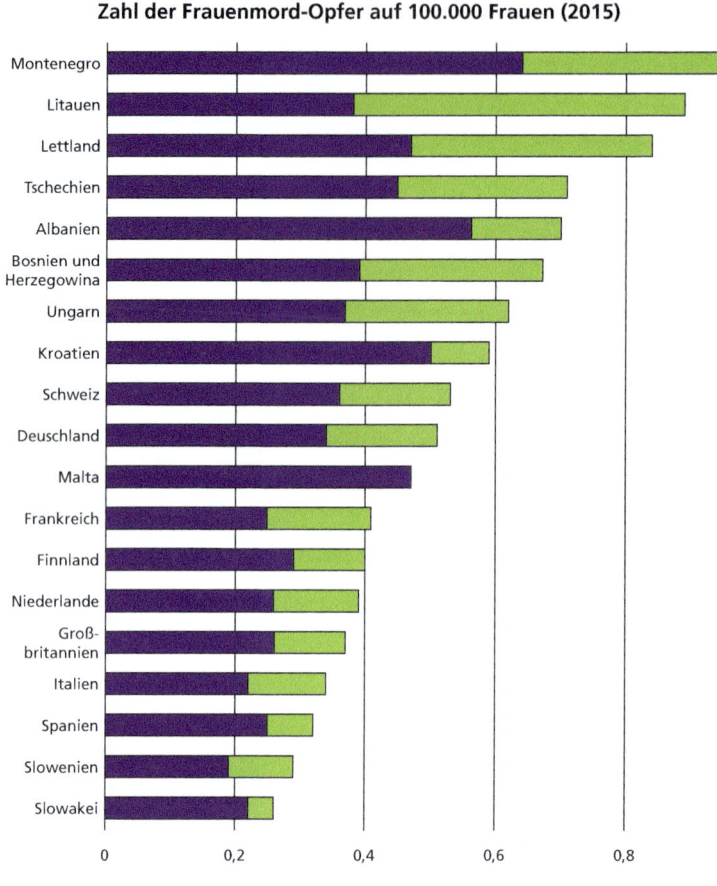

486

Die Grafiken zeigen, dass die Problematik in Deutschland deutlich größer ist als in Spanien. Dennoch hat Spanien viel weitgehendere Maßnahmen ergriffen als Deutschland bislang. Am 22. Dezember 2004 und damit Jahre vor der Istanbul-Konvention verabschiedete das spanische Parlament das Gesetz „über Maßnahmen zum integralen Schutz gegen geschlechtsspezifische Gewalt". Als Auslöser für dieses Gesetz, das in Europa das strengste Gesetz zur Vermeidung von Femiziden und häuslicher Gewalt ist, gilt der Fall der Getöteten Ana Orantes, die in einer Talkshow über ihren Ex-Ehemann berichtete, der sie über Jahre hinweg geschlagen habe. Zwei Wochen nach der Sendung passte der Ex-Ehemann sie vor ihrer Wohnung ab und setzte sie bei lebendigem Leib in Brand. Orantes verstarb qualvoll.

Mit dem Gesetz wurden an den Gerichten **Sonderabteilungen für Gewalt gegen Frauen** eingerichtet, um sicherzustellen, dass Anzeigen von Opfern von Anfang an ernst genommen werden. Weiterhin wirkt sich nunmehr allein der Umstand, dass Gewalt gegen eine Partnerin oder Ex-Partnerin verübt wurde, grundsätzlich strafschärfend aus. Flankiert werden die Maßnahmen im justiziellen Bereich durch ein besonderes **Präventionssystem der Polizei**, das der Unterstützung der Polizeibeamten bei der Beurteilung der jeweiligen Gefahrenlage dient. Dort berechnet ein Computersystem anhand von verschiedenen Faktoren, die in einem Fragenbogen bereits bei Anzeigeerstattung durch die Polizeibeamten abzufragen und auszufüllen sind, wie hoch das Gefährdungspotenzial des Angezeigten ist, dies mit verschiedenen Risikostufen. Ferner gibt es in Spanien eine **spezielle Notrufnummer für Opfer häuslicher Gewalt**, unter der Frauen auch rechtlichen Rat bekommen. Unter der speziellen Rufnummer nehmen besonders geschulte Personen die Anrufe an und leiten die Frauen bei Bedarf weiter an die Polizei. Diese wird dann je nach Risikobewertung Gefährderansprachen bei den Beschuldigten vornehmen oder sogar der betroffenen Frau polizeilichen Schutz gewähren. Ferner besteht seit 2009 die Möglichkeit, Frauen mit GPS-gestützten Armbändern vor Beschuldigten zu schützen, die verpflichtet werden können **elektronische Fußfesseln** zu tragen. Durch das Zusammenwirken von elektronischer Fußfessel am Gewaltstraftäter und Armband am Handgelenk des Opfers lassen sich durch die Justiz verhängte Kontakt- und Annäherungsverbote konsequent überwachen. Wird der Abstand zwischen beiden Personen um weniger als 500 Meter unterschritten, gibt das Schutzsystem Alarm und die Polizei wird direkt an den betreffenden Ort geführt.[1] Der Einsatz des Schutzsystems setzt aber voraus, dass das Gewaltrisiko entsprechend hoch eingestuft wurde und bereits ein Kontakt- und Annäherungsverbot angeordnet worden ist.

IV. Ein Blick nach Australien

Dr. Brendan Chapman, Forensiker an der Fakultät für Medizin, Molekulare und Forensische Wissenschaften der Murdoch Universität in Australien befasst sich seit geraumer Zeit intensiv mit der Problematik Häusliche Gewalt in Australien. Er hat uns die Situation in Australien beschrieben und auch die Ergebnisse dortiger wissenschaftlicher Untersuchungen geschildert.

Wir fassen das zusammen:
Auch in Australien haben häusliche und sexuelle Gewalt (Gewalt, Manipulation und Nötigung) insbesondere an Frauen und Kindern deutlich zugenommen, weshalb beides als landesweite Krise wahrgenommen wird. Es wurde daher ein nationaler Plan aufgestellt, um diese Formen der Gewalt gezielt zu bekämpfen. Darüber hinaus hat man festgestellt, dass häusliche und sexuelle Gewalt zu schwerwiegenden kurz-, langfristigen oder dauerhaften gesundheitlichen und

---

[1] Laura Backes und Margherita Bettoni: Alle drei Tage – Warum Männer Frauen töten und was wir dagegen tun müssen. Die Autorinnen gelangen nach Auswertung zu dem Ergebnis, dass durch dieses System den betroffenen Frauen bei geringen Personalkosten ein zuverlässiger Polizeischutz gewährt wird.

sozialen Folgen führen kann. Darauf zurückzuführende Erkrankungen (auch psychischer Art) treten weit mehr auf als die Erkrankungen infolge von anderen bekannten Risikofaktoren wie etwa Tabak- oder illegalem Drogenkonsum und hohem Cholesterinspiegel. Die Belastung bei indigenen Frauen sei – so Dr. Chapman – fünfmal höher als bei nicht-indigenen Frauen und trage am meisten zur Kluft zwischen der Belastung dieser beiden Gruppen bei. Zu den gesundheitlichen Folgen zählen insbesondere Angstzustände, Depressionen, Suizid, Selbstverletzung, Alkoholmissbrauch, Schwangerschafts- und Geburtskomplikationen.

Die Untersuchungen in Australien machen insoweit deutlich, dass es wichtig ist, dieser Gewaltspirale auch unter dem Aspekt steigender Gesundheitskosten entgegenzuwirken. Immerhin 70 Prozent der in der Studie befragten Frauen, die unter psychischen Erkrankungen litten, gaben an, einst Opfer von häuslicher oder sexueller Gewalt gewesen zu sein. Eine Abhängigkeit vom Täter (auch finanzieller Art) verschlimmerte häufig die Situation der Frauen.

Häusliche Gewalt ist aber auch eine der Hauptursachen für Obdachlosigkeit in Australien. Dortige Untersuchungen ergaben Hinweise darauf, dass die Verfügbarkeit von Wohndienstleistungen sich positiv auf die psychische Gesundheit, das Sicherheitsgefühl und die Absicht auswirkt, missbräuchliche Beziehungen zu verlassen.

489 Der Wissenschaftler meint, dass die hohe Quote Häuslicher Gewalt auch auf die Einstellung der Australier zurückzuführen sei. Darauf würden dortige Untersuchungen hindeuten. Zwar würde sich die Einstellung gegenüber Frauen verbessern, dies aber nur sehr langsam. Zwischen 2017 und 2021 sei in einigen Bereichen eine deutliche Verbesserung der Anerkennung und der Ablehnung von Gewalt gegen Frauen zu verzeichnen. Häusliche Gewalt werde aber dennoch weiter verharmlost und oft den Frauen eine Mitschuld gegeben.

490 **Die Untersuchungen ergaben u. a. folgende Zahlen:**
- 91 % der männlichen Befragten stimmten zu, dass Gewalt in Australien ein Problem darstellt, aber nur 53 % stimmten zu, dass es in ihrem Vorort oder ihrer Stadt ein Problem ist.
- Junge Befragte lehnten starre Geschlechterrollen und Einschränkungen der Autonomie von Frauen stärker ab als ältere Gruppen. Dies galt jedoch nicht für Einstellungen, die die Erfahrung von Frauen mit Geschlechterungleichheit leugnen.
- Ein Drittel der jungen männlichen Befragten (18–30 Jahren) gab an, sozialen Druck zu verspüren, sich an die „Man Box"-Regeln in Bezug auf Männlichkeit zu halten, insbesondere in Bezug auf Hypersexualität, Aggression und Kontrolle.
- Tatsächlich meinten diejenigen, die sich mit starren männlichen Stereotypen identifizierten, 17mal häufiger, einen Lebenspartner geschlagen zu haben, als Befragte, die dies nicht taten.
- Junge Befragte lehnten sexuelle Gewalt stärker ab als häusliche Gewalt.
- 25 % waren der Meinung, dass Frauen, die einen misshandelnden Partner nicht verlassen, teilweise für die Fortsetzung der Gewalt verantwortlich sind.
- 34 % glaubten, dass Vorwürfe sexueller Übergriffe oft genutzt würden, um sich an Männern zu rächen.

- 23 % hielten häusliche Gewalt für eine normale Reaktion auf Alltagsstress.
- 19 % glaubten, dass eine Frau einen Mann manchmal so wütend machen kann, dass er sie unabsichtlich schlägt.

Aus den Ergebnissen der in Australien durchgeführten Untersuchungen hat man dort bislang folgende Schlüsse gezogen:
- Wohndienstleistungen und deren Zugänglichkeit werden verbessert.
- Die langfristigen gesundheitlichen Auswirkungen häuslicher und sexueller Gewalt sollen weiter erforscht werden. Dabei soll auch der Fokus gerichtet werden auf deren Bedeutung für chronische Erkrankungen wie Diabetes und Herz-Kreislauf-Erkrankungen sowie Suizide. Derzeit geht man davon aus, dass diese Gewaltformen ein wesentlicher Risikofaktor für Suizid sind.
- Es soll die gezielte Prävention für männliche Gewalttäter verbessert werden, insbesondere Hilfesuchdienste sollen eingerichtet bzw. besser ausgestattet werden.
- Die Gesetzgebung zu familiärer, häuslicher und sexueller Gewalt ist je nach Bundesstaat unterschiedlich. Als Reaktion auf die Gewalt gegen Frauen und Mädchen werden in ganz Australien sowohl aktuelle als auch laufende **Gesetzesänderungen** vorgenommen, dies gilt insbesondere in Bezug einstweilige Verfügungen.
- Die Änderungen schreiben auch vor, dass Täter mit hohem Risiko, die auf Kaution freigelassen wurden oder anderweitig innerhalb der Gemeinschaft beaufsichtigt werden, **elektronische Überwachungsgeräte** tragen müssen.
- Jeder Bundesstaat und jedes Territorium verfügt über eigene Gesetze, die festlegen, was bestimmte Sexualdelikte ausmacht und welche Strafen verhängt werden. In den letzten Jahren haben mehrere Bundesstaaten und Territorien ihre Zustimmungsgesetze reformiert und sich in Richtung affirmativer Zustimmungsmodelle entwickelt. Diese Modelle zielen darauf ab, die Verantwortung auf die Täter sexueller Gewalt zu übertragen, anstatt die Beweislast für die Zustimmung dem Opfer aufzuerlegen.
- Umfragen und Untersuchungen deuten darauf hin, dass ein großer Teil der Gewaltopfer der Polizei nicht gemeldet wird, weshalb man versucht, die Opfer gezielt dazu zu bewegen, die Straftaten zur Anzeige zu bringen.
- Bei indigenen Gemeinschaften zeigt sich, dass die Polizei kaum in der Lage ist, die Frauen wirksam zu schützen. Dortige Untersuchungen haben ergeben, dass die Nichtanzeigequoten in indigenen Gemeinschaften höher sind als in nicht-indigenen Gemeinschaften. Einige Studien legen nahe, dass bis zu 90 % der Gewalt gegen indigene Frauen nicht gemeldet werden. Darüber hinaus ergab eine Studie, in der Femizide in indigenen Gemeinschaften zwischen 2006 und 2016 in zahlreichen australischen Gerichtsbarkeiten analysiert wurden, dass die meisten Frauen (88 %) vor ihrem Tod im Zusammenhang mit häuslicher Gewalt mit der Polizei zu tun hatten, viele sogar mehrmals. Deshalb versucht man, der psychosozialen Angst vor den Konsequenzen, sich selbst oder andere in Schwierigkeiten bringen, entgegenzuwirken. Sorge um die eigene Sicherheit oder Selbstvorwürfe, Scham und/oder Schuldgefühle, Verharmlosung oder Verleugnung des Vorfalls wurden in den Befragungen immer wieder benannt als Grund dafür, keine Anzeige erstattet zu haben. Ebenso wurden benannt die Angst vor Misshandlung durch Straf-

verfolgungsbeamte, mangelnde rechtliche Verantwortung des Täters/der Täterin, fehlende Beweise, mangelndes Wissen darüber, wie und/oder wo eine Meldung erfolgen kann und die gesellschaftliche Angst vor Stigmatisierung oder Etikettierung sowie die Angst vor Schuldzuweisungen/Demütigungen durch andere. Deshalb nimmt man auch die Opferbetreuung in den Fokus.
- Der Wissenschaftler berichtete insoweit auch, dass es nicht ungewöhnlich sei, dass Opfer-Überlebende negative oder erneut traumatisierende Erfahrungen mit der Polizei oder dem Strafrechtssystem schildern, die manchmal als „sekundäre Viktimisierung" bezeichnet werden. Deshalb sucht man auch nach **Meldeoptionen**, die keine offizielle Anzeige darstellen, etwa inoffizielle Angaben gegenüber medizinisch Helfenden oder Online-Tools. Eine qualitative Studie über die Erfahrungen von Opfern sexueller Übergriffe, die sich für eine alternative Meldemöglichkeit entschieden haben oder entscheiden würden, identifizierte fünf Hauptgründe für diese Entscheidung:
  - Angst und/oder Einschüchterung im Zusammenhang mit einer formellen Meldung
  - Wiedererlangung von Macht und/oder Kontrolle
  - Dokumentation/Weitergabe der eigenen Erfahrungen
  - Schutz der Gemeinschaft
  - Zugang zu Unterstützungsdiensten
- **Aus dem vorgenannten Grund wird eine gezielte Schulung der Anbieter medizinischer Grundversorgung vorgenommen.** Um das Personal darauf vorzubereiten angemessen zu reagieren, Retraumatisierungen zu vermeiden, eine mitfühlende Reaktion sicherzustellen, die Überweisung an geeignete Hilfsstellen zu veranlassen, ohne dass sie Geschädigten mit dem Strafrechtssystem befassen müssen.
- Ferner versucht man, die Nachweisbarkeit der Straftaten zu verbessern. Die am häufigsten verwendete Beweisform in Fällen häuslicher Gewalt ist die Aussage des Opfers. Aufnahmen von am Körper getragenen Kameras der Polizei vom Tatort häuslicher Gewalt gelten allgemein als hilfreich und strafverstärkend; sie können jedoch die Muster von Zwangs- und Kontrollverhalten, die in missbräuchlichen Beziehungen häufig auftreten, nicht erfassen. Eine häufige Herausforderung für eine erfolgreiche Strafverfolgung in Fällen häuslicher Gewalt scheint die Beteiligung der Opfer am Justizprozess und ihre wahrgenommene Glaubwürdigkeit zu sein. Sollte die Polizei am Tatort den Vorfall nicht als schwerwiegend einstufen, beispielsweise wenn keine körperlichen Schäden vorliegen, kann ihre Reaktion die Beweissicherung erschweren und damit die Glaubwürdigkeit des Opfers/Überlebenden später beeinträchtigen. Zudem sind die meisten Missbrauchsbeziehungen von einer Zwangs- und Kontrolldynamik geprägt, die es den Opfern/Überlebenden erschwert, Beweise für ihre Erlebnisse sicher oder überhaupt zu sammeln. Medizinisch-forensische Beweise sind indes ein wichtiges Beweismittel zur Untermauerung von Vorwürfen sexueller Übergriffe. Allerdings gibt es eine 72-stündige Sammlungsphase, in der die Lebensfähigkeit der Proben nachlässt. Mit Early Evidence Kits gewonnene Proben, insbesondere Urin und Vulva-Mulltücher, sind bei der Gewinnung von Spermien wirksam, in manchen Fällen sogar wirksamer als die anschließende vollständige forensische Probenentnahme. Die Aufbewahrungsdauer von Sexual Assault Investigation

Kits (SAIK)/forensischen medizinischen Beweismitteln vor der Vernichtung, sofern keine polizeiliche Anzeige vorliegt, ist von Bundesstaat zu Bundesstaat unterschiedlich und reicht von 3 Monaten in New South Wales bis zu 12 Monaten in Western Australia und South Australia.
- Um die Entwicklung der Gewaltstraftaten in diesem Deliktsfeld im Fokus zu behalten und auch die Wirksamkeit ergriffener Maßnahmen prüfen zu können, wurden Zeitpläne aufgestellt (sog. Aktionspläne). **Rechenschaftspflichten und kontinuierliche Beweiserhebungen** durch Hilfsdienste, Forscher, Polizei du Justiz u. a. sind vorgesehen (u. a. in öffentlich zugänglichen Fortschrittsberichten)
- Ein erheblicher Teil der Empfehlungen zielt darauf ab, die Retraumatisierung von Opfern im gesamten Justizprozess zu reduzieren. So sollen beispielsweise Kreuzverhöre von Beschwerdeführern durch nicht vertretene Angeklagte untersagt, Beweisaufnahmen vorab ermöglicht, flexible Bedingungen für die Beschwerdeführer geschaffen und in jedem Verfahrensabschnitt ein Vermittler eingebunden werden. Sie streben außerdem einen gleichberechtigten Zugang für alle Opfer an, etwa durch die Verbesserung des Zugangs und Einsatzes von Dolmetschern, die Finanzierung ländlicher, regionaler und abgelegener Polizeibehörden, um sicherzustellen, dass diese über geeignete Technologien zur Aufzeichnung und Wiedergabe von Beweismitteln verfügen, und Gesetzesänderungen, um Möglichkeiten der wiederherstellenden Justiz allgemein zugänglich zu machen.
- **Schließlich ist eine kontinuierliche Evaluierung und Rechenschaftspflicht im Justizsystem zu gewährleisten.** Beispiele hierfür sind die Einrichtung unabhängiger Task Forces in jedem Bundesstaat und Territorium zur Überprüfung von Anzeigen, die in den letzten 12 bis 18 Monaten bei der Polizei eingegangen sind und nicht zu einer Anklage geführt haben, die Einrichtung einer Task Force zur Gewährleistung eines Qualitätssicherungsrahmens für polizeiliche Vernehmungen von Beschwerdeführern und die **Schulung von Justizbeamten** zu Mythen und Missverständnissen im Zusammenhang mit sexueller Gewalt.

V. Weitere Diskussionsansätze in Bezug auf Häusliche Gewalt und Sexualdelikte zum Nachteil von Frauen und Kindern in Deutschland

Die in Spanien installierten Maßnahmen begegnen Bedenken, wenn man die dargestellten (versuchten) Kapitaldelikte näher betrachtet. Ziel soll und muss sein, wirkungsvoll den Gewaltanstieg im Bereich Häuslicher Gewalt und Femizide in einer Weise entgegenzutreten, die rechtlich verhältnismäßig ist.

1. Vertrauen in Justiz

Vertrauen in die Justiz zu stärken und die Stellen, die mit der Häuslichen Gewalt in Berührung kommen, zu sensibilisieren, ist unerlässlich. Dabei halten wir allerdings nichts davon – wie in Spanien – Sondergerichte einzusetzen, die ausschließlich Frauen in Fällen Häuslicher Gewalt entscheiden zu lassen. Wichtig ist, dass die Entscheider sensibel sind, die Vorträge der Parteien ausreichend

hinterfragen und prüfen, aber auch erkennen, welche Aussagehemmnisse bei Opfern bestehen und warum es schwerfällt, in Anwesenheit des Täters auszusagen, warum Anzeigen erst spät gestellt oder gar zurückzogen werden und dies nicht zwangsläufig bedeutet, dass eine Aussage unwahr ist. Notwendig erscheint, dass Entscheidungsträger ausreichend geschult werden in
- Aussagepsychologie
- Besonderheiten Häuslicher Gewalt
- Opferschutz
- Strukturen in patriarchalisch geprägten Familien

2. Härtere Strafen

494 Der Ruf nach härteren Strafen ist nicht sinnvoll, wenn bestehendes Recht nicht ausgeschöpft wird. Die Probleme in der Praxis liegen – wie aufgezeigt – in der Nachweisbarkeit der Taten und nicht bei der Strafzumessung.

3. Qualifizierte Leichenschau

495 Betrachtet man die geschilderten Unterlassungsdelikte und die Zunahme der Häuslichen Gewalt,[2] macht es Sinn, sich auch mit der Frage zu befassen, wie man eine gründliche und verlässliche Leichenschau gewährleistet. Dabei geht es auch darum, Verletzungshandlungen vor einem Todeseintritt festzustellen, die möglicherweise nicht kausal für den Tod waren oder eine solche Kausalität sicher auszuschließen. Ferner sehen wir zunehmend Fälle von Verwahrlosung älterer Menschen im häuslichen Umfeld. Zeitgleich zeigt der Fall Högel, dass auch in Kliniken die Leichenschau an Bedeutung gewinnt, um etwaige medizinische Fehlbehandlungen feststellen zu können, und eine gemeinsame Lösung in diesen Fällen sinnvoll ist.

496 Das jeweilige Landesrecht regelt, dass bei jedem Todesfall unverzüglich eine Leichenschau durch einen Arzt zu erfolgen hat. Dieser stellt dann eine Bescheinigung aus. Vermerkt er „natürlicher Tod" erlangt die Kriminalpolizei in der Regel keine Kenntnis. Kommt der Arzt zu dem Ergebnis, dass ein Fremdverschulden in Betracht zu ziehen und die Todesursache unklar ist oder im Zusammenhang mit einer medizinischen Behandlung steht, wird die Polizei informiert, die eine eigene Leichenschau vornimmt und ein Todesermittlungsverfahren einleitet, um die näheren Umstände des Todes zu erhellen.

Diese Leichenschau darf grundsätzlich jeder approbierte Arzt durchführen, zum Teil sogar Ärzte im Praktikum. Wie gut und gründlich die Leichenschau durchgeführt wird, obliegt dem Arzt. Dabei kommt es auch durchaus vor, dass Ärzte – entgegen ihrer Verpflichtung – die Leiche nicht entkleiden und nicht einer gewissenhaften Untersuchung unterziehen. So ist es tatsächlich schon passiert, dass ein Arzt in einer vermüllten Wohnung mehrere Meter vom mutmaßlichen Leichnam entfernt den Tod der Person festgestellt hat, später aber bei dem beabsichtigten Abtransport der mutmaßlichen Leiche festgestellt wurde, dass der Mensch noch atmet.

---

2 Insbesondere an Kindern und pflegebedürftigen älteren, behinderten oder kranken Menschen.

Die Gefahr, dass die Leichenschau insbesondere bei einer verwandtschaftlichen oder freundschaftlichen Beziehung zu den Angehörigen des Verstorbenen nicht in der gebotenen Gründlichkeit passiert, ist real. In Bremen wird seit dem 1. August 2017 deshalb die qualifizierte Leichenschau durchgeführt. Seither sollen niedergelassene Ärzte nur noch den Tod feststellen. Die Leichenschau erfolgt durch qualifiziertes Fachpersonal, nämlich durch Rechtsmediziner oder entsprechend ausgebildete Ärzte des Gesundheitsamts. Inzwischen wird in zwei Krankenhäusern im Routinebetrieb seit vier Jahren die qualifizierte Leichenschau praktiziert, die auch geeignet ist, Todesfälle im Zusammenhang mit unerwünschte Medikamentennebenwirkungen zu erkennen, also spurenlose Todesfälle, so die persönliche Auskunft des Projektleiters Prof. Dr. Michael Birkholz.

a) **Hintergrund.** Die meisten nicht natürlichen Todesfälle in Krankenhäusern sowie Alten- und Pflegeheimen werden durch die klassische Leichenschau nicht erfasst, da sie spurenlos sind. Erfolg versprechen ausschließlich Plausibilitätsprüfungen (etwa im Fall Högel). Anders ausgedrückt: Gegenwärtig werden etwa 70 % aller Verstorbenen de facto nicht daraufhin untersucht, ob sie eines nicht natürlichen Todes gestorben sind. Die Tendenz ist leicht steigend. Weder die Politik noch die Strafverfolgungsbehörden und auch nicht die Rechtsmedizin stellen sich – von wenigen Ausnahmen abgesehen – dieser Problematik und suchen nach Lösungsmöglichkeiten.

b) **Entwicklung.** Das Interdisziplinäre Fachforum Rechtsmedizin hat sich zusammen mit dem BDK Niedersachsen der Problematik angenommen und auf Bitten des in Bedrängnis geratenen Krankenhauses Delmenhorst ein Pilotprojekt mit dem Ziel entwickelt, die Leichenschau im Krankenhaus so zu modifizieren, dass auch spurenlose nicht natürliche Todesfälle erkannt werden.

c) **Ablauf des Verfahrens in drei Schritten**

- Erster Schritt: Der behandelnde Arzt führt eine klassische Leichenschau durch, füllt den amtlichen Leichenschauschein aus und dokumentiert in einem Dokumentationsbogen forensisch wichtige Fragen zum Behandlungsverlauf.
- Zweiter Schritt: Mehrere Stunden später prüft ein speziell qualifizierter, stationsfremder Arzt bei einer zweiten Inspektion des Verstorbenen den Dokumentationsbogen auf einen möglichen Verstoß gegen die Meldepflichten und führt eine erste, grobe Plausibilitätsprüfung durch. Dabei hat er auch Zugriff auf die elektronische Patientenakte. Schließt er einen Verstoß gegen die Meldepflichten aus, gibt er den Leichnam zur Abholung durch den Bestatter frei, anderenfalls schaltet er die Polizei ein.
- Dritter Schritt: Danach erfolgt eine detaillierte Plausibilitätsprüfung bei jedem Todesfall. Die Ergebnisse werden im Rahmen eines ausführlichen Monatsberichtes an das Qualitätsmanagement des Krankenhauses übermittelt. Dadurch werden dem Krankenhaus Möglichkeiten eröffnet, zeitnah auf Auffälligkeiten zu reagieren.

Die Crux für die Ermittlungsbehörden ist der Umstand, dass bei den meisten Todesfällen im Zusammenhang mit medizinischer/pflegerischer Betreuung die

Frage beantwortet werden muss, ob es sich um ein schicksalhaftes Ereignis oder aber um eine Sorgfaltspflichtverletzung handelt. Diese Frage kann nur von einem Arzt – muss in der täglichen Praxis zumeist aber von einem Polizisten – beantwortet werden. Das ist keine befriedigende Lösung.

502 Um die Polizei davor zu schützen, mit zu vielen Meldungen von Todesfällen überschüttet zu werden, die im Zusammenhang mit dem Handeln eines Dritten eingetreten sind, ist in Niedersachsen die Definition des nicht natürlichen Todes von der Politik aufgeweicht worden. Momentan müssen nur noch die Fälle gemeldet werden, bei denen eine „außergewöhnliche Entwicklung im Verlaufe der Behandlung" aufgetreten ist. Das ist aber auch keine Lösung, weil beispielsweise auch bei einer Therapie lege artis mit einem Blutverdünner tödliche Spontanblutungen keine außergewöhnliche Entwicklung im Verlauf sind. Entscheidend bleibt ohnehin immer, ob die Therapie angezeigt und in der adäquaten Dosierung erfolgte. Diese Frage wird im Regelfall nicht abgeklärt. Hier bietet die qualifizierte Leichenschau eine elegante Lösung an.

503 Im zweiten „Angriff" prüft ein in der Leichenschau speziell qualifizierter stationsexterner Arzt alle Papiere und hat dabei auch Zugriff auf die elektronische Krankenakte des Verstorbenen. Er könnte bei **jedem** Todesfall im Zusammenhang mit der medizinischen/pflegerischen Behandlung die Frage überprüfen, ob es Anhaltspunkte für ein Fremdverschulden gibt oder ob es sich um ein schicksalhaftes Ereignis handelt. Im ersten Fall schaltet er die Polizei ein und übermittelt seine konkreten Anhaltspunkte, im zweiten Fall zeigt er per Mail oder Fax einen nicht natürlichen Todesfall bei der Staatsanwaltschaft. Im Rahmen eines ärztlichen Kurzgutachtens gibt er schriftlich zu Papier, dass er nach Einblicknahme in die Krankenakte und einer persönlichen Inspektion des Leichnams keine Anhaltspunkte für ein Fremdverschulden erheben konnte und es sich nach seiner Einschätzung um ein schicksalhaftes Geschehen handelt. Auf dieser Grundlage entscheidet die Staatsanwaltschaft, ob die Polizei eingeschaltet wird oder nicht. Gegenwärtig muss die Staatsanwaltschaft ihre Entscheidung häufig auf den Vermerk eines polizeilichen Ermittlers stützen, der seine Informationen über ein Telefonat oder ein Gespräch mit dem Arzt erhalten hat, die er selbst nicht überprüfen kann.

d) Konsequenzen dieses Verfahrens

504 – Die Polizei könnte massiv entlastet werden. Sie wird nur noch geholt, wenn Anhaltspunkte für ein nicht natürliches Geschehen bestehen.
– Der Staatsanwaltschaft werden **alle** Fälle gemeldet, die im Zusammenhang mit dem Handeln eines Dritten eingetreten sind. Auslegbare Verwässerungen wie meldepflichtig sind nur außergewöhnliche Entwicklungen im Krankheitsverlauf können entfallen.
– Für die Staatsanwaltschaft wird das Kurzgutachten eines speziell in der Leichenschau qualifizierten Arztes Grundlage ihrer Entscheidung – bislang entscheidet sie auf der Grundlage der Einschätzung eines Polizisten, der ein Gespräch mit einem Arzt geführt hat, dessen Angaben aber nicht verifizieren kann.

e) Allgemeine Vorteile der qualifizierten Leichenschau (qLS) – speziell für die Rechts- und Patientensicherheit

- Die Einführung eines 6-Augen-Prinzips unter Einbeziehung externer Spezialisten garantiert eine größtmögliche Minimierung von Fehlerquellen.
- Durch die qLS werden erstmals spurenlose nicht natürliche Todesfälle im Routinebetrieb entdeckt. Damit ist die Erkennung nicht natürlicher Todesfälle im Krankenhaus nicht mehr dem Zufall überlassen, sondern kann systematisch angegangen werden. Das ist ein Qualitätssprung im Leichenschausystem, der seinesgleichen sucht.
- Erstmals werden die Forderungen bzw. Beschlüsse von JuMiKo und GMK umgesetzt, dass die Leichenschau nur durch speziell qualifizierte Ärzte durchgeführt werden darf.
- Die Polizei kann in erheblichem Umfang entlastet werden, da nicht natürliche Todesfälle im Zusammenhang mit der medizinischen Behandlung, bei denen ein speziell qualifizierter, stationsexterner Arzt nach Prüfung der Unterlagen einen schicksalhaften Verlauf attestiert, den Fall direkt an die Staatsanwaltschaft meldet.
- Die Staatsanwaltschaft kann sich bei ihrer Freigabeentscheidung bei Todesfällen im Zusammenhang mit der medizinischen Behandlung auf ein schriftliches Attest eines in der Leichenschau speziell qualifizierten Arztes stützen.
- Erstmals werden ausnahmslos alle Todesfälle im Zusammenhang mit dem Handeln eines Dritten an die Staatsanwaltschaft gemeldet.
- Die umstrittenen Meldepflichten von Todesfällen innerhalb von 24 Stunden nach einer medizinischen Behandlung können entfallen.
- Die qLS ist nicht nur ein Qualitätssprung in forensischer Sicht, die bei der Leichenschau erhobenen Daten werden zeitnah an das Qualitätsmanagement des Krankenhauses übermittelt. Dieses hat kurzfristig die Möglichkeit, bei Auffälligkeiten Korrekturen vorzunehmen. Das ist ein verifizierbarer Fortschritt bei der Erhöhung der Patientensicherheit.
- Eine flächendeckende Einführung dieses Verfahrens wäre mit minimalem Personalaufwand und ohne zusätzliche Geldmittel möglich. Die Vorteile für die Rechts- und Patientensicherheit sind messbar.

4. Anonyme Anlaufstellen für zukünftige Täter und Täterarbeit

„Kein Täter werden" ist ein **Präventionsnetzwerk** für Personen mit sexuellem Interesse an Kindern, das Gespräche in einem vertraulichen und geschützten Rahmen anbietet, damit Personen geholfen werden kann, bevor sie zum Täter werden. „Kein Täter werden" entstand aus einem Pilotprojekt an der Charité in Berlin 2005 und wird im Rahmen eines Modellvorhabens nach § 65d SGB V durch den Spitzenverband der Gesetzlichen Krankenkassen gefördert. Das Netzwerk vermittelt kostenlose Therapieangebote, dies inzwischen auch für Personen, die bereits Täter wurden und Hilfe suchen. Ziel der Therapie ist es, sexuelle Bedürfnisse angemessen wahrzunehmen und zu bewerten, fremdgefährdende Entwicklungen zu erkennen und ebenso Ängste und Schuldgefühle zu bewältigen.

507 2018 gab das Netzwerk bekannt, dass 9.515 Menschen in der Bundesrepublik bis zum 31.3.2018 Hilfe gesucht hätten, 2.894 Personen seien an einem der Standorte des Netzwerks zur Diagnostik und Beratung vorgestellt worden und immerhin 1.554 Menschen sei ein Therapieangebot unterbreitet worden. Eigenen Angaben nach sei bei 98 Prozent der Therapieteilnehmer eine Verhaltenskontrolle erreicht worden.[3]

508 Derartige Täter-Arbeit-Modelle auch im Bereich der Häuslichen Gewalt sind nicht nur wünschenswert, sondern sollten – soweit bereits existent – ausgebaut und unterstützt werden.

So findet sich auf der Internetseite des Bayrischen Staatsministeriums für Familie, Arbeit und Soziales der Hinweis auf „Gewalt LOS werden", hierbei handelt es sich um ein Beratungsangebot eigens für Täter im häuslichen Bereich, eine Täterberatung bei häuslicher Gewalt und Partnerschaftsgewalt. Auf der Internetseite heißt es, dass in den meisten Fällen die Täter aufgrund einer behördlichen Auflage erscheinen und an Einzel- und/oder Gruppentherapien teilnehmen. Das Angebot richtet sich ausdrücklich an Personen, die Partnerschaftsgewalt ausüben in Form von psychischer, körperlicher oder sexualisierter Gewalt, an Personen, die fürchten, gewalttätig zu werden, also auch an künftige Täter.

5. Problembehaftete Scheidungen/Familienrechtsstreitigkeiten

509 Sinnvoll erscheint es, dass das Familiengericht bei auffälligen Familienstreitigkeiten sensibilisiert ist und über Hilfsangebote informiert.

6. AJSD (Ambulanter Justizsozialdienst)

510 Bereits die Staatsanwaltschaft hat es in der Hand, in Fällen Häuslicher Gewalt zeitnah die Mitarbeiter des AJSD (Sozialarbeiter der Justiz) zu beauftragen, die den persönlichen Kontakt zu den Beteiligten suchen und Hilfsangebote vermitteln, ggfs. auch Therapieangebote.

7. Einbindung der Sozialarbeiter/Vertrauenslehrer an Schulen

511 Sinnvoll erscheint, dass auch Sozialarbeiter und Vertrauenslehrer wissen, welche Hilfsangebote es für wen wo gibt und bei Bedarf darüber Informationen weitergeben bzw. Kontakte herstellen können. Indes sollten die ihnen im Rahmen ihrer beruflichen Tätigkeit zur Kenntnis gelangten Informationen dort auch weiterhin vertraulich behandelt werden.

8. App zur Beweissicherung und Vermittlung von Hilfeangeboten

512 Hilfreich erscheint die Entwicklung einer App, mit deren Hilfe alle Hilfesuchenden über bestehende Angebote in verschiedenen Sprachen informiert werden und die es auch ermöglicht, unmittelbar Kontakt zu diesen Stellen aufzunehmen. Da – wie dargestellt – die Beweisführung gerade im Bereich der Häuslichen Gewalt schwierig ist, sollte auch darüber informiert werden, welche Dokumentation erforderlich ist (Wer hat wann was getan und mit welchen Folgen? Wer hat darüber ggfs. sonst noch Kenntnis erlangt und kann dazu Auskunft geben?).

---

3 Kein-täter-werden.de Archiviert vom Original am 6.5.2018, abgerufen am 6.5.2018.

Optimal wäre, wenn mittels der App diese Informationen abgebfragt und gespeichert werden (inkl. etwaiger Lichtbilder von Verletzungen).

9. Aufklärungsarbeit „Schütteln" von Säuglingen/Kleinkindern

Die Aufklärung werdender Eltern bzw. der Eltern nach der Geburt durch Ärzte und Hebammen ist dringend notwendig, um ihnen die Gefahren und das Risiko von bleibenden Schäden wie Erblinden oder des Versterbens als Folge eines Schütteltraumas aufzuzeigen. Dabei sollte auch auf etwaige Hilfsangebote im Falle eines Überlastetseins hingewiesen werden. Die frühe und konsequente Aufklärungsarbeit kann Leben retten.

10. Internet/Fernsehen

Bedrohungen oder Mobbing unter Nutzung des Internets sowie das Versenden von diskreditierenden Bildern oder Videos stehen leider insbesondere in Schulen an der Tagesordnung. Heutzutage steht den jungen Menschen jederzeit der Zugriff auf Filme, in denen Gewalt dargestellt wird, frei. Die meisten sozialen Netzwerke sind erst ab 13 Jahren erlaubt. Tatsächlich werden die Altersgrenzen in der Praxis nicht beachtet. Eine Altersgrenze erscheint nur dann sinnvoll, wenn deren Einhaltung tatsächlich überwacht werden kann, sodass eine höhere Altersgrenze wenig hilfreich sein dürfte. Da unstreitig die Zugriffsmöglichkeit auf das Handy in der Schule das Risiko von Cybermobbing erhöht, ist aus unserer Sicht ein Handyverbot an Schulen sinnvoll. Notwendig erscheint zudem, dass Kinder/Jugendliche einen verantwortungsvollen Umgang mit dem Internet und damit auch sozialen Medien lernen und wissen, an wen sie sich wenden können, wenn sie gemobbt oder sexual angegangen werden. Die Vermittlung gegenseitigen Respekts in Kindergarten und Schule ist unerlässlich, zumal in vielen Elternhäusern dies keine Selbstverständlichkeit mehr ist.

11. Frauenbild und Frauenrechte

Eine freiheitlich orientierte Gesellschaft, die dafürstehen möchte, dass Frauen und Männer gleiche Rechte und gleiche Chancen haben, muss dies auch ohne Wenn und Aber durchsetzen. Das fängt bei den Kleinen in Kindergarten und Schule an und geht bis zu den Erwachsen, die als Migrant nach Deutschland kommen. In diesem Bereich sind die Bildungseinrichtungen ihrerseits gefordert Gleichberechtigung zu vermitteln und zu lehren, aber auch konsequent einzuschreiten, wenn es Hinweise darauf gibt, dass Mädchen/Jugendliche/Heranwachsende/Erzieherinnen benachteiligt bzw. Erzieherinnen von Schülern oder Eltern nicht ernstgenommen oder ignoriert werden.

Das setzt auch voraus, dass insbesondere an Brennpunktschulen ausreichend Sozialarbeiterinnen und Sozialarbeiter zur Verfügung stehen und Lehrkräfte durch Schulleitungen Unterstützung finden. Ungesteuerte Migration kann zur Gefährdung der Frauenrechte führen, insbesondere, wenn Migranten nicht ausreichend integriert werden und an patriarchalischen Strukturen festhalten. Bleiben Frauen in patriarchalischen Strukturen gefangen, und verfügen nicht über eigene Außenkontakte, kommen Hilfsangebote nicht an.

12. Sensibilisierungskampagnen in Bezug auf Täter und Opfer

517 Zu erkennen, dass ein Mädchen/eine Frau Häusliche Gewalt erleidet, setzt voraus, dass das Umfeld ausreichend sensibel ist und auf Auffälligkeiten angemessen reagiert (etwa eine Lehrkraft hinterfragt, warum eine Schülerin regelmäßig nicht am Sportunterricht teilnimmt, oder Kollegen erkennen, dass eine Mitarbeiterin häufig Hämatome hat). Um einen angemessenen Umgang mit etwaigen Auffälligkeiten zu schulen, sind Sensibilisierungskampagnen in Bezug auf Geschädigte erforderlich. Auch Informationen für Täter oder Personen, die Gefahr laufen, Täter zu werden, sind sinnvoll, um sich rechtzeitig Hilfe zu suchen bzw. überhaupt das Problem zu erkennen. Dabei erscheint es wichtig, deutlich zu machen, dass Häusliche Gewalt in allen gesellschaftlichen Schichten auftritt.

13. Externe Hilfe für Opfer, Frauenhäuser, Notrufnummern etc.

518 Um Häusliche Gewalt wirksam einzudämmen, sind ausreichende Hilfsangebote und Schutzräume unerlässlich. Dies hat der Gesetzgeber erkannt und im Gewalthilfegesetz umgesetzt. Die spanische Lösung, eine spezielle Notrufnummer anzubieten und Mädchen/Frauen tatzeitnah professionell zu beraten, erscheint hilfreich, setzt aber voraus, dass allen Frauen der Zugang ermöglicht wird, also die Mitarbeiterinnen auch Fremdsprachen beherrschen und sich in den unterschiedlichen Kulturkreisen auskennen.

14. Notwendigkeit von Bildung, Cannabislegalisierung und mögliche Probleme

519 Schulbildung ist das A und O bei der Entwicklung unserer Kinder und Jugendlichen. Ihnen Lebensinhalte und gegenseitigen Respekt – auch gegenüber Mädchen und Frauen – zu vermitteln, ist die wirksamste Präventionsmaßnahme. Dabei ist aber nicht nur der Staat gefragt, sondern auch die Eltern tragen Verantwortung.

Die ausgewerteten Fälle mit Tatzeit in 2012/2013 und die tägliche Praxis zeigen erschreckend deutlich, dass die Personen, die gegen andere Menschen Gewalt anwenden (und andere Menschen töten), häufig schon in frühen Jahren Probleme in der Schule hatten, keinen Schulabschluss erlangt und sich schon in Kindheit oder Jugend den Drogen zugewandt haben. Cannabis diente dabei nahezu immer als Einstiegsdroge. Insoweit sehen wir die Legalisierung von Cannabis kritisch. Den Kindern und Jugendlichen wird in der Regel nicht bewusst sein, welchen Schaden sie in ihrem Körper und insbesondere am Gehirn durch den Konsum verursachen.

VI. Weitere Diskussionsansätze in Bezug auf Femizide

1. Übertragung der Ansätze im Bereich Häuslicher Gewalt

520 Auffallend ist in der Praxis (mit Blick auf die geschilderten Verdener Fälle), dass in vielen Femizidfällen die Beschuldigten vor der Tat den Ermittlungsbehörden nicht als Gewalttäter bekannt waren, obwohl sie tatsächlich zuvor bereits erheblich gewalttätig waren. Dies hängt sehr häufig damit zusammen, dass die Opfer zuvor Gewalthandlungen nicht zur Anzeige gebracht haben. Andere Fälle zei-

gen, dass bereits der erste Gewaltausbruch im Femizid endete. Wenige der Täter waren vor dem Tötungsdelikt bereits in Therapie.
Soweit die Geschädigten zuvor in einer Beziehung zu den Tätern standen (dann fast immer sog. Trennungsfälle), waren sie fast alle selbst Teil einer kulturellen Struktur, in der es unüblich ist, dass sich die Frau Dritten gegenüber (außerhalb der Familie) offenbart und Hilfe sucht. Dies hängt zum einen mit sprachlichen Barrieren, aber auch mit kulturellen Unterschieden zusammen. Insoweit könnte es hilfreich sein, die Frauen in ihren Heimatsprachen über Beratungsangebote zu Häuslicher Gewalt zu informieren, und zwar an Stellen, die sie selbstständig besuchen können/dürfen, wie etwa bei Sprachkursen oder im Ausländeramt.

2. Elektronische Fußfessel

Die Weisung, im Rahmen einer elektronischen Aufenthaltsüberwachung eine Fußfessel zu tragen, ist in Deutschland **bei besonders gefährlichen Straftätern** (Verurteilung wegen einer Gewalt- oder Sexualstraftat) im Rahmen der Führungsaufsicht zulässig, bei denen die Gefahr besteht, dass sie erneut gleich gelagerte Gewaltdelikte begehen werden (§ 68b Abs. 1 StGB). Hessen hat seit Januar 2025 eine moderne Fußfessel nach spanischem Modell im Einsatz zwecks Überwachung eines Kontakt- und Annäherungsverbots. Es soll eine Frau geschützt werden, die von dem Betroffenen zuvor verfolgt und belästigt wurde.
Aufgrund des erheblichen Grundrechtseingriffs sehen wir eine Ausweitung ähnlich wie in Spanien kritisch. Betrachtet man die geschilderten Verdener Fälle, so bestehen zudem erhebliche Zweifel, dass sich durch eine Ausweitung der Anwendung der elektronischen Fußfessel im Bereich der Häuslichen Gewalt/ Gewalt gegen Mädchen/Frauen Straftaten oder Femizide signifikant zurückdrängen ließen. Wir erinnern: In den hiesigen Fällen – berücksichtigt sind immerhin alle versuchten und vollendeten Tötungsdelikte seit 2011 – bestand nicht ein Kontaktverbot. Deshalb sind Zweifel an der Verhältnismäßigkeit angebracht.

3. Beiordnung von Pflichtverteidigern zum Schutze Tatverdächtiger contra Opferschutz

§ 141 Abs. 2 StPO verlangt, dass unter bestimmten Voraussetzungen einem Beschuldigten von Amts wegen ein Pflichtverteidiger beizuordnen ist. Dies gilt etwa dann, wenn ein Beschuldigter mit Haftbefehl festgenommen oder vorläufig festgenommen wurde und dem Haftrichter vorgeführt werden soll. Warum ein Beschuldigter unter diesen Voraussetzungen generell nicht in der Lage sein soll, sich selbst zu verteidigen bzw. selbst zu entscheiden, ob er gegenüber den Ermittlungsbehörden Angaben macht oder nicht, erscheint fraglich. Gerade im Bereich der Tötungsdelikte bestand bis zur Gesetzesänderung die Gelegenheit, mit einem Beschuldigten über die Tatausführung und insbesondere die tatbeherrschenden Motive zu reden. Oftmals hatten die Beschuldigten in dieser Phase den Bedarf, in der emotional aufgewühlten Festnahmesituation hierzu Angaben zu tätigen. Aussagen zu Tatabläufen und Motiven erfolgten gerade in dieser Phase häufig und waren geeignet, Opfer zu entlasten und der Wahrheit ein Stück näher zu kommen. Vor dem Hintergrund, dass bei (versuchten) Kapitaldelikten zwingend die audio-video-Aufzeichnung einer Beschuldigtenvernehmung zu erfolgen hat und demzufolge auch später nachvollzogen werden kann, ob der Beschuldigte korrekt belehrt und in der Lage war, sich selber zu verteidigen, erscheinen Zweifel daran, dass angesichts der Erfahrungen bis zur Gesetzesänderung die zwingend von Amts wegen vorgesehene Beiordnung eines Pflichtverteidigers vor dem Hintergrund auch der Opferrecht und dem Bestreben, die Wahrheit zu ermitteln, sinnvoll ist.

4. Vorratsdatenspeicherung

523 Für die Aufklärung von Schwerverbrechen sind die Ermittler zunehmend auf die Auswertung von Daten angewiesen. Häufig können lediglich anhand der von Täter und Opfern gespeicherten Daten Erkenntnisse dazu gewonnen werden, ob beide in irgendeiner Beziehung zueinander standen, wie die Beziehung gestaltet war, ab wann sich weshalb Konflikte abzeichneten. Anhand von zu erhebenden Internetdaten kann festgestellt werden, mit welchen Themen sich ein Tatverdächtiger oder auch ein Opfer im Vorfeld einer Tat befasst hat, sodass nicht nur die Täterschaft, sondern auch die Motivlage besser und effektiver aufgeklärt werden können. Da die Anwendung nur auf Katalogtaten beschränkt ist und die Anordnung durch einen Richter erfolgen muss, ist die Verhältnismäßigkeit grundsätzlich gewahrt.

524 **Beispiele:**
- Eine junge Frau hat sich während ihrer Schwangerschaft wiederholt mit der Thematik Engelmacherin befasst und wie man eine Schwangerschaft mechanisch oder medikamentös beenden kann. Die Recherchen können auf ihrem Mobiltelefon nachvollzogen werden. Ohne diese Erkenntnisse wäre die spätere Behauptung, nichts von der Schwangerschaft gewusst und durch die Geburt überrascht worden zu sein, nicht widerlegbar gewesen. Ferner können aufgrund der Verbindungsdaten relevante Kontaktpersonen ermittelt werden.
- Sendeturmdaten des Tatorts können mit den Sendeturmdaten des späteren Leichenfundorts abgeglichen und über die Bildung von Schnittmengen können täterrelevante Geräte ausfindig gemacht werden – dies allerdings nur so lange, wie die Daten noch nicht gelöscht sind.

Sinnvoll und notwendig ist, die Speicherfristen deutlich zu verlängern, da häufig die erforderlichen Daten nicht mehr zur Verfügung stehen, wenn beispielsweise der Leichnam sieben Tage nach der Tat oder noch später gefunden wird.

5. „Femizid" als Mordmerkmal

525 **a) Grundproblematik.** Mordmerkmale im Sinne des § 211 StGB kennzeichnen die Tötung eines Menschen nach subjektiven Beweggründen oder der Art der Tatausführung als besonders schwerwiegendes Unrecht. Die Tötung einer Frau aufgrund ihres Geschlechts oder deshalb, weil der Partner die Trennung nicht akzeptieren will, kann nur dann zu einer lebenslangen Freiheitsstrafe führen, wenn das Gericht das Mordmerkmal der niedrigen Beweggründe bejaht. Dieses liegt dann vor, **wenn das Motiv der Tötung nach allgemeiner sittlicher Anschauung besonders verachtenswert ist und auf tiefster Stufe steht.** Dabei ist eine Gesamtwürdigung vorzunehmen. Niedrig ist der Beweggrund für die Tötung eines Menschen etwa bei übersteigertem Ehrgefühl des Täters, Ausländerfeindlichkeit als tatbeherrschendem Motiv und Ehrenmorden. Nicht jedes

Tötungsdelikt zum Nachteil einer Frau innerhalb einer Beziehung oder außerhalb einer Partnerschaft ist somit als Mord zu ahnden.

Bei Tötungsdelikten zum Nachteil von Frauen in bestehender Partnerschaft oder nach Trennung sind häufig sogenannte Motivbündel feststellbar, Eifersucht, Wut oder Angst um das Sorgerecht für gemeinsame Kinder spielen häufig eine Rolle (Kategorie 1). Manchmal gibt im Laufe einer Auseinandersetzung ein Wort das andere und ein Streit schaukelt sich hoch, es kommt zu einer sogenannten Affekttat, oder der Beschuldigte wird besonders provoziert, sodass möglicherweise ein Totschlag im minderschweren Fall in Betracht kommt.

In den Fällen „Tötungsdelikte nach Trennung" (Kategorie 2) sind zwar oft ähnliche Motive feststellbar, es gibt in der Praxis aber auch Hinweise darauf, dass die Beschuldigten die Frau **als ihren Besitz** betrachteten und die Wut darüber tatbeherrschend war, dass sich die Ex-Partnerin ihnen nicht untergeordnet bzw. der eigenen Kontrolle entzogen hat.

Die Generalklausel der niedrigen Beweggründe stellt die Gerichte somit vor Probleme. Ist der Täter verzweifelt oder sieht er in Trennungssituationen keinen Ausweg, werden oftmals niedrige Beweggründe verneint.[4] Wut, Rache und Eifersucht sollen nach obergerichtlicher Rechtsprechung nur dann niedrige Beweggründe sein, wenn ein nachvollziehbarer Grund fehlt.[5] Die Formulierung macht die Problematik deutlich.

Unproblematisch indes erscheinen lediglich die Fälle, in denen ein Femizid gemäß der Definition des BKA zweifelsfrei festgestellt werden kann, nämlich die Fälle, in denen der Täter die Geschädigte allein deshalb tötet, **weil sie eine Frau ist und er ihr allein deshalb eine Ungleichwertigkeit** beimisst – der Täter der Ansicht ist, dass einer Frau weniger Lebensrecht zusteht. Das ist aber gerade nicht der Praxisstandardfall.

b) Notwendigkeit einer ergänzenden Regelung. Vorab: Die Istanbuler Konvention fordert keineswegs, dass jede Trennungstötung als Mord zu ahnden ist.[6] Wie die geschilderten Fälle aus der Praxis allerdings zeigen, treffen die Gerichte nicht selten gar keine Feststellungen dazu, ob die Motive geschlechtsspezifisch und allein deshalb möglicherweise besonders verachtenswert waren, oder die grundsätzliche Einstellung des Täters gegenüber Frauen die Motivlage beeinflusst oder geprägt hat. Der Beurteilungsspielraum der Gerichte ist groß, die Scheu, sich im Bereich der Generalklausel der niedrigen Beweggründe revisionsrechtlich auf dünnes Eis zu begeben, ebenso.
Besonders schwierig wird für die Gerichte dann die Gesamtwürdigung aller tatrelevanten Faktoren, wenn wenig zur Person des Täters, der Familienstruktur und seiner Grundeinstellung ermittelt wurde. Daher bietet die Erweiterung der Mordmerkmale in Form einer Konkretisierung, welche Tötungen von Frauen

---

4 BGH, Beschluss vom 25.5.2011 – 2 StR 166/11, BGH, Urteil vom 25.7.2006 – 5 StR 97/06.
5 Vgl. etwa BGH, Beschluss vom 21.12.2000 – 4 StR 499/00.
6 Vgl. dazu auch Thomas Fischer, Einige Klarstellungen zum Begriff des Femizids in: Der Spiegel, 4.7.2025.

besonders verachtenswert sind, die Chance, die Staatsanwaltshaft und die Polizei auch hierzu zu Ermittlung anzuhalten (etwa: patriarchalische Strukturen, Bedeutung der Familienehre, Außenkontakte der Frau, Verbot von eigenständigem Leben der Frau im Vorfeld).

Aber auch die stetig steigende Anzahl an Tötungen von Frauen insbesondere im öffentlichen Raum mit deutlichen Auswirkungen auf das Sicherheitsgefühl der Bevölkerung macht es aus unserer Sicht notwendig, rechtspolitisch scharf gegenzusteuern und das unmissverständliche Zeichen zu setzen, dass die Tötung von Frauen **allein wegen der vollzogenen Trennung grundsätzlich als besonders verachtenswert eingestuft wird** – mit der Folge lebenslanger Freiheitsstrafe. Allein im Landgerichtsbezirk Verden ist im Zeitraum Januar 2024 bis Juni 2025 eine deutliche Zunahme insbesondere der Fälle festzustellen, in denen Männer ihre Ex-Partnerin nach deren Trennung auf der Straße und vor den Augen Dritter erstochen haben oder versucht haben zu erstechen.

531 c) **Unterschiedliche Ansätze bei der Erweiterung der Mordmerkmale. – aa) Ausnutzung körperlicher Überlegenheit.** Es wird die Auffassung vertreten, dass ein Mordmerkmal „Femizid" aufgenommen werden soll, um die Taten als besonders verachtenswert einzustufen, bei denen der Beschuldigte seine körperliche Überlegenheit zur Tötung ausgenutzt hat, weil es besonders verwerflich erscheine, Schwache, Hilflose oder Wehrlose zu töten.[7]

Dieser Ansatz lässt sich aber nicht mit der Systematik der Mordmerkmale der Tötungsdelikte in Einklang bringen. Denn dann wäre zwangsläufig jede Tötung eines Säuglings als Mord einzuordnen. Betrachtet man indes die Fälle der Tötung von Kindern etwa durch Schütteln, so zeigen gerade diese Fälle, dass Tathintergrund oftmals eine besondere Überforderungssituation ist und somit die Einstufung als Mord nicht sachgerecht wäre.

532 bb) **Tötung aufgrund geschlechtsspezifischer Motive.** Ein anderer Vorschlag ist, die Fälle als Mord einzustufen, bei denen tatbeherrschend geschlechtsspezifische Motive zur Tötung geführt haben.[8] Dafür könnte sprechen, dass der Gesetzgeber auch § 46 Abs. 2 StGB und die dort genannten „sonst menschenverachtenden Beweggründe" um „geschlechtsspezifische Umstände" erweitert hat.

533 d) **Lösungsansatz.** Eine Erweiterung der Mordmerkmale durch das Mordmerkmal in der Umschreibung **„Tötung aus Ungleichwertigkeit des Geschlechts"** bietet indes die Chance, die in der Praxis relevanten Fälle der Tötung von Frauen, die sich als besonders verachtenswert präsentieren, zu erfassen und dabei zugleich dem Gericht – weiterhin – die Möglichkeit zu geben, in diesem Rahmen eine Bewertung aller zu erhebenden Faktoren vorzunehmen, dabei eng anknüpfend an den Begriff des „Femizids".

534 Dazu gehören insbesondere: Welches Motiv ist tatbeherrschend?

---

7 Artikel in der Zeit-Online vom 24. Juni 2024: „Union fordert härtere Strafen für Femizide".
8 Hanna Welte, Femizide im Fokus, Die „Tötung aufgrund geschlechtsspezifischer Motive" als neuntes Mordmerkmal?, Verfassungsblog, Max Planck Institute für the study of crime, security and law vom 17. September 2024.

Ist allein das Geschlecht das leitende Motiv, folgt daraus zwingend lebenslange Freiheitsstrafe. Ist die Trennung der Frau maßgebend, die der Täter nicht akzeptiert, weil er der Frau die Entscheidung nicht zubilligt, folgt daraus zwingend lebenslange Freiheitsstrafe. Ist das Festhalten des Täters an patriarchalischen Strukturen tatbeherrschend (etwa Familienehre oder die Idee, dass die Frau keine eigenen Kontakte außerhalb der Familie unterhalten darf), folgt daraus zwingend lebenslange Freiheitsstrafe.

Sind Motive tragend, die eine lebenslange Freiheitsstrafe unangemessen erscheinen lassen? **535**
Dazu können gehören: Streitigkeiten um Sorgerecht oder Finanzen, psychische Erkrankungen. Dem Gericht bleibt somit ein Ermessensspielraum. Durch die Normierung des Mordmerkmals **Tötung aus Ungleichwertigkeit des Geschlechts** ist eine (ausreichende) Prüfung durch das Gericht sichergestellt. Zudem werden Staatsanwaltschaft und Polizei zu entsprechenden Ermittlungen angehalten. Gleichzeitig wird in der Öffentlichkeit deutlich gemacht, dass Femizide (in der engen Definition des BKA) als das zu behandeln sind, was sie sind, als schwerste Straftaten zum Nachteil eines Menschen, die nur eine Antwort finden dürfen, nämlich die lebenslange Freiheitsstrafe.

Stichwortverzeichnis

Die Ziffern beziehen sich auf die Randnummern.

A
Ausbeutung 320, 323, 326
Aussageverweigerung 223

B
Beiordnung
- eines kostenlosen Verfahrensbeistandes 319
- Straftaten 320

Beispiel
- Das Schreibaby 72
- Ehrenmord 182
- Femizid 165 f., 170
- Schütteltrauma 196
- Sexuelle Belästigung 126
- Sexueller Missbrauch von Kindern 141
- Sexueller Übergriff 135
- Tötung eines Kindes 175
- Tötung nach der Geburt 190
- Tötungsdelikt 152, 170

Beschuldigter
- Aussageverweigerungsrecht 384
- Belehrung 383
- Beweisanträge 387
- Pflichtverteidiger 389
- Vernehmungsmethoden 386
- Verteidiger 388

Bundeskriminalamt 5
- Entwicklung der Opferzahlen 15
- Hellfeldstatistik 9
- innerfamiliäre Gewalt 14
- Kriminalitätsfelder 10
- Lageberichten 8
- Statistik 6 f.
- Unterscheidung Nationalität 21
- Ursachen für Anstieg der Opferzahlen 19

C
childless cat women 476
Cyberstalking 87

E
Ehrenmorde
- Beispiele 182
- Beispiele aus den Medien 185
- Polizeistatistik 181

Ergänzungspfleger 300

F
Femizid
- als Mordmerkmal 525
- Bundeskriminalamt 4
- Definition 4
- Definition des BKA 529
- Fälle 164
- Mordmerkmal 531
- Prävention 168
- sexuell motivierte und assoziierte Tötungsdelikte 454

Fußfessel 521

G
Gesamtstrafe 279
Gewalt
- Begriff 469
- präventive Maßnahmen zur Verhinderung 480

Gewaltschutzanordnung 99
Gewaltschutzgesetz 99
- Annäherungsverstoß 302
- Gewaltschutzanordnung 99
- Häusliche Gewalt 101
- Stalkingfälle 101
- Wohnungszuweisung 101

Gruppenvergewaltigung 447

H
Häusliche Gewalt
- Anlaufstellen 506
- Annäherungsverstoß 302
- Definition 5
- Diskussionsansätze 492
- Frauenbild und Frauenrechte 515
- härtere Strafen 494
- Körperliche Misshandlung 55
- Körperverletzung 52
- Prävention 481
- qualifizierte Leichenschau 495
- Sensibilisierungskampagnen 517
- Statistik 9
- typische Straftaten 38
- Vertrauen in Justiz 493
- Wirksame Schutzmaßnahmen 481 ff.

Stichwortverzeichnis

Häusliche Gewalt und Femizide 2

I
innerfamiliärer Gewalt
- Statisktik 12
Intimizid 478
Inzest-Delikte 436
- Täter 437
Istanbul Konvention
- Inhalt 481

K
Kapitaldelikt
- Fallgruppen 143
Kind
- Schütteltrauma 195
- Tötung nach der Geburt 189
- verdrängte Schwangerschaft 189

M
Menschenhandel 360, 466

N
Nachstellung
- Anrufe 82
- Bedrohen 86
- besonders schwere Fälle 91
- Bestellung von Waren oder Dienstleistungen im Namen des Opfers 84
- Cyberstalking 87
- Daten des Opfers missbraucht 83
- räumliche Nähe zu Opfer suchen 81
- Schalten von Todesanzeige des Opfers 85
- Telefonterror 90
- Untersuchungshaft 107
- Verbreitung einer Abbildung 88
Nebenklage 301
- Straftaten 302
Nein-heißt-Nein Lösung 135

O
Opfer
- Mann 177
- mit Behinderung 18
- Schlaf, Erinnerungsverlust 59
Opferschutz 299 ff.
- Auskunft über Befugnisse im Strafverfahren 377
- Beschränkung des Fragerechts 373
- Nebenklage 299
- prozessuale Möglichkeiten 371
- Recht auf Auskunft 374

- Recht auf Einsichtnahme in Verfahrensakten 376
- Verfahrensbeistandschaft 316

P
Partnerschaftsgewalt 5, 7
Persönlichkeitsstörung
- Vergewaltiger 448
Polizeikriminalitätsstatistik
- innerfamiliäre Gewalt 5
- Partnerschaftsgewalt 5
- psychische Gewalt 5
Prävention
- Frauenbild und Frauenrechte 515
Privatklagedelikt 293
Privatklageweg
- Verweis auf 293
psychische Gewalt 5
Psychologische und gesellschaftliche Mechanismen, die Gewalt befördern 469
Psychosoziale Prozessbegleitung 358

R
Rechte der Beschuldigten 381

S
Sexualdelikt 124, 330, 371
- aus forensisch-psychiatrischer Perspektive 407
- Missbrauch von Kindern 140
- psychische Störung 417
- Sexuelle Belästigung 125
- Sexueller Übergriff 135
Sexuelle Belästigung
- Istanbul-Konvention 125
Sexuelle Gewalt
- paraphil motivierte Straftaten 426, 430
- dissoziatives Sexualverhalten 426, 429
- Motive/Hintergründe für Tötungshandlung 455
- Substanzkonsum 445
- und kulturelle Einflüsse 458
- Vergewaltigung 447
Sexuelle Sadismus 441
Statistik
- Häusliche Gewalt 9
- Innerfamiliäre Gewalt 12
Stereotyp der Entwertung von Frauen 476
Strafantrag
- Anzeige 225
- Beleidigung 51
- Einstellung des Ermittlungsverfahrens 224
- erforderlich 225

Stichwortverzeichnis

Strafantragsdelikt
– absolute 225
– relative 228

T
Tat
– Depression 62
– Gefährliche Körperverletzung 63
– Misshandlung Schutzbefohlener 67
– Motive 36
– Nachstellung 78
– Schwangerschaft 61
– Schwere Körperverletzung 65
– Verfahrenseinstellung 235
– Verjährung 231
Täter
– Alkohol- und Drogenproblematik 29
– Alterskurve 27
– Ausbildung 28
– Auswirkung mangelnder Vorbildung im Elternhaus 31
– Auswirkung von Gewalterfahrung 30
– Einfluß von Alkohol 17
– Familiensituation bei Tatbegehung 32
– Herkunft 23
– Intimizid 478
– Nationalität 21
– Prägung durch das Elternhaus 29
– psychische Erkrankung 25
– Rolle des Internets 19
– Schuldfähigkeit 34
– Tätertypen bei sexuellem Missbrauch 432
– Täter-Typologien 438
– Tatmotive 22
– Tötungsvorsatz 35
– Vorstrafen 20, 33
Täterin
– Anteil 26
– Motiv 478
– Schuldfähigkeit 34
– Vorstrafen 33
Tatmotive 36
Tötung
– durch Unterlassen 207
Tötungsdelikt
– an Kindern 174
– Anzahl Opfer 143
– Beziehungstaten bei fehlender Partnerschaft 164
– durch psychisch Kranke 202
– innerhalb bestehender Partnerschaft 152

– nach Auflösung der Partnerschaft 157
– Ohne Beziehung zwischen Täter und Opfer 169
– Säugling 188
– sexuell assoziiert 456
– sexuell motiviert 456

U
Untersuchungshaft
– Fluchtgefahr 111
– Haftgründe 110
– Schwerkriminalität 116
– Verdunklungsgefahr 113
– Wiederholungsgefahr 117

V
Verfahrensbeistand
– im Ermittlungs- und Strafverfahren 342
Verfahrensbeistandschaft 316
Verfahrenseinstellung 235
– Anzahl 272
– bei gegenseitiger Strafanzeige 290
– gegen Auflage oder Weisung 275
– im Ermittlungsverfahren 274
– Opferschutz 277
– Teileinstellung 276
Vergewaltigung
– Rückfallrate 453
Verhinderung häuslicher Gewalt
– Beispiel Australien 487
– Beispiel Spanien 486
– Gewalthilfegesetz 484
– Instanbul Konvention 481
Verjährung von Straftaten 231
Verletztenbeistand 362
Vernehmung
– Videovernehmung 363

W
Wohnungszuweisung 101

Z
Zeugen
– anwaltlicher Beistand 348
Zeugenbeistand 348
Zeugnisverweigerungsrecht 213
– Adoption 219
– Ehegatten 215
– Lebenspartner 216
– mehrere Beschuldigte 221
– Pflegeltern und Pflegekinder 220
– Schwägerschaft 218
– Verlobte 214
– Verwandschaft 217